解决问题的

极简经济学

Economic Issues and Policy, 5e

杰奎琳·默里·布鲁克斯（Jacqueline Murray Brux）◎著

孙　瑾　周世民◎译/注

中国人民大学出版社
·北京·

前　言 ///

　　经济学是一门解决问题的现实学科，在经济全球化时代，不同国家之间的经济往来加深，经济问题的复杂性加剧，经济学与其他学科之间的联系也更加紧密。这需要我们不论在哪个领域、哪个阶段都要了解一些经济学知识，以适应时代发展的要求。

　　在经济学书籍中，我们学习的经典经济学教材多来自西方，本书亦是在2014年翻译完成的美国畅销经济学教材《经济问题与政策（第五版）》（*Economic Issues and Policy*）的基础上进行的提炼和改编，原著的特点是没有使用极其复杂的经济学研究模型，只使用了经济学最简单的需求曲线和供给曲线，却把生活中、社会中、国家间的经济问题、经济政策与经济环境阐释得生动清晰，既适合经济学专业的学生阅读学习，也适合对经济学感兴趣的大众读者阅读学习，并激发我们了解国家经济政策、讨论现实经济问题的兴趣。

　　本书的特点是在畅销出版的原著基础上进行加工，凝练了当前讨论热烈、与大家息息相关的环境、住房、社会保障、国际贸易、市场势力、失业与通货膨胀、政府宏观经济政策、税收及贷款与国家负债、21世纪的全球自由市场等共十章内容，这十个专题都是当前的经济社会发展面临的庞大问题，全书却用极简的经济学方法进行了统一的分析，并且告诉人们政府在这些问题中起到的作用以及政策制定背后的原因。更为重要的是，在中国人民大学出版社高晓斐编辑的建议下，本书每一章都融入了有关中国问题与现状的描述和分析，并进行中美经济问题与政策对照分析，这种改编的思路非常好，既不乏西方书籍的趣味性与启发性，也兼具中国书籍的实用性与现实性，并试图解决我们在教授经济学时遇到的难点，即很多西方经济学的观点并不适用于中国社会，与中国问题存在脱节。

　　有鉴于此，本书旨在帮助大家学习西方经济学的同时，使大家更加注重了解中国经济社会发展在这十大问题方面独有的特点，参透不同国家面临这些问题时解决方式的差异与相似之处，互相借鉴、取长补短，而不是一概套用西方经济学理论解释所有中国经济问题。每一个国家就像每一个个体，都是不同的，中国这个国家尤其独特，成就辉煌的同时问题突出，本书在看待中国问题的某些方面不乏作者的主观见解，欢迎读者进行批判和讨论。随着中国经济的不断发展与强大，我相信感兴趣的学生、读者与学者未来必定能摸索和总结出中国社会主义市场经济的独特发展模式与该体制下经济问题的独特发展理论，这些发展模式和发展理论也将能为其他国家尤其是发展中国家效仿和学习。

孙瑾

2019 年 10 月于北京

目　录 ///

第 1 章

引 言

> 经济学兼有希望与信念,且具宏伟科学主张及于体面之孜孜追求。
>
> ——约翰·肯尼思·加尔布雷思(John Kenneth Galbraith),美国经济学家,《纽约时报》,1970 年 6 月 7 日

欢迎来到经济学的天地!我们将会迎来沉闷乏味的科学吗?我们将会迎来《华尔街日报》(*The Wall Street Journal*)毫无生气的黑白页面吗?我们将会迎来那些枯燥的统计数据、令人生畏的专业名词、复杂的图表,还有那些穿着三件套西装、夹着皮包的中年男女吗?

我们将会学习诸如预算赤字、贸易均衡、国债、衰退、货币供给、汇率、次级市场、市场均衡的经济学术语吗?我们真的想要知道这些术语的内涵吗?我们真的愿意与图表、数字和报纸面对面吗?这些对我们的生活有意义吗?这些能被大众如现在正坐在教室里的人所理解吗?

或许有些令人吃惊,所有上述问题的答案都是完全肯定的。这并不是因为我们喜欢这些行话和数字,而是因为我们想要知道一些重要问题的答案,如我们毕业后能否找到工作?为什么营销学教授比英文教授挣得多?最低工资的提升会不会损害我们的利益?为什么大学学费如此之高?学生是否应该得到更多的资金资助?为什么职场女性只能赚取相当于职场男性 80% 的工资?为什么会有战争?为什么饥饿仍旧存在于世界很多地方?为什么有贫富差距?谁会有饭吃,而谁没有?谁会找到工作,而谁会失业?谁的孩子会享受高质量的教育和医疗,谁的孩子没有这些?

稀缺性: 相对于欲望和需求来说有限的资源。

如果你曾经想过引言中提到的这些问题,或思考过其他类似的问题,那么你就是对经济学感兴趣的人。这是因为经济学主要研究**稀缺性:我们如何分配有限的资源,以**

使人类那些看起来无限的欲望和需求得到满足呢？如果你了解一些经济学推论，你就可能会比大多数喋喋不休给你洗脑的政客、记者和固执己见者更好地回答世界上这些迫切的问题。活在稀缺的世界里就是经济学的全部。理解一些经济学概念使你能够自己分析并归纳出上述问题的答案。那么，让我们现在开始这个旅程吧！

经济学和稀缺性

> **资源：**是指用于生产产品和服务的土地、劳动力和机器等投入。

现在让我们开始讨论稀缺性。**资源**（土地、劳动力、工厂、木材、矿产、机器等）是生产食物、修建房屋、提供医疗、制造奢侈品等我们所需的主要原料。其中一些是自然资源（土地和木材），一些是生产原料（工厂和机器），还有一些是人力资源（劳动力）。这些资源都是稀缺的，不足以生产我们想要的一切。即使我们尽可能高效和完全地利用所有的资源，最大程度地使用所有最先进的技术，我们目前所能生产的产品在数量上仍然存在限制。稀缺性迫使我们在使用社会资源时进行选择。生产什么、如何将产出分配给社会公众是经济学最基本的选择问题。

> **生产可能性曲线：**一个用来解释稀缺性和需求选择的经济学概念；表明当一国的资源被充分有效利用时，生产两种商品的最大数量的一条曲线。

考虑社会选择问题最简单的方法是通过基本经济学概念与被称为生产可能性曲线的图形。（我保证这本书里分析问题用到的图形只有两种。）**生产可能性曲线描绘了在特定时间内使用社会稀缺资源生产两种不同商品的最大数量。**由于现实世界是复杂的，经济学家试图用假设条件来简化分析问题的基本要素。在研究生产可能性时，我们必须使用如下简化的假设条件：

1. 所有可获得的资源都被充分利用。
2. 所有可获得的资源都被有效利用。
3. 所有可获得资源的数量和质量在分析期间不发生改变。
4. 技术在分析期间不发生改变。
5. 在可获得的资源和技术既定的条件下，我们只生产两种产品。

让我们考虑一下这些假设条件的含义。首先，第一个假设条件"所有可获得的资源都被充分利用"意味着没有工人失业，没有工厂、设备被闲置等。（但这并不意味着我们不为未来储备资源。举例而言，如果我们认为某块雪鹗的栖息地从生态角度来讲很重要，我们当然就不会把这部分算在可获得资源里面。）第二个假设条件"有效利用"意味着我们利用资源以及知识、技术生产出的产量达到最大。前两个假设意味着经济运行处于最好的状态，即充分和有效。其次，第三个假设条件"所有可获得资源的数量和质量在分析期间不发生改变"意味着在这段时间没有发现新的自然资源，也没有新的培训项目来提高工人们的生产率等。第四个假设条件的含义与第三个假设条件相似，技术提高会在使用同样资源的条件下，带来生产更多产品的更好方式，因此我们在这里假设技术不变。这两个假设条件意味着我们分析的是当前世界的情况，而非未来会发生改变的情形。最后，限于二维平面坐标图，为简化分析过程，我们假设只生产两种不同的产品，在这里采用面包和玫瑰花。

一种选择是把所有的资源和技术都用于生产面包，这会带给我们150单位的面包产量。这里的计量单位于分析无关紧要，可以是块、箱、一货车或者吨等。我们这里假定以吨为单位。

古谚有言："人不能只靠面包生活；如果我们停下来闻一下玫瑰的芳香，生活会更加美好。"因此，我们考虑一下别的选择，从生产面包的资源和技术中拿出来一些生产玫瑰花，现在我们得到了20单位的玫瑰花和120吨的面包。再次声明，计量单位对分析问题的本质来说是无关紧要的，玫瑰花的数量单位可以是束、盒、一货车或者是吨，我们假定为吨。（然而值得注意的是，为了生产20吨玫瑰花，我们少生产了30吨面包。）

我们还可以选择放弃更多的面包来获得更大的玫瑰花产量，如生产40吨玫瑰花，从而生产面包的数量减少到90吨。（再次注意，我们不得不又放弃30吨的面包产量来获取额外增加的20吨玫瑰花。）这种选择变化可以一直持续下去，从而我们得到了如表1-1所示的生产可能性组合。从选择A到选择F显示出我们能生产的面包和玫瑰花数量的组合。

表1-1	生产可能性组合	
选项	面包（吨）	玫瑰花（吨）
A	150	0
B	120	20
C	90	40
D	60	60
E	30	80
F	0	100

表1-1的生产可能性组合也可以很容易地用生产可能性曲线表示。曲线图并没有那么玄妙，它有两个坐标轴，每个坐标轴表示变量的数量，离坐标轴原点越远，变量数量越大。在图1-1的生产可能性曲线中，横坐标代表玫瑰花吨数，纵坐标代表面包吨数。图上的每一点代表表1-1中每行两种产品的数量，连接

所有的点就得到了生产可能性曲线，表示一国能够生产的面包和玫瑰花的最大数量组合。（尽管这个例子中连接所有的点得到的是一条直线，我们仍然叫它生产可能性曲线。本章附录中会考虑更符合现实的凹向原点同时递减的生产可能性曲线。）

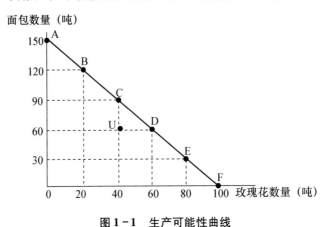

图 1-1　生产可能性曲线

A 点到 F 点表示能够生产的面包和玫瑰的可能数量组合，然而 U 点表示存在失业，资源没有完全利用。

> **机会成本：**为了生产或消费其他产品而放弃的最好的选择，也就是为了得到另外某些东西而必须放弃的东西。

对生产可能性曲线的阐述会引出一些重要的经济学概念。首先，最基本的就是我们生产的产品有限，因此，要生产更多的某种产品，就必须放弃一些其他产品的生产，这被经济学家称作机会成本。**机会成本**是指为了生产或消费其他产品而放弃的最好的选择。这里生产玫瑰花的机会成本没有用美元来衡量，而是用需要放弃的面包数量来衡量。生产面包的机会成本就是生产面包时所放弃的玫瑰花产量。正如经济学家们喜欢说的那句话：天下没有免费的午餐！每一样东西都有机会成本。

> **失业：**生产中没有充分利用资源的情况。

其次，由生产可能性曲线引出的另一个概念是**失业**。明确两种产品的选择组合代表可能的产量，这是基于假设所有资源、知识、技术都充分使用的特定情况，也因此才称之为生产"可能性"。事实上，这是很少能够实现的情况。现实中一些资源没有被使用，如工厂闲置和工人失业。此外，通常情况下很多资源也不是被最有效地使用。在这些情况下，产量组合不会达到生产可能性曲线上的点，而是位于曲线之下，如图 1-1 中的 U 点（表示存在失业）。在 U 点，只能生产 40 吨玫瑰花和 60 吨面包，但如果在充分就业的情况下就可以生产出更多的产品。很明显，若利用好闲置的资源，产量组合是可以回到生产可能性曲线上的。

经济增长：生产可
能性曲线的外移反映了
产量的持续增加。

最后，显然一国不可能永远受限于一条生产可能性曲
线。随着经济的增长，我们假设的变量条件会发生变化，
如资源和技术当然会随着时间推移而改变。如果社会资源
的数量提高或质量提升，或者发明了新的技术，导致利用可获得的资源可以生产
更多的产品，那么就会带来**经济增长**。这种增长在图中表现为整条生产可能性曲
线外移，如图1-2所示。那么产量可能达到新的生产可能性曲线上的某一点，
例如G点。很明显，G点（80吨玫瑰花和90吨面包）优于原来曲线上的D点
（60吨玫瑰花和60吨面包）。生产可能性曲线的移动是随着时间的变化而改变
的，并不是在目前的时间范围内。

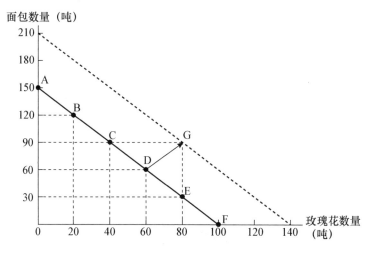

图 1-2　经济增长导致生产可能性曲线外移

当生产可能性曲线作为经济增长的结果向外移动时，面包和玫瑰花的产量都将增加。

服务：诸如剪发、
医疗、教育等消费活动。

消费品：消费者消
费的商品。

投资品：用来生产
商品的商品，诸如机器
和工厂等。

当然，一国和世界能生产超过两种类型的产品，可以
生产卡车、意大利面、汽油、DVD播放机、泳衣和百货商
场中陈列的令人眼花缭乱的各种商品。我们也可以生产**服
务**，例如医疗、教育、道路维护、手机服务等。可以想象，
能够生产的所有商品和服务的组合是无穷尽的，我们无法
用平面坐标图把所有这些商品和服务的组合都表示出来，
因此本例中的面包和玫瑰花的组合仅仅代表了其中的一种。
我们可以通过重新定义坐标轴含义使图形更好地反映现实情况，如定义横轴代表
常用商品，纵轴代表奢侈品。或者将经济产量分为农产品和工业制成品；或者分
为**消费品**和**投资品**（用来生产其他产品的工厂和机器）；可以在军用商品与民用

私人物品：商业公司和个人生产或购买的商品。

公共物品：政府生产或购买的商品。

商品之间进行选择；还可以分为**私人物品**（例如商店销售的 DVD 播放机、汉堡包等）和**公共物品**（例如政府提供的安保和消防等）。因此，在现实中我们可以考虑不同类别产品的多种选择组合。

当然，我希望你们不要觉得介绍生产可能性曲线仅仅是为了学习一些经济学概念和图形，并不是这样，它对现实世界来说非常重要。生产可能性曲线告诉我们，对于国家优先支出来说不能一概而论，举例来说，如果当前国家希望用更多的资源来保护环境，那可能就不得不减少部分太空计划，同样，如果要提高公共教育，可能就不得不放弃部分国防支出。或者如果我们想要得到更多的政府商品与服务，就要放弃一些私人物品。我们不能无限制地优先支付任何一种商品或服务，因为我们不得不考虑机会成本。

生产可能性曲线帮助我们认识到失业的成本不仅局限于失业者本人和其家庭的痛苦经历，而且国家和整个世界同样承担着以产量降低这种形式所表现的失业的成本。如果我们使用效率低下的技术进行生产从而浪费资源，产量同样会下降。在稀缺的世界里，我们必须确保当前资源的完全、充分利用，进而寻找未来提升生产效率的方式。

关于稀缺性的问题是真实的，世界上每天有超过 25 000 个孩子因与贫穷有关的原因而死亡。许多人缺少基本的营养、医疗、教育、住所、衣服、干净的水和卫生条件；许多国家缺少基本的通信、运输、卫生设备和电力等基础设施。举例来说，如果一个穷国决定要改善运输条件，作为对未来的投资，那么可能今天就会有很多居民死于饥饿。这些穷人得不到足够的食物、住所、医疗、衣服和其他必需品，实际上即便是美国这么富有的国家，对于所有人来说仍然缺少足够的环境保护、一流的教育机会和高质量的医疗服务。

机会成本问题在伊拉克战争背景下被广泛讨论。2006 年 6 月，布什总统签署了一项紧急开支提案——为伊拉克战争支出 3 200 亿美元的计划，而且战前已经花费超过 1 万亿美元，这笔支出足以用来多次缓解美国和世界的贫困问题。因此做出什么样的选择、生产什么以及如何生产对于国家和世界人民来说至关重要。

经济学和分配

尽管生产选择很重要，但故事才讲了一半。至少同样重要的是有关产品和服务的分配选择。**世界上存在饥饿的原因并不是生产的问题而是分配的问题。**

穷人和穷国政府缺少用来购买生产出来的食物的收入。 在我们前面生产面包和玫瑰花的例子中，谁应该得到生产出来的面包和玫瑰花呢？是否应该基于公平的原则使每个人得到同样数量的产品？或者每个人得到商品和服务的份额与他们对生产这些商品和服务的贡献是否成比例？或者是否应由政府来决定分配，给那些最值得受奖赏的人更高的份额？或者政府在确保每个居民获得足够的住房、医疗、食物和教育等关键商品和服务后，是否应基于人们的收入和要求来分配次要的商品？还是所有的商品和服务分配都基于人们的收入水平？到底应该如何做出分配选择呢？

需求和供给

需求

你是否聘请过家教帮助补习课程？（我希望你学习经济学的时候不用聘请家教，至少现在还不需要！）那么是什么决定你的补习时间长短的呢？也许是课程的难度，以及你的收入，它决定了你能负担的辅导时间。每小时收费价格对你来说非常关键，如果其他条件相同，和每小时 5 美元的服务相比，你当然愿意购买更多的每小时 1 美元的服务。大部分人都是这样，在价格高的时候，我们会变得节俭而减少补习的时间，我们将在课堂上多问问题，和朋友一起学习探讨，去办公室问老师。总之，在补习费高时，我们自己将更努力学习而不是支付更高的补习费；而在聘请家教价格较低时，我们情愿多花些时间补习。让我们重点看一下价格变量。

假设你进入一所大学学习，许多大学生都需要家教，而且许多大学生愿意并且能做家教，假设所有学生都愿意支付家教服务费，假设时间为一周并且除了价格之外的其他影响因素（如课程难度和学生收入）都是固定的。（经济学家经常会用"其他条件相同"来指其他影响需求数据的因素都是不变的。）

需求表： 在一定时期内，表示消费者在不同价格下愿意购买的商品或服务的数量的表格。

为了更好地说明这个例子，我们把信息列到表格里，P 表示可选择的不同辅导价格，Q^D（数量需求）表示学生愿意而且能够支付的小时数量，表 1-2 中显示了不同辅导价格下的辅导时间需求，称为**需求表**。很明显，如果辅导价格低（例如每小时 2 美元），需求量就会很高（80 小时）；而如果辅导价格高（例如每小时 4 美元），需求量就会降低（40 小时）。**人们愿意且能够在价格相对较低时购买更多的商品或者服务这一常识是经济学的基本原则，也是需求法则，经常被陈述为：在其他变量相同的情况下，价格和需求量成反比。** 这意味着价格上涨时，需求量会下降，反之亦然。

表 1-2   一周家教服务需求表

选项	价格（美元/小时）	需求量（小时）
a	1	100
b	2	80
c	3	60
d	4	40
e	5	20

需求曲线：表示在一定时期内，在各种价格选择下，消费者愿意购买的商品数量的曲线。

我们也可以把表 1-2 中的信息转化成图示，参见图 1-3。尽管需求曲线通常都是直线，这里仍称之为需求曲线。纵坐标表示家教服务收费价格 P，横坐标表示服务需求量（小时）Q，把上表中的每个点画在坐标图上，连接这些点即可得到需求曲线，见图 1-3。**需求曲线 D** 表示在假设除了价格之外影响需求量的因素都是恒定的情况下，所有可能的价格和需求量的组合。

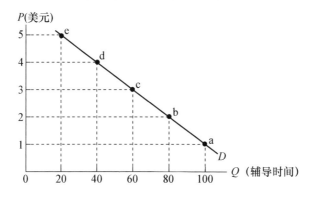

图 1-3　一周家教服务需求曲线

需求法则：价格和需求量之间存在负相关关系。

注意，需求曲线是向下倾斜的，反映了**需求法则**。价格水平越高，需求量越低（如辅导价格每小时 4 美元时需求时间量为 40 小时）；而价格水平越低，需求量越高（如辅导价格每小时 2 美元时需求时间量为 80 小时）。

如果影响需求的其他因素改变，情况会怎样呢？例如，课程的难度可能增大，或者学生的收入增加从而能够支付更多的补习费用，这些都会增加需求量，你可能还可以列出导致需求量增加的其他影响因素。

需求增加将会产生一个全新的需求表，参见表 1-3。我们可以将表中的信息同样表示为需求曲线，于是我们得到新需求曲线 D'，参见图 1-4。随着需求的增加，需求曲线向外或者说向右移动。在新的需求曲线上，同样的价格对应更高的需求水平。

表 1 - 3   一周家教服务新增需求表

选择	价格（美元/小时）	需求量（小时）
a′	1	140
b′	2	120
c′	3	100
d′	4	80
e′	5	60

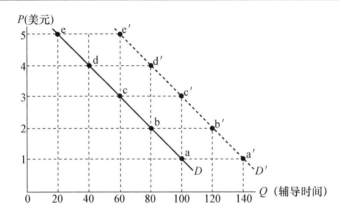

图 1 - 4 一周家教服务新增需求曲线

和需求曲线 D 相比，需求曲线 D′ 反映了在同样价格下更高水平的需求量。

如果由于学生收入减少使得需求下降，那么需求曲线则往回或者说向左移动。相对来说，同样的价格对应更低的需求水平。

供给

现在我们来看一下家教服务市场的另一方——供给方。设想有些学校的学生不仅不需要请家教补习，而且自己可以提供家教服务，但不是免费的。那么影响家教服务供给水平的因素有哪些呢？提供服务的成本很重要。最显而易见的成本是时间。还记得前面讲过机会成本是非常重要的，设想这个人做家教时需要雇用人照顾小孩，或者放弃其他的收入，那么就可以衡量做家教时间的机会成本。但是有些情况下做家教的机会成本是不容易被衡量的，比如说放弃学习的时间，放弃和朋友、家人在一起的时间，或者就是休闲放松，这些机会成本都很重要，然而很难被量化成美元。切记天下没有免费的午餐！每一个选择都是有机会成本的，参与每一个活动都意味着放弃另外一个活动。

另一个影响家教供给量的因素是家教人数，如果愿意当家教的尖子生增加，那么家教服务的供给量就会增加。

价格是决定家教们愿意提供的服务数量的一个重要因素，我们先来集中考虑价格变量。让我们仍设定一周时间，除了价格之外所有影响家教服务供给的因素都是恒定的。价格越高，愿意提供的服务越多，因为较高的价格能更好地弥补请保姆的费用，或者对于放弃空闲时间，放弃与朋友、家人相聚时间来说更有诱惑力。同样，做家教获取的高回报可以更好地弥补放弃其他打工机会的机会成本。简单地说，报酬越高，提供服务的动机越大。这和企业提供商品的道理一样，价格越高，愿意提供的商品或服务的数量越大，**这就是供给法则，经常被陈述为：在其他变量相同的情况下，价格和供给量成正比。**也就是说，价格和供给量同方向变化，如果价格增加，供给量就增加；如果价格下降，供给量也下降。

供给表：表示一定时期内，不同价格水平下，供给者愿意销售的产品数量组合的表格。

表 1-4 表示家教服务的**供给表**，反映了不同价格报酬下家教服务的供给时间（Q^s），这是一周内除了价格之外影响供给意愿的因素都不变的条件下，每个价格水平下所有家教的总体服务时间量。因此，只有价格变量一个决定因素。

表 1-4　　　　　　　　　　　一周家教服务供给表

选择	价格（美元/小时）	供给量（小时）
v	1	20
w	2	40
x	3	60
y	4	80
z	5	100

供给曲线：表示一定时期内，在不同价格水平下，供给者愿意销售的产品数量的曲线。

供给法则：价格和供给量存在正比关系。

我们可以把表 1-4 的信息转化成一条**供给曲线**，图中纵坐标表示价格，横坐标表示数量，和需求曲线一样，把表中 v 点到 z 点的组合显示到坐标图上，就得到供给曲线 S，参见图 1-5。供给曲线表示在假设除了价格之外所有影响供给量的因素恒定的情况下，所有可能的供给量与价格的组合。请注意，供给曲线是向上倾斜的，反映了**供给法则**：价格和供给量正相关。

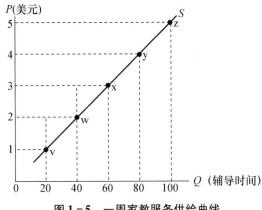

图 1-5 　一周家教服务供给曲线

供给曲线表示不同价格水平下的供给量。

其他影响供给量变化的因素有哪些？例如雇用保姆的成本可能降低，从而使得家教更愿意提供服务，因此家教服务供给量会增加。你可以列出其他可能影响供给量的因素，导致供给曲线移动的最重要因素就是产品生产成本的变化。

上例中雇用保姆成本降低导致家教服务供给量增加会反映在一个新的供给表中，如表 1-5 所示。在每一个价格水平下，存在一个更高水平的供给量。成本降低通常导致供给曲线向右移动，成本增加通常导致供给曲线向左移动。

表 1-5 　　　　　　　　一周家教服务增加后的供给表

选择	价格（美元/小时）	供给量（小时）
v′	1	60
w′	2	80
x′	3	100
y′	4	120
z′	5	140

如果把新供给表中的信息转换成新的供给曲线，就得到了图 1-6 中的供给曲线 S′。供给增加，供给曲线向前或者向右移动，表示在给定价格水平下供给量增加。而如果成本变化导致供给减少，那么供给曲线会向后或者向左移动，新的供给曲线上每个价格水平对应的供给量减少。

统一需求和供给

现在我们来考虑整个家教服务市场，需求曲线反映买方（学生）的消费态度，供给曲线反映卖方（家教）的供给水平，把初始需求曲线 D 和初始供给曲线 S 放在一个坐标图中，如图 1-7 所示。

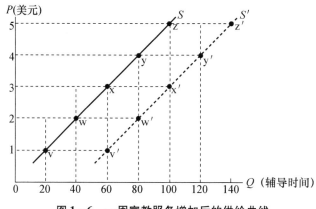

图1-6　一周家教服务增加后的供给曲线

在每一个相同的价格水平下，供给曲线 S′提供家教服务的数量多于原来的供给曲线 S。

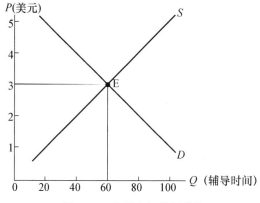

图1-7　家教市场供需曲线

市场在 E 点出清，需求量和供给量相等。

　　如图1-7所示，需求曲线和供给曲线只有一个交点（E 点），表示需求和供给的数量相等，市场达到均衡。均衡点对应的价格为3美元，需求和供给数量为每周60小时家教服务。**在 E 点，家教服务市场达到均衡，因为学生愿意购买的服务数量和家教愿意提供的服务数量相等。**该均衡也可通过表1-6表示，反映了供给和需求实现均衡条件下的价格和产量。

　　家教服务市场会自然趋向均衡点。如果家教收取比每小时3美元的均衡价格更低的费用，假设为1美元/小时，在该价格下，需求量为100小时，供给量为20小时，于是

表 1-6	一周家教服务的供给与需求	
价格（美元/小时）	供给量（小时）	需求量（小时）
1	20	100
2	40	80
3	60	60
4	80	40
5	100	20

短缺：当价格低于市场水平时，需求量大于供给量的情形。

产生**短缺**（80 小时）。因为在 1 美元的价格水平下，买方认为很便宜，而卖方则没有动力来提供服务。（从技术层面来说，只有当市场价格低于均衡价格时才会产生短缺。）学生愿意支付能够承受的家教服务费用，于是会抬高价格。假如你是需要辅导的学生，你愿意支付超过 1 美元的价格给家教以便比其他同学容易获得服务，而你的同学和你持有相同的心态，于是家教服务价格被抬高。只要短缺存在，价格就会被继续抬高，直到短缺消失，达到均衡。随着价格的抬高，有两件事情会发生：（1）买方减少需求量；（2）卖方增加供给量。图 1-8 显示了价格上升、需求量减少、供给量增加的过程。当达到均衡点 E 点时，该过程停止，短缺现象消失，价格不再被抬高。经济学家通常将这种现象称为价格的配给功能，这意味着价格的变化和短缺量有关。如果价格不能向上调整，短缺将会持续。有些社会主义国家经常控制价格调整，从而经常发生短缺现象。

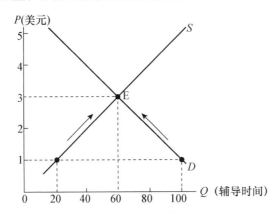

图 1-8　家教服务短缺的结果

在 1 美元价格水平下，需求量超过供给量，超过部分为 80 小时，这 80 小时的短缺会导致价格上升到均衡价格 3 美元的水平。

现在考虑相反的可能性——经济过剩。假如家教服务收费价格为 5 美元，高于均衡价格，家教觉得收取高价能挣很多钱，然而市场上对应该价格的需求量很

过剩：当价格高于
市场水平时，供给量大
于需求量的情形。小（20 小时），供给量却高达 100 小时，两者的差额为**过剩**，即市场上未销售的服务数量。从技术层面来说，过剩仅发生在市场价格高于均衡价格的情形。市场过剩使得商品或服务的价格下降。家教为了获得生意会降低收费，价格会一直降到均衡价格 3 美元为止。如图 1 - 9 所示，随着价格的下降，需求量会增加，而供给量会减少，该过程一直持续到消除过剩达到均衡为止。

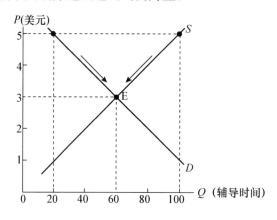

图 1 - 9　家教服务过剩的结果

在 5 美元价格水平下，供给量超过需求量，超过部分为 80 小时，这 80 小时的过剩会导致价格下降到均衡价格 3 美元的水平。

需求曲线和供给曲线的移动

市场供需会维持在均衡点 E 点，除非有其他影响市场变化的因素。因为万事万物都是变化的，弄清家教服务中影响需求和供给的可变因素变化时会发生什么十分关键。

考虑我们之前举过的例子，如果学生的收入增加，则会增加对家教服务的需求，现在我们要做的是把这个变化放在需求、供给和均衡的背景下来分析。如图 1 - 10 所示，需求曲线由 D 移到 D′，供给曲线不变，那么新的均衡点 E′ 点是新需求曲线 D′ 和原来供给曲线 S 的交点，和原来的需求曲线无关。在新的均衡点上，价格提高到 4 美元，均衡的供需数量增加到每周 80 小时。因为需求增加，市场价格上升，于是供给增加。右移的需求曲线和不变的供给曲线使得均衡价格和均衡数量都有所提高。

如果需求降低，则会发生相反的情况。例如学生收入下降，导致需求下降，那么需求曲线会向左移动，在新的均衡点上价格和均衡数量都会下降。

现在考虑家教市场上的供给方，回想一下雇保姆照看小孩的成本会影响家教

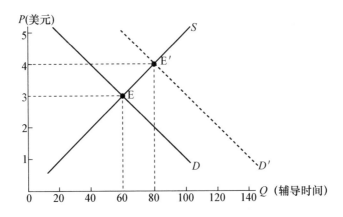

图 1 - 10 家教服务需求增加的结果

需求增加，需求曲线从 *D* 移动到 *D'* 使得均衡价格由 3 美元上升到 4 美元，均衡数量由 60 小时增加到80 小时。

服务的供给，如果照看小孩的成本下降，那么家教就愿意雇保姆照看小孩，从而腾出自己的时间，提供更多的家教服务——服务的供给增加，那么供给曲线向右移动而需求曲线不变。图 1 - 11 显示了供给曲线由 *S* 移动到 *S'* 的过程。

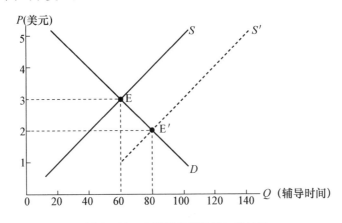

图 1 - 11 家教服务供给增加的结果

供给增加，供给曲线从 *S* 移动到 *S'* 使得均衡数量从 60 小时增加到 80 小时，而均衡价格由 3 美元下降到 2 美元。

新的均衡点 E′ 点是原来的需求曲线 *D* 和新的供给曲线 *S'* 的交点，价格下降到每小时 2 美元，而均衡数量增加到每周 80 小时。由于供给的增加，市场价格下降，所以学生们（消费者）增加了愿意购买的服务数量。右移的供给曲线和不变的需求曲线导致了均衡价格的下降和均衡数量的上升。

如果雇保姆照看小孩的成本上升使得提供家教服务的供给减少，家教在更高的价格水平上才愿意提供服务，那么结果会完全相反。供给曲线向左移动，导致新的均衡：市场价格上升，但是均衡数量下降。

真实的世界

哈！这里列了很多图表！但这也正是分析生活中经济问题的基本工具。所有的市场都有供给方（卖方）和需求方（买方），影响供给和需求变动的因素和我们所讲的家教市场的例子大同小异。

消费者数量变化、消费者收入变化、消费者品位变化、其他替代品价格变化都会影响需求曲线的移动。在我们所讲的家教例子中，家教服务的替代品是课本上的课后辅导指南。替代关系发生在消费者用其他商品来替换该商品的情形，替代品经典的例子是黄油和人造黄油。互补品和替代品相反，是指如果消费者使用某种商品的数量增加，那么使用其互补品的数量也会增加，互补品的经典例子是数码相机和电池。如果数码相机的价格下降，那么其他因素不变的情况下，购买相机的数量会增加，从而电池的需求量也会增加。

厂商数量变化或生产成本变化都会影响供给曲线的移动。一方面，如厂商能源成本的增加会使得产品供给下降，或企业生产同样数量的产品必须支付更高的工资，那么产品供给将会下降。另一方面，如果原材料价格下降，则商品供给增加；如果政府对生产提供补贴（降低成本），供给将会增加。提高企业效率的技术进步和单位产品生产成本的下降都会增加产品的供给。

图 1-12 列出了通常影响真实世界需求曲线和供给曲线移动的因素。假定你某天清晨起来阅读报纸的头版头条：《巴西的旱灾使得咖啡豆减产，咖啡价格飙升!》《新〈哈利·波特〉卖光，书价大涨!》《对巧克力的联合抵制使得巧克力价格下跌》①《好天气使得南瓜大丰收，南瓜价格一落千丈!》。你如何解释这些价格变化？

一步一步地进行分析，那么解释这些变化并不难。1）画一个坐标图表示特定市场的均衡（咖啡、书、巧克力市场等），用纵坐标表示均衡价格（P），横坐标表示均衡数量（Q）。2）首先考虑对厂商或消费者的影响，以判断供给曲线或需求曲线是否将移动。每个图只移动一条曲线！决定供给或需求是增加还是减少，并相应地向前或向后移动曲线。3）找到新的均衡点，标出均衡点对应的价格和产量水平。4）最后，将新的价格、数量和之前的价格、数量进行比较。如图 1-13 对新闻标题的分析解读，问题就变得十分容易了。

---

① 许多激进主义分子联合鼓动抵制西非生产的可可豆，因为那里的人民都是可可豆公司的奴隶。另外一部分激进主义分子鼓动人们去购买"公平贸易的可可豆"（还有其他公平贸易产品，例如咖啡和茶）。这种"可可豆奴隶制度"和"公平贸易"的情况会在第 5 章"国际贸易"中进一步讨论。

引起真实世界需求曲线移动的因素

1. 愿意购买产品的消费者数量变化
2. 市场上消费者喜好的变化
3. 替代品价格变化
4. 消费者收入变化
5. 消费者对商品未来价格和可获得性预期的变化

引起真实世界供给曲线移动的因素

1. 市场上厂商数量变化
2. 生产商品所使用的资源价格变化
3. 生产商品所使用的技术变化
4. 使用同样资源所能生产的其他商品价格变化
5. 政府税收或补贴变化
6. 厂商对未来商品价格预期的变化

图 1-12 引起真实世界需求曲线和供给曲线移动的因素

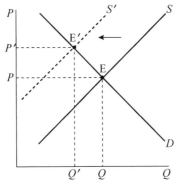

巴西旱灾导致咖啡供给下降，
引起价格上涨

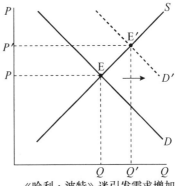

《哈利·波特》迷引发需求增加，
导致书籍价格上涨

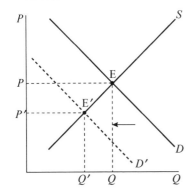

对巧克力商品的联合抵制使得需求减少

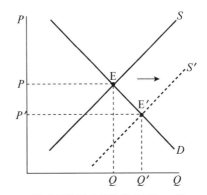

好天气使得南瓜的供给增加，从
而使得价格下降

图 1-13 解读新闻标题：需求和供给

哪个先出现？

先有鸡还是先有蛋？价格决定数量还是数量决定价格？我们知道价格决定需求量和供给量，同时需求和供给一起决定产品市场价格。在市场经济中，价格、数量、需求和供给同时相互影响，最终决定市场的价格和市场交换的商品数量。事实上，在真实世界中，需求曲线和供给曲线会不断移动，导致价格也相应地变化，当然，每条曲线将会沿一个方向移动，从而可以解释大部分真实世界的波动。本书中为直观起见，每幅图里只移动一条曲线。

效率和公平

由于需求曲线和供给曲线决定了生产多少商品和服务，因此这方面的学习可帮助我们更好地理解市场经济运行和生产可能性。价格高会鼓励人们节俭，只有那些有极高需求或极高收入的人才愿意花高价购买商品，而那些不太偏好该商品或无法支付如此高价的人退出市场，市场本身可发挥分配机制作用。价格高也会鼓励生产者提供更多的产品。

一方面，市场价格的这些功能非常重要，价格促使人们在各种竞争商品中进行谨慎节俭的选择。那些最有意愿购买的人得到商品和服务，因此市场是有效的分配器。如果没有价格机制，那么商品分配到不太需要的人手中会造成浪费，会

有效：利用资源达到产出最大化。

发生真正需要该商品的人得不到，而不太需要该商品的人得到太多的现象。在市场中，价格能调整这种短缺或过剩，市场是一个非常**有效**的分配场所。

另一方面，商品和服务的分配可能会不公。公平是一个很重要的概念，经济学家无法说清哪种分配是公平的，但是市场活动结果对一些人来说并不公平。一位真正需要家教辅导的学生可能由于贫困而支付不起费用，小孩没有牛奶喝，无家可归的人没有住处，孕妇支付不起医护费用，这都是由于低收入者无法承受由市场决定

公平：平等。

的这些必需品的价格。总体来看，市场有正面作用，也有负面作用。**市场通常是有效率的，但并不是必然公平的。**

本书概览

大多数经济学家认同市场的作用，正如前面所讲，市场通常被认为是有效的。市场价格为厂商提供恰当的激励机制，并帮助消费者进行明智的选择。市场经济的生产效率比较高。竞争和价格信号的组合使得消费者以最低成本价格获得

以最有效方式生产的产品。

尽管市场经济有很多好处，大多数经济学家指出市场也有缺陷。现存的许多市场缺陷并不意味着市场本身是失灵的，然而需要政府干预来确保满足所有的社会需求。下面列举的市场失灵方面也引出了本书将要讲述的章节内容。

公共产品和服务

公共产品和服务包括国防、警察、消防、公共图书馆、高速公路、反恐等，某些人使用公共产品和服务并不能阻止其他人也使用该公共产品和服务，鉴于该性质，市场不可能提供足够的公共产品和服务，需要由政府来提供。市场不太可能提供公共产品和服务，是因为公共产品和服务不可能被分解成小部分来销售。例如，不可能让每个消费者购买一公里高速公路，而且，即便有人买了某种公共产品和服务，也不可能防止其他没有付费的人搭便车，从而使用该公共产品和服务。以防火来说，假设你家乡的市中心有 100 个商店店主决定向消防队付费，而有一个商店店主拒绝付费，火灾恰好发生在该商店，即便他没有付费，其他商店的店主也不可能看着大火在此燃烧，因为火灾蔓延会危害到周围的商店。于是其他付费的商店店主会要求救火。大多数经济学家认为政府在提供公共产品和服务方面确实担任了恰当的角色，争议的问题是政府应提供哪些产品和服务，以及提供多少。

外部性

外部性：个人在市场上活动的成本或收益扩散到整个社会。

当外部性存在的时候，不会产生经济效率和公平。当生产或消费的成本（或收益）外溢给其他人时，就产生了经济**外部性**。环境污染是最典型的例子。如果一个生产厂商在生产过程中污染空气和水，即便我们不是企业所有者，不在这个企业工作，也不购买其生产的商品，我们仍然要承受空气和水污染的成本：疾病风险加大、自然美感减少、环境质量下降。生产者把部分环境成本转嫁给社会。自然资源极度浪费，经济发展并非按照人们真实的需求和考虑，环境质量下降已经引起我们的不满，除非政府积极干预，否则无法解决这些问题。本书第 2 章涉及环境和政府对策问题。也存在其他为社会提供正外部性的公共产品和服务，如教育。受教育者工作效率更高，比未受教育者对经济的贡献更大，受教育者更有可能投票或者参与政府和公共事务，不太可能长期失业或者成为罪犯，他或她更可能是纳税人而非受救济者。然而市场本身是不会提供足够的教育的，市场无法反映这些外部性的好处。

公平

我们已经注意到市场不是必然公平的，存在着歧视。贫穷和收入分配不公仍然存在，我们可能会认为无法满足穷人基本生活需要是不公平的，美国收入分配极度不公平。其他章节如住房也会涉及公平问题。

市场竞争力和贸易

完全竞争：有许多厂商和消费者的市场，生产者卖同一（标准）的产品给消费者。

家教服务需求和供给的例子接近于**完全竞争**的情形，市场上有许多供给者，使得不存在垄断者来单独制定市场价格，如果 100 个家教中有一个人定价高，那么学生就会找其他的 99 个家教。竞争杜绝不合理的价格，垄断则不同，可以收取高价并迫使消费者只能按照高价购买。即使有多于一个的家教，这个小群体也可以联合起来确定较高的服务价格。

市场势力：一个私人企业影响产品市场价格的能力。

我们称只有一个供给者及其价格决定过程为**市场势力**，即一个供给者影响产品市场价格的能力。在有许多供给者的情况下，让所有这些人对产品价格都达成一致比较困难，且供给者如此多，使得不存在一个供给者占领市场绝大份额的情形时，市场势力就不存在了。美国有些行业例如汽车、钢铁、谷类只有一些大生产厂商，在本书第 6 章中我们会进一步讨论市场势力。

只有在少数供给者可影响产品市场价格时存在市场势力，因此引入更多的供给者，不论是国内的还是国外的，是减少市场势力的方法。这就体现了国际贸易在加强竞争和减少市场势力方面的重要贡献，然而人们对国际贸易也是颇有争议的，本书第 5 章会揭示这些问题。

特定市场

有些产品市场需要单独考虑，如房地产、医疗、农业和养老。大多数人认为政府对这些市场进行干预是必要的。本书第 3 章讲解住房问题，这部分对于人类福利来说十分重要，不能和其他产品市场混为一谈。同样，第 4 章社会保障中涉及的养老问题是政府参与市场的领域。

稳定性

最后我们回到生产可能性和就业的话题，决定我们的国家是在生产可能性曲线上（实现充分就业）还是在曲线下方（存在失业）的因素是不稳定的。因此，有时我们的就业率较低，而有时我们的就业率较高。与此紧密相关的是影响整个经济平均价格水平的因素。当平均价格水平上升时，产生通货膨胀，因为价格和就业波动较大，我们称市场经济具有内在的不稳定性。本书第 7 章"失业与通货膨胀"、第 8 章"政府宏观经济政策"和第 9 章"税收、贷款和国家负债"会涉及这方面的问题。在学习过程中，我们发现政府和中央银行能够进行多种干预来确保价格和就业稳定。

对学生的一些忠告

> **微观经济学**：研究经济中的个人活动。
>
> **宏观经济学**：研究经济整体。
>
> **国内生产总值（GDP）**：经济总产量。

我们利用生产可能性曲线讨论了稀缺性，并学习了需求曲线和供给曲线来理解分配。整本书中我们都将使用这些方法来分析大量微观和宏观经济学问题。**微观经济学**分析个人在经济中的活动，**宏观经济学**分析整体经济。微观经济学涵盖如国家收入分配、个体市场的话题，宏观经济学涵盖如总收入和总产出的话题。总产出实际上就是指**国内生产总值（GDP）**，表示一国某年生产的全部最终产品和服务所创造的价值，这个概念在本书中会经常作为参照系。例如，单纯讨论医疗支出多少美元是没有意义的，而是要看医疗支出占一国 GDP 的比重。GDP 是衡量一国创造收入来投资医疗或其他产品和服务的能力。

> **个体**：个人和企业。
>
> **公共**：政府。

个体和公共是贯穿本书的两个概念。**个体**指个人和企业，个体市场是反映消费者需求和厂商供给的。我们经常谈论个体支出（个人和企业支出）和个体所有制。**公共**是指政府，我们经常说公共支出和集体所有制。在学习公共产品和服务时我们已经使用到这些概念。

伴随着全球国际化进程的推进，仅仅分析国内社会问题已显不足，我们必须加强国际经济的学习，本书第 10 章将进入国际贸易和国际金融、减少国际贫困和建立国际问题体系框架的学习。世界生动地呈现在我们的电视和电脑屏幕上，我们的旅行中，我们和国际学术及教工的接触中，以及我们未来的工作中。因此我们必须了解全球！

你，学生！

回到我们开始时的话题：那就是你，学生。你如何适应世界经济问题？这些问题对你的生活和福利而言意味着什么？你如何影响周围的世界？正如每章末尾的讨论问题，请阅读本书每章的"观点"专栏并考虑你对每个问题的观点。从学习开始做出改变，让我们的世界变得更加美好。现在就让我们开始学习"解决问题的极简经济学"的奇妙旅程吧！

观 点

经济学左翼和右翼

经济学左翼	经济学右翼
自由学派	保守学派
极端左翼：纯社会主义	极端右翼：纯资本主义
社会主义特色：政府拥有土地和资本，政府决定经济	资本主义特色：个体拥有土地和资本，个体决定经济
左翼价值观：公平	右翼价值观：效率
目标：政府多干预经济	目标：政府少干预经济

经济保守派：相信政府应较少干预经济的人。

经济自由派：相信政府应较多干预经济的人。

本书旨在启发你思考，当你掌握了经济学知识时，你会在脑海中形成一个基本框架并对经济问题提出自己的观点。你是经济保守派还是经济自由派？你是否了解这些词在经济学中的含义？以美国为例，**经济保守派**通常认为政府在经济中应扮演有限角色，市场本身能够很好地运行。他们相信让市场独自运行可以解决大部分经济问题，保守派的观点属于经济右翼思想。**经济自由派**通常支持政府更多地参与到经济中，市场本身有许多缺陷，市场会失灵，政府干预则可以修正市场的不足。自由派的观点属于经济左翼思想。值得注意的是，这和中国讨论的派系和左右翼是完全不同的概念。

我们已经发现尽管市场趋于有效，但是它不必然导致公平。我们也学习了市场的缺陷与公共产品和服务的重要性，知道不能仅仅依靠市场来提供公共产品和服务。这些都说明政府在经济活动中应承担一定的角色，然而，对于政府参与经济的程度存在许多争议。

观点箱阐明了经济自由派和经济保守派双方的观点以便帮助你形成自己的观点。这两种观点是截然相反的，经济学家和政客发现他们自己的观点往往处于中间。另外要记住，经济学的保守派和自由派与社会政治上的保守派和自由派两者的概念不同，可能完全相反。例如，社会保守派指反对枪支管制。本书会通过很多章节的学习来对两者作出区分，请务必阅读"观点"部分，它们会帮助你形成自己的观点。你会发现你是一个经济自由派或经济保守派，而且针对特定的问题，你的观点会发生改变。

总 结

经济学主要研究稀缺性：如何分配世界有限的资源来满足人类无限的需求？有限的资源就是指有限的生产可能性。生产可能性曲线向我们展示了一段时期内，假设所有的技术和资源都充分利用，能够生产出来的最大产量的两种商品的各种组合。失业会导致产量水平在生产可能性曲线下方，而一段时期的经济增长会导致产量达到更高的水平。

大多数情况下，每种商品和服务的产量和分配是由市场决定的，需求和供给与价格挂钩。需求和供给共同决定市场均衡，确定市场价格和交换的产品数量。市场经济确保商品和服务分配到最需要并且能够支付市场价格的消费者手中。市场通常被认为是有效的，但不一定是公平的。

市场失灵包括公共产品和服务的问题、外部性的存在、公平问题、市场势力的存在和缺乏稳定性等。争议的焦点就是市场和政府的角色问题，经济自由派偏好政府在经济中扮演主要角色，而经济保守派则相反。随着你对本书的学习，你将不断形成你自己的观点判断。最后，你会考虑自己在世界经济中的角色地位。

中国的市场经济

中国的市场经济不同于美国等西方资本主义国家的市场经济。中国建立起了"有中国特色的社会主义市场经济"模式。这一宏伟的目标在中国共产党的十四届三中全会上首次被提出，之后其理论体系不断创新和丰富。在实践中，经过40多年改革开放探索，迄今为止，中国已经形成了有中国特色的社会主义市场经济基本制度结构和运行框架。中国共产党的十八届三中全会又提出"使市场在资源配置中起决定性作用和更好发挥政府作用"等论断，表明未来将通过理论探索和改革实践，进一步发展和完善中国特色的社会主义市场经济这一基本模式。"社会主义"是中国发展模式的本质规定，"市场经济"是中国发展模式的资源配置方式规定，两者结合在一起体现了中国独特经济发展模式的基本特征。中国特色的社会主义市场经济模式，源于规则内生性的制度变迁方式，这一基本的"制度模式"使中国在改革中既保持了原有的"宪法秩序"，又使得市场规则和内容不断"内生"演化，随着市场化水平不断提高，经济获得了稳定的快速增长。在探索"社会主义市场经济模式"的实践中，由政府控制改革节奏和内容，并以追求经济发展为目标，其作用是促进市场化经济所需的各种制度的建立和创新，完善市场体系，维护市场化秩序，并且弥补市场失灵，实现向市场经济的转型。然而中国的市场经济不是人为理想建构的结果，而是一个开放的自我改造的演化过程，即这一过程不是简单地对发达经济体的市场经济模式进行仿效和预先设计，而是一个市场规则不断"内生"、政府相机抉择的结果。

在突破原来低效率的僵化的计划经济体制，向市场经济转型的过程中，中国与俄罗斯等东欧国家的转型经济体不同，中国始终坚持共产党领导下的社会主义制度的方向，这是根本的宪法秩序约束，在这一约束条件下，中国的市场化经济改革路径有两个最显著的独特性，一是坚持公有制的主体地位，二是具有渐进性和内生性。

就第一个独特性来讲，由于保持和强调公有经济的主体地位，使中国在改革进程中私有制经济不断发育、发展的同时，也不断形成独特的国有企业制度和各种独特的集体所有制经济形态，通过"抓大放小"的改革，国有企业规模在不断缩小，但是控制力在不断增强，并且由强调保持企业的控制力到现在强调资本的控制力等。①

这里强调的是，改革前期，为保持公有制的主体地位，国有企业改革主要集中于内部管理体制，这使得中国经济在转型期间保留了庞大的国有企业"存量"，虽然效率相对低但也在创造产出，这为其他非国有经济部门带来了稳定的宏观经济环境和产品需求，进而使得其他非国有经济形式获得了快速发展。随着效率相对高的非国有经济的发展，国有企业在市场竞争压力下不得不进行产权关系变革，因此，可以说国有企业改革是随着市场环境变化而不断深化的，而其他非国有企业则是在"边缘上兴起"②，进而不断演化、发展壮大，并推动了市场经济的发育。由此可见，国有企业和非国有企业，这两类经济主体既有竞争关系，同时又有依存关系，都在追求效率和发展，最终根据"适者生存"的市场法则，国有企业逐渐在竞争领域退出，规模不断缩小，非国有经济在经济增长贡献和就业方面都成为市场经济的主导力量。由此，中国则形成了"国企+民营"独有的互补性的共生形态，对于这种共生形态，国际权威杂志《美国经济评论》发表的一篇论文给出了一个合理的解释③：中国生产效率高的民营企业有较高的

---

① 党的十八届三中全会也进一步提出"保持国有资产的控制力"的目标。

② 科斯称之为"边缘革命"，参见（英）Coase R H，王宁. 变革中国——市场经济的中国之路. 徐尧，李哲民，译. 北京：中信出版社，2013（1）：70.

③ Zheng Song，KjetilStoresletten，FabrizioZilibotti. Growing Like China. American Economic Review，February 2011：202-241.

储蓄和稳定的融资渠道（民企内部融资），而生产效率低的国企容易获得贷款，利用低成本信贷维持其投资（国企外部融资），中国整体的资本回报率一直提升，积累了大量资本。于是在中国，生产效率高的私企集中在劳动密集型行业，而国企掌控资本密集型行业，这是中国经济转型下的高产出增长、持续的资本积累、制造业部门再分配和巨额国际收支顺差的独特优势。①

就第二个独特性来讲，尽管从市场化改革的最终结果来看，中国市场化的内容和其他转型经济体有"趋同"之处，但中国的市场经济由于有了公有制这一基本约束，就必须探索前进，因为公有制基础上的市场经济，无论是理论还是实践都无可借鉴之处。而探索前进，只能是"摸着石头过河"，这也就是我们所谓的渐进式改革。中国的市场发育是有先后次序和节奏的：就市场体系的形成来讲，先是商品市场的改革和发育，再是生产要素市场的改革，两种市场又都经历了"双轨制"②；就国企改革来讲，中国国有企业经历了放权让利到两权分离，承包制到股份制，直到建立现代企业制度；就对外开放来讲，我们是先经常项目的开放、后资本项目的开放，先沿海后内陆等。这种先易后难、增量改革、实验性的改革方式具有成本低、可逆和纠错能力强等独特性，并逐渐寻找和经济发展阶段、市场发育程度相适应的制度结构，从而也能避免经济产生大的震荡和国际因素的冲击，而拉美国家、俄罗斯、东亚国家过早开放汇率和资本项目带来的教训就可以说明这一点。比如我国利率市场化、汇率市场化和资本项目至今没有完全开放，使得我们能有效抵制两次世界金融危机的冲击，并以上海自贸试验区为试验田，逐步扩展到广东、天津和福建，再建三个自由贸易试验区，继续我国增量性、实验性的改革方式。随着上海等自贸试验区的建立与试验，这些有待开放的领域将逐步开放。这种渐进的、有次序的市场化实质是一种规则内生性的改革方式，新的规则随经济体的"需要"而不断发育和产生。这也同时说明了中国的经济改革没有照搬"华盛顿共识"、重蹈拉美等发展中国家的覆辙和避免了像俄罗斯那样出现"大国转型灾难"的原因。③

① Lin J Y. New Structural Economics：A Framework for Rethinking Development and Policy, The World Bank publication，January，2012.
② 要素市场双轨制正在改革进行中。
③ 著名转型经济学家热若尔·罗兰在评价俄罗斯激进改革时写道，"我们在思考转型经济或发展中经济的时候，往往把这些制度（市场经济的基本制度）视为理所当然的存在"，"如果转型经验给了我们任何启示的话，那便是，没有以适当的制度为基础的自由化、稳定化和私有化政策，不大可能产生成功的结果"。他还强调了制度之间的互补关系。参见罗兰. 转型与经济学. 北京：北京大学出版社，2002：6。

案例一　中国猪肉价格下跌

猪肉价格一直在中国市场上存在动荡起伏这一变化，2016 年 10 月，主营生猪养殖的牧原股份（002714.SZ）发布公告称：该公司商品猪的销售价格已经持续 4 个月下跌，9 月均价比 5 月累计下跌 14.6%。养殖规模更大的温氏股份（300498.SH）公布的销售简报同样显示猪肉销售价格持续环比下跌。在开启本轮下跌前，猪肉价格经历了持续的上涨。尤其是 2016 年第一季度，由于遭遇了自 2012 年以来最严重的仔猪腹泻疫情，猪肉价格进入疯涨状态，仔猪价格达到 2006 年以来新高，生猪价格时隔 4 年之后再度站稳 20 元/公斤。

一家知名券商甚至在 2016 年 4 月发布了一份题为《超长猪周期，让暴利飞》的研究报告，认为猪肉价格将出现不同于以往暴涨暴跌模式的"新常态"。给出的理由是散户快速退出、规模化企业补栏慢、业外资本不敢擅自进入。但这份报告很快被"打脸"，报告出炉不到两个月，猪肉价格便迎来持续下跌。

从下跌的原因分析来看，包括：

1. 海外进口冲击：除了自身的猪周期外，国内猪肉价格受到来自海外廉价进口猪肉的冲击。美国是中国最大的猪肉进口来源地，但美国猪肉的平均生产成本和平均价格仅相当于中国的三分之一左右。美国农业部的数据显示，2016 年第三季度美国的猪肉平均价格为 49.5 美元/英担，1 英担折合约 50.8 公斤。据此推算，2016 年第三季度美国猪肉平均价格不到 0.98 美元/公斤，折合人民币不到 6.6 元/公斤。而牧原股份 9 月商品猪销售价格在大幅下跌后仍然维持在 17.5 元/公斤。第三季度国内普遍的猪肉批发价格仍然维持在 18～20 元/公斤之间。大致估算，美国猪肉均价仅相当于中国的三分之一左右。即便加上关税和运费，仍然比国产猪肉便宜。尽管猪肉进口受到严格管控，但 2016 年以来已经有所放松，中国猪肉进口数量猛增。

2. 供应方面：虽然生猪及母猪存栏较往年仍低，但统计数据显示，在 9 月，中国生猪及能繁母猪存栏数量继续小幅回升，说明生猪养殖业在进一步恢复当中，而市场生猪供应也相应增加。

3. 需求方面：跟近几年情况相同，2016 年猪肉价格也未逃脱"逢节必跌"的魔咒，从中秋节前的小幅下调，到国庆前的集中出栏潮，迎来 16 年猪肉价格的第二轮暴跌潮，无论是国庆前，还是国庆假期中，屠宰企业屠宰量都无明显提升，市场消费增长不足成为本轮下跌潮的重要原因之一。

4. 玉米价格：随着东北新粮的批量上市，玉米市场供应量增加。统计数据显示，从 37 周开始截止到 41 周，玉米价格从 1 853.49 元/吨下跌至 1 656.59 元/吨，跌幅达 200 元/吨左右，而较 2015 年同期价格暴跌 500～600 元/吨，因此即便猪肉价格持续下调，猪粮价格同比下跌幅度也不大。

资料来源：饲料行业信息网，2016-10-14；农博网，2016-10-12.

案例二　大蒜价格疯涨，百姓戏称"蒜你狠"

大蒜作为一种调味品，属于小宗农产品，产量相对较少，产地集中，每年的大蒜产量上下浮动空间大，而需求弹性不足，这种特殊的供求关系也让大蒜吸引不少社会游资进行炒作，对价格走势起到推波助澜的作用。2009 年"炒蒜潮"中，全国大蒜半年上涨 40 多倍，很多中间商获得巨额利润。"蒜你狠"一词，也广为消费者知晓。在投机者看来，蒜市犹如赌场。赌对了可一夜暴富，开豪车衣锦还乡，赌错了则债台高筑，因此各路投机者通过多种手段影响价格。

近些年，大蒜价格的"过山车"状况频现，一方面反映出当前农产品市场的信息不对称，一点儿风吹草动都可能带来行情的巨大波动；同时表明由于大蒜市场总体体量小，价格很容易遭到炒作。据介绍，这几年蒜头价格忽上忽下，"大蒜之乡"山东金乡当地人都称之为"白老虎"，意思是说它够凶悍。

另一方面，信息不全面、宏观调控难度大也是大蒜价格疯涨的一个原因，大蒜市场价格的稳定，根本上取决于供求关系基本平衡，而供求关系的基本平衡，要求市场需求、种植面积和单位产量三个方面同时基本稳定或同步相向变化。由于我国农产品规模化程度低，基础薄弱，要做到这三者基本稳定或同步相向变化，难度非常大。市场信息的不全面和混乱，让蒜农在决定种植的时候，没有能力了解国际市场和国内市场的供求关系，只能根据上一年的盈亏情况种植或跟风种植。经销商不能准确掌握全国的种植面积、产量和库存，只能凭经验、靠感觉，价格上涨就跟风收购，价格下跌就争相出逃，客观上放大了供求关系的不平衡，加剧了价格涨跌的幅度和速度。政府部门不了解准确的大蒜种植面积、产量和动态的库存量，增加了宏观调控的难度。

资料来源：中农数据——第三次"蒜你狠"2016 卷土重来. https://sanwen8.cn/p/16cVvGs.html.

讨论和问题

1. 假设你的朋友希望不计成本地加强国防，你如何用经济学知识让他意识到这么做的机会成本？

2. 失业给个人和家庭造成了沉重负担，那么整个社会的失业成本是什么？（考虑生产可能性曲线。）

3. 我们充分利用资源和技术来最大化产量对富裕的国家来说是否重要？只有总产量水平是重要的，还是产品的类型也很重要？你认为产品的分配以及生产引发的收入分配和总产量一样重要吗？

4. 你认为应该按收入水平分配商品还是按其他的方法，比如说人们的基本需求？

5. 均衡意味着在特定价格下需求和供给数量相等。这是否意味着正如我们在菜市场或者跳蚤市场上看到的那样，消费者和生产者必须坐下来讨论和决定市场均衡价格？

6. 价格机制的效率能保证市场经济的公平吗？为什么？

7. 下面是当地市场苹果价格-数量表，画出需求曲线和供给曲线并指出均衡价格和产量。

价格（美元）	需求量	供给量
20	200	1 000
18	400	800
16	600	600
14	800	400
12	1 000	200

现在假设结冰影响了苹果产量，新的供给水平见下表。供给增加了还是减少了？新的均衡价格和产量是多少？（注意，需求曲线不变。）

价格（美元）	供给量
20	600
18	400
16	200
14	0

8. 点击网址 http://netec.mcc.ac.uk/JokEc，找一则经济学笑话和你的老师分享。

9. 熟悉经济学网站 http://www.cengage.com/economics/econapps，找到书上提及的话题。

10. 另一个资源是英国期刊《经济学人》（*The Economist*）的网站，见 http://www.economistasia.com。

附录1 增加的机会成本

生产可能性曲线实际上就是现实世界的一个简化的代表。回想一下，为了得到 20 单位的玫瑰花，社会不得不放弃 30 单位的面包这一规律是不变的，不管面包和玫瑰花实际生产了多少。在现实世界里，放弃的面包数量与玫瑰花数量之比往往不是永恒不变的，而是会不断增长。换言之，要想不断生产更多的等量玫瑰花，随着玫瑰花的增多，我们必须放弃越来越多的面包。这也正说明了生产更多某种特定产品的机会成本会不断增加。某种产品的机会成本增加是因为我们最后用了更适合用于生产其他产品的资源来生产这种特定的产品。在我们的例子中，我们应该将资源用在它最适合的地方。随着越来越多的玫瑰花被生产，我们会需要更适合用于面包生产的资源（例如并不了解怎样种植玫瑰花的农民或者不适合种植玫瑰花的土地等情况）来生产玫瑰花，这样我们就可以用这种资源去弥补它们的低生产力了。换句话说，我们必须放弃面包的生产来换得更多的玫瑰花。这也就意味着过多生产玫瑰花，其机会成本也在增加，对于面包生产同样如此。

表 1-7 显示了在机会成本增加的现实假设下面包和玫瑰花生产的可能组合。从选项 A 开始（150 吨面包和 0 吨玫瑰花），如果我们多生产 20 吨玫瑰花，我们

增加的机会成本： 随着一种产品被越来越多地生产，社会必须持续地牺牲比原来更多的另外一种产品。

需要放弃 5 吨面包，如果我们再多生产 20 吨玫瑰花，我们需要再放弃 15 吨面包。如果我们还要多生产 20 吨玫瑰花，我们就需再放弃 20 吨面包。**换言之，机会成本增加：随着一种产品被越来越多地生产，社会必须持续地牺牲比原来更多的另外一种产品。**

表 1-7 机会成本不断增加的生产可能性表格

选项	面包（吨）	玫瑰花（吨）
A	150	0
B	145	20
C	130	40
D	110	60
E	70	80
F	0	100

第2章框架图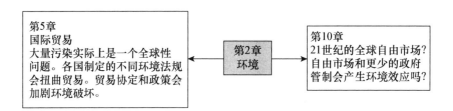

第5章
国际贸易
大量污染实际上是一个全球性问题。各国制定的不同环境法规会扭曲贸易。贸易协定和政策会加剧环境破坏。

第2章
环境

第10章
21世纪的全球自由市场?
自由市场和更少的政府管制会产生环境效应吗?

经济学工具箱

- 外部性
- 溢出成本和溢出收益
- 生产的社会成本
- 资源过度分配和分配不足

- 奢侈品
- 排污权许可证交易
- 成本-收益分析法
- 补贴

环　境

我们不久将铺设数千英里的电线，为全国各地输送新能源。我们会让美国人投入工作，将住宅和楼房变得更加节能，进而节省数十亿美元的能源开销。为了切实转变我们的经济、保卫我们的安全并拯救我们的星球使之免遭气候变化的破坏，可再生清洁能源最终必将成为能够盈利的能源。因此，我要求本届国会向我提交法案，对碳排放设立基于市场的污染上限，并推动可再生清洁能源的增产。

——奥巴马总统在美国国会两院联席会议的发言，2009 年 2 月 24 日

这一章的引语表明了变化——能源和我们环境的变化。奥巴马上任伊始就强调能源、医疗和教育这三大经济领域的投资对未来至关重要，而且他还说"改变要从能源开始"。

大多数人（很可能是所有人）都或多或少地关注能源和环境问题。本章涉及环境保护经济学和环境破坏经济学。首先假设经济活动常常是以破坏性的方式对环境产生影响。产品生产和消费都会引发污染，我们却时常挥霍稀缺资源。

在本章中，我们将讨论作为生产过程中的副产品——污染和处理污染的政策。除了供求法则外，本章还会引入外部性和成本-收益分析两个概念。我们将重点关注全球变暖、有限能源资源这些主题，以及其他的全球性环境问题，从更加环保的角度来审视资源消费、环境保护和资源循环对环境的影响。本章以国际政策的讨论结尾，其中涉及污染治理的各种自由和保守观点。最后，该讨论会提出进行污染治理的建议和具体问题。

污染问题

污染：无法回收利用的废弃物。

首先考虑全球污染问题。我们将**污染**定义为无法回收利用的废弃物。汽车和工厂向空气中排放的二氧化碳、硫氧化物、氮氧化物，还有其他有毒化合物，污染了我们的空气。燃烧矿物原料释放的二氧化碳，和其他温室气体一起使地球被热量笼罩，导致全球变暖。滥伐森林更加剧了全球变暖，并导致发展中国家乃至整个世界的其他环境问题。一些化学物质的排放，主要是氟氯碳，破坏了大气层中的臭氧层，使得紫外线辐射量处于危险水平。工业废料、化粪池和垃圾填埋场泄漏以及杀虫剂会污染蓄水层，并威胁着我们的水供给。

在所有的这些例子中，环境破坏是经济活动产生的有害副产品。污染所带来的问题实际上是溢出成本，其影响是双重的：不公平和资源分配的无效率。这些话题将在随后几节中讨论。

溢出成本和溢出收益

外部性：外部性就是一项经济活动通过其溢出效应，给社会其他方带来的成本或收益。

溢出成本：一种负的外部性；一项经济活动转移给社会的成本。

污染是一个典型的经济外部性结果。**外部性**就是一项经济活动通过其溢出效应，给社会其他方带来的成本或收益。外部性既可以是正的，也可以是负的。污染所代表的就是一种负的外部性，或者称为**溢出成本**。虽然制造污染的企业付出了生产成本，如工资和能源成本，但是它们并没有承担全部的生产成本。一部分生产成本，尤其是污染，却外溢到社会中。制造污染的企业的会计账簿并没有考虑污染的影响。相反，社会以人们更差的健康状况和更低的生产力水平、更高的医疗花费、更大的清洁成本，以及建筑、森林、市容市貌的破坏等为代价承担了污染成本。其他的行业则以资本结构和机器设备受损、农作物和所需资源受损等形式承受环境污染。所有的外部性都使一项经济活动所产生的成本转移给其他企业或个人，这是不公平且不环保的。

在我们的生活中，并不是只有污染这种负外部性是普遍的。假设你住在新建的机场或公路附近，想想你会有多么郁闷。你将忍受由此产生的噪声污染。或者想想你住在一个重度污染区，驾驶在一条严重堵塞的街道或高速公路上，你会迟到，并很可能遇到突发事故，你承担的这些拥挤成本也是负的外部性。

不是所有的溢出成本都是由企业引起的。消费者也会产生负的外部性。一个明显的例子就是我们的汽车使用。众所周知，美国人喜欢汽车，但是他们不愿意合伙使用汽车或者乘坐公共交通工具。我们支付与驾车相关的成本：买车成本、保险、汽油费、汽车保养费用、税、驾照费用以及停车费用。而汽车尾气排放造成的空气污染则是社会承担的总成本的一部分。另一个例子是我们使用一次性瓶罐。消费者为购买的产品付钱，但是社会为垃圾、固体废弃物和对稀缺资源的无效利用埋单。所有的负外部性是指施加到没有从产品生产和消费中获益的其他人身上的消极影响。

溢出收益：一种正的外部性；经济活动转移给社会的收益。

经济新闻："经济发展的重要性何时超越了环境不公？"

倒入亚拉巴马州的灰烬是一种环境不公行为吗？在阅读了微观经济学——经济学和环境中的文章后，讨论二者孰轻孰重。

http://www.cengage.com/economics/econapps

外部性也可以是正的。我们称正的外部性为**溢出收益**。教育是产生溢出收益的典型。作为学生，你直接受益于你所接受的教育。如果你受过教育，你可能获得高收入，有一份自己喜欢的工作，有一个更加丰富的充满智慧的人生。社会也会因此受益。大学毕业生一般都是懂理的市民。他们不太可能长期失业，不太会犯罪，当然也不会暴力犯罪。他们通常有更高的生产力。所以，社会得到的这些溢出收益使大部分人认为社会通过税收负担部分教育费用是合理的。在下一章中我们将更加深入地探讨教育问题。

社会的另一个溢出收益来自儿童对一般童年时期疾病的免疫力。家庭支付注射和接种疫苗的费用，并因麻疹、天花和小儿麻痹症发病率风险的降低而获益。社会中的其他人也从中获益。其他的孩子，即使是没有接种疫苗的，也不太可能感染这些疾病，因为疾病不会变得如此盛行。没有接种疫苗的孩子的家庭没有承担任何成本却受益了。就更低的医疗支出而言，社会也从中获益。如果接种疫苗的孩子的家庭没有以某种方式从社会中得到补偿，那么它所负担的成本就是不公平的。

在本章，我们将有机会继续使用需求和供给模型，再次使用成本-收益分析来考察负的外部性的含义。我们以负的外部性引起的不公平和低效开始探讨。

不公平性

外部性将成本转移给那些不该为此负责的人，却使那些不该受益的人受益。我们注意到，大部分污染产生的溢出成本转移给了社会，包括其他企业在内。我们作为一个社会人，要么忍受环境恶化，要么用自己的税款为别人埋单。这种不公平的成本负担是污染最主要的经济特征之一。

无效的资源分配

不仅如此，外部性还会引起资源的低效分配。举一个简单的例子，如果存在负的外部性，我们会生产和消费过多的这种产品（资源在该种产品的生产上过度分配），如果存在正的外部性，我们就会生产和消费较少的这种产品（分配给该类产品的生产资源不足）。假设企业生产的某种产品会污染环境，污染对市场会产生什么影响？我们将 3 月份的某个星期乘坐飞机去巴哈马群岛度春假作为一种产品。

单一市场中污染的影响

以到巴哈马群岛的航空运输市场为例，我们定义污染是无法回收利用的废弃物。假设企业排放的污染量随着产出呈正比例增长。然而，由于地球本身可以吸收和再加工一定数量的废弃物（污染），所以低水平的产出不会带来溢出成本。如果污染量增长超过了地球自身可以承受的水平，就会引起污染并产生溢出成本。显然，经济学家和环境学家对市场的观点有着本质的区别，经济学家认为一定水平的污染是可以接受甚至是理想的。

首先考虑到巴哈马群岛的航空运输供给。假设地球本身可以吸收 2 000 单位的产出（旅客机票）所产生的空气污染，即如果产出大于 2 000 单位，就超过了地球的自净能力。（为了便于分析，我们假设 3 月份的特定星期乘坐飞机去巴哈马群岛的大学生就是所有去巴哈马群岛的人。）在产出超过 2 000 单位以后，就产生了负的外部性（没有被地球自然净化的污染）。

> **生产的社会成本：**
> 包括私人成本和溢出成本在内的生产的总成本。

假设图 2－1 的 S^P 曲线是私人市场的供给曲线。这条曲线是根据企业（航空公司）生产的私人成本得出的，并没有反映发生污染时所有**生产的社会成本**。生产的社会成本不仅包括生产者的私人成本（因为生产者也是社会的一部分），还包括社会其他方承担的溢出成本。S^S 曲线是社会供给曲线，这条曲线在图中的位置比私人供给曲线高（就纵轴而言）。每个产出水平对应的 S^P 和 S^S 之间的垂直距离为溢出成本额。

再看巴哈马群岛航线的市场需求曲线。需求反映社会中消费者对产品价值的评价，因为它代表了消费者愿意为到巴哈马群岛的机票支付的价格。图 2－1 中的 D 是市场需求曲线。

私人市场供给曲线和需求曲线在 5 000 单位数量（到巴哈马群岛的旅客机票）和 400 美元/人的价格处相交。但是，我们应该注意到社会供给曲线和需求曲线在 4 000 单位和 500 美元/人处相交。私人市场供给曲线使得产出过高，因为

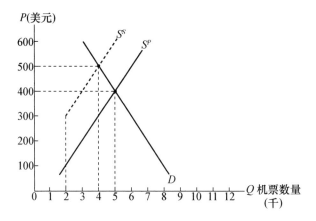

图 2-1　单一市场假设中，到巴哈马的春假航空旅行的污染分配效应

　　假设空气和噪声污染增加了社会成本，超过了私人的旅行成本。社会成本的增加使得私人市场均衡价格过低，导致了航空旅行资源的过度分配。

它是建立在过低的成本上的。当市场将产出决策建立在生产成本之上时，仅仅是根据生产的私人成本决定的，而不是根据整个社会的生产成本。但是，社会的最佳产出水平是基于整个社会的生产成本。因为我们希望使期望产量和整个社会生

资源过度分配：一种产品或服务的产量超过了社会最优数量。

产成本平衡。由于自由市场会导致产量过剩，我们说在该种产品的生产中存在**资源过度分配**。过量产出听起来似乎不是问题，但是想到社会资源是稀缺的就不一定了。一种产品的产量过多、超过了社会的需求（尤其是它还会产生污染时）意味着社会真正需要的产品产量过少。资源的低效分配意味着社会的偏好没有得到满足。

　　在图 2-1 中，社会理想的产量是 4 000 单位，超过这一产量就会产生污染。环境保护者的目标是杜绝一切污染，但是如果那样做，我们就必须将产量降低到 2 000 单位以下。**大部分经济学家认为，如果所有的成本都准确地反映在供给曲线上，而且社会的价值准确地反映在需求曲线上，那么市场就是有效或理想的。**但社会却看中那额外的 2 000 单位产出，甚至愿意承担随之而来的污染成本。在 2 000 单位（没有污染）到 4 000 单位（社会理想的产出）之间，需求曲线在社会供给曲线之上，说明相对于包括污染成本在内的生产成本而言，社会更加看重这些单位的产出。因此，经济学家不主张将产量减少到 2 000 单位以杜绝污染。（春假期间去巴哈马群岛的学生可以大大放心了。）

污染从一个市场到另一个市场的影响

　　现在考虑这样一种情形，假设资源在两个行业——造纸行业和啤酒行业之间

进行分配，用以了解一个行业企业的行为对另一个行业企业行为的影响。为了便于理解，图 2-2 画出了两个行业的需求曲线和供给曲线。首先，假设没有污染和溢出成本。每个市场的均衡价格 P 和产量 Q 是社会理想的价格和数量。现在假设造纸行业的企业认为要防止污染的成本太高了，然后它们将副产品和废水倒入附近的河流中。它们节省了生产成本，却引起了水污染。造纸行业私人生产成本的降低将使企业的供给曲线向右下方移到 S'（因为企业私人生产成本中不包括污染成本）。新的市场均衡价格和产量分别为 P' 和 Q'。在没有反映出污染成本的价格上，企业生产了过多的纸张。

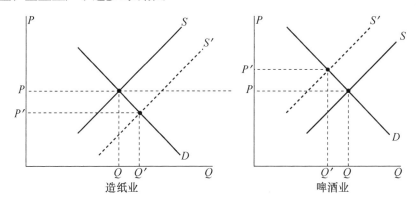

图 2-2　造纸和啤酒市场水污染的影响

在造纸行业和啤酒行业虚拟市场中，水污染导致资源过度分配到污染行业（这里指造纸行业）中。结果，其他行业（这里指啤酒行业）的资源分配不足。

啤酒行业在啤酒的生产中以水资源作为投入，所以它会受到造纸企业以上行为的负面影响。假设啤酒行业在同一条河的下游有酿酒厂。而被污染的水不能用于生产安全和美味的啤酒，那么之前处于青山绿水（这个词在你们大多数人出生以前才使用）环境中的啤酒生产企业不得不在酿酒之前净化水质。于是啤酒行业在净化水质的过程中就要付出额外的私人成本，这将导致啤酒行业的供给曲线向左上方移动到 S'。啤酒供给的下降使得均衡价格上升到 P'，均衡产量减少到 Q'。社会消费更少的啤酒，却要为此支付更高的价格。

资源分配不足：一种产品或服务的产量超过了社会最优数量。　　　这样，造纸市场的外部性不仅将成本转移到整个社会，而且还引起了其他市场资源分配的扭曲，即啤酒市场的**资源分配不足**。环境污染使社会消费了比实际上更多的纸和更少的啤酒。对大多数经济学家来说，污染（或者任何其他外部性影响）的本质问题是它导致了资源分配的扭曲。现在，**我们可以将前面的讨论进行如下总结：外部性引起了不公平性（不公正）和无效率性（资源分配不当）。**

环境政策和政治

空气和水污染当然不是一个新现象。在 1858 年，由于倒入泰晤士河的废水和垃圾，伦敦遭遇了一场"大恶臭"。我们总是倾向于沉醉在过去的环境更加清洁、更加美好的幻想中，但却忽略了过去人类环境史上的许多问题。历史留下了环境污染的印记。

虽然历史上有许多环境问题，但是对环境质量的广泛关注却是最近才出现的一个现象。它开始于 20 世纪 60 年代，主要是在美国和其他几个经济发达国家产生的。为什么人们对环境的关心出现得如此晚，并且发生在这几个国家呢？

第一，人口增长以及随之增加的产出大大增加了排放到空气和水中的污染物数量。这些污染物的数量不可避免地超过地球的自净能力，而且这种影响无处不在。维多利亚时期的英国城市满是灰尘，令人不适，而且危害居民的健康，但是中层阶级和上层阶级可以通过搬到一个舒适、偏远的乡村而很轻易地避免这些影响。然而，这种方法不再有用，因为偏远的农村也受到了污染。

第二，现在污染引起的危害程度比过去的几个世纪都要大。核废料和多氯联苯（PCBs）与使我们祖辈痛苦的污染物有显著的区别。复杂的技术已经产生了他们连做梦都想不到的污染物。两极冰盖正在融化、全球变暖的威胁千真万确，这些新闻所展现的问题严重性与过去几代人所经历的截然不同。

奢侈品：需求对收入变化高度敏感的商品。 第三，我们已经变得更加富裕，对环境质量的要求明显提高了。环境质量是一种**奢侈品**，或者说是一种需求对收入增加极度敏感的商品。一旦社会对食物、衣服和住宅的基本需求得到满足，市民就开始期望其他的事情，比如一个更健康、质量更高的环境。**人口增长、环境问题日益严重、收入的提高这三个要素解释了为什么环境运动最近才出现，同时也说明了环境运动是繁荣、经济发达国家的产物。**

环境立法

环境立法基于这样一个事实：除非政府积极采取行动，否则就会出现因外部性而产生溢出成本和资源分配不当。以利润最大化为目标的工商业企业不可能坚定地反对污染。大多数消费者也不会费力去减少污染，除非是被迫或者有人提供经济激励。

环境法规产生于一场基层群众运动，而且许多发起者都是当地人。在一场环境运动之后，芝加哥和辛辛那提在 19 世纪 80 年代就制定法律控制工厂和发电厂的烟排放。许多其他城市纷纷效仿。事实上，联邦政府在 20 世纪 50 年代以前并没有参与到控制空气污染中。1955 年的《空气污染法案》（Air Pollution Act）是联邦政府对研究这一问题的一项呼吁。随后制定了 1963 年的《清洁空气法》（Clean Air Act）控制空气污染，1970 年的《清洁空气法》制定了国家空气清洁标准。

那时，汽车尾气引起了人们的特别关注，盛行于城市的烟雾很大一部分是汽车排放的，这困扰着许多美国城市。《清洁空气法》在 1977 年和 1990 年进行了进一步的修订和强化，在之后的情况中，许多污染者（发电厂除外）被强制减少如水银、砷和铅等有毒物质的排放。克林顿政府在离任以前宣布，发电厂应当遵守《清洁空气法》，但是布什政府颠覆了这一决定。最终，法庭的裁定和诉讼结案要求：到 2011 年 11 月，发电厂必须减少它们的有毒物质排放量。这是环境组织和那些关心人类健康的人的一个伟大胜利。

环境保护署（Environmental Protection Agency，EPA）是 1970 年由行政命令组成的，负责管理所有环境法律。1972 年《联邦水污染法案》（Federal Water Pollution Act）授权 EPA 减少排放到国家水道的污染物。从此 EPA 的任务变成了加强对土地的保护和其他环境问题的司法管辖权。

拉夫运河的环境灾难事件使美国意识到有害废弃物问题。在整个 20 世纪 50 年代，胡克化学公司和塑胶公司以及一些联邦机构将废弃物倒入纽约尼亚加拉大瀑布附近古老的人工运河中。最后，垃圾堆被封埋了，在那个地方建了一所学校和进行房地产开发项目。有毒废弃物进入水系，最后流入雨水管道、公园、地下室和学校操场。作为对拉夫运河环境灾难事件的回应，1980 年的《综合环境对策、补偿和赔偿责任法》（Comprehensive Environmental Response，Compensation，and Liability Act）建立了"超级基金"清理有害废弃物。它还赋予 EPA 重要的执法权来鉴别承担清理成本的责任方。

近些年来，激进主义分子围绕美国和墨西哥的边界问题发表了环境恐怖言论。由于环境法规不完善、执行力度不强，有毒化学物已经布满土地和河流，对美国和墨西哥人民产生了极大的健康危害。《北美自由贸易协定》（North American Free Trade Agreement，NAFTA）消除了两国的贸易限制并于 1994 年开始实施，它包括一个意在保护环境的"附件"。正如我们在第 5 章"国际贸易"中将要讨论的，植入 NAFTA 中的环境保护在两国都没有得到充分的实施。边界地区骇人听闻的有关人类健康的故事偶尔会出现在报纸中。

因为联邦政府、州政府和地方政府都已经参与到环境保护的行列，所以解决好政府环境调控的合理水平这一问题很重要。许多人认为联邦政府是以脱离民众并对人民的需求置若罔闻为特点的庞大官僚机构。他们认为 EPA 对地方的需求反应迟钝，并且对地方的观点毫无敏感度。他们觉得地方或者区域的调控会更敏感、反应更快。国会的保守派代表一般都强烈反对联邦调控，包括那些保护环境的人。布什政府已经表示反对环境保护署提出的联邦调控和主动监管。

布什总统也支持在环境监管方面赋予州政府更大的决策权。讽刺的是，他也反对加利福尼亚州提出的建议，即以联邦政府的名义要求实行更严格的环境污染管制，在解决全球变暖问题上做领头羊。稍后我们会回到加利福尼亚州的讨论上。现在，我们注意到直到 2009 年 7 月，在新一届奥巴马政府领导下，EPA 才同意加利福尼亚州的要求，实行更加严格的管制。加利福尼亚州之所以在解决温室气体问题上走在前列，部分原因是联邦政府的回应不足。就在加利福尼亚州的汽车排放和里程标准规则被接受后不久，奥巴马总统宣布 2012 年起在全国开始实施类似的规则。

经济新闻："反污染标准应该加强吗?"
从经济学和环境角度阅读全文。
http://www.cengage.com/economics/econapps

虽然地方监管使政府更接近人民，但是联邦政府可能更适合实行环境监管。一个原因是，无论是空气污染还是水污染，都影响了附近的社区、州，甚至是国家。美国下酸雨，却损害了加拿大的财产，这已经成为两国间的一个热点话题。全球变暖、臭氧层空洞，还有生物多样性的消失，这些都是全球现象。

同时，地方社区以自身利益为行动准则，可能在制定控制空气和水污染标准时并不严格。只要忍受污染，它们就可以吸引产业并增加居民的工作机会。若是某些污染影响其他事务管理，地方就有动机降低对它们自己的污染源的监管。事实上，电力公司煤炭燃烧的高烟囱排放到大气层中的二氧化硫是产生酸雨的最主要原因。烟囱的建立必须遵循空气污染的地方标准，保护当地社区的利益，但是排放的污染物却损害了较远地区的利益。相对于从根源解决污染问题，地方社区曾经（现在仍然）认为排放污染物更加省钱。地方将问题推给他人，而不是解决问题。如果将监管留给各个地方政府和州政府，就会产生污染标准不一致和执行不严的问题，联邦立法则有利于使这些问题最小化。

此外，州与州之间的资源差异相当大。和任何一个州相比，联邦政府有更大的税收基础，更有能力为污染控制活动提供资金。它还能通过将富裕州的收入转移给贫困州，以减轻污染控制的负担。

我们将污染定义为外部性结果，从生产者和消费者外溢到整个社会。但是我们还识别出外部性的第二种形式，即"地理的"。**因为污染可以从一个地区传播**

到另一个地区甚至是整个世界，除非从包含所有受污染地理区域的层面解决这一问题，否则就会存在投入污染控制的资源分配不足。也就是说，既然污染控制政策可以有不同的政府标准，那么污染控制标准的最理想管辖范围是尽可能囊括所有的负外部性。因此，由国家甚至是国际社会制定污染控制决策最合适不过了。

监管方法

任何级别的政府机构都可以使用以下方法限制负面的环境影响：（1）标准；（2）污染费；（3）排污权许可证交易。

标准方法

首先来看制定污染控制的标准方法。这种方法是最容易明白的，也是由环境机构最先使用的。

标准：法律允许的最高的污染水平。

在**标准**方法下，建立最高的排污标准，超过了该标准就会遭受惩罚，通常是以罚款的方式。这样，企业就被迫遵守这些规则。

标准方法的逻辑很清晰，过程看起来也很简单，但是这个方法比它乍看起来要复杂。机构首先必须设定标准，然后要实施。另外，人们要持续考虑开发新技术的可能性，还要评估标准设立的程序。

绩效标准：指定绩效水平的要求而不是应当遵守的方法的监管方式。

设计标准：将绩效水平要求和服从方法具体化的监管。

标准方法可以分为绩效标准方法和设计标准方法两类。**绩效标准**将所要满足的绩效水平或服从水平具体化。它并不细化达到该水平的方法。监管机构可能要求企业在燃烧过程中减少10%的污染物排放，但不会具体规定达到这个标准的方法。**设计标准**则将绩效水平和实施方法都具体化。通过安装催化式排气净化系统来控制汽车排放量便是如此。绩效标准将服从标准的方法留给受监管的企业，比设计标准更加灵活，还可能会鼓励企业为了达到污染减排目标而进行新技术和低成本方法的研究。在实践中，两种类型的标准都会使用。

在设计标准的例子中，对催化式排气净化系统的要求受到许多人的批评。因为其价格高昂，旧汽车（产生的污染最多，通常达不到该排放设计标准）的排气系统达不到要求，也没有进行充分的检查。汽车制造商不愿设计可替代的引擎，或者是其他减少排放的技术。消费者没有少开车、更好地保养汽车，或使用低污染燃料的动力。由于这种排污标准要求使用催化式排气净化系统，阻碍了其

技术强制：强制企业使用特殊污染控制技术的标准。

他排放控制方法。**技术强制**的一般性问题是以更低价格控制污染的技术没有得到鼓励、开发和使用。

由于环境监管标准方法存在一些实际性问题，许多经济学家建议我们使用污染费和排污权许可证交易。这两种方法都比标准方法更加灵活，而且依赖市场来控制污染，比标准更加有效。现在我们来看看与标准监管相比，这些政策如何以较低成本达到我们的环境保护目标。

污染费

排污费：对引起水污染的生产活动征税。

排放费：对引起空气污染的生产活动征税。

污染费有两种类型：排污费和排放费。**排污费**是指对引起水污染的生产活动征税，**排放费**则是对引起空气污染的生产活动征税。如果污染费的征收数额至少等于社会溢出成本，收费就会纠正产生污染的资源过度分配。它通过给企业激励来改变企业行为达到控制污染的目的。企业要么付费，要么研究一个对环境污染较轻的新的生产程序。

我们回到图2-2产生污染的造纸厂。如果造纸厂继续制造污染，它必须支付排污费，排污费可以看成生产的额外成本。供给曲线将会向原来的供给曲线方向移动。排污费使消费者为污染者的产品支付更高的价格，他们就会减少消费。通过这些方式，消费者会承担一部分污染控制成本。如果企业选择消除污染，就要付出更高的成本，使供给下降。值得注意的是，污染费对技术没有强制要求。相反，它们激励企业寻找成本最低的技术来降低污染和费用。从执行和管理的角度看，污染费比标准方法更容易管理。从社会的角度看，污染费是成本最低的污染控制方法，因此，污染控制会更有效。

排污权许可证交易

排污权许可证交易：允许许可证的持有者排放一定数量污染的可交易的许可证。

排污权许可证交易，是将社会可接受的最高水平的污染分成一个一个的单位。政府发放允许企业在生产过程中排放一定单位污染的许可证。这些许可证可以购买和出售。它们最终会落入那些减污成本最高的企业手中。这种方法可以使污染控制的社会成本最低。

举例来说，假设在一个小的农村地区，有两个临河而立的农场，一个农场在山上，另一个则位于山谷中。河流在这两个农场之间流淌。对于山上农场的农民来说，要控制化肥和杀虫剂径流排入河流的代价很高。假设该农民阻止每单位污染排入河流的成本是100美元。（一单位可以是一磅、一吨或者是其他任何我们可以度量的污染量。）同时假设对位于山谷农场的农民来说，要控制径流成本相对低和简单，如每单位 10 美元。每个农民都分到两张排污权许可证，意思是每个农民都被允许排放 2 单位的污染到河流中。此外，我们假定正常情况下，每个农场会产生 4 单位的水污染。

政府可实行的方案之一是禁止每个农民制造的污染超过 2 单位。这意味着每个农民必须消除 2 单位的污染，对山上农场的农民来说成本是 200 美元，对山谷农场的农民来说成本则是 20 美元。社会最终会有 4 单位的水污染（而不是原来的 8 单位）和 220 美元的污染控制总成本（注意，两个农民都是社会成员）。这两个农民很可能会通过产品将他们的污染治理成本转移给消费者。

政府的另一个可行方案是给两个农民发放两张相同的排污权许可证，但是允许农民购买和出售许可证（也就是说，许可证是可交易的）。两个农民可能会同意每张许可证 50 美元。山上农场的农民会发现，如果以 100 美元的总价从山谷农场的农民那里购买 2 单位的排污权许可证继续排放 4 单位的污染更有利。山谷农场的农民发现将 2 单位的排污权许可证出售给山上农场的农民，从山上农场的农民那里获得 100 美元，然后花 40 美元来消除自身的 4 单位污染总量对自己更有利。最后社会仍然只有 4 单位的水污染（而不是原来的 8 单位），但是污染控制的总成本只有 40 美元。通过允许排污权许可证在市场上出售，可以防止相同数量的污染，却使污染控制的总成本最小化了。

联邦政府已经就空气污染对可出售的排污权许可证进行过实验。例如，1979年，EPA 以实验过的方式发放了第一张可出售的排污权许可证。最早的实验关注单个企业，看它们在生产过程中的各个阶段制造的污染。1990 年《清洁空气法》修正案扩展了实行排污权许可证的行业范围，为燃煤企业颁发了排污权许可证。尽管如此，EPA 实行排污权许可证的政策并没有取得很大进展。

加利福尼亚州在引入温室气体排放的可交易的排污权许可证方面大踏步走在前列，即《加利福尼亚州全球变暖解决法案》（California Global Warming Solutions Act），加利福尼亚州（由共和党治理、民主党立法，如果作为独立经济体，其 GDP 居世界第六）采取史无前例的措施将其每年的二氧化碳排放量减少了 1.74 亿吨。这意味着到 2020 年，主要温室气体的工业生产商将总排放量降低 25%。污染控制成本较低的企业可以将它们的排污权许可证出售给污染控制成本高的企业，这样可以激励企业发现污染控制最有效的方式，并为此受到奖励。加利福尼亚州估计全球变暖行动的额外收益是使全州增加 40 多亿美元的收入和 83 000 个新就业岗位。这些增长源于绿色科技的开发和能源成本的下降。如上所述，加利福尼亚州很快会进入更严格的温室气体排放监管。

排污权许可证和污染费是建立在激励机制上的监管方案，使市场的效率最大化。研究表明，这些方案是可行的。它们比标准监管更省钱，而且不会抑制技术进步。相反，它们还鼓励污染控制新技术的研发。

排污权许可证交易在总量管制和排放交易体系下具有更加重要的作用，这是众议院为控制促使全球变暖的温室气体排放通过的一项新法案。在详细评价全球变暖这一重要话题之后，我们会探讨这个法案。

气候变化

现在，冰川似乎移动得比谈判代表更快。

——约翰·柯奎伊特（John Coequyt），绿色和平能源政策分析师，2006年11月4日[①]

许多专家认为21世纪主要的环境问题就是温室效应，也称为气候变化。科学家一直在强调全球变暖是人类活动引起的严重现象。我们也知道，不管现在我们采取什么措施来解决全球变暖问题都为时已晚，我们已经来不及扭转将来的灾难性结果，虽然我们现在仍然在阻止更严重的灾难发生。科学家已经证实污染排放对全球变暖有影响，而且对温室气体排放量如果不减少将会发生什么这一假设做出了可怕的预测。尽管已经意识到这个问题，社会却不愿意处理问题。传统上认为，"冰川运动速度"这个词说明"移动得十分缓慢"，但绿色和平能源政策分析师引用了第12届国际全球变暖会议前夕的一句话，说明冰川移动得比我们所认为的快多了。我们只能希望美国及世界其他国家和地区现在可以对这个问题采取更负责任的态度。

二氧化碳是温室气体的主要组成部分之一，全球二氧化碳排放量见表2-1，其中还列出了世界二氧化碳排放量的前十位国家，以及世界各个地区和世界整体产生的二氧化碳量。

表 2-1　　　　　　2007 年世界二氧化碳排放量[a]，排放量前十位国家，各地区和世界排放总量

国家/地区	百万公吨/年	公吨/人/年
中国	6 104	4.7
美国	5 903	19.7

---

① Revkin A C. Talks to Start on Climate Amid Split on Warming. The New York Times, November 5, 2006.

续前表

国家/地区	百万公吨/年	公吨/人/年
俄罗斯	1 704	12.0
印度	1 293	1.2
日本	1 247	9.7
德国	858	10.5
加拿大	614	18.6
英国	586	9.8
韩国	515	10.7
意大利	468	7.9
北美洲	6 954	
中美洲和南美洲	1 138	
西欧	4 721	
东欧（欧亚大陆）	2 601	
中东	1 505	
非洲	1 057	
亚太地区	11 220	
世界	29 195	

a. 主要是矿物燃料的消费和燃烧。

资料来源：美国能源部能源信息署，2008 年 12 月 8 日发布，http://www.eia.doe.gov/pub/international。2007 年的数据是初步的。人均数据根据世界银行 2008 年《世界发展报告》中的人口数据计算得出。

值得注意的是，中国近年来超过美国成为世界上二氧化碳排放量最大的国家。中国每年排放 60 多亿公吨的二氧化碳，而美国的排放量则不到 60 亿公吨。中国和美国都远远地超过了其他国家，是排放量居世界第三的俄罗斯的三倍多。我们还发现，北美和亚洲（还有太平洋）地区排放量很大，而非洲大陆的二氧化碳排放量却很低。尽管如此，气候变化对世界上最贫困国家的影响却最大，包括非洲和南亚国家。例如，虽然越南的二氧化碳排放量很小，但是科学家担心，如果几十年内全球变暖使海平线上升 3 英尺，居住着 1 700 万人以及生产越南近一半大米的湄公河三角洲的 1/3 或更大面积会被淹没。与气候变化相关的风暴潮将导致盐水入侵，许多没有发生风暴潮的三角洲部分也会受到污染，越南中部高原气温的上升将使咖啡作物受到威胁，首都河内附近的大部分区域会洪水泛滥。环境保护对这个国家的穷人来说是一件奢侈品，二氧化碳排放量最大的那些国家很少关心本国地理区域以外的事情。①

① Mydans S. Vietnam Finds Itself Vulnerable if Sea Rises. The New York Times, September 24, 2009.

　　我们还应该注意表 2−1 中二氧化碳的人均排放公吨数。美国以年人均 19.7 公吨远远超过中国。（因为中国庞大的人口数量，所以中国的人均水平相对较低。）加拿大位居第二，二氧化碳的年人均排放量为 18.6 公吨。

　　由于美国是世界上第二大二氧化碳排放国，我们对美国的排放量如何随时间变化感兴趣。表 2−2 给出了 1980—2007 年的这些数据。值得注意的是，美国的排放量自 1980 年开始出现迅速增长（19%），但是，并没有出现稳步增长——1980—1985 年和 2000—2005 年都有所下降。尽管如此，美国的排放量在 2007 年超过了 2000 年的水平。当我们在家里开暖气、开车、购买二氧化碳排放企业生产的电和消费品时，我们都在制造二氧化碳。

表 2−2　　　　　　　　　　1980—2007 年美国主要年份二氧化碳排放量[a]

年份	二氧化碳（百万公吨）
1980	4 755
1985	4 585
1990	5 013
1995	5 293
2000	5 816
2005	5 776
2007	5 903

　　a. 从消费和燃料燃烧中排放的二氧化碳。2007 年数据为初步的。

　　资料来源：U. S. Energy Information Administration, Department of Energy, July 19, 2008. http://www.eia. doe. gov/pub/international/iealf/；World Bank. World Development Indicators 2009. Washington D. C.：The World Bank, 2009.

　　1997 年，在日本东京举行了一场国际峰会，这场峰会致力于减少全球变暖和其他环境问题。东京峰会的结果是签订了一个减少全球变暖的协议。《京都议定书》要求工业化国家大幅减少工业活动产生的引起全球变暖的吸热气体。当时，美国总统克林顿表示对该议定书表示支持。

　　布什总统在 2002 年才第一次承认人类活动的确会引起全球变暖。但是，布什政府反对《京都议定书》，并且拒绝签字，反而支持美国企业自发控制排污量。事实上，美国环境保护署 2003 年 8 月判定二氧化碳并非一种污染物，这扼杀了 EPA 对二氧化碳进行监管的机会。

　　2006 年，当最高法院裁定二氧化碳是温室气体，并且确实是污染的形式之一时，联邦政府和环境保护署要求获得更大的授权。如果这样做，最高法院就将赋予 EPA 决定温室气体是否危害社会安全和福利的权力。布什政府在接下来的几年里没有采取任何有效的行动，而奥巴马总统入主白宫之后，马上就限制二氧化碳排放并要求立法，众议院在 2009 年通过了一个主要的法案。

总量管制与排放交易

2009 年众议院通过的环保法案借鉴了之前的法案，它明确使用"总量管制与排放交易"概念。作为排污权许可证交易的一种形式，总量管制与排放交易要求污染者购买相当于他们污染量的"污染信用证"（或许可证）。这些污染信用证可以在市场上购买和出售，和我们之前讨论的排污权许可证一样，也可以由那些减污相对简单和成本相对低的企业出售给那些减污相对复杂和成本相对高的企业。污染将会以一种最有效和成本最低的方式减少。这个《气候法案》（Climate Bill）的其他方面包括要求大电厂、工厂和汽车制造业到 2020 年排放量比 2005 年下降 17%，到 2050 年比 2005 年下降 83%；到 2020 年，电力生产商从可再生能源中获得的能源不得低于 15%，新效率措施节省了 5% 的能源。

2009 年的《气候法案》只是一个开端。随着本书即将出版，这个法案必须得到参议院的通过和一个联合法案的承认。但是，这个法案具有历史意义——用马克·谢尔德（Mark Shields）在 Jim Lehrer 节目中的话来说，"它是一首史诗"①。它是首次通过法律手段设立二氧化碳减排标准的法案。

世界组织又一次承担了气候变化的责任。2009 年，八国集团（美国、加拿大、英国、法国、德国、意大利、日本和俄罗斯）一致同意提高缓解全球变暖的总目标，但是它们在满足环境学家要求方面无法达成一致，也没能将中国和印度等发展中国家纳入这一目标。现在正在制定计划继续会谈。

全球变暖是我们面临的一个环境问题，地球上有限的石油供给的消费则是另一个问题。作为一个国际环境问题，关注一般能源尤其是石油资源是有利的。

世界能源和石油

石油是一种有限的资源。正因为如此，我们必须想办法改变依赖石油的经济模式。美国一直以来都高度依赖石油进口，包括从中东进口石油。出于这些考虑，环保学家和其他人留意石油使用，并开始提供一些替代方案。

表 2 - 3 中列出全球石油消费量位居前十位的国家、世界各地区的消费量和世界石油消费总量。我们看到美国的石油消费量远远超过世界上任何一个国家，约是世界第二大石油消费国——中国的 2.5 倍。从地区来看，北美洲和亚洲（还有太平洋）的石油消费最多，而非洲国家的消费极少。

---

① Jim Lehrer Show, June 26, 2009.

表 2 - 3　　　　2007 年世界石油消费排前十位国家，各区域和世界消费总量

国家/地区	百万桶/天	桶/人/天
美国	20.680	7
中国	7.931	1
日本	5.007	4
俄罗斯	2.820	2
印度	2.800	~
德国	2.456	3
巴西	2.400	1
加拿大	2.365	7
韩国	2.214	5
墨西哥	2.119	2
北美洲	25.174	
中美洲和南美洲	5.980	
西欧	16.077	
东欧（欧亚大陆）	4.200	
中东	6.352	
非洲	3.078	
亚太地区	25.036	
世界	85.898	

资料来源：美国能源部能源信息署，2009 年 2 月 6 日发布，http://www.eia.doe.gov/pub/international/。2007 年的数据是初步的，人均数据根据世界银行 2008 年《世界发展报告》中的人口数据计算得出。

　　同样，表 2 - 3 的第二列数据是根据人口调整的。我们看到美国每天人均消费 7 桶油，基本上和加拿大一样。中国每天人均消费约 1 桶油。关于美国近年来石油消费量的变化情况见表 2 - 4。

表 2 - 4　　　　1980—2007 年主要年份美国石油消费量

年份	百万桶/天
1980	17.056
1985	15.726
1990	16.989
1995	17.725
2000	19.701
2007	20.680

资料来源：美国能源部能源信息署，2008 年 7 月 19 日发布，http://www.eia.doe.gov/pub/international/ielaf/。

　　石油的需求和供给自然会影响石油的价格。在石油市场上，影响需求和供给的因素有许多。虽然掌握在石油输出国组织（OPEC）手上的市场权力已不如 20

世纪 70 年代那么强大，但是这个包括 13 个石油出口国的组织仍然有可影响市场价格的权力。（第 6 章 "市场势力" 将更详细地讨论 OPEC，市场势力是指影响产品市场价格的力量。）OPEC 通过控制石油供给来行使其市场势力。当它认为价格合适时，通过设定每个成员国石油出口的份额，OPEC 可以限制石油供给（见图 2-3）。

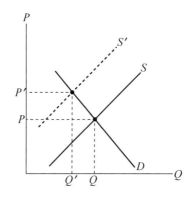

图 2-3　OPEC 国家世界石油供给的下降

当 OPEC 国家减少石油的国际供给时，数量下降到 Q'，价格上升到 P'。

在图 2-3 中，石油的国际需求曲线为 D，国际供给曲线为 S。假设 OPEC 提供的世界石油出口规模足够大，那么它就可以通过减少成员国的出口来减少国际供给，从而使国际供给曲线移到 S'。供给的减少将使石油的市场价格提高到 P'，国际出售的石油数量为 Q'。

当石油价格上升到较高水平时，美国政府也会将一部分石油存量投放到市场上。这部分投放的石油存量相当于图 2-3 中供给曲线的再次移动，这样就降低了价格。还有其他因素会影响石油价格。例如，2006 年夏天，英国石油公司宣布关闭阿拉斯加海岸北部相当大一部分产油田来解决管道的腐蚀问题。这引起石油供给的暂时性减少。与此类似，卡特里娜飓风降低了墨西哥湾附近几个州的石油生产力，伊拉克战争也降低了伊拉克的石油生产力。另外，石油需求曲线的移动也会影响石油市场的价格。人口规模扩大和生活水平的上升引起的石油需求上涨会被消费者刻意节约石油的使用所抵消。

表 2-5 给出了 1970—2007 年主要年份美国的石油价格。我们注意到在 1970 年，石油价格非常低，每桶只要 3.4 美元。到 1974 年，1973—1974 年的阿拉伯国家石油禁运（为了打击美国在阿以战争中支持以色列）引起石油价格猛涨约三倍，达到 10.38 美元/桶。到 1980 年，1979 年伊朗伊斯兰革命使出口到美国的石油数量下降，石油价格又涨了近三倍。20 世纪 80—90 年代，石油价格处于不

断波动之中，从 2001 年起，出现了显著的上升趋势。2007 年，石油价格达到每桶 67.94 美元，我们可以说石油价格自 1970 年已经增长了约 2 000%。你能想出是什么因素导致石油价格的长期上涨吗？

表 2-5　　　　　　　　　　1970—2007 年主要年份原油价格[a]

年份	价格（美元/桶）	年份	价格（美元/桶）
1970	3.40	2001	22.95
1974	10.38	2002	24.10
1980	28.07	2003	28.53
1985	26.75	2004	36.98
1990	22.22	2005	50.24
1995	17.23	2006	60.24
2000	28.26	2007	67.94

a. 美国炼油企业原油的综合收购成本。
资料来源：美国能源部能源信息署，2008 年 8 月 29 日发布，http://www.eia.doe.gov。

当然，汽油的价格反映了石油的价格，而且汽油价格才是使你们大多数人感到心痛的。表 2-6 列举了美国 1990—2007 年的汽油价格。我们看到汽油价格在 2005 年、2006 年和 2007 年有了一个很大的跳跃，正如你们大多数人痛苦地意识到的一样，美国在这段时期内某个时间某些地区的汽油价格超过了 4 美元/加仑。

表 2-6　　　　　　　　　　1990—2007 年美国零售汽油价格

年份	价格（美元/加仑）	年份	价格（美元/加仑）
1990	1.16	1999	1.17
1991	1.14	2000	1.51
1992	1.13	2001	1.46
1993	1.11	2002	1.36
1994	1.11	2003	1.59
1995	1.15	2004	1.88
1996	1.23	2005	2.30
1997	1.23	2006	2.59
1998	1.06	2007	2.80

资料来源：美国能源部能源信息署，2008，http://www.eia.doe.gov/pub/international。

你也许认为解决高油价的最直接方法就是实行价格控制（也称作价格上限）。我将在第 3 章"住房问题"中讨论价格上限的方案，但是这里我们要注意，政府禁止高价格这种方法并不如我们希望的那么有用。价格可能被人为地压低了，那么短缺就会成为必然结果。这些是 20 世纪 70 年代出于好心却没有经过慎重考虑而对汽油和其他能源产品实行价格上限的结果（我们将在第3章的附录中讨论）。我们将简单地思考一些替代政策。

案例一　俄罗斯石油危机案例

俄罗斯在艰难中安全度过了2015年寒冬，抱着对低油价的准备打算迎接2016年的新开始，但却被新年的新开始所伤。

世界石油市场经过二次冲击后，几年来一直处于需求呆滞状态。现在油价依旧处于跌势，高盛认为油价需要进一步下跌才能让采油商充分减产以重新平衡已经过剩的市场，国际油价进一步深跌，欧美原油期货盘中跌破每桶33美元。油价下跌的速度之快、幅度之大，真是令人瞠目结舌。

油价的下跌意味着俄罗斯石油出口的收入将进一步减少，俄罗斯2015年出口收入减少250亿美元，全国GDP下降2%，已陷入20年前所未见之衰落。由于经济危机的冲击，俄罗斯开始拟削减航天计划经费。俄罗斯副总理罗戈津曾宣布，俄罗斯将在月球上建立一个大型基地作为科技发展的一个大突破，但是由于国家收入减少便将此载人航天部分的支出削减了885亿卢布（12.2亿美元）至3 296.7亿卢布，但称建造飞向月球的飞船的经费不会受到太大影响。

自2015年9月以来，由于西方制裁进一步升级，俄罗斯从西方金融机构获得贷款受限，导致俄罗斯金融机构普遍面临融资难题，俄罗斯抵御金融风险能力弱的银行直接面临倒闭。俄罗斯为摆脱经济上的危机，加大石油的出口量，三次超越沙特阿拉伯成为对中国最大的石油出口国，目前将与印度进行合作，预计俄罗斯在未来10年间将向印度供应石油1 000万吨。油价目前已接近俄罗斯经济的承受极限。分析师认为，每桶30美元是重要关口。油价若跌至这一水平，俄罗斯财政体系将难以维持稳定。俄罗斯已大幅缩减财政开支，以应对卢布走弱和石油出口收入不断下降。倘若油价继续走低，俄罗斯将越发无计可施。俄罗斯作为重要的能源输出国，受到油价暴跌影响最为严重，使高度依赖能源出口的俄罗斯经济雪上加霜。企业利润被挤压，固定资产投资减少，财政收入锐减，政府支出大打折扣，这又势必会进一步恶化经济。除此之外，俄罗斯还面临石油开采危机，最近报道俄罗斯石油资源证实储量为140亿吨，以现在的开采速度，到2044年石油将会枯竭。目前产油国尚未达成减产协议，到石油资源耗尽的那一天，世界将变成什么样？目前俄罗斯石油探明可采储量为290亿吨，其中证实经济可采储量仅为140亿吨。2015年俄罗斯不含凝析气的石油产量约为5亿吨，按此开采速度计算，到2044年俄罗斯石油资源将再难开采。俄罗斯石油难采储量份额不断增大，如果开采效率没有提高，开采技术没有创新，传统石油储量开采速度将在 2020 年开始下滑。而这对俄罗斯的未来经济又是一大挑战。

资料来源：杨伊蕊. 俄罗斯再次内伤 油价暴跌. 新浪财经，http://finance. sina. com. cn/money/forex/20160701/085624888246. shtml.

其他国际环境问题

除了全球变暖和有限能源的使用，其他全球性问题还包括臭氧层空洞、滥伐森林、生物多样性消失和沙漠化等。过去的几十年中，与全球变暖问题相比，减少臭氧层空洞被认为是最成功的环境保护案例。大部分国家都能够就减少使用破坏臭氧层的氟氯碳达成一致。

然而，在处理发展中国家这些问题上，我们没有取得那么大的成功。滥伐森林、生物多样性消失和沙漠化，这些问题不仅有地方意义，也具有全球意义。国际债务危机（在第 10 章中详细讨论）和其他金融危机的后果是许多发展中国家被迫去执行一些能使它们得到的国际货币（如美元）最大化的政策。这些政策强调出口和非歧视性的外国投资。在获得出口收益的同时，不受监管的木材经营和扩大的农业种植导致滥伐森林，毁坏了树木和其他植被。为牛群寻找牧地的跨国公司从采矿经营中获利，扩大能源基础设施和其他投资，这也对发展中国家的森林产生了破坏作用。滥伐森林使吸收二氧化碳的植被变少，而焚烧森林则排放更多的二氧化碳，从而加剧了全球变暖。

此外，滥伐森林还有其他负面影响。它会使处在热带雨林环境中的动植物物种灭绝，从而导致珍稀生物多样性的消失。滥伐森林破坏了植被，使土壤受到风雨的侵蚀，引起水土流失，从而降低曾经高产耕地的肥力。荒漠化正是这样形成的，当防护林被砍伐时，沙漠里的沙子就会进入以前肥沃的土地，发生荒漠化。在依赖粮食生产的撒哈拉以南非洲地区国家，滥伐森林和土地肥力丧失都是十分严重的问题。

既然世界其他国家在影响全球变暖和生物多样性的人类活动中都有责任，它们也应该帮助发展中国家减少滥伐森林的需要。

滥伐森林不是发展中国家唯一的环境问题。工业污染也是一个问题。全球最臭名昭著的一个工业污染例子发生在 1984 年，当时美国联合碳化物公司在印度博帕尔的子工厂有毒排放物意外泄漏，致使 1 000 多人死亡、200 000 多人受伤。这是当时有史以来最严重的工业事故。两年之后，苏联 1986 年切尔诺贝利核事件官方报道的死亡人数有 3 576 人，但是乌克兰的一个环保组织——绿色和平组织在 1995 年估计这场事故的死亡总人数接近 32 000。许多人死了，受伤的则更多，有些人现在还抚养着残疾的孩子，乌克兰和附近国家的污染直到今天还在继续。

这两起案件对他们人生造成的损失是巨大的，但是影响发展中国家消费者和工人的商业污染实例每天仍在发生。为了努力吸引外国投资，环境监管经常蓄意松懈。事实上，这就是发达国家公司经常涌向发展中国家的原因之一，不健全的最低环境保护法和劳工保障使产品的生产成本更低。之前提到的北美自由贸易区就是一个很好的例子。即使附件与环境保护法具有同等效力，劳工保障也写入了《北美自由贸易协定》中，但是这些监管都没有实施，还存在的问题就是在美国明令禁止使用的杀虫剂却出口到中美洲国家，污染了当地的地下水，还损害了当地农民的健康。类似地，美国废弃物和环境污染产品经常被运到其他国家。

最后，战争是对全球环境的极不尊重，例如，2006 年 7 月以色列对黎巴嫩的轰炸引起的浮油覆盖了黎巴嫩 85 英里的海岸线，这阻挡太阳光照进水里，使许多鱼类吃的微小植物死去。当这些油沉到地中海海床的时候，用污泥覆盖了海洋生物并使生活在海床的植物和鱼类死去。当石油仍旧渗入地中海的时候，清理工作却因以色列为期一个月的轰炸和封锁不得不放缓。联合国表示要将渗入的石油清理干净至少需要一年时间，花费 6 400 万美元。

显然，全球污染问题还有很多因素需要考虑。

环境政策评价

污染影响我们的生活。防止或减少污染的政策也会影响我们的生活。不管监管者采用什么方法，监管都会提高企业的生产成本，提高我们为所购买的商品支付的价格。当然，这些政策也会带来更高质量的空气、水和土壤。这些政策必须是有效的。评价所有类型公共政策的一个框架是成本-收益分析法。

| **成本-收益分析法：**比较一项政策或一个项目的成本和收益的方法。 |

成本-收益分析法就是系统地比较一个项目所有的成本和收益。当且仅当收益大于成本时，这个项目才是可行的。从环境的角度来看，我们分析的是环保项目的成本和收益。这些项目的成本是政府在监管商业、实行公共回收计划以及其他减少或清除污染活动所产生的成本。商业企业也会产生环境保护成本，如果它们采用较贵但是污染较轻的工序，它们增加的成本就是环境保护成本。如果它们使用污染较少但是更贵的原材料，成本的差异仍然是环境保护成本。如果它们安装和维修

污染控制设备，例如烟囱里的洗烟器，也会产生环保成本。如果消费者安装高效、污染少的壁炉和其他家用电器，或者遭受回收利用产生的支出和不便，他们都要承担环保成本。环保成本是政府、企业和家庭支付的所有这些成本的总和。

环境保护的收益是由此带来的环境质量的提高。这些收益中有的是可以量化的。比如空气污染减少了，我们就节省了清洁成本。当酸雨不再破坏建筑时，企业节省了维修费用。当人们不再遭受由污染导致的疾病痛苦时，我们节省了医疗成本。

然而，许多环保项目的收益并不能用金钱来衡量。健康状况改善和寿命的延长等个人收益远远超过了节省的医疗成本。热带雨林生物多样性可能会产生人类至今仍未发现的好处。我们无法为可能被污染得不能钓鳟鱼的溪流或者游泳的湖泊估价。

在调和环保的成本和收益时，我们必须有远见卓识。我们必须考虑金钱和非金钱的环保收益，同时也要考虑环保给当代人和子孙后代带来的利益。事实上，我们偶然发现了另一种外部性。我们将污染定义为负的外部性，是外溢到整个社会的成本。我们也注意到外部性的第二种形式，也就是地理性——一个地区将污染扩散到其他地区甚至是整个世界。跨期是外部性的最终形式，一代人制造的污染将影响其子孙后代。**除非当代人可以满足后代人的需要，否则由当前环境污染而引起的资源配置不足会导致我们的子孙后代无法生存下去。**

保护和循环

生产者制造的污染是环境问题的一个重要方面，但是消费者也应对该污染负责。我们不断加速耗尽石油等不可再生资源，导致更多的温室气体排放，而且我们消费的产品和服务数量也是前所未有的。

在许多人指责发展中国家人口过度增长的时候，事实上发达国家才是最大的环境破坏者。美国最为明显。美国人口仅占世界人口的 5%，却消耗了世界能源的 20%，二氧化碳排放量占世界的 20%，消费占世界产出的 27%。与此形成鲜明对比的是，代表了 20% 世界人口的低收入国家，却只使用世界能源的 5%，二氧化碳排放量仅占世界的 2%，消费只占世界产出的 2%。[1] **既然美国是一个消费**

---

[1]　根据以下数据计算：World Bank, World Development Indicators 2009（Washington D. C.：The World Bank, 2009）。数据为 2005—2007 年。

主义的国家，美国社会应该比其他人口过多的贫穷国家更加注重环境保护。 一次性消费心态、计划作废和不必要的生产以及危害生态的产品就是我们社会的特点。与这种态度截然相反的是保护和循环。首先我们看看保护经济学，然后再学习循环经济学。最后检验消费者减少污染的几个创新政策。

保护经济学

这部分是特别针对学生而写的，是为了让大家明白如何从个人层面解决环境问题。首先，我们一起回顾第 1 章的需求定律。价格和需求量是负相关的。消费者在低价格下会比在高价格下购买更多的产品。所以一种商品价格的上升会导致该商品消费量的下降，而价格下降则会导致消费量的上升。市场可以成

> **补贴**：政府为某种特定行为付款，比如说回收。

为一个鼓励保护的机制。政府可以通过征税或者提供**补贴**向市场施加影响，补贴是指向某种商品的消费者或生产者付钱。

我们首先假设一个汽油市场，来看几个相关政策的例子。环保人士强烈反对美国成为世界上最大的石油消费国。我们的许多石油都是以汽油的形式消费，为轿车、越野车和轻型卡车提供动力。美国每加仑汽油的价格低得不合常理，因为价格没有根据污染成本和自然资源的消耗进行调整。美国汽油价格比其他工业化国家低得多，这些国家对汽油征收比美国更高的税。征税提高了每加仑能源的价格，刺激消费者节约石油。而所有的激励因素构成了所有的经济学。

在图 2-4 中，假设有两个国家，它们在汽油市场上具有相同的需求和供给曲线。因此，每个国家起初的均衡价格是 2 美元/加仑，均衡数量为 400 万加仑。

国内消费税是产品销售者必须向政府支付的额外的生产成本，所以国内消费税会引起供给下降（供给曲线向左上方移动）。

现在假设第一个国家（低税国）对每加仑汽油征收 1 美元的税，第二个国家（高税国）对每加仑汽油征收 2 美元的税。低税国的供给曲线向左上方移动了 1 美元/加仑，到 S'（两条供给曲线的垂直距离就是税收）。对于消费者来说，新的均衡价格是 2.5 美元/加仑，新的均衡数量是 300 万加仑。征税使得价格略微上升，并导致石油的消费量减少了 100 万加仑。

在高税国，供给曲线向左上方移动了 2 美元/加仑，到 S''（同样，两条供给曲线的垂直距离就是税收）。新的均衡价格是 3 美元/加仑，新的均衡数量是 200 万加仑。征税使得价格出现较大幅度的上升，并导致石油消费量下降了 200 万加仑。在这两个案例中，消费量下降了，但是汽油税高的国家消费量下降得更多。

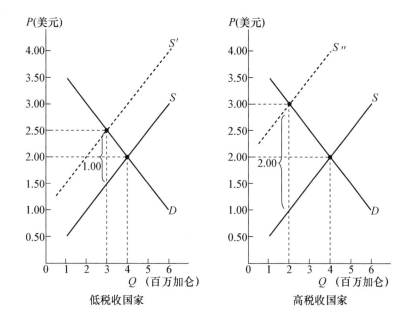

图 2-4　征税对汽油价格和销售的影响

　　较高的汽油税（2 美元/加仑）导致汽油消费量只有 200 万加仑，比较低的汽油税（1 美元/加仑）更能鼓励节约汽油。

　　保护是怎样产生的呢？有许多种方式。司机不会为了一段无谓的路程而开车。如果可以，他们更愿意乘坐公共交通工具。他们还可以合伙用车。当购买一辆汽车时，他们会比较不同汽车的燃油效率，并在购买决策中将这一信息看得十分重要。**较高的汽油价格会驱使每个人做出许多独立的节约汽油的决定。**相反，低价格会鼓励人们浪费汽油。但是，美国人不会将选票投给承诺提高汽油税的政客，虽然从长期来看这样做是最有利的。

　　然而，除了政治问题之外，汽油税还会引起其他的问题。在美国，穷人常常将收入的较高比例花费在汽油上（富人除了购买汽油之外，还会购买许多其他的东西，并且会将收入的很大一部分储蓄起来）。低收入消费者经常开较旧、耗油量较多的车。他们不会像高收入者那样频繁换车。上下班的路程也更远。提高汽油税将加剧高油价对低收入人群的不利影响。对穷人的税收减免可能是修正这种影响的方法之一。

　　农业政策是使用经济刺激来保护稀缺资源的其他体现。农业政策的一个方面是通过使土地退出农业生产而减少农产品供给。政府向农民提供补贴，让他们不要耕作土地。要求易受侵蚀的土地退出农业生产具有生态上的意义，对于那些得到补贴离开不宜进行农耕的土地的农民也是有好处的。此外，阻止政府向在湿地和其他环境脆弱土地上耕种的农民支付也是有意义的。

保护的基本思想是，税收提高市场价格，由此导致保护行为的产生。**与税收相结合的市场是实施保护政策的有效工具。**

循环经济

节约和重复使用某些自然资源是有可能的。许多社区和企业已经开展回收项目来减少土地和资源压力。循环有许多种方式，并对经济有多方面的影响。

经济新闻："我们怎样让人们回收更多物品？"

除了本文给出的这些，你还有哪些想法？进入微观经济学——点击经济学和环境。

http://www.cengage.com/economics/econapps

美国不同地区的回收项目有差异。社区一般回收铝和报纸。一些社区也会回收硬纸板、杂志、锡罐、玻璃、塑料、金属废品和废油。人们也可以回收使用过的打印机油墨盒。回收使得这些商品变废为宝。随着人口的增长，我们制造的废弃物也在增多，垃圾场都被塞满了。人们认识到，以前丢进垃圾场的各种东西（包括有害废弃物）对环境是有害的，污染了土地和水供给。

虽然现代的、高技术的垃圾场如果地点合适、监测合理，对环境是安全的，但它们的使用也是有争议的。如果你密切注意地方政客对合适的新垃圾场选址的争论，你就会意识到这个问题。没有人希望垃圾场在离自己家很近的地方，市民团体联合起来反对垃圾场选址方案。因此，通过回收减少垃圾数量是一个较垃圾填埋更受欢迎的选择。

回收项目面临的两个最迫切问题是：（1）激励消费者和企业回收；（2）为可回收的物品挖掘市场。

回收动机

研究发现，如果回收方便，人们更愿意回收。到消费者家里收集废旧物品（路边回收）或者建立许多住宅区（或校园）回收点可以使回收更简单、更方便。

虽然有的人是出于环保意识而回收，但是多数人愿意这么做仅仅是因为有足够的经济动机。这些动机有各种各样的表现形式。

许多家庭向公共或私人的垃圾收集中心支付一定的废弃物处理服务费。一个家庭每月可能要为垃圾集中处理支付 10 美元。不管一个家庭每周扔 1 包垃圾还是 12 包垃圾，收费都是一样的。因此，人们没有动力减少需要集中处理的废弃物。

同时，一些社区以家庭丢的垃圾包数或箱数收费。每包垃圾 2 美元的价格为减少垃圾包数提供了一种激励。通过购买包装较少的产品或回收、再利用废弃物，家庭可以减少开支。虽然这种方法在鼓励消费者回收上有广阔前景，但是它们也会产生一些不那么理想的效果。一些人可能会通过一些不合法的方式来处理垃圾，如将垃圾倒在空地或者路边，或者是自己焚烧。

　　在另一种激励制度下，政府为产品的回收制定一个目标，生产者负责保证回收他们的产品。生产者必须向回收其产品的企业购买"信用额度"。例如，如果报纸的目标回收率是 50%，地方报社就必须为其发行的每 1 000 英镑的报纸买 500 英镑的信用额度。报社将从企业，如硬纸板箱厂家购买信用额度，硬纸板箱厂家可以使用旧报纸生产产品。因为报社为硬纸板箱厂家使用旧报纸付费，后者就有动力使用回收的旧报纸，而不是用新纸浆。

　　回收信用额度的价格由市场力量决定。如果硬纸板箱厂家可以以低成本使用旧报纸，信用额度的价格就较低。如果第二家企业可以以更低的价格使用旧报纸，那么它将以更低的价格向报社出售信用额度。报纸最终将进入使用成本最低的企业，而且使社会的回收成本最小化。就像税收和补贴一样，对于废品处理行业中的一些烦琐项目，回收的信用额度相当有用。最后一个通过回收减少废弃物的经济激励的案例是饮料瓶存放，美国有几个州对此有法律要求。消费者在购买啤酒或苏打水的时候，为每个罐子或瓶子支付 5 美分或 10 美分的存放费。当消费者将容器还给商店或回收中心的时候，存放费就会退还给他们。类似的情形也出现在存放牛奶和水的塑料容器中。研究表明，收取饮料存放费的州回收的容器比没有存放费的州多得多。**概括来说，经济刺激可以激励我们回收和再利用可延长资源和土地寿命的材料。**

可回收产品的市场

　　回收计划所面临的一个严重问题是缺少可回收材料的市场。旧报纸可以用于造纸或做硬纸板，或者用作动物的草垫，玻璃可用作铺路沥青的添加剂，其他的可回收材料也有类似用途。但是使用回收产品进行生产的企业经常会面临需求不确定的市场。所以它们可能会中止可回收材料的购买，回收中心要为这些材料建立一个仓库。当我们将可回收物品放到废旧回收点时，我们认为这些物品会得到合理的利用。事实上，有时候它们会进入垃圾场，因为没有人使用。EPA 已经为地方政府发展可回收物品的额外市场提供了许多资助。消费者、政府单位、企业必须被给予足够的激励去选择使用可回收材料生产的产品。许多人不愿意购买用回收材料生产的产品（例如，翻新的轮胎），因为他们觉得这种产品的质量不如使用新材料生产的产品。如果使用回收材料和新材料生产的产品之间有质量区别，市场力量就会产生与质量差异相一致的价格差异。最后，我们必须提出一个问题：当回收使用的资源在生产过程中总会产生不良副产品或者在回收产品缺乏安全性的情况下，回收就不是一个环保的选择。

创新政策

从 2003 年开始，驶入伦敦市中心的车主每天必须为这一特权支付 8 美元。到 2007 年，特权费则增加到 15 美元/天。尽管对这个政策存在争议，但这个政策的目标就是减少伦敦中心市区的车流量，缓解交通拥挤，为公共交通筹集资金。那些支持这项政策的人认为污染成本应该由制造污染的人支付，因此要给他们改变行为的动机。虽然人们对这项政策有争议，但是它表明一些政策措施可能会驱使美国的车主降低市区拥堵程度。汽油税已经开始讨论就是一个例子。其他的政策呢？如果城市暂停建设停车场并提高停车费，而不是建设更多的停车场使停车价格最低，那会怎样？如果城市暂停道路建设而不是拓宽道路、建设新的道路，那又会怎样？如果市政府认识到减少交通拥堵、污染和资源消耗的正外部性并为此提供补贴（这样使公共交通价格更低或者免费使用，从而对消费者更有吸引力），而不是期望城市的公交车和地铁（以及出租车公司）能够自给自足（盈利），那又会怎样？这些想法中，可能有的想法并不可行，但却使我们质疑是否更多的停车场和高速公路会弄巧成拙，使交通更加拥挤而不是拥挤得到缓解。所有这些使用激励机制的想法都是为了减少人们对汽车的依赖。

你读过阿尔·戈尔（Al Gore）的书——《难以忽视的真相》（*An Inconvenient Truth*）吗？这本书和他的那部全球变暖的电影是一个系列的。这本书使用再生环保纸，并声称纸张是"碳中性"的。这意味着其出版商 Rodale 在生产这本书的时候，使用了一个碳抵消体系弥补能源资源。换句话说，出版商负担了使用清洁能源资源生产的经费，以此弥补在生产、印刷和运输此书的过程中所使用的"清洁度较低"的能源。[①]

这会对你有何影响？是的，你也可以变得"碳中性"。越来越多的消费者对自己使用运动型多功能车和其他污染物品感到内疚，他们去网上购买碳抵消。通过在网站上使用一个碳抵消，你可以计算开车（或乘坐飞机，或者使用空调和家庭供暖设备）所产生的二氧化碳量，购买一个碳抵消就是向生产同样数量的无污染能源迈进了一步。碳抵消可能会补贴现存的清洁能源生产，会为新的风力涡轮机和太阳能集热器提供资金。你会有一个良好的周边环境。Ben & Jerry's 为其生产和零售经营购买碳抵消，滚石乐队必须为其音乐会的碳中性购买碳抵消。即使《气候法案》已经获得参议院通过，并在早期适用碳抵消这一概念，但一些人认

---

① Donadio R. Saving the Planet, One Book at a Time. New York Times Book Review, July 9, 2006.

为碳抵消是一个诡计,使消费者对他们制造的污染不那么愧疚,其他人则认为这是一个促成变化的机会。在整个环境友好型生活方式下,那些使用碳抵消的人无疑是坚定的、有效的保护者。(本章末的"讨论和问题"中有推荐的碳抵消网站列表①,还有你可以参与的其他保护活动。)

环境政策对美国经济的影响

环保运动和环境政策不是毫无争议的。环境监管增加了美国企业的成本,也因为对美国经济产生负面影响而备受指责。反对者认为环境监管通过增加成本导致通货膨胀,通货膨胀是平均物价水平的普遍性上涨。他们还认为环境监管减少了国家产出,因为监管所导致的生产成本的增加使失业率上升,低产出水平需要的工人更少了,虽然太阳能、风力、地热和其他可再生能源企业创造了就业岗位。此外,批评者还指出,由于产量下降,经济增长即国民产出的增长也会减缓。与国际上的同行业相比,美国企业竞争力更小,因为它们比许多国外企业面临更严格的环境监管。这当然是《北美自由贸易协定》早期提出的争议。

其他人认为由于污染企业减少的工作机会可以被受污染企业增加的工作机会抵消(还记得造纸行业和啤酒行业吗?),事实上工作机会是增加的。更进一步地,在污染控制和新技术开发中也会产生工作机会。另外,继续依赖有限的资源最终只会提高使用这些资源的成本。我们要将第 1 章介绍的生产可能性曲线铭记于心。虽然环境保护的短期成本会影响经济,但是我们知道,如果在长期中没有环境保护,随着资源的耗竭,生产可能性曲线实际上会向内移动。这与经济增长是背道而驰的。因此,环境保护的长期和短期收益都应当和短期成本一起考虑。

污染控制的国际形势

正如地方政府不会有效地控制影响国家的地方污染一样,各个国家也不会有效地控制影响世界的国内污染。如我们所见,应当由所有承受污染负溢出效应的国家代表所组成的决策集团来制定环境政策。诸如生物多样性消失、臭氧层空洞和全球变暖等环境问题是国际问题。因此,国际行动是必要的。

---

① 更多信息来自 Anthony DePalma. DePalma A. Gas Guzzlers Find the Price of Forgiveness. The New York Times,April 22,2006。

各国举行过主要的国际环境峰会试图解决部分环境问题。参与者模仿国际贸易条约建立环境条约，并努力改革和强化联合国处理环境问题的权力。第一次国际问题峰会是 1992 年巴西的里约热内卢地球峰会。这次峰会的两个成果分别是解决全球变暖问题的《气候变化框架公约》，以及保护脆弱物种和自然环境的《生物多样性公约》。当时，布什总统拒绝在《生物多样性公约》上签字，却签署了《气候变化框架公约》。

另一个重要的国际峰会于 2002 年在南非的约翰内斯堡举行，距第一次峰会有 10 年。这次峰会的主题是"世界峰会——可持续发展"，为政府、联合国机构、全球金融机构、非政府组织和致力于发展中国家可持续发展的其他组织提供了一次机会。来自世界各地的几十万人参加了这次峰会，制定了新的贫困和发展援助目标。随后，2005 年年底，联合国大会通过了一项决议，重新确定可持续发展的目标，声明"发展本身是一个中心目标。可持续发展在经济、社会和环境方面构成了联合国活动总体框架的核心因素"。[1]

除此之外，还有其他国际环境问题峰会，包括我们已经提过的 1997 年的日本东京峰会，2008 年在东京举行的第一届年度世界学生环境峰会。这次峰会有来自世界多个国家的 50 多名学生代表参与。

最后，千年发展目标形成了一个坚定的确保环境可持续性的全球立场。8 项千年发展目标是根据 2000 年联合国 189 个成员进行调整得出的。这些目标包括到 2015 年在消除贫困方面取得重大进步和其他人类发展目标的承诺。这是目前为止结束世界贫困的最强烈的国际承诺声明，而且正好包括可持续发展这一重要概念。需要特别指出的是，千年发展目标第七项包括"将可持续发展原则融入国家政策和方案"，并"扭转环境资源的流失"。

作为地球上的居民，我们可以采取的一个措施是鼓励政府支持保护地球环境的国际措施，同时通过可持续发展使世界上最贫穷的国家摆脱贫困。

最后的提醒

你们大学是否有环保协会？如果没有，你愿意去创建一个这样的组织吗？一切皆有可能，你可能想到发起一个校园回收计划。除了回收纸张和硬纸板之外，你的团队可以放一些收集玻璃、金属和废旧打印机油墨盒的容器，以回收这些废旧物品。

---

[1] 一项决议被联合国大会通过，见 2005 World Summit Outcome，October 24，2005。

专栏一 联合国千年发展目标

联合国千年发展目标是联合国全体 191 个成员一致通过的一项旨在将全球贫困水平在 2015 年之前降低一半（以 1990 年的水平为标准）的行动计划，2000年 9 月联合国首脑会议上由 189 个成员签署，正式做出此项承诺。

主要的八项目标包括：

1. 消灭极端贫穷和饥饿：

靠每日不到 1 美元维生的人口比例减半；

使所有人包括妇女和青年人都享有充分的生产性就业机会和体面工作；

挨饿的人口比例减半。

2. 普及小学教育：

确保不论男童还是女童都能完成全部初等教育课程。

3. 促进两性平等并赋予妇女权利：

最好到 2005 年在小学教育和中学教育中消除两性差距，最迟于 2015 年在各级教育中消除此种差距。

4. 降低儿童死亡率：

5 岁以下儿童的死亡率降低三分之二。

5. 改善产妇保健：

产妇死亡率降低四分之三；

到 2015 年实现普遍享有生殖保健。

6. 对抗艾滋病病毒以及其他疾病：

遏止并开始扭转艾滋病毒/艾滋病的蔓延；

到 2010 年向所有需求者普遍提供艾滋病毒/艾滋病治疗；

遏止并开始扭转其他主要疾病的发病率增长。

7. 确保环境的可持续能力：

将可持续发展原则纳入国家政策和方案，扭转环境资源的流失；

减少生物多样性的丧失，到 2010 年显著降低丧失率；

到 2015 年将无法持续获得安全饮用水和基本卫生设施的人口比例减半；

到 2020 年使至少 1 亿贫民窟居民的生活有明显改善。

8. 全球合作促进发展：

进一步发展开放的、遵循规则的、可预测的、非歧视性的贸易和金融体制，包括在国家和国际两级致力于善政、发展和减轻贫穷；

满足最不发达国家的特殊需要，这包括对其出口免征关税、不实行配额，加强重债穷国的减债方案、注销官方双边债务，向致力于减贫的国家提供更为慷慨的官方发展援助；

满足内陆国和小岛屿发展中国家的特殊需要；

通过国家和国际措施全面处理债务问题，使债务可以长期持续承受；

与发展中国家合作，为青年创造体面的生产性就业机会；

与制药公司合作，在发展中国家提供负担得起的基本药物；

与私营部门合作，提供新技术特别是信息和通信技术产生的好处。

联合国评估千年发展目标进展，并通过以可持续发展目标为核心的 2015 年后发展议程，指导未来 15 年的国际发展合作。2015 年 7 月 6 日联合国发布的《千年发展目标 2015 年报告》显示，国际社会已基本实现将全球极端贫困人口减半、小学教育性别均等、将无法持续获得改善的饮用水源的人口减半等具体目标，但仍有部分发展目标尚未完全实现，需要今后继续努力。

联合国秘书长潘基文指出，国际社会现在需要做的是弥补差距，从实现千年发展目标过程中吸取教训，作为将来取得进展的"跳板"。在已取得成功势头的基础上，努力完成千年发展目标所开启的工作。联合国负责经济和社会事务的副秘书长吴红波表示，千年发展目标中未完成的事业将在可持续发展议程中继续实践，直到所有目标都得以实现。

资料来源：百度百科；综述：联合国千年发展目标成果显著但未完全实现. 新华网，http://news.xinhuanet.com/world/2015 – 07/07/c_1115841125.htm.

专栏二　中国经济发展中的环境政策

关于中国在环境保护方面的政策，2016 年是国家出重拳治理环境的一年，环保风席卷全国，不少企业因此被罚款、限产、停产。那么 2016 年对我们影响最大的环保政策有哪些呢？

1. "史上最严"大气污染防治法正式实施

2016 年 1 月 1 日新修订的《大气污染防治法》正式实施，这也是新《环境保护法》通过后修订的第一部单项法。

该法明确提出政府部门要加大对大气污染防治的财政投入，并对省、自治区、直辖市大气环境质量改善目标、大气污染防治重点任务完成情况进行考核，把环境治理与经济发展提升到同等重要的水平。新修订的《大气污染防治法》取消了原来《大气污染防治法》对造成大气污染事故罚款 50 万元上限额度的规定，变为按倍数计罚，并提出按日计罚。专家表示，这是重点治霾的具体体现，必将对污染企业产生巨大的震慑作用。

2. 修订施行了 8 年的《水污染防治法》

2016 年 6 月 12 日，环保部网站发布《水污染防治法（修订草案）》（征求意见稿）及其编制说明。这是 2008 年修订的《水污染防治法》施行 8 年以来的较大规模修订。

修订主要内容有：加强流域水污染联合防治与生态保护，规定建立重要江河、湖泊的流域水环境保护联动协调机制，组织评价，实施生态修复工程；完善水污染防治监督管理制度，做好排污许可与总量控制、达标排放等制度的衔接，完善环境监测制度，并建立有毒有害水污染物名录；强化重点领域水污染防治措施，特别是工业废水、地下水污染、农业和农村水污染、船舶污染防治方面，分别实施针对性的措施；未监测工业废水最高可罚 20 万元。

3. 制订《重点行业挥发性有机物消减行动计划》

2016 年 7 月 8 日，工信部、财政部发布《重点行业挥发性有机物削减行动计划》（简称《计划》）。

根据《计划》，到 2018 年，工业行业有机废气 VOCs 排放量比 2015 年消减 330 万吨以上，减少苯、甲苯、二甲苯、二甲基甲酰胺（DMF）等溶剂、助剂使用量 20% 以上，低（无）VOCs 的绿色农药制剂、涂料、油墨、胶黏剂和轮胎产品比例分别达到 70%、60%、70%、85% 和 40% 以上。《计划》提出实施原料替代工程、实施工艺技术改造工程、实施回收及综合治理工程等三个方面的主要任务。

4. 排污许可证将于 2020 年实现"一证式"管理

2016 年 11 月 10 日，国务院办公厅印发《控制污染物排放许可证实施方案》，明确到 2020 年完成覆盖所有固定污染源的排污许可证核发工作，建立控制污染物排放许可制，实现"一证式"管理。

根据方案，将分行业推进排污许可管理，逐步实现排污许可证全覆盖。率先对火电、造纸行业企业核发排污许可证，2017 年完成《大气污染防治行动计划》和《水污染防治行动计划》重点行业及产能过剩行业企业排污许可证核发，2020 年全国基本完成排污许可证核发。

5.《环境保护税法》表决通过

2016 年 12 月 25 日，《环境保护税法》获得第十二届全国人大常委会第二十五次会议表决通过。该法是我国第一部专门体现"绿色税制"、推进生态文明建设的单行税法，于 2018 年 1 月 1 日起施行。

制定环保税法的一个很重要的原则是实现排污费制度向环保税制度的平衡转移。纳税人为在我国领域和管辖海域直接向环境排放应税污染物的企事业单位和其他生产经营者，征税对象则为大气污染物、水污染物、固体废物和噪声。在税负方面，该法以现行排污费收费标准作为环境保护税的税额下限，允许各地在规定基础上进行上浮。但这并不意味着企业的税负将会增加，因为现行排污费也同样是各地有别，比如北京的收费标准是最低标准的 8~9 倍。

资料来源：敦煌环保：2016 年那些影响我们的环保政策，2017 年还将继续"发威"！http://www.h2o-china.com/news/253003.html.

案例二 北京雾霾治理

所有人都在关注，2017 年中国能否交出雾霾治理的合格答卷。

2013 年国务院发布的《大气污染防治行动计划》明确，到 2017 年京津冀等地区的大气质量要明显好转，北京市细颗粒物年均浓度控制在 60 微克/立方米——这是世界卫生组织认定空气质量有无健康危害的分界线。

环保部门的数据显示，2016 年北京细颗粒物平均浓度为 73 微克/立方米，已经同比下降了 9.9%。但从 73 微克/立方米到 60 微克/立方米，仍有很长一段路要走。

在治理雾霾上，中国并非没有参照系。西方国家的经验告诉我们，治霾没有一招制胜的办法，需要长期和多方面的努力。伦敦数百年前已经意识到空气污染的问题，1952 年爆发导致 1.2 万人丧生的烟雾事件后痛下决心治理污染，至今花了 50~60 年时间才正式摘掉"雾都"的帽子。英国是第一个工业化国家、第一个城市化占主导地位的国家，也是发明现代污染观念的地方。而中国的现代化和经济腾飞是从 1978 年改革开放才正式开始的，恰恰可以从英国工业革命以来的发展路径中找到某种相似与对应。例如，经济学家认为，中国还处在工业化进程中，经济结构和产业结构决定了北京也得经历伦敦和洛杉矶那样的环境阶段。空气污染是一种不可超越的必然。

研究伦敦空气污染多年、国际权威的能源与环境专家、大气化学教授彼得·布林布尔科姆认为："现在的北京，大概没有当年的伦敦那么糟。"如果将伦敦的大气污染情况看作一条缓慢增长、经过 20 世纪 50 年代的治理后缓慢下滑的曲线，北京的"曲线"坡度则更陡。也就是说，污染问题会快速集中地爆发出来，同时也将快速地得到抑制。在伦敦和洛杉矶的经验之上，北京可以建立同时具有科技发展和新能源的优势。布林布尔科姆认为，从各个角度来看，北京都有理由在更短时间，比如说 10 ~ 15 年内解决雾霾问题。布林布尔科姆强调，中国不乏先进而严格的环境立法，但缺少铁腕般坚决的执行。不管是中国还是英国，治理空气污染都需要通过政治手段，并不仅限于环保立法，同时也要监督这些法律的实施情况。"如果说工业文明的账单必须以环境为代价，那么正确的代价应该是花大力气去治理污染。"

布林布尔科姆指出：11 世纪、12 世纪是欧洲人口高速增长的时期，到了 13 世纪，留待人们开垦的土地已经所剩无几。伦敦城市的快速扩张，给环境带来了巨大的负担。大量的人口涌入城市，使城市里的能源消费快速增长，煤炭、燃气需求大增，同时排放大量废气。数百万辆汽车排放出的有害气体也严重污染了环境。城市化和空气污染是互为因果的。

就北京这样的城市而言，最大的污染源是什么？很多人认为是汽车，很多人认为来自周边的工厂，华北的钢铁产量占全国的份额最大。实际上，工业污染和交通污染都有。不同的污染源造成了不同的污染介质，例如北京周边的煤炭工厂产生了硫，汽车尾气主要释放了有机烃和氮氧化物，工业燃料废气在特定的月份进入大气层在低空造成了高浓度的臭氧。这是个复杂的问题，是很多污染源集合造成的，北京的做法是把一些重污染的产业迁走，这并不总是有效。对北京来说，冬天的污染问题更严重。汽车尾气和工业、供暖造成的污染物融合在一起，造成了新的污染问题。布林布尔科姆认为北京还没有完全意识到这个问题，研究大气中氮化合物的学者还很少。这个问题也是 20 世纪 90 年代困扰伦敦的问题。20 世纪 50 年代的伦敦没有汽车或只有极少的车，但是到 20 世纪 90 年代伦敦有了汽车，没有了煤炭工厂和电站，这使得伦敦的污染从硫引发的问题转变成了以氮为驱动。这和北京很相似，北京在很短时间内从一个以煤为主要燃料的城市转变成了煤氮混合的城市。

面对环境问题，在 2017 年的两会上，北京市政府明确将"层层压实责任，力争 PM2.5 年均浓度控制在每立方米 60 微克左右"。北京市有关领导同志告诉记者，北京从供给侧发力，对"大城市病"进行全面体检，开出深度调理药方，从改变产业结构、能源结构、出行结构、用地结构入手，对污染排放釜底抽薪！

资料来源：雾霾治理：从伦敦到北京. 新浪财经，http://finance.sina.com.cn/roll/2017-02-26/doc-ifyavvsh6755042.shtml.

观　点

保守派与自由派

经济学家在做出环境问题的决定时经常站在非经济学的立场，就像本书讨论的他们处理其他事情（如犯罪）一样。无论是自由派经济学家还是保守派经济学家，可能都会密切地关注环境。

因为自由派并不一定反对政府干预经济和监管私人企业，他们一般希望看到政府在保护环境上扮演积极的角色，所以，自由派也会支持标准监管，以及国家和国际起草的一些政策。自由派也主张我们应当做力所能及的一切去保护环境，而不要担心政府在经济中的作用不断膨胀。众所周知，奥巴马总统已经在支持污染控制上采取强硬态度（虽然他支持利用市场的政策，包括排污权许可证交易和碳抵消）。

此外，保守派想要限制政府在经济中的作用。因此，他们可能比自由派更反对环境监管。他们更可能支持利用市场力量而不是其他方法实行污染控制政策。因此，他们支持通过标准方法进行收取污染费和排污权许可证交易的市场监管。保守派也倾向于由州政府或者地方政府解决环境问题的政策，而不是从整个国家或国际层面解决问题。像布什总统一样，他们选择自愿遵守而不提倡强制要求。许多保守派人士非常注重环保问题，布什总统就曾遭到国内外环保人士的强烈谴责。

总　结

经济活动会引发污染。污染是引起经济中不公平和资源分配扭曲的生产的溢出成本。污染将资源过度分配给引起污染的市场，却使受污染影响的市场资源分配不足，因此，政府通过使用标准方法、收取污染费和实行污染权许可证交易监管私人企业。

标准方法受到人们的批评，尤其当它强制产品的生产者使用某种类型的技术时。但是当技术给予个人和企业一些参与的经济动机时，这些技术会是最有效的。环境项目可以通过成本-收益分析法进行评价，这些项目只有在收益大于成本的时候才会使用。收益必须从一个广义的角度来考虑，对当代人和子孙后代的金钱和非金钱收益都应当包括在内。

许多环境问题实际上是全球性的问题，包括温室气体的排放和对有限石油资源的消耗。美国是主要的二氧化碳排放国和石油消费国。由于资源在污染控制部门分配不足，决策实体应大到足以包含所有受污染影响方，因此在解决全球性环境问题时，国际合作是十分必要的。

讨论和问题

1. 为什么污染者要制造污染？从个人和企业的角度思考各种原因。

2. 污染是怎样扭曲经济中的资源分配的？思考资源过度分配和资源分配不足两种情况。

3. 污染控制的成本有哪些？为了防止所有污染，我们应该支付或牺牲一切吗？

4. 你认为政府处理污染的合理程度有多大？这与我们考虑的不同类型的污染有关系吗？为什么？

5. 你能想出书中没有提到的其他负的或正的外部性的例子吗？

6. 比较标准方法中基于不同动机的环境政策。每种政策的优势和不足有哪些？

7. 你认为消费者以较高价格承担部分排污费或排放费合理吗？为什么？

8. 解释成本-收益分析。成本-收益分析的结果在短期和长期不同吗？为什么？

9. 你认为我们所处的是一个一次性社会吗？你对消费与你父母相同的产品态度如何？对消费与你祖父母同样的产品又持何种态度？

10. 将食物（玉米）转化成汽车和货车燃烧的乙醇是有效的吗？如果政府对使用汽油征税而对使用乙醇提供补贴，这是经济的吗？政府如何对这些税和补贴做出合理解释？

11. 生物燃料对世界粮食价格和世界饥饿有何含义？

12. 既然环境监管是一件奢侈品，你预计美国公民和发展中国家公民对此的态度会是一样的吗？

13．考虑大城市中的污染、汽油使用、交通拥挤和其他问题。人们经常要求修建更多的道路和停车场来解决这些问题，这些方法是如何适得其反的？还有什么其他的（激励）政策可以用于减少汽车使用或增加运输量？

14．回想你的校园的停车场情况（我从来没有听过哪个学校的学生不抱怨停车场的）。停车位足够吗？如果你要停车，必须走很长的一段路吗？学校或城市应该建更多的停车场吗？这对汽油的使用有何影响？有其他方法解决这一问题吗？

15．你的学校回收废旧物品吗？如果没有，你可以为发起回收活动做些什么？

16．在环境保护问题上，你是自由派还是保守派？为什么？

17．登录网站 http://www. carbonfund. org，http://www. terrapass. com，http://www. nativeenergy. com，http://www. self. org，或者类似的网站学习如何为你开车排放的二氧化碳购买碳抵消。

18．美国环境保护署提供 EPA 政策和环境问题的信息。登录网站 http://www. epa. gov，并就有关人类健康的一些信息做一份报告。

19．进入环境保护署网站（http://www. epa. gov）。点击"Where You Live"，进入"Search Your Community"，输入你的邮政区号，找出当前你的地理区域存在的环境问题。

20．世界可持续发展工商理事会的网址是 http://www. wbcsd. ch，进入这个网站可以获得几百家国际公司联盟的信息，这些公司通过对经济增长、生态平衡和社会进步可持续发展的共同承诺联结起来。这个联盟关注贫困和其他社会公平问题，还提供大量出版物清单。浏览这个网站后，你发现自己总体上对世界可持续发展委员会表示赞同还是反对？

21．本章中提到了在约翰内斯堡举行的可持续发展世界峰会。有关这个峰会的网址是 http://www. johannesburgsummit. org，网站提供了许多信息，包括调查、文件、出版物和峰会概要。这次峰会取得的主要成绩是什么？

22．联合国环境计划也包含了可持续发展世界峰会的信息，登录网站http://www. unep. org/wssd/。

23．未来资源，一个环境研究组织，网址是 http://www. rff. org。在这个网站可以浏览环境、自然资源等研究主题和环境保护方法的信息。有什么环境保护工具或技术对你来说是特别有用的吗？

24．环境新闻服务的网站上公布了最新的环境问题信息，网址为 http://www. ens - news. com。在这个网站可以找到环境问题的最新新闻案例。

第 3 章框架图

第8章
政府宏观经济政策
房地产危机使得美国经济衰退，政府财政刺激政策用来抑制房地产危机。

第3章
住房问题

第9章
税收、贷款和国家负债
财产税在美国税收体系中很重要。

经济学工具箱

- 房地产市场
- 房地产价格
- 租金上限
- 公租房
- 开发商补贴
- 公平市值租金

- 买房券
- 住宅隔离
- 差异指数
- 无家可归
- 价格上限
- 次级贷款

第 3 章

住房问题

我希望看到华盛顿以及整个国家的观念转
变：在一个像美国这样富裕的国家中，孩子们
及他们的家庭没有栖身之地是万万不能接
受的。

——美国总统奥巴马的公开演讲，2009
年 3 月 24 日

奥巴马总统在 2009 年 3 月的演讲可以追溯到 2007 年 12 月美国经济衰退所
引发的房地产危机，这场危机已经蔓延到其他领域。许多经济学家认为，这场
房地产危机不仅是经济衰退的主要原因之一，而且衰退使得房地产雪上加霜。
这场危机的原因包括美国人民对住房的巨大需求，部分借贷者和投资者的贪欲和
贪污，泛滥的次级贷款，松散的市场规则，不顾后果的信贷和令人害怕的频繁违
约——所有因素都强烈冲击了中产阶级，在这种情况下，贫困阶层的生活更加困
苦不堪。本章将说明房地产市场的繁荣和崩溃过程以及深受其苦的人民。

住房，就像食物一样，是对大多数人有特殊意义的一种商品。除了作为满足
基本生理需要的遮蔽物外，我们更多地将房子看作一种基本权利。我们关心甚至
担心无家可归。我们担心低收入的家庭负担不起这座城市的公寓租金。我们发现
大多数美国家庭最大的单项支出就是购买房产。此外，当我们的朋友或邻居失去
住房的时候，我们担心自己是否会成为下一个。还有很多人整天为是否买得起房
而忧心忡忡。

在本章，首先，我们将讨论房屋所有权及供给问题，这是房地产危机前后一
直很热门的话题。然后，我们将探讨次贷危机并回顾政府的房地产政策。而帮助
低收入家庭获得合适住房的廉租房政策将是我们讨论的重点。此外，我们还会关
注住宅隔离所带来的经济后果。最后，我们回到引言中总统间接提出的无家可归
问题。

房屋所有权： 美国人的梦想

谈起美国的房地产市场，实际上其种类有很多，主要包括住房租赁市场、业主居住市场、独栋住宅市场、双层公寓市场和混合公寓市场（如合租或共管公寓）等。如果你住在大学宿舍中，那么你的宿舍将是广义房地产市场的一部分。由于不同房地产的地理位置和社会经济特点不同，房地产市场条件差异很大。这些市场和其他市场一样，主要取决于供给和需求。而平均住房价格、住房面积和其他特征将随着住房位置不同而变化。**人口众多的发达地区住房一直在增值，而人口较少的不发达地区住房价格有下降的趋势**。正如房屋中介提醒的那样，房地产最重要的三个因素是位置，位置，位置！

图 3 - 1 解释了这个观点。假设左右两图中的房屋面积、质量等特征完全相同，但分别位于不同的城市（底特律和波士顿）。底特律属于工业衰退地带的一部分，是一个处于衰退阶段的城市。城市失业率很高，工厂和工人纷纷向其他国家和地区转移。波士顿则是一个相对充满活力的城市，吸引了许多居民和潜在的购房者。底特律地区人口的减少导致底特律地区住房需求的下降，而波士顿不断增加的人口导致波士顿住房需求的上升。因此，这两个城市的住房需求曲线向相反的方向移动，如图 3 - 1 所示，从 *D* 移动至 *D'*。需求曲线移动导致两图中房地产均衡价格变动至 *P'*。底特律的房地产价格低于波士顿的。

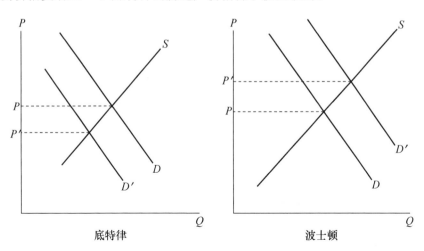

底特律   波士顿

图 3 - 1　房地产价格的地区差异

底特律住房需求下降导致房价下跌，波士顿住房需求上升导致房价上涨。

特定地区长期经济增长趋势导致了房地产价格的明显差异。第二次世界大战以后，加利福尼亚州南部地区的经济和人口均迅速增长，对住房需求的迅速增长导致房地产价格逐步上升，截至20世纪80年代，加利福尼亚州南部地区的房屋成本是中西部地区同等房屋的3~4倍。而20世纪90年代初期美苏冷战后，随着防御费用的缩减，加利福尼亚州经济陷入了严重衰退之中，该区域住房需求疲软，房地产价格开始下降。但2007年年末房地产价格重新上扬后，加利福尼亚州中部城市弗雷斯诺在铁路沿线地区出现了大萧条时期才会出现的"棚屋"城市现象。像这样的"棚屋"城市促使奥巴马总统做出上述关于无家可归者的发言。

房地产市场发展趋势

1960年，57%的住房归私人所有，37%的住房则被出租（其余的部分属于非市场交易的房屋或者季节性使用的房屋）。正如我们从表3-1中看到的那样，在1960—2000年期间，私人所有住房的比例有所上升，在美国，拥有住房是所有美国人的梦想，而租房则相对没那么有吸引力。尽管如此，似乎只有一小部分美国人实现了他们的梦想。我们也知道，2000年以来，经济并不景气，2007年私人住房比例也略有下降。

表3-1　　　　　　　　　房屋拥有和租用比例（1960—2007年,%）

	1960年	1990年	2000年	2005年	2006年	2007年
拥有住房者	57	58	61	62	62	61
租用房屋者	37	35	32	31	31	31
其他[a]	6	7	7	7	7	8

a. 其他指非市场交易的房屋或者季节性使用的房屋。

资料来源：U. S. Department of Commerce，Census Bureau，Housing and Household Economics Statistics Division. Housing Vacancies and Homeownership. http://www.census.gov.

拒绝提供贷款：银行拒绝提供贷款给特定少数族群社区的行为。

在我们开始探讨当前房地产市场的其他方面之前，我们需要注意：在报告期内，房地产所有权的种族结构发生了很大的变化。如表3-2所示，我们发现非拉美裔白人拥有的住房比例最高，他们中75%的人拥有自己的房子。而住房拥有率最低的种族是非洲裔美国人，仅占47%。拉美裔美国人稍高一点，为49%。这种差异的形成有很多原因，种族歧视也是其中一个原因。房地产次级贷款的种族歧视数十年来一直是争论和研究的热点。其中一种控诉是银行拒绝给某些种族贷款，将他们列入贷款黑名单，这很不公平。此外，一些房屋中介拒绝提供低价或经济适用房，这有效地将低收入人群阻挡在外。稍后，我们将在本章中研究住房歧视问题及少数族群的次级房地产市场。

表 3 - 2   不同种族人群ª住房拥有率（2008 年）

人群	比率（%）
所有的	68
白人	72
非拉美裔白人	75
非洲裔美国人	47
本土美国人	57
亚洲裔美国人	60
拉美裔美国人	49

a. 人群指单个种族，拉美裔有可能是任何种族。

资料来源：U. S. Department of Commerce, Census Bureau, Housing and Household Economics Statistics Division. Homeownership Rates by Race and Ethnicity of Householder. http://www.census.gov.

经济新闻："房地产泡沫：皆是供求的错。"

拥有房产的成本正在不断攀升，你想知道为什么吗？请进入经济学基础部分并单击均衡类别。

http://www.cengage.com/economics/econapps

结合表 3 - 3 中空置率的数据，我们对 2000 年后的房地产危机有了更清晰的了解。2000—2008 年，空置率先剧烈波动，然后稳定上升。房屋空置率越高，说明人们卖出房子越困难，或者失去了作为抵押品的房屋所有权。当房屋所有者不能按月偿还贷款利息时，他们将丧失房屋抵押品赎回权，贷款者将取得房屋所有权。稍后我们将对此进行更详细的讨论，表 3 - 3 给出了房主自有住房空置率。

表 3 - 3   房屋空置率（2000—2008 年,%）

2000 年	2001 年	2002 年	2003 年	2004 年	2005 年	2006 年	2007 年	2008 年
1.6	1.8	1.7	1.8	1.7	1.9	2.4	2.7	2.8

资料来源：U. S. Department of Commerce, Census Bureau, http://www.census.gov.

房地产价格

经济新闻："公寓很棒，但你能替我支付房租吗？"

房屋产权不断增加，出租屋的房东正在提供优惠。请进入经济学基础部分并单击均衡类别。

http://www.cengage.com/economics/econapps

我们已经回顾了一部分房屋所有权及空置率的历史。这些变量与房地产市场的供给和需求息息相关，从而决定了房地产价格。关于房地产价格，我们可以提出一些有趣的问题：首先，房地产价格的长期趋势是什么？对国内买房者来说，房产是更贵了还是更便宜了？其次，与所谓的房地产危机相关的房地产价格的本质是什么？我们可以看到，这些问题的答案将决定普通美国家庭是否能够实现他们拥有自己房子的梦想。

房地产价格的长期趋势

首先，我们考虑1990—2007年房地产价格的长期趋势。从表3-4中我们可以看到：1990—2007年房屋售价的中位数是上升的。（中位数的意思是中间值。如果我们将房地产价格从高到低进行排列，中位数将是中间的那个值。）2007年中间价格达到了187 000美元，在不断上升的价格水平下，这意味着房地产泡沫达到了顶峰。（一些地区在2006年就达到了房价的顶峰。）毫无疑问，中间价格本身并不能完全说明对房屋的支付能力。考虑到通货膨胀，我们可以通过计算房屋中间价格与家庭收入中间值的比值来估算人们对房屋的支付能力。进行上述计算后，表3-4表明：1990—2007年，房屋中间价格相对于中间收入（表中第四列）上升（1995—2000年间出现了短暂下降）。这说明这段时间人们对房屋的支付能力有所下降，至少对常规贷款而言是这样。

表3-4　　房屋价格中间值、家庭收入中间值（年）和两者的比率（1990—2009年）

年份	房屋价格中间值（美元）	家庭收入中间值（美元）	价格中间值/收入中间值（%）
1990	62 700	29 943	2.1
1995	77 500	34 076	2.3
2000	90 400	41 990	2.2
2005	140 100	46 326	3.0
2006	168 800	48 201	3.5
2007	187 600	50 233	3.7
2008	178 900	na	—
2009[a]	167 200	na	—

a. 2009年数据仅为2009年第一季度数据；na指数据不可得。

资料来源：U. S. Department of Commerce, Census Bureau, Current Population Survey/Housing Vacancy Survey and Historical Income Tables, http://www. census. gov.

经济新闻："房地产泡沫：都是供求的错。"
价格与利率对房地产供求产生影响了吗？请进入经济学基础部分并单击均衡类列。
http://www.cengage.com/economics/econapps

在我们思考关于房价的第二个问题之前，我们先探讨那些买不起房的人的替代选择。很明显，租房是一个选择。表3-5第4列是租金中间值与收入中间值的比值。注意，由于租金对收入是以百分比的形式存在的，因此在每个给定月份，租金低于收入。（在表3-4中，最后一列的数值大于1，仅表明房价是年收入的数倍。）表3-5表明，虽然1995—2000年租金中间值与收入中间值的比值有所下降，但是报告期内租金中间值相对于收入中间值的比值确实是上升的。因此，人们对租房的支付能力有所下降。这将是本章最后探讨无家可归问题时的重要因素。①

表 3-5　每月租金中间值、每月家庭收入中间值和两者的比率
（1990—2009 年）

年份	每月租金中间值（美元）	每月家庭收入中间值（美元）	租金中间值/收入中间值（%）
1990	371	2 495	14.9
1995	438	2 840	15.4
2000	483	3 499	13.8
2005	605	3 861	15.7
2006	633	4 017	15.8
2007	665	4 186	15.9
2008	696	na	—
2009ᵃ	723	na	—

a. 2009 年数据仅为 2009 年第一季度数据；na 指数据不可得。

资料来源：U. S. Department of Commerce, Census Bureau, Current Population Survey/Housing Vacancy Survey, http://www.census.gov.

　　2000 年上半年，很多因素推动了房地产价格的上升。收入的增大和人口规模的增大推动了房地产需求的增加，从而拉动价格的上升，然而，还存在影响房地产价格的其他因素。其中之一就是稳定可获得的信用，造成这种现象的部分原因是美国金融市场上大量的外国投资。充足的信用（被称作"信用泡沫"）促使债权人，包括贷款债权人，压低利息且不对借款人进行认真的审核，以维持他们的信用价值（贷款人对风险管理的错误理解导致对借款人的审核放松了）。而美国政府鼓励贷款。克林顿政府和布什政府希望帮助美国人民，包括无法获得贷款的低收入人群实现拥有房产的梦想。亨利·西斯内罗斯（Henry Cicnero），克林顿政府住房和城市发展部部长，不仅想让白人（他们的房屋拥有率比其他种族更高）拥有自己的房屋，更希望其他种族也拥有自己的房屋。消费者出于不同的动机（也因为他们觉得房价会继续上升）增加了他们对房屋的需求。当然，这些都推动了房价上升。

房价和房地产危机

　　信用繁荣演化成房地产繁荣。那些从来都负担不起普通贷款的人们被放松了

---

　　① 价格或租金中间值与收入中间值之比在衰退时虽然呈现下降趋势，然而这并不说明租房更加廉价。它可能意味着低收入的工人更容易失业，使得分母的值增大。

借贷条件。这些非传统贷款被称为次级贷款，因为借款人不需要满足一级贷款中的高信用标准。很多人贷款，很多银行放款，房屋购买量达到从来没有的高度。但是很快——泡沫破裂了，信用枯竭，房价暴跌。房屋所有者无法偿还贷款，贷款人取得了房屋抵押品的所有权。次贷危机变成了一场房地产危机，正如我们所见到的那样，危机迅速在房地产市场蔓延。

在我们仔细分析次贷市场上的事件之前，我们需要知道传统贷款的性质，只有这样我们才能全面理解 2000 年后不断变化的贷款性质以及它是如何导致房地产危机的。

传统贷款

当你准备买房时，你能负担得起吗？你能获得房贷吗？**在分析房屋支付能力及获得贷款能力时，我们必须考虑的因素包括：（1）首付金额；（2）月供（每月需偿还的贷款额）；（3）买方的收入和负债情况。**下面我们对每个因素进行分析。

购房时的首付和其他费用

> **首付**：贷款方要求买方首次支付的金额。
>
> **贷款保险**：如果贷款方违约，借方可以得到赔偿的保险。

首付是指买方在买房时所必须支付的自有资金数额。一般贷款需要 20% 的首付，这意味着在买房时买方必须支付购买价格的 20%。对于有资格的借款人，从联邦住房管理局申请住房贷款时首付可能会少一些。最后，一些新房子仅需要 5% 的首付便可购买。这些房子无疑是很好的投资，而贷款人认为如果出现违约，他们很容易将房子重新转卖。而用传统贷款购买的房屋往往首付很高。按照惯例，贷款人要求支付比正常比例更低的首付的买方购买贷款保险。**贷款保险**在买方违约时能够保障贷款人的利益。

> **按揭点**：贷款人在放款时收取的金额。

除首付外，买方在买房时必须支付其他费用。这些费用包括按揭点，指贷款人提供贷款而收取的费用。**按揭点**如同利率一样，是借款时需支付的费用。一点等于借贷额的 1%，所以如果对于 10 万美元的贷款你需支付一点，那么你将支付 1 000 美元。

> **高利贷法**：限制最高法定利率的法律。

贷款人一般同时收取利息和按揭点作为贷款的费用，如果你支付较多的按揭点，贷款人也许愿意让你享受较低的利率，或者如果你交的首付较少，你有可能要承担更多的按揭点。在一些地区，法律上规定了最高的贷款利息，如果超过这个标准，金融机构无权收费。这些法律被称作**高利贷法**，我们将在附录中详加讨论。在这些地区，按揭点往往用来弥补法律规定的低利率收益。

过户费：当贷款还清，房产过户给买方时的开销。

买方**过户费**是指所有费用，包括按揭点，即当贷款完成、房屋过户时买方所支付的费用，买方过户费是买房所必须支付的费用。买方过户费包括首付、贷款申请费、按揭点、房屋检索费、房产保险、律师费用、财产评估费用以及其他杂项费用。

月供

月供是由贷款本金的偿还（负债）及利息组成的。对大多数借款人而言，月供更多的是支付利息费用而非本金。贷款期内每月偿还的利息取决于贷款期的长短。表 3-6 解释了这个问题，该表展示了年利率为 8% 的 50 000 美元的传统贷款在偿还期为 10 年、15 年、20 年和 30 年时每月需要偿还的金额。借款人每年偿还 8% 的贷款利息，而且每年需偿还的贷款数额会随着贷款期的拉长而减少。如果贷款额是 5 万美元，月供总额将等于在规定月份中贷款额加 8% 的利息。注意，一项 30 年期的普通贷款的利息几乎是 10 年期普通贷款的 4 倍。

表 3-6	不同期限 5 万美元贷款的月还款额		单位：美元	
不同期限贷款	10 年期	15 年期	20 年期	30 年期
月供	606.65	472.85	418.25	384.50
还款次数	120	180	240	360
总还款额	72 798	86 013	100 380	138 420
贷款金额	50 000	50 000	50 000	50 000
共支付利息	22 798	36 013	50 380	88 420

贷款的偿还额随着贷款金额以及放贷人收取利率的提高而增加。因此，房屋单位面积价格上升或者利率上升会增加买方的月供。

调整利率贷款：利率调整至市场水平的贷款。

20 世纪 70 年代末，我们经历了极高的通货膨胀，即经济中平均价格水平上升。房价和长期利率均明显增长，房地产市场受到高利率的挤压。许多潜在购买者无法负担高利率的月供。因此贷款人开始实行**调整利率贷款**。对于调整利率贷款，利率在一段时间内是固定的，例如 2 年或 4 年。随着时间的延长，买方可以选择以市场利率贷款，或者偿还剩余贷款。正如我们所了解的那样，最迫不得已的做法是贷款违约。

财产税：当地政府收取的用于教育和治安的税负。

房屋保险：为房屋及其附属品购买的保险。

财产税和房屋保险有时也是借款人月供的一部分。**财产税**由当地政府征收，用来支持公共服务，例如教育或者警察安保。这些税收一般按财产（土地和房屋）估计市场价值的固定比例征收，所以越贵的房子财产税越高。贷款人也许会要求借款人购买**房屋保险**（为房屋及其附属品购买的保险）以保护房产免受自然灾害造成的损失。因此，贷款人有时要求月供中应包含财产税以及房屋保险。这些费用被列入短期代管账户，直至保险费及税金缴清为止。

买方收入和负债

大多数贷款人需要准借款人满足支付能力要求。最常见的保证条款是每月贷款偿还额不超过借款者税前收入的一定比例。此外，每月总的偿还额（例如汽车贷款和信用卡还款额）不能超过税前收入的一定比例。因此，准买房者的月收入是决定这个家庭能否负担得起一套房子的重要决定因素。

除收入外，负债也是一个家庭购房能力的重要影响因素。信用卡"最大支出额"以及其他消费者负债会阻碍买房者满足贷款人的要求。

次贷危机

次级贷款：指低于一级贷款的贷款。 因此我们知道，当人们想买房并申请普通贷款时，有一系列完善的安全措施来保证这个人有能力买房并按时偿还贷款。但次级贷款却放松了这些限制。**次级贷款**是指低于一级贷款的贷款。换而言之，次级贷款的借款人不满足一级贷款的条件，他们收入太低或者负债过多。正常情况下，贷款人将尽量避免贷款给这些借款人。但在政府及相关机构鼓励和引导的情况下（或者如果贷款的风险被金融市场贷款风险惯例掩盖），贷款人往往会高估次级借款人的条件，而且经常以调整利率贷款的方式进行放贷。即使高收入的房屋购买者满足传统贷款条件，他们也频繁地进入次级市场，用调整利率贷款购买超出他们支付能力的房子。

借款人和贷款人都有参与次级贷款市场的原因。借款人频繁签署调整利率贷款合同，认为当前利率很低，一旦利率开始上升，他们可以凭借房屋的升值来偿还贷款。贷款人认为如果借款人出现债务违约，作为抵押品的高价值房屋将归贷款人所有。贷款人止赎房屋，取得所有权。实际上，借款人有充足的动机促使止赎发生。如果你借20万美元，而作为抵押品的房屋价值10万美元，以月供形式的持续投资在经济上并没有意义。当然，一旦止赎房屋涌进房地产市场，房价将会进一步下降。

我们知道中产阶级以及低收入阶层的房主纷纷破产，他们的房屋也被没收了。由于少数族裔尤其愿意参与次级贷款，他们也深受其害。此外，高收入阶层也或多或少遭受损失。其中一个例子是明尼苏达州圣保罗峰会街的居民，这条街是悬崖边的一条美丽的林荫大道，在此处可以俯瞰圣保罗大教堂、明尼苏达河和圣保罗城。但是，2009年7月，峰会街的住房却岌岌可危，11栋价值超过100

万美元的住房挂牌销售，但无人购买。潜在的买家们经历了投资损失和经济不稳定，而且购买顶级公寓所需要的大量简易信用贷款已经不复存在。即使是奢华的峰会街也不能免受房地产危机的危害。①

> **抵押贷款债券：**依靠次级贷款发行的金融债券。
>
> **经济数据：**点击 Housing Starts 并查看它是怎么暗示经济周期的变化的。
> http://www.cengage.com/ economics/econapps

正如我们将在下面章节中看到的那样，次贷危机也影响了经济的其他领域。越来越多的投资者购买依靠次级贷款发行的金融债券，即**抵押贷款债券**（MBS）。很多次级贷款人和普通贷款人将越来越多的钱投入次级抵押贷款债券中。在这种松散的制度下，政府也在鼓励扩大这些债券的交易。无论是外国投资者还是本国投资者，都没有意识到潜在风险，大量买入该债券。而当房价下跌，贷款瞬间贬值时，MBS 也应声而落。由于这种债券是美国和其他几个

MBS 投资严重的国家金融市场的重要组成部分，债券市场暴跌引发了经济的全面崩溃，成为 2007 年年末经济衰退的起点。不断恶化的经济衰退引发了全国性的失业，2009 年上半年，美国失业率高达 9.5%，且有望在年底突破 10%。没有了收入来源，人们没有能力偿还贷款或购买新房，从而导致房地产危机继续蔓延。无论是城市还是郊区，都存在大量被止赎的空房，许多房主也试图卖房，却少有人问津。至此，次贷危机转化成一场全面的全球衰退，不断恶性循环并继续危害房地产市场。

你也许听说过房利美和房地美。这些机构被称为政府监管企业（GSE），它们也提供贷款或者购买抵押贷款债券。1995 年房利美和房地美开始接受政府扶持，购买抵押贷款债券，这些债券包括次贷市场上为低收入借款人提供的贷款。1996 年，政府制定政府监督企业至少要将 42% 的贷款贷给低收入者的目标。2000 年该目标为 50%，而 2005 年为 52%。伴随着房地产危机的冲击，贷款和抵押贷款债券大幅贬值，公众纷纷担心房利美和房地美无法承担贷款责任，美国政府被迫成立一个管理委员会，将房利美和房地美国有化。私人投资银行同样遭遇了困境，2008 年，危机在美国五大投资银行间达到顶峰。雷曼兄弟破产，贝尔斯登和美林被其他公司收购，政府出手救助高盛和摩根士丹利。许多金融机构纷纷破产，被政府接管、接受政府援助或者紧急融资。因此，政府不得不严重干预金融市场，包括次级贷款市场的发展和由此而导致的危机。

政府也着手帮助房屋所有人避免止赎。2009 年年初，奥巴马政府宣布了一个对房屋所有人的 750 亿美元的救助计划，并额外拿出 2 000 亿美元帮助房利美

---

① St. Paul Pioneer Press, Christopher Snowbeck, A Grand Glut, July 12, 2009.

和房地美购买和再筹贷款。

房地产政策

联邦政府和许多州纷纷出台政策鼓励买房。我们已经注意到,之前政府的房地产机构一直鼓励使用次级贷款市场来扩大房贷范围。虽然对该政策进行了有限调整,但仍然导致了我们之前讨论的次级市场问题。然而,联邦政府也采取了其他重要的房地产政策,其中最有效的不外是征收个人所得税。

政府的税收政策允许在征收个人所得税前从收入中扣除贷款利息费用,这促进了房屋交易。这种减免政策的主要受益人是中等收入和高收入的人,然而,由于高收入人群平均来说会购买更加昂贵的房屋,因此也会承担更多的个人所得税。与此相反,低收入人群购买比较便宜的房屋并更倾向于租房,因此他们并不享受个人所得税中的利息减免。

个人所得税减免是对中等收入阶层和高收入阶层很大的购房补贴,但低收入阶层不享受这一优惠。 2005 年美国低收入家庭购房联盟指出,2003 年对前五个收入阶层的贷款利息减免总值和房屋补贴几乎为低收入家庭住房补贴的两倍。①

租房的低收入家庭

有一些家庭并没有能力或意愿买房。因此,对低收入家庭而言,能否租到质优价廉的房子就异常重要。我们注意到,从 2000 年开始,作为收入一部分的房租开始上涨,租金负担加重。此外,廉租房比过去更加稀少。

> **绅士化:** 相对富裕的中高收入阶层重构邻里的过程。

高昂的房租是由供求决定的。图 3 - 2 描述了廉租房市场的变化。供给减少使得供给曲线从 S 移动到 S'。20 世纪50 年代超级高速公路的扩张和城市重建使得廉租房的供给下降。事实上,一些专家将这种城市重建现象称为"城市拆迁",因为那些之前居住在"开发区"的低收入者将没有能力继续居住在那里。此外,城市 **绅士化** 进程进一步减少了廉租房的供给,因为廉租房被拆除并重建成高中档住宅区。这种拆除旧公寓改建高档住宅的行为全城盛行,进一步减少了可租房的供给。此外,美国的一些城市正在经历衰退,单元房被拆除或遭到肆意破坏。因为缺乏维护修整资金,公共住房空置。所有这些因素都减少了廉租房的供给。

---

① The National Low Income Housing Coalition, 2005, cited by the National Coalition for the Homeless, http://www.nationalhomeless.org/publications/facts/why.

　　但这段时间对廉租房的需求却有所上升。这部分是人口增长的结果，部分是收入分配愈加不公从而导致贫困或较贫困家庭增加的缘故。需求的增加和供给的减少导致图 3-2 中所谓廉租房的租金上升，从而**最终导致贫困家庭的住房危机——这场危机在某些地区尤为严重**。

　　贫困家庭更难找到能够负担得起的廉租房。高昂的租金明显损害了低收入家庭成员的利益，因为如果将收入的大部分花在租房上，食品、衣物和其他必需品的支出将所剩无几。其中一个后果是低收入家庭往往拥挤地居住在存在危险的老式单元楼中。另一个后果是无家可归的人数增加。

　　租金上限：法定最高租金。　　帮助低收入者解决这一问题的一项措施是设定**租金上限**（也称作租金限制），即政府对某些单元房设定最高租金。帮助穷人获得廉租房的另一个项目可以分为增加廉租房供给和增加购房需求（协助贫穷的租房者承担买房费用）。现在我们对这三个选择逐一进行讨论。

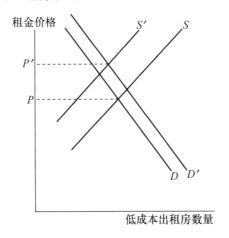

图 3-2　低价租房市场趋势

低成本租房市场供给减少，需求增加，导致价格上升，对低收入家庭来说难以承受。

租金上限

　　第二次世界大战期间，美国整个国家建立了租金上限系统。而战后，仅纽约还有租金上限，但 20 世纪 70 年代一些其他城市，其中很多是"大学城"也采用了这一政策。也有许多城市考虑过实行租金上限，但最后没有执行。

　　假设你的大学在实行租金上限政策的大学城中，许多大学生属于低收入人群，而大学城中在外居住的学生对质优价廉的廉租房存在很大的需求，同时，大学附近城镇上的房主往往购买旧房并将其以较低的价格出租给大学生。因此，你会很支持对房东向你收取的房租进行限制。但让我们来考虑一下实行租金上限的后果。

价格上限：某一产品或服务的法定最高价格。 租金上限是价格上限的一种特殊形式，价格上限指法律规定某种产品或服务的最高价格。我们将借助发展中国家食品价格上限来讨论价格上限问题。（价格上限的另一个例子将在本章附录中探讨。）为了确保有效性（即对市场有影响），价格上限必须低于市场均衡价格。因为价格不能自由上涨到特定最大值，价格上限可以用价格限制函数求出。就像我们在第 1 章中讨论的那样，市场倾向于在均衡价格和数量上出清，在这个过程中，短缺或者剩余逐渐向一个固定值接近。这就是完全竞争市场中的价格限制函数。因为租金不能高于租金上限到达均衡价格，它们就起不到限制的作用。实际上，这就产生了短缺。

图 3－3 表明了租金上限对大学城中假定的房屋租赁市场的影响。在实行租金上限之前，租赁市场的均衡价格是每套公寓 500 美元，而均衡公寓数量为 1 000 套。为帮助包括学生在内的低收入人群，当地市场设定 400 美元为租金上限。起初，除了居民可以支付更低的租金及房东收入减少外，这项措施没有任何作用。但随着时间的推移，租户和房东都会根据租金上限调整他们的预期。因为租金下降，房东出租房屋的动力减少，导致供给曲线下降，现在他们只愿意提供 800 套出租屋。同时，对出租房的需求量上升至 1 200 套，这是由于房租下降促使更多人选择租房。年轻人可能搬出父母的房子，学生搬出了学校，合租的人们也开始寻找单人公寓。这就造成大学城中 400 套出租房的短缺。这个短缺无法立即调整，因为价格不能超过 400 美元来满足市场均衡。

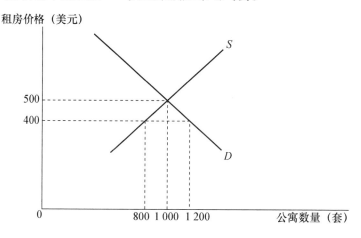

图 3－3　租金上限对大学城房屋租赁市场的影响

400 美元的租金上限导致了大学城 400 套房屋数量的短缺。

租金上限产生了一些受益者，也产生了一些受损者。很明显，在租金限制房中的原租户受益，因为他们可以以更少的钱租到原来的房子。那些搬到租金限制房中的人也受益，因为他们支付的租金少于租金未受限的时候。但是由于租金上限损失，人们很难在大学城中找到房子。房东利益受损，这主要表现在两个方面：他们得到的租金低于市场均衡价格，而且假如他们卖掉房子，房价也很低，这反映了租金限制房的低收益率。

最近，租金上限又产生了其他效应，房东减少了对房子的日常维护，房屋折旧加快。事实上，房东放任房屋变旧，直到房屋与低租金相符为止。

租到有租金限制但装修精良的出租房是一笔合算的交易，这将鼓励非法交易市场的发展。房东可能以高于租金上限的价格将出租房转租出去。或者，在出租前，房东可能要求支付一大笔费用，比如以重大损害担保的形式。而为了租到有租金限制的房子，转租客和准租客们往往预付这笔钱，这些人大都是中产阶级而非低收入阶层，这样，以帮助低收入家庭分担房租为目的的项目最终变成了补贴中产阶级的工具。

租金上限的原目标是帮助包括大学生在内的穷人。然而最后，**穷人可能是受损最多的群体**。他们的选择很少，他们买不起房子，他们没有能力搬到市区，他们付不起装修精良的廉租房所要求的高昂担保金。最后，他们只能在低质量而高价的房子中群居，或者成为美国流浪汉中的一员。

租金上限也鼓励歧视。因为房屋短缺，每间出租房都有很多人想租。房东有机会对房客进行选择，而其中很多行为是违法的，比如房东根据某些租客的种族、宗教、年龄（或是否有孩子）、性别、性取向、健康程度，甚至是否是学生进行歧视。

租房上限政策表面看起来很有吸引力，但它会产生供给短缺和恶意囤房问题。由于租金上限并不能使目标群体贫困家庭受益，相反会使高收入阶层受益，租金上限并不是一项可为低收入家庭提供廉租房的合理措施。本章附录说明了实行其他价格上限政策也具有相似的结果。

出租房供给增加项目

公租房

公租房：当地公租房机构提供的房产，接受联邦补贴和管理。

廉租房供给中最古老也是最广为人知的项目叫**公租房**，该项目开始于 1937 年。在 20 世纪 30 年代的经济大萧条阶段，建设公租房最初作为创造就业的一个手段。公租房归当地房产局拥有和经营，但接受国家补贴，归国家调控。联邦政府规定公租房租户的资格，并根据房租占收入的比率决定每个租客应支付的租金。目前，大约有120万租客居住在公租房中。①

公租房受到指责的主要原因是它将穷人和落魄的人集中在某些特定区域（尽管单个家庭的公租房也遍布一些城市），而且它将人按种族和收入水平分类。**居住在该"项目"中的人往往与贫穷、社会机能障碍以及高犯罪率挂钩。**

近些年来政府对公租房的大部分支持来自建筑业。实际上，整个项目在1973年尼克松政府管理下就已经终止，1973年是建筑业的鼎盛时期。但是在1976年，当建筑业触底时，这个项目又被重新启动。此外，一些研究发现，公租房是为穷人提供住房的一种昂贵的方式。公租房的成本比私人住房或以前的低收入住房要高得多。因此，公租房的可获得性就受到了限制。许多有资格的家庭在候选名单上等待了很多年，在一些大城市，等待期甚至长达10年。

此外，一些经济学家认为公租房取代个人住房会导致个人住房减少或用作他途，这是因为公租房供给会使得现有个人住房市场价格下降。私人房东要么选择将房子卖出，要么用作他途。总之，公租房是一项颇具争议的政策，因此，我们来讨论一下为穷人提供住房的其他政策。

开发商补贴

> **开发商补贴**：政府给予向穷人提供租房的房东的补贴。
>
> **公平市值租金**：城市房地产开发局给区域内廉租房的补贴。

解决供给问题的另一种方法是为开发商提供补贴，以鼓励他们为低收入阶层建房。联邦政府这类措施的主要项目是开始于1975年的"第八计划"。该项目会向参与的房东支付低收入租户租金与正常市场租金之间的差额。政府制定每间出租房的**公平市值租金**，并保证支付给房东。公平市值租金由城市房地产开发局（Department of Housing and Urban Development，HUD）确定，目的是为给定区域中的低收入住房制定合理的房租。政府会支付相当于公平市值租金和租户实际支付租金的差额的补贴给房东。因此，如果一个有资格的低收入家庭每月收入是600美元，在第八计划中以180美元的价格（600美元的30%）租到一间公寓。如果公平市值租金是500美元，则政府将以补贴的形式将额外的320美元支付给房东。第八计划有利于公租房的建设。然而，对公租房和开发商补贴的研究发现，这两项政策最大的获益者是建筑业而非穷人。虽然存在公租房，但这些住房的获得者候选名单往往特别长。

---

① Department of Housing and Urban Development，http://www.hud.gov.

影响出租房需求的项目

供给方面的政策在租房市场上为穷人提供了更多的廉租房。帮助低收入家庭的另一项措施是对他们进行补贴，使他们能够选择自己的住房。这些补贴将增强贫困家庭在私人房地产市场上的买房能力。

买房券（租房券）

> **买房券**：其面值为该地区的公平市值租金与租房者收入的 30% 之间的差额。

需求方面的房地产项目主要是买房券，这也是房地产第八计划的一部分。大多数**买房券**被发放给十分贫困的家庭。持券人必须拥有满足政府最低标准的一套住房。买房券面值为该地区的公平市值租金与租房者收入的 30% 的差额。如果该地区一栋公寓的公平市值租金是 450 美元，而该家庭收入为 700 美元，买房券的面值将是 240（＝450 – 700 × 30%）美元。

由于资金不足，该项目仅为一部分有资格的家庭提供服务。根据美国国会所谓的最新数据，第八计划买房券的平均等待期是 35 个月。① 除非有额外的财政拨款，否则原本就很长的买房券补助等待名单将越来越长。

根据经济学原理，最初，需求方面的房地产补贴将会提高廉租房的价格，因为对这类房子的需求上升。然而，随着时间的推移，房东会供应更多的房屋。为了进入转租市场，他们会增加对房屋的维护，或对低质量房屋进行装修升级，这在一定程度上增加了房源。

相对于供给政策，很多经济学家偏爱需求政策来帮助低收入家庭获得住房。需求方面的补贴实际上增加了低成本房源的供给，然而公租房的这种供给似乎减少了。**需求方面的补助直接支付给低收入家庭，而不是开发商或建筑公司，因此有一部分人认为这种政策更针对目标团体，即低收入家庭。**

美国的房产政策能否满足低收入家庭的需求？

根据城市房地产开发局的统计，在买房券项目中，大约 200 万户家庭接受补贴。额外的 280 万户家庭在开发商补贴中受益。② 尽管已经有很多美国家庭接受第八计划的帮助，但房地产活动家称为所有无产阶级或赤贫家庭提供合适住房的资金仍远远不够，政府也承认这一点。因为预算不足以为所有有资格家庭提供补助，所以许多有资格获得住房补贴的家庭没有得到任何补贴。

① The 2004 Conference of Mayors，cites by the National Coalition for the Homeless，http://www.national-homeless.org/publications/facts/why.

② Department of Housing and Urban Development，http://www.hud.gov.

除低收入人群住房问题外，老年人、残疾人、艾滋病患者以及有犯罪前科的人的住房问题也有待解决。政府需要根据他们的不同需求设定不同项目，为他们提供补贴或者特定帮助。

最后，流浪者以及住宅隔离问题也亟待解决。

美国的无家可归问题

对于无家可归问题，由于流浪者数目很难统计，所以他们的数量估计值变化范围很广。一般统计流浪者数目的传统方法是统计收容所或者街道上的流浪者人数。这种方法在确定有多少人需要收容所或施食处时很有效，但很难有效地统计出那些"隐藏的"无家可归者，例如那些住在汽车、操场、箱子、山洞或车厢中的人的数量。这种统计方法往往忽略了处于无家可归状态的人，这些人往往被迫与亲戚朋友挤在一些条件恶劣的临时住所。这种统计方法也忽略了这样一个问题：所有时点上流浪者的构成以及其成为流浪者的原因，很多人仅仅在一段时间内是流浪者。

尽管统计无家可归者的数量存在困难，而且之前很多数据已经过时，全美无家可归者联盟（National Coalition for the Homeless）——一个无家可归者的组织，在报告中指出每年大约有 350 万的人会无家可归。其中包括 135 万儿童。① 全美无家可归者联盟同时引用了美国国会近几年的几项研究。在一项包括 50 个城市的研究中，官方发现无家可归的人数大大超过临时收容所以及救助站的容纳量。更有甚者，尽管农村存在大量的流浪者，但鲜有或没有农村收容所。一项针对 21 个城市的调查表明，23%的无家可归者为有孩子的家庭，23%是单身，而 1%是流浪儿。流浪儿平均每年有 4.7 个月无家可归，而有孩子的家庭每年平均 5.7 个月无家可归。另一项研究表明，无家可归者中男性占更大的比重，为 51%，带孩子的家庭占 30%，单身女性占 17%，儿童占 2%。

谁属于流浪者？

不考虑流浪者数量，我们认为流浪者肯定是不同的，其中包括很多带孩子的家庭。很多无家可归者是躲避虐待的妇女和孩子。（有一项调查表明，50%的城市法官认为家庭暴力是其流浪的主要原因。）一些无家可归者是从不良家庭中逃

① 本节资料来自全美无家可归者联盟：the National Law Center on Homelessness and Poverty，January 2004；the National Low Income Coalition The Crisis in America's Housing，http：//www.hlihc.org/，2005；and the U.S.. Conference of Mayors，http：//www.usmayors.org/uscm/home，2007 and 2006。

跑的青少年。

在被调查城市中，42%的无家可归者是非洲裔美国人，39%是白人，13%是拉美裔美国人，4%是印第安人，而 2%是亚洲裔美国人。此外，11%是退伍军人，22%是无家可归的单身者，8%是带着患精神疾病孩子的家庭。37%的单身流浪者吸食毒品，而带孩子的成年人中 10%吸食毒品。仅有 13%的单身流浪汉和流浪青年有工作，17%的带孩子的流浪家庭有工作。

对于流浪者，一般人都觉得他们是酒鬼、吸毒者、退伍老兵或精神病人。流浪者中的确有一部分人是这样的，而且他们经常制造麻烦。从 20 世纪 70 年代起就存在的一个问题是，政府的政策中缺乏治疗精神病的制度。因此，许多精神病人离开了公立精神病院。与此同时，政府也没有足够的资金建立社区精神病治疗机构，例如临时收容所等。于是许多未被收容的病人成为无家可归者中的一员。其他的流浪者之所以无家可归是因为他们吸毒成瘾，以至于他们很难持续工作或付不起房租。

然而，其余的流浪者与我们相似，只是他们更穷。他们中很多人只能领取最低工资，根本无法支付房租。更有甚者，很多美国家庭离无家可归仅有一步之遥。如果发生什么意外（如配偶死亡或被遗弃以及患有疾病等），他们的积蓄远远不够支付租金或偿还贷款。此外，无家可归也是失业的结果。失去工作和收入可以使一个贫困家庭失去住房，因为他们将无法支付房租。同样，失业也是无家可归的结果，这是因为当你整天想着你和你的家庭无处可去的时候，你是很难安心工作的。

全美无家可归者联盟认为有两个趋势在很大程度上引起近二三十年流浪者数目的增加：（1）廉租房的短缺（这一点我们之前已经做过探讨）；（2）贫困人口的增加。很多人在他们居住的区域买不起房。由于低质量的房子装修后被租给中等收入租户，那些很穷的人就无家可归。他们之前可能居住在城市简陋破旧的房屋中，但至少他们付得起房租。而房屋装修减少了贫困人群可以租到的房屋数目。

也许不做流浪者的最好方式是找到一份工资足以支付房租的工作。但是，对流浪者来说，找到工作几乎不可能，或者很难。他们没有洗漱用品，更不用说洗衣机或电熨斗，因此很难达到仪表整洁。流浪者也没有固定地址或者手机，这样即使雇主有雇佣意愿，也很难联系到他们。

流浪者向贫困妥协。无家可归的孩子们往往不上学，或者偶尔上学。流浪的父母很难保证他们孩子的卫生，也很难让他们穿戴整齐去上学。孩子们往往营养不良，这导致他们学习困难。一边流浪一边学习明显要比在一个稳定的家庭环境中学习困难得多。因此，流浪者的孩子负担沉重，很难在学业上取得成功，即使成年也很难摆脱贫困。

有关流浪者的政府政策

流浪者的支持者认为我们缺乏关于流浪者的长期连贯政策。相反，我们仅仅对于紧急情况有临时应对措施。当北方城市温度下降时，我们担心流浪者可能被冻死。如果这种悲剧发生了，如在 1993 年一位女性流浪者被冻死在离华盛顿美国城市房地产开发局总部仅一街之遥的公交站，我们会采取紧急措施将流浪者收容在私人慈善机构或者昂贵的旅馆中。这两种做法是最有效的临时措施。

有房一族及经济学家认为美国需要采取综合的房地产政策，该政策既包括紧急收容所又包括长期廉租房。他们认为政府的临时措施，如收容所或者短期将流浪者安置在旅馆，都是不充分且没有效率的。**他们认为我们必须制定政策防止无家可归现象出现，包括推进长期住房安置而非出现问题才进行所谓的紧急安置。**

总结

对于无家可归问题，我们可以做一个总结。全美无家可归者联盟也呼吁政府统计针对流浪者的仇视性犯罪案件数目。不幸的是，仇视性犯罪仅仅是美国流浪者所面临的众多问题之一。

住宅隔离问题

美国房地产市场上的种族隔离十分严重。人口普查数据表明：大量非洲裔美国人和拉美裔美国人居住在美国主要城市中，但他们中很少有人住在市郊。许多存在地区隔离的大都市，尤其是南方地区，各种族正逐渐融合。但是在少数族裔众多或者白人大多居住在郊区的内陆城市，种族隔离仍然持续存在。

差异指数：衡量隔离程度的指标。 隔离不仅存在于市中心和郊区，也存在于很多主要城市。目前，存在一些衡量中心城市隔离程度的指标。其中最常用的一个指标是**差异指数**。对于一个有两个区的城市而言，这项指数的测算方式是将每个区中非洲裔美国人比重与白人比重的差额相加，然后除以 2。除以 2 的原因是种族隔离一旦减少将是双向的。一个白人搬进非洲裔美国人的区域就相当于一个非洲裔美国人搬进白人的区域。

为了说明差异指数的计算过程，我们假设一个城市有两个面积完全相等的区域。在区域 1 中有 80% 的非洲裔美国人和 20% 的白人。那么该区域的差额将是

60%，或60。在区域2中居住着20%的非洲裔美国人和80%的白人，差额同样
为60%或60。为了计算该指数，将所有差额加总后除以2，如下所示：

区域1的差异 =60

区域2的差异 =60

差异之和 =120

120/2 =60

一方面，如果不存在隔离，那么区域1中将存在50%的非洲裔美国人和白
人，所以差额将为0，区域2也将是同样的情况，每个种族占50%。差异指数将
是0。另一方面，如果存在完全隔离，即区域1中100%是黑人而区域2中100%
是白人，该指数将是100。差异指数位于0和100之间，差异指数越高，说明种
族隔离越严重。

美国人口调查局每10年对美国主要城市差异指数的加权平均值进行计算。
表3-7展示了1980年、1990年和2000年的指数。如我们所见，这段时期该指
数一直下降，表明隔离程度降低，但下降幅度并不是很大。此外，这些数值仅仅
衡量了白人和非洲裔美国人的隔离程度，并没有衡量拉美裔美国人、亚洲裔美国
人、印第安人和其他人种。最后，美国大城市的指数总体说明在某些城市仍存在
很严重的隔离，例如，底特律、密尔沃基和克利夫兰都是高隔离平均水平的
代表。

表3-7 1980年、1990年和2000年美国所有城市的非洲裔美国人和白人的差异指数

年份	差异指数
1980	73
1990	68
2000	64

注：差异指数表明非洲裔美国人和白人之间的隔离程度位于0到100之间。差异指数越大，存在的隔
离越严重。

资料来源：U. S. Department of Commerce, Census Bureau, http://www.census.gov/hhes/www/housing.

住房隔离，尤其是非洲裔美国人，他们被隔离得更加严重。而这使得他们处
于经济上的劣势地位，只能栖居贫民区，拥有的多是位于郊区的工作，他们无从
得知更多的就业信息，对如何借助公共交通工具直达工作地点也一无所知。我们
已经看到，非洲裔美国人的贫困率远高于白人。因此，贫困多集中于贫民区，在
这种情况下贫穷的非洲裔美国人有着比同样贫困的白人更恶劣的经济环境。集中
的贫困通常导致家庭不稳定、犯罪、对福利的依赖、放弃住房和对教育的低参与
度。住房问题在内陆城市变得愈发严重。

观 点

保守派与自由派

在住房政策方面，保守派和自由派的观点界限分明。保守派的观点是政府应当不介入或者最低程度地介入房地产市场，因此他们鼓励将公租房转到私人领域（私人租户及房东）并取消对建筑业的补贴。如果这种观点被一致同意，保守派经济学家也会取消抵押贷款利息扣除，虽然一些保守派政客视此为神圣不可侵犯的领域（反对取消中产阶级和穷人税收优惠的政客通常能够连任）。如果必须要帮助穷人买房，保守主义者通常偏爱形如买房券之类的举措，即让穷人有能力在私人领域有房可住。他们的主要论点是：市场比政府更能有效地解决住房问题，并认为这是一个市场导向的解决方案。

就像保守主义者一样，许多自由派人士同样对通过发放买房券来帮助穷人感兴趣。但不像保守分子，自由派人士更强调政府在解决问题过程中的角色，他们认为无家可归必须引起政府关注，或提供永久住宅，或向有需要的人提供临时住处。自由主义者不关心效率，他们只要求政府介入房地产市场，并认为此举能让穷苦的人更容易获得住处，并对我们的经济有益。

总 结

房地产市场其实包括众多市场，这些市场可根据地域、房屋种类和特点加以区分。近年来无论是自住房还是出租房，其价格都在不断上升，且涨幅高于家庭收入的增加，让人们开始担忧对住房的支付能力。白人比少数族裔更容易住进自己拥有的房屋。

帮助贫困家庭安居的政策有租金上限，供给方政策如公租房和开发商补贴，需求方政策如买房券等。租金上限使得住房短缺出现，供给方政策使建筑业和低收入家庭共同获益。需求方政策使低收入家庭受益，并鼓励房东提供中低价位房源。资金资助并不足以帮助低收入人群，并且在未来的一段时间内仍是不足的。

在美国，住宅隔离是一个严重的问题。这使得少数族裔在经济上处于不利的地位。除此之外，无家可归的问题是复杂的，与廉租房没有太大关系。租房拥护者想要一个连贯而长期的策略来解决问题，而不是现在我们所使用的短期而被动应对的政策。

中国的房地产市场

最近二十年来，还没有哪个产业像房地产一样引起中国人如此广泛的关注和激烈的讨论，这种情况的出现，首先在于这个产业的重要性，目前已经成为国民经济发展的支柱产业。很久以来，我们都在谈论美国梦——一套住房、一辆汽车。现在这也成为中国老百姓消费的热点。

与世界上其他主要国家的房地产规律一致，中国房地产也有自己的周期。但是近十多年来房地产开发投资高速增长，房价持续大幅上涨。2002 年以来，中国商品房销售额大幅度增加，带动了房地产开发和城市基础设施投资的高速增长。通过产业链后向传递作用，必然拉动钢材、有色金属、建材、石化等生产资料需求的增长，同时也导致工业化的污染加重。这些材料的价格快速上涨，在短期利润的驱使下，各生产资料部门产能投资成倍扩张，最后导致整个社会固定资产投资规模过大、增速过快的情况出现。

1978—2014 年全国城镇常住人口从 1.7 亿人增加到 7.5 亿人，城市化率从 17.9% 提升到 54.8%。而 1996 年以来，中国的乡村人口就一直处于负增长态势。在农村人口减少的同时，农村居民点用地面积却在增加。现阶段的房地产供需，面临资源闲置浪费与紧张不足并存的局面。从不同城市来看，大城市以及超大、特大城市的人口流入集中、住房紧张，而中小城市和小城镇的人口较少，甚至出现人口净流出、住房还在大量供应的现象。由于城乡之间、不同城市之间住房及土地资源配置结构不合理，一方面，农村、小城镇的住房及土地资源得不到充分有效利用，另一方面，部分人口集中流入城市，其住房需求得不到较好的满足。结果是，人口聚集度低的部分中小城市的房地产市场供过于求问题更为严重，"去库存"难度更大，市场风险更为突出。

在北京、上海、杭州等城市，房价和居民家庭年收入之比达到 20 倍，甚至更高，人们为积累买房子的首付，必须缩减其他消费支出，并依靠银行贷款才能买下房子，我国商业性个人住房贷款在 2000—2010 年十年时间里增长了 135 倍。个人住房贷款占个人消费贷款的比重高达 75%～97%，房地产过热提高了旧城改造和基础设施建设的成本，拉大了贫富差距。再加上炒房团，给国内银行带来了很大风险。如此高的贷款按揭成数，一旦房价波动或利率回升，个人贷款者将面临较重的还款压力，影响偿贷能力。

中国的房地产市场人为操控的成分高于市场的调节作用。开发商不建造市民急需的适用性住房，而是将资金投入 100 平方米以上的住房，这也是造成房市供求关系紧张的原因之一。此外，房地产价格远高于建造成本，存在暴利。国家调控房地产市场则要调控好供求关系，调节供给，就是要增加适合中等收入群体购买的商品房供给，还要支持建设规范的住房租赁市场，有一定量可供出租给困难家庭的房源。调节需求，就要打击投机，金融机构要实施好央行和银保监会已公布的政策。

案例一 2016 年中国房地产市场现状

随着 2016 年年末调控政策的相继收紧，楼市热度逐渐消退。由于多数开发商已经达到或超额完成全年业绩指标，其对调控政策和楼市节奏放缓的反应也相对有限。2016 年，前 20 位知名开发商的全年销售额占全国近 1/4，达到 2.98 万亿元人民币，同比增长 52%。第一太平戴维斯中国区市场研究部主管简可表示："2016 年 12 月，国内楼市延续了前两个月的放缓走势，几个去年房价明显上涨的重点城市表现尤为明显。年末，多数城市房价涨幅趋缓或小幅下跌。"

2016 年 12 月，全国 70 个大中城市中，46 个城市的新建商品住宅销售价格录得环比上涨，较 11 月的 55 个城市继续减少。4 个城市的价格指数较上月基本持平，20 个城市则环比下跌。其中，住宅销售价格涨幅最大的四个城市依次为：三亚（1.2%）、重庆（1.1%）、扬州（0.9%）和韶关（0.9%）。而价格环比下跌最为明显的六个城市依次为：深圳（-0.4%）、南昌（-0.4%）、丹东（-0.4%）、福州（-0.4%）、武汉（-0.3%）和济南（-0.3%）。

2016 年 12 月，70 个大中城市新建商品住宅平均销售价格环比上涨 0.26%，为连续第 20 个月上涨，较 11 月 0.59% 的环比涨幅继续放缓。平均销售价格较去年同期上涨 10.81%，自最早指数基准时期（2010 年 12 月）以来累计上涨 12.74%。

2016 年 12 月，一线城市住宅销售价格涨停，这主要是由于年末调控收紧和现有政策的从严执行，使一线城市房价涨幅受到抑制。同时，12 月各线城市均录得年内最小房价涨幅。

作为过去一线城市中房价表现一直相对滞后的城市，此次广州成为一线城市中唯一房价上涨的城市，环比涨幅为 0.7%，然而 2010 年以来的累计涨幅依然相对落后。其他一线城市房价环比均小幅下跌，其中深圳已从 2015 年 9 月的峰值累计下跌 1.2%。

由于经济活力、拥有大量就业机会和持续的置业需求，一线城市的待售库存接近历史最低水平。但同时，持续上涨的房价和限购限贷从严已使短期市场增长势头得到抑制。

各级城市市场表现：

12 月，各级城市房价涨幅均有所放缓，其中二线城市放缓最为明显。仅一线城市房价未见涨幅，四线城市则录得 0.42% 的环比最大涨幅。

12 月，二线城市中表现最优的四个城市依次为：重庆（1.1%）、西安（0.7%）、沈阳（0.6%）和大连（0.1%）。

尽管 12 月多数城市房价增速再度放缓，仍有一些城市房价依然加速上涨，例如：沈阳（0.5 个百分点）和杭州（0.4 个百分点）。

12 月，所有地区房价指数均录得环比上涨，然而仅东北地区增速加快。华中地区下跌速度最快，涨幅环比加速下跌 0.63 个百分点至 0.21%。

尽管东北地区楼市发展依然相对缓慢，但却是唯一房价加速上涨的地区，代表城市为：哈尔滨（0.8%，增速提高 1.0 个百分点）、沈阳（0.6%，增速提高 0.5 个百分点）、吉林（0.4%，增速提高 0.5 个百分点）和牡丹江（0.3%，增速提高 0.5 个百分点）。

2016 年，全国楼市整体行情较好，面对 2017 年楼市调整局面，开发商放眼来年、调整战略，迎接全新挑战，或根据预期适当调整来年销售目标。近期楼市成交量和价格涨幅已开始放缓，预计 2017 年（尤其是上半年）楼市将以政策为导向。预计成交量将在一段时间维持相对低位（同比或下降二到三成），销售额或见 0 ~ 5% 的小幅下跌。

尽管各地政府应当有能力通过供需侧调控当地楼市，但各地推出的楼市调控举措日益纷繁复杂，无论是对于投资者、开发商还是买家而言，认识并参与国内房地产市场的难度正与日俱增。假以时日，应将各地调控试行举措（包括对土地市场的管理和房价的调控）进行归总回顾和分析，并择优向地方推广。此外，应从全国、省、市及区县等各层面对楼市及土地政策进行系统性记录汇总。房地产市场作为中国经济的重要支柱之一，亟须进一步提高楼市透明度。

资料来源：搜狐公众平台，2017 年中国房地产市场：亟须进一步提高楼市透明度，http://mt.sohu.com/20170119/n479156764.shtml.

案例二 中国首富和他的万达

2013 年福布斯中国富豪榜，王健林以净资产 860 亿元人民币问鼎中国首富。2014 年彭博亿万富翁指数中，王健林净资产达到 1 543 亿元人民币，排名亚洲第三。2015 年福布斯发布全球富豪榜，王健林以 242 亿美元财富成为中国内地首富，全球排名第 29 名。2015 年 8 月 19 日，胡润研究院发布 2015 年全球华人富豪榜，王健林以 2 600 亿元人民币财富首超李嘉诚成为全球华人首富。2015 年 10 月，美国财经杂志《彭博市场》公布了第五届全球金融 50 大最具影响力人物，万达集团董事长王健林排在第 37 位。2015 年 10 月 15 日，胡润研究院发布"胡润百富榜"，61 岁的王健林及其家族以 2 200 亿元人民币财富超过马云，第二次成为中国首富，财富比去年增长 52%。

　　万达的成功绝不是偶然，探究其背后的原因，我们会发现，初期成功是因为地产的固有因素——地段。核心商圈的黄金商业地段造就了成功。企业成立之初，因得不到计划指标和土地，万达被迫选择旧城改造方式获得土地，启动了大连市西岗区北京街旧城改造，成为全国第一个进行城市旧区改造开发的企业，在全国首创城市旧区改造的发展模式。20世纪90年代初期，万达年房屋销售量占大连市房地产销售总量的两成以上，在大连市房地产企业中脱颖而出。为了做大规模，万达实施跨区域开发战略。为使企业获得长期稳定的现金流，万达主动进行战略转型，进军商业地产，在全国首创"订单地产"和"城市综合体"的商业模式，成立商业规划研究院、商业地产公司、商业管理公司，形成完整的产业链和企业核心竞争力，万达广场成为中国商业地产第一品牌。万达商业地产公司在全国的68个万达广场、38家五星级酒店已开业，持有收租物业面积1 290万平方米，是世界排名第二的不动产企业。同时万达独特的"订单式商业"为其吸引了国际知名的商业企业进驻经营，如沃尔玛、美凯龙、百盛等，这些商户为万达广场吸引消费人流作出了显著的贡献，也构成了万达广场的核心优势。作为国内较为成熟的商业地产开发商，各地政府都表现出极大的热情，愿意给予较好的政策优惠来吸引万达进驻。而万达发展模式也从过去纯商业、核心商圈黄金地段、超市＋建材＋影院升级到商业、酒店、公寓、住宅。选址也从过去的核心商圈演变到了城市副中心、新区的中心，规格也从过去的不超过10万平方米扩大了50万至100万平方米，主力商家从百货、超市、美食广场、家电、影院到休闲。目前，万达计划十年内成为世界一流的跨国企业，为中国的民营企业争光。要成为世界著名企业，必须走出中国实现发展。从2012年开始，万达向跨国发展迈出实质性步伐，让人们不禁对中国首富和万达的下一步动作充满期待。

　　资料来源：百度文库：万达商业广场业态分析，https://wenku. baidu. com/view/8a549fe79b89680203d825c8. html.

讨论和问题

　　1. 什么因素影响了家庭负担房租的能力？如果你现在不是房主，你会不会赞同"美国梦"就是在未来拥有一栋属于自己的房屋？

　　2. 请描述租金上限的影响。谁从中获益，谁从中受损？长期效果是什么？房东和租客如何从租金上限中获益？你认为价格上限可能导致对特定族群的歧视吗？

　　3. 你所在的大学附近的租房状况怎样？你认为租金过高吗？房屋的质量如

何？你有了解一些学生受到歧视，押金被退还的情况吗？你在租房的过程中受到过歧视吗？

4. 公租房和开发商补贴政策中谁是首要受益人？

5. 买房券是如何发挥效用的？如果我们只有这么多资金来援助低收入者，最好的方式是什么？

6. 我们应该为下列群体提供补贴吗？怎么补贴？

1）无家可归者；

2）低收入者；

3）中高收入者；

7. 你对住房问题持保守态度还是自由态度？

8. 你的家庭需要多少薪水来远离无家可归的境况？如果灾难来临，你和你的家庭失去生活来源，你会怎么做？你会依靠存款、亲属或者朋友吗？如果上述资源都不可用，你会怎么办？

9. 登录美国全国房地产经纪人协会的网站并查看最近的平均房价：http://www. realtor. com／。

10. 你的学校有无家可归的学生吗？校园里有没有一些你和学生组织可以唤起对无家可归境况重视的活动？你可以通过谷歌搜索来找到相关答案。

11. 登录以下网站 http://www. hud. gov。这个美国城市房地产开发局的网站提供了研究低收入家庭住房情况的链接。从保守派或自由派的角度来看，全美无家可归者联盟和这个网站有什么不同？为什么？

12. 登录预算与政策环境研究中心网站（http://www. cbpp. org／），查看目前的住房问题，这是一个自由派的网站还是保守派的网站？

13. 你和社会公众对于隔离行为和《公平住房法》是怎么看的呢？登录美国城市房地产开发局网站并参加在线调查，http://www. huduser. org/publications/hsgfin/FairHsngSurvey. html。2000—2001 年及 2005 年具有代表性的成年群体均做了测试，结果并没有好转。正常的美国人没能从 8 个情景中找出 2 个违反反歧视法的情景。虽然 2005 年更多的人支持《公平住房法》，但仍有四分之一的人对此毫不关心。

附录 2　价格上限

你可能从未在有租金限制的公寓中生活过，但一些现实世界中价格上限的例子肯定影响着你和你的家庭。让我们来看看这些价格上限。

足球比赛票价上限

你的学校可能有一支足球（或者篮球、曲棍球、棒球）队，你和你的高年级及低年级同学都是该队的粉丝。假设这支队伍今年战绩辉煌，所有票都有人购买。事实上，很多想观看比赛的球迷并不能买到票。为了买到票，你要么花半天时间排长队，要么靠关系搞到一张票。

这种情况如图 3 - 4 所示。首先注意供给曲线是垂直的（完全没有弹性）。体育场里有 20 000 个座位，所以不管足球票价是多少，票一共只有 20 000 张。票数与价格无关。而票的需求曲线则是向下倾斜的，表明票价越低想买票的球迷就越多。如果市场自由运作，在票价为 9 美元、票数为 20 000 张时，刚好达到均衡。足球票便不会出现短缺。

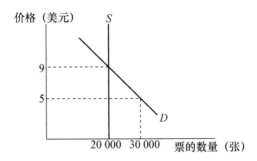

图 3 - 4　足球比赛票价上限的影响

足球比赛票价上限导致了 10 000 张票的短缺出现。

但我们假设学校的主管部门把票价定为 5 美元一张，他们认为这是一个公平合理的价格。毕竟，他们也不想加重学生和已毕业校友的负担，只是想用票价弥补整支队伍的开销罢了。

5 美元一张的定价构成了价格上限，因为价格被设定为低于均衡水平。30 000 名球迷想买球票，然而体育馆只有 20 000 个座位，所以只有 20 000 人能买到票，市场出现了 10 000 张票的短缺。

虽然是无意的举动，但学校主管部门使得市场不再有效。过分激励球迷去买票的话，出现短缺是必然的。除此之外，人们还浪费了大量时间排队，如果允许价格上升到 9 美元的水平，那么我们就可以避免这种情况。

你是否尝试过购买你喜欢的摇滚乐队的演唱会门票？可能你喜欢这支乐队的原因之一就是他们以公平低廉的价格向粉丝们售票。但只要乐队宣布了演唱会的计划，你就会发现门票很快售罄。他们并非故意这样做，然而这种定价策略造成了和足球比赛门票相同的结果，价格上限和有限的座位数量造成了短缺。

汽油价格上限

如果你没有在 20 世纪 70 年代开过车，可以问问你的父母（或者祖父母、外祖父母）那时的汽油短缺。他们会毫不犹豫地向你描述汽车在加油站前排成长龙，而加油站因为汽油销售一空而早早关门的场景。一些加油站只售油给老顾客，而拒绝将油卖给新顾客。很多消费者加不起汽油，另一些人则养成了每到一处就把油箱加满的习惯，即便油箱有时已经几乎满了。人们早早醒来，排队等候，花费大量的时间、精力寻找汽油，担心汽油的短缺，并因此精疲力竭。如果曾经有市场毫无效率可言，那么美国 20 世纪 70 年代的汽油市场绝对是其中之一。

汽油市场上的问题与石油市场紧密相关。20 世纪 70 年代初，诸多阿拉伯国家对美国采取了禁售石油产品的抵制措施，即著名的阿拉伯石油禁运。这导致美国石油进口量的急剧下降，与此同时，有 13 个成员的 OPEC 组织为改善成员经济而减少全球原油供给。1973 年秋石油价格仅为每桶 2.5 美元，而到了 1974 年的春天石油价格已飙升到每桶 10 美元。结果所有石油产品，包括汽油，价格一飞冲天。由于石油的输入对许多生产过程至关重要，石油价格的上升使市面上几乎所有农产品和工业产品产量减少，价格上升，并造成了通货膨胀。

1979 年石油供给又因伊朗减少对美石油出口而骤减，石油价格再次疯涨，汽油价格亦然。油料短缺问题日益尖锐，通货膨胀再次成为政治界和经济界的热点议题。

受限的供给和极高的石油价格并不是导致汽油价格高升的原因。如果允许价格自由调整，那么市场会自动达到供需均衡，也就不存在短缺。

只有对价格上涨的限制才会导致短缺。这个现象在 1973—1974 年与 1979 年出现，当时石油和石油产品存在价格上限。上限在石油产品价格超过限制时有效，在市场上造成了影响。不过只要市场价格低于最高限价，政府的价格限制措施就毫无作用，价格将一直维持在均衡的市场价格水平。当汽油价格两次飞涨时，价格上限发挥作用，生产者减少了供给，而消费者需求过度增加。图 3-5 描绘的短缺即是结果。

是不是仅让高油价出现就会更好呢？当然，市场会变得更加有效，需求量等于供给量，而且没有短缺。但是高油价对低收入消费者而言无疑是不利的。汽油作为一种必需品，每个需要开车上班的人都需要汽油。你能想到一些好方法来让低收入的通勤者们买到急需的汽油吗？

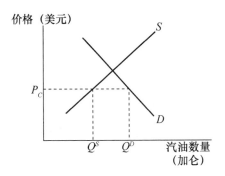

图3-5 汽油的价格上限效应

汽油的价格上限使得短缺出现。

利率上限

你还能回忆起本章开头提到的高利贷法吗？该法重在设定利率上限。通常政府会启用利率上限以限制利率过度上涨。这样造成的结果与我们考虑的其他情况相同，如图3-6所示。横轴为可贷资金（可用于借贷的资金）的数量，纵轴为可贷资金的价格（利率）。对可贷资金的需求代表所有想借钱的人的需求，借方表示所有想借钱的人。（贷方通常是存款人，如果你把钱存到账户里，相当于你把钱借给银行，银行又把钱贷出去。）均衡应该在 E 点处达到，此时数量为300万美元，利率为8%，而如果政府将利率设定为6%，那么可贷资金需求量为400万美元，供给量为200万美元，资金缺口为200万美元。

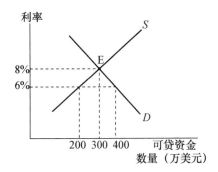

图3-6 利率上限的效应

可贷资金的利率上限导致了可贷资金的短缺。

其他例子

考虑发展中国家的稻米等食品的价格上限。虽然农村里的农民比城市里的消费者看起来更贫穷，发展中国家的政府通常限定常见食品的价格以满足城市居民的需求。这通常是因为城市里的消费者会在粮价过高时引发暴动，使政治处于不稳定的状态。粮食价格上限带来粮食短缺，农民售出的粮食价格降低，从而收入减少，耕种的积极性不断降低。从某种程度上看，迫于国际组织的压力，许多发展中国家的政府正在取消粮价上限。类似的粮价管制出现在苏联等社会主义国家中，这些国家目前正在放松管制以进行经济改革。人们需要进行权衡取舍：消费者现在支付更多的钱来购买粮食，短缺已不存在。政府能够明智地运用市场价格来提供合适的激励，但它们仍需找到直接援助低收入农民和消费者的方法。

再举一个例子，"医疗保险"中的药价问题。因为药价通常很高且不断上涨，许多人呼吁设定价格上限以使患者有能力承担，如租房和食物一样，医疗保障通常是政府介入的"特殊市场"。价格上限的后果是经典的——低价，以及由此产生的短缺。你有什么办法能够解决人们无力支付高昂药价的问题吗？

第4章框架图 ▶

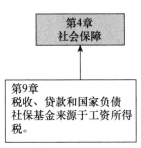

第4章
社会保障

第9章
税收、贷款和国家负债
社保基金来源于工资所得
税。

经济学工具箱

- 私有化
- 社会保险
- 现收现付制
- 社会适当
- 税基
- 税率

- 累退税和累进税
- 逆向选择
- 社保财富效应
- 提前退休效应
- 遗孀的收入缺口

第 4 章

社会保障

> 今年，大约有 7 800 万战后"婴儿潮"一代中的第一批人将年满 60 岁，包括我父亲最喜爱的人当中的两个——我和克林顿总统。这个里程碑不仅是一场个体的危机，而且是一项全国性的挑战。战后"婴儿潮"一代人的退休将对联邦政府造成空前的压力。
>
> ——乔治·W. 布什（小布什），2006 年美国国情咨文

私有化：把政府的资产和责任转移到私人部门。

除了关于父亲的笑话，小布什总统提出了一个关键问题。"婴儿潮"一代给社会保障体系增加了更多压力，让我们面临艰难抉择。布什讲话中没有涉及的部分也很重要，特别是他在这次讲话中没有提及的此前多次要求的社会保障体系部分私有化话题。在第 10 章中我们还会讲到，**私有化**意味着把政府的资产或责任转移到私人部门。在社会保障议题中，部分私有化在政界并不受欢迎，这就是为什么它在国情咨文中被选择性忽略，在奥巴马总统的讲话中也没有提到私有化问题。

正如我们所知，社会保障体系（简称社保）和医疗保障体系（简称医保）的影响波及我们所有人。如果我们工作，就要缴纳社保税和医保税；如果我们患病或不幸残疾，我们能够从社保机构处获得帮助；如果我们不幸丧偶，我们能够通过社保机构领取自己和儿女的补助。当我们退休时，我们能从社会保障机构处领取退休金。退休可能对你们中的大多数人而言还很遥远，但你的亲友中肯定有退休的人，他们每月的 3 日就会收到社会保障机构的支票（除非他们的社会保障金自动转入他们的银行账户）。你们有时可能会担心社会保障机构的未来，特别是当你们退休时，这一体系是否还存在。

津贴：符合条件的公民依法领取的收入。

社会保障金是基于美国法律，符合条件的美国公民有权领取的津贴或补助。社会保障金占联邦预算的很大比重，这是因为这些支出是根据法律做出的规定，国会不具备任何裁量权，因而减支的唯一办法是修改相关法律。在当前的政治氛围中，削减联邦政府支出非常重要，讨论修改保障金和相关法律的声音很多，这些声音往往带有强烈的感情色彩。社保和医保因此备受质疑。这些支出不菲，相关报道频频见诸报端，是我们大多数人对其虽然持有不同看法，却缺少相关知识的热门话题。

在本章中，我们讨论现有的社会保障体系，分析其中的问题和面临的争议，并展望这一体系的未来。

社会保障：一个社会保险体系

社会保障体系是根据 1935 年《社会保障法》（Social Security Act）建立的。20 世纪 30 年代大萧条带来的全美性失业、饥饿、贫穷、人力资源浪费让政府开始关注经济问题造成的保障缺失。《社会保障法》即被视作这些问题的解决方案。最初的法案规定，只有 65 岁以上的大多数工商业劳动者可以领取退休津贴。自此之后，该法案经过多次修订，如今社会保障体系已覆盖了残疾劳动者和他们的子女，以及患病的劳动者。理论上，社会保障体系覆盖所有就业人口，包括自由职业者，其收益与消费价格指数挂钩，以在通货膨胀时自动增加津贴数额。因此，退休人群的消费能力能够在平均物价上涨时保持不变。（你经常听到老年人以固定收入为生，即其收入不能适应通货膨胀的变化。而事实上，老年人是最不可能以固定收入为生的人群。）医疗保险是与社会保障体系相关的系统，为社保体系受益人中的老年人和残疾人提供高补助性的医疗保险。医疗保险创立于 1965 年，从 2006 年开始涵盖处方药。

社会保险：由雇主、劳动者或双方共同上缴的工资税支持的任何政府项目。其目标是帮助某一特定群体。公民不需要低收入证明就可以参加这一项目。

商业保险：由营利性的机构运营，由保费支持，目的是集中风险、规避损失。

社会保障体系是社会保险的一个经典例子。**一个社会保险项目与商业保险项目类似，唯一的不同在于，保险的收益来自政府而不是私营企业。**正如在商业公司购买的私人寿险或健康保险一样，社会保险项目针对因死亡或疾病而造成的损失。这意味着它把各种不同的风险统一起来，使我们能够更好地应对这些风险造成的结果。因为社会保险的概念非常复杂，无法通过名字很好地体现其内涵，我们把社会保险和与之对立的、涉及人们经济安全的两种保险项目相比较。这两种项目为商业保险和公共救助。首先，**商业保险**是由非政府、营利性的保险公司提供的，这种保险的性质与社会保险相似，目的是集中风险、平衡损失。表 4 - 1 比较了这两种保险之间的异同。

表 4 - 1   社会保险与商业保险的特征

社会保险	商业保险
1. 目的是集中风险	1. 目的是集中风险
2. 强制	2. 自愿
3. 政府垄断	3. 商业保险机构相互竞争
4. 由税收提供资金	4. 由保费支持
5. 现收现付	5. 资金完全充足
6. 法律保障受益人的权利	6. 受益人享受合同权利
7. 以社会适当和个人公平的原则运行	7. 在个人公平原则下运行

尽管这两种保险项目的基本目的相同，但它们的大多数特征不同。社会保险是强制性的，而私人保险是自愿的。假如你是一名社保覆盖范围内的劳动者，你必须要缴纳社会保障税并加入保障项目，但没有政策要求你必须投商业保险。社会保险具备强制性特征的原因非常明显。如果一些人推迟参加社保的时间，到临近退休时才参与，或在自行选择时根本就不考虑社保选项，那么其他人参与社保的成本就会增加。

虽然私人保险主要由几家大保险机构主导，但还是有很多机构参与竞争。而社会保障局是唯一提供社保服务的机构，因此社保由政府垄断。

工资税：基于工作收入的税收，常常直接从劳动者的工资中扣取。

资金完全充足：有足够的收入来支付所有受益人，由商业保险法规强制规定。

现收现付制：目前的税收支付给目前受益的人。

社保项目的收入来自可以享受社保福利的人缴纳的税收。因为这些资金是直接源自工资，所以它们是**工资税**。在社保和医保范围内，工资税指劳动者和他的雇主交纳的数额匹配的税收。这种财政机制与商业保险机构相反，在商业保险机构中，保费交纳数额是由保单持有人自行决定的。

按照相关法律，商业保险机构必须在**资金完全充足**的基础上运营——这意味着它们必须有充足的准备金支付向所有保单持有人承诺的利益。而社会保险则不是在资金完全充足的情况下运营的，它采取的是**现收现付制**。目前在职的劳动者或雇主往往支付税收以满足目前退休人员和其他社保受益人的利益。这种将社保设计成现收现付制，而不是资金完全充足运营方式的决定是在 20 世纪 30 年代做出的。它的内在逻辑是：总会有新的劳动者加入这一强制体系，缴纳税收以支付给受益人，所以资金完全充足的方式没必要。社保准备了一笔足以支付6个月至1年的受益人收益的保证金，但基本上是由现有税收支付现有收益。

法定权利：由法律规定的权利。

合同权利：由合同双方商定的权利。

个人公平：受益人按照支付金额的比例获得收益。

社会适当：为整体人群提供最低水平的经济保障。

你获得社保收益的权利是**法定权利**——也就是《社会保障法》赋予的权利。如果国会修改这部法律以增加或减少收益，你的权利也随之变化。另外，你和保险公司签订合同就享有**合同权利**，保险公司不能单方面修改任何合同条款。

最后，商业保险是基于**个人公平**的原则。你获得的收益与保费相匹配。如果选择金额较大的方案，多交保费，就能够获得更多收益（或者受益人能够获得更多收益）。社保的原则是个人公平和社会适当原则，或者说是为整体公民提供基本的经济保障。此外，社保项目更多强调**社会适当原则**，更少强调个人公平，因此，收入低的劳动者缴纳的税收比收入高的人缴纳的税收少，但获得收益的比例更高。

公共救助：目标为低收入人群的政府项目。

社会保险与商业保险有一些共同点，同时与公共（社会）救助也有一些共同点。**公共救助**项目是基于政府的福利项目。表4-2对两者进行了比较。能够看到，公共救助是按需分配的。这就意味着个人必须能够证明他（她）陷于贫困或者资产和收入低于某一特定水平才能获得福利项目的收益。收益并不来自个人缴纳的税收，而是从政府的财政收入中支取。这与税收没有关系，不管是现在还是过去，收益均由受益人获取。公共救助是纯粹的福利项目。所有劳动者都能够参加社保和医保，但只有穷人能拿到福利。福利项目那种标签性的特征在社保项目中并不存在。

表4-2　　　　　　　　社会保险与公共救助的特征

社会保险	公共救助
1. 覆盖所有劳动者	1. 覆盖穷人
2. 由工资税提供资金	2. 由政府收入提供资金
3. 在社会适当和个人公平的原则下运行	3. 在社会适当原则下运行
4. 没有标签性特征	4. 有标签性特征

社会保障税收和收益

社会保障税收和医疗保险税收共占美国联邦税收的32%，而且社保在财政预算中增长很快。本节首先将两种税收分开讨论，然后检视整个社保项目。

社会保障税收

税基：收入、工资、财产、销售或其他形式的资产用以缴税的总价值。在社保税方面，税基是工资所得。

税率：税基中必须以税收形式上交给政府的比例。

公民缴纳的社会保障税由**税基**和税率决定。税基指的是个人收入用以缴税的最大数额。而**税率**则是指税基中多大比例将上缴至社保基金。

截至 2009 年，美国社保税率是 6.2%，医保税率则是 1.45%。所以，我们常说工资税税率为 7.65%。因为社保规定雇主为劳动者缴纳同等数量的工资税，所以合起来税率是 15.3%。自由职业者的收入进行一定调整之后，按照收入的 15.3% 纳税。①

社保和医保的税基也有所不同。截至 2009 年，社保的税基是劳动者每年收入的前 10.2 万美元，而医保的税基则是全部收入。

首先让我们来看社保项目税收的增长是怎样演变的。1937 年，税基是 3 000 美元，税率是 1%。（当时，项目覆盖的退休受益人仅仅是 65 岁以上的人。）就算考虑到通货膨胀，平均每个劳动者支付的社保税占收入的比例现在也要比当时高很多。

累退税：从低收入人群收入中扣取的税额比例大于从高收入人群中扣取的税额比例。

累进税：从高收入人群收入中扣取的税额比例大于从低收入人群中扣取的税额比例。

比例税：从所有人群中扣取同等比例的税额。

社保税由于采取了递减税制而受到广泛批评。税收分为累退式、比例式和累进式。**累退税**从低收入人群收入中扣取的税额比例大于从高收入人群中扣取的税额比例；**累进税**从高收入人群收入中扣取的税额比例大于从低收入人群中扣取的税额比例；**比例税**则从所有人群中扣取同等比例的税额。当然，究竟哪种税收更加合理还有待进一步深入讨论，但没有太多人认为累退税合理。这个问题将会在第 9 章进行更加详细的讨论。

社保税采用递减式基于两个原因。第一个原因，在任何一年中，只有税基内的收入能够征税。在 2009 年，只有每一个劳动者赚得的前 10.2 万美元能够用来征税。**所以，低收入劳动者缴纳的社保税等同于全部收入的 6.2%，而高收入人群则缴纳全部收入中较低比例的社保税。**（想想看，好莱坞影星约翰尼·德普的收入中有多少免征社保税！）

第二个原因，只有工资收入能够征收社保税和医保税，其他形式的收入，例

---

① The Social Security Administration，http://www.ssa.gov. 除特别说明外，本章中统计数据均来自于此。

如房租、利息、资本收益、股票股息并不用缴纳这些税收。因此，高收入人群有更多以资源形式而非工资或薪水形式存在的收入，因此他们不用缴纳社保税的收入也更多。所以，社保税和医保税从特征上看确实是累退的，将最大的税收负担压在低收入人群身上。然而，正如我们下面要讨论的，收益的支付却是累进的。

社保收益

社保收益主要是美国财政部在每个月月初寄给受益人的支票。多数没有自动转存银行账户的受益人一般在每月 3 日收到支票。医保收益则直接支付给医院、医生和其他医疗保健机构。本章将关注社保投保人退休后的收益。

为了保证获得社保收益，投保人必须是全职工作或者依靠全职工作的劳动者。也就是说，劳动者必须在指定期限内支付最低限度的社保税。

置换率：社保退休金占最后一年工作收入的比例。

社保收益的数额基于退休的劳动者缴纳社保税时做出的贡献。通过一套复杂的公式计算劳动者收入最高的 35 年的收入总数（同时考虑通货膨胀），用以决定劳动者每月获得支票的金额。从这个意义上看，收益是递增的，低收入的劳动者得到的置换率比高收入人群高。**置换率**指的是社保支付的退休金占最后一年工作收入的比例。因此，社保税是递减的，而社保收益是递增的。**高收入人群总体上获得的社保收益更高，但占其最后一年工作收入的较低比例。**

问题与回应

本节讨论社保的原则性问题，背景是美国的老龄化人口越来越多。之后我们会考虑一些能够解决这些问题的方法，以及社保体系长时间运转的可能性。

长期问题：人口结构老龄化

社保面临的长期问题是人口结构。美国人的平均年龄正在增加，这意味着更少的劳动者缴纳社保税、更多的退休者领取社保收益。另外，越来越多的劳动者提前退休，这意味着退休之后领取社保收益的时间更长，这些人不支付社保税，只领取收益。此外，"婴儿潮"一代出生的人开始在 21 世纪第一个 10 年内进入退休年龄。这一代第二次世界大战后人口激增的人比之前几代人的寿命更长、生育率更低，他们使退休问题更加严重。

因为社保采取现收现付制，这种系统对人口结构改变非常敏感。在 1950 年，平均16.5个劳动者支付社保税供养1个社保受益人。2008年,平均3.3个劳动者支付社保税供养1个社保受益人,2040年这个数字可能会减少到2.1个(见表4-3)。这对纳税人、退休者和依赖这个财政系统的人而言,影响是实质性的。下面将分析这些影响。

首先,如果在现收现付制基础上更少的纳税人要提供同样的税收以支持社保体系,这意味着每个纳税人将缴纳更多的税。另外,如果每个纳税人不能提供更多税收,社保收益就需要削减或者必须找到工资税以外的财源。如果什么都不做,这套系统的财政可靠性必然受到质疑。

表4-3　　　供养每一个社保受益人的劳动者人数(1950—2040年*)

年份	供养受益人的人数
1950	16.5
1960	5.1
2008	3.3
2040*	2.1

注:*表示估计值。
资料来源:The Social Security Administration, http://www.ssa.gov.

解决问题的努力

美国国会在20世纪80年代初就人口老龄化问题进行过争论,最终达成了1983年《社会保障法修正案》。这个修正案的主要规定是:(1)延迟正常退休年龄;(2)建立信托基金账户来增加"婴儿潮"一代人退休后的收益;(3)从个人所得税中提取一部分资金用于社保。

延迟正常退休年龄

> 正常退休年龄:劳动者能够退休并全额领取社保收益的最低年龄。

正常退休年龄是指劳动者能够退休并享受社保完全收益的最低年龄。在社保项目的最初60年,正常退休年龄是65岁。劳动者也可以选择在62岁退休,但是得到的退休收益要相应减少。许多劳动者选择更早退休,尽管收益相对较低。

美国预期寿命自社保项目建立以来不断增加。1940年,美国人的预期寿命是61岁,2009年这个数字是76岁。这一时期女性预期寿命的增长甚至更多。1940年,女性的预期寿命是66岁,2009年这个数字是81岁。[1]超过65岁的人比例在增大。预期寿命的增加意味着更多的老年人将获取退休收益。

---

[1]　The CIA, World Factbook, http://www.cia.gov/cia/publications/factbook/.

注意到，预期寿命包含男性的预期寿命和女性的预期寿命，男性的寿命和女性的寿命分别增加 14 岁和 15 岁，但并不意味着男人和女人多活了 14 年和 15 年。恰恰相反，这意味着儿童和婴儿死亡率在下降，因此提升了整体人口的平均年龄。因此，社保受益人的获益时间可能会更长，但没有长到像平均人口显示的那样。这种趋势也意味着更多孩子长大后会缴纳社保税。

无论如何，预期寿命提高是劳动者/社保受益人比例降低的一个因素。必须找到一个办法平衡这种变化。1983 年《社会保障法修正案》逐步延迟了正常退休年龄。对于 1940 年出生的人（2005 年达到 65 岁），正常退休年龄目前是 65 岁半；对于 1941 年出生的人（2006 年达到 65 岁），正常退休年龄是 65 岁零八个月。对于 1960 年或者更晚出生的人而言，正常退休年龄将是 67 岁。劳动者仍旧可以在 62 岁退休，只是每月获得的收益较低。他们选择的退休年龄越接近正常退休年龄，社保收益的减少就越少。

正常退休年龄延长意味着许多劳动者将多支付两年的社保税，晚两年领取社保收益。因为我们活的时间更长，工作时间也应该更长，这样更加合理。

为"婴儿潮"一代出生的人的受益者建立信托基金

1983 年《社会保障法修正案》的第二项改变是社保体系部分地改变了现收现付制的逻辑。税收水平提高以通过信托基金向"婴儿潮"一代出生的退休者支付收益。"婴儿潮"一代出生的人一般出生在第二次世界大战和 1965 年之间，在这段时间，经济增长迅速、出生率激增。于是，大量年龄相近的美国人同时开始生活，让时代发生改变。当他们入学时，这个国家的学校变得非常拥挤，公共教育系统也承受很大压力。当他们进入成年期时，他们开始组建家庭，使这个国家的住房资源进一步紧张。他们在 2010 年前后退休，并给社保体系带来了巨大压力。

为了适应"婴儿潮"一代出生的人，社保体系成立了**信托基金**。也就是说，政府开始征更多税，不仅仅满足于支付现在的受益人。多出来的税收将投资美国国家债券，投资所获得的利息也将滚入这一信托基金。这种做法的目的是使信托基金最终能够为"婴儿潮"一代出生的人支付社保收益。截至 2008 年，信托基金市值估计有 2.2 万亿美元，其中 2007 年的利息有 7 830 亿美元。随着越来越多的"婴儿潮"一代出生的人退休，信托基金账户的价值会下降，因为需要支付的收益多于收取的社保税。最终，信托基金将会枯竭，整个社保体系也会回归现收现付制。

信托基金：专门用于支付今后社保收益而特别征收并用于投资的税收。

经济争论："找工作的孩子们。"

老年人推迟退休已经影响到找工作的年轻人了。请点击劳动力市场中的微观经济学查看详情。

http://www.cengage.com/economics/econapps

向社保退休收益征税

最初，社保退休收益是不需要缴纳所得税的。**从 1984 年起，退休劳动者开始向联邦政府缴纳社保收益所得税。**这种税收将用于社保信托基金，并投资美国国债。这种税收在某种程度上存在一定争议，却使得社保基金获得实实在在的收入，保证了社保的财政可靠性。如果一名独立缴税的退休劳动者全年收入总计超过 2.5 万美元，他将支付社保收益税；如果是夫妻联合缴税账户，则夫妻年收入总计超过 3.2 万美元就需要缴税。由于美国所得税采用累进税制，收入较低的人支付很少的所得税或者免税。有其他收入来源或社保收益较高的人像缴纳所得税一样缴纳社保收益税。

社保体系的长期财政可靠性

社会保障信托委员会必须定期发布报告，展望长期（75 年）财政状况。在准备这些报告时，分析师对经济增长、劳动力增长、退休人数和退休者领取社保收益的年限等经济变量进行评估。他们使用不同的假设组合，观察各种变量如何影响项目并提出最佳展望和最差展望。根据 2008 年的报告，社保基金在今后数年内将会继续增加，之后将会有所下滑，直至 2041 年最终枯竭。① 然而，由于近期的经济衰退，社会保障局估计社保基金会提前 4 年枯竭，也就是 2037 年。社保基金枯竭后，社保体系将会回归现收现付制。由于老年人在总人口中所占比重将会上升，转归现收现付制将导致社保税提高或社保收益减少。就算不考虑经济衰退、不发生任何变故，2041 年退休者拿到的社保收益也只是目前水平的 75%。如果不改变社保项目、不减少社保收益，社保税将不得不大幅提升，或者这一项目将不得不依靠政府常规税收收入进行补贴。②

这对你我意味着什么？例如，现在 20 岁的学生将至少 67 岁时才能拿到社保收益，而且你的这份收益还很可能被征税。除非存在其他财源，你 67 岁时拿到的收益只是目前退休者的 75%，或者你必须缴纳高昂的社保税。

从短期来看，社保项目具备偿付能力，但从长期来看，这一项目的财政状况不佳。**尽管社保体系今后将需要采取许多措施来保障其财政可靠性，但这一体系目前还没有崩溃的可能。**

---

① 2009 年年中，财政部承认经济恶化，预测 1937 年执行的信托基金将比之前预测的提前 4 年耗竭。
② The Social Security Administration, 2007 Trustees Report, http://www.ssa.gov.

同样的结论不能用于医保。这一社会健康保险体系体现了美国所有医疗保健项目的问题。单个病患的支出越来越高。目前，受益人所需费用的上涨速度快于工资税中用于资助医保项目必选部分的税收。而补充医疗保险覆盖的部分受益人自己缴纳保费并获得联邦政府的收入支持。每年，保费都不足以覆盖迅速增长的成本，政府不得不从收入中拿出钱来平衡资金的短缺。而新的处方药部分同样是自选项目，由选择者每月缴纳保费。从最好的预期来看，医保今后的财政可靠性都是不能确定的。

其他事项与问题

本节涉及与社保项目相关的其他事项与问题。第一，我们将讨论是否应将社保项目由强制性改为自愿性参与；第二，我们将分析社保对于年轻劳动者来说是否为"糟糕的购买"；第三，我们将讨论社保对私人储蓄的影响这一具有争议性的话题；第四，我们将探讨社保项目对女性的影响；第五，我们将分析社保与移民、少数族裔之间的关系；第六，我们将讨论除美国外的其他国家是否面临相似的社保挑战。

社保应当自愿参与吗？

美国公民都有"独立的灵魂"，他们不喜欢被强制做任何事情。因此，从社保体系建立的第一天开始，其强制性质就引起了广泛争议。许多保守派人士认为，社保应该是自愿参与的，而非强制性的。他们的讨论是基于经济自由和政府在公民生活中的局限作用。与其相关的一个议题是社保体系对年轻劳动者的公平性。（本节下一部分将展开讨论。）

一个自愿参与的社保体系意味着个人可以自行选择是否加入社保。如果他们选择不加入，他们可以选择购买商业保险来满足其经济保障的需求，也可以选择通过其他方式满足需求，或者也可以决定压根不满足这一需求。

认为社保必须成为强制项目的理由如下：（1）社保成为自愿项目将使提供给全部人口最低限度的经济保障变得更困难；（2）穷人买不起商业保险，也不能通过储蓄满足自己的经济保障需求；（3）自愿体系将导致更多的逆向选择。下面我们将详细阐述这些理由。

首先，社会保险旨在为全体公民提供最低限度的收入，而通过自愿性质的项目完成这一目标将非常困难。一些人就是选择不加入任何项目，不为退休做任何准备。其他人可能通过商业机构购买退休收入保险，但如果遇到困难，他们会中断为这些项目缴费。因为大家不想看到老年人饿肚子或是无家可归,人们倾向于通过福利项目而不是社会保险来表明我们正在照顾这些老年人。事实上,正是社保项目,而不是公共救助项目降低了老年人口中的贫困率。

其次,那些薪水接近最低工资线的低收入劳动者无法承担能够像社保一样给他们带来收益的商业保险。正如上文提到的,低收入劳动者具备比高收入劳动者更高的置换率,也就是退休后的收入占工资的比例较大。购买商业保险以达到与社保同样保障水平的支出超出低收入者的经济能力。低收入者也无法储蓄足够的钱为家人提供经济保障。

逆向选择:投保人做出选择并导致保险项目损失水平高于平均值的过程。

最后,自愿体系将增加逆向选择的可能性。所谓**逆向选择**,是社保和商业保险共同面临的问题。逆向选择指投保人做出选择并导致保险项目损失水平高于平均值的过程。(如果健康的人不购买健康保险而病人购买,那么保险公司将收到更少的保费并面对高于平均值的损失率。)社保项目的收益是基于社会公正而不是个人公平,因此,与其他人相比,一些劳动者相对于其他劳动者从他们缴纳的税款中得到更高的收益。如果项目是自愿的,那么所获收益不多的劳动者(年轻劳动者、健康劳动者、负担少的劳动者)就可能决定退出项目,转而投资回报仅基于个人公平原则的商业保险。如果这些人从社保项目中退出,那么社保将面对所占比例更高的高危人群(即将退休的人或残疾劳动者)和所占比例较低的低风险人群。损失水平和项目覆盖每个参与者的成本就将上升。选择加入社保项目的人群所缴税额将会增加,更多的劳动者发现商业保险更加划算。社保最终可能成为一项价格高昂、成员主要由高风险客户组成的保险项目。

在 1935 年国会讨论通过《社会保障法案》的同时,还提出了一份有关自愿体系的提案。这份提案没有获得通过,因为关于强制性项目的论据十分充分。正如我们今天所见,这个问题仍旧存在争议。

"糟糕的购买":社保体系对年轻劳动者不公平吗?

这是年轻一代关于社保体系对他们是否公平的主要争论焦点。社保体系现在对退休者十分慷慨。但这个项目能否继续对你慷慨下去?如果你能将现在上缴社保体系的税款投资于其他方式,你能否为自己的老年提供更好的保障?社保对你来说是不是一项"糟糕的购买"呢?

关于社保体系的一个复杂议题是:年轻人今后能否从社保体系中获得他们目前缴纳税款的价值?这些年轻的劳动者向社保体系纳税,以支持目前的退休者、幸存者和残疾人。年轻劳动者和他们的雇主目前缴纳的社保税的价值高于他们今后能够从社保体系中获得的。因此，一些人批评社保体系，称年轻人被骗了，他们应该有权利选择是否退出社保，购买商业保险以保护自己。这些声音认为年轻人可能从商业保险中获得比社保更加公平的合同，这当然也是采取自愿性的社保体系的理由。下面将对此进行详细分析。

多数认定年轻人被社保体系欺骗的论调有一个前提假设，那就是劳动者对自己和雇主缴纳的社保税有使用权。这一假设相信，企业支付低工资就是为了通过替劳动者缴纳社保税来补偿劳动者。如果这个假设不成立，那么企业就不是因为缴纳社保税而向劳动者支付低工资，那么关于社保对年轻劳动者不公平的说法也就不成立。我们假设社保变成自愿性质的，看看有多少钱汇入这一机制。假定劳动者缴纳全部社保税，其中包括雇主原来应该缴纳的，那么自愿性的社保就是可行的；如果劳动者只是继续缴纳原本由自己缴纳的那部分资金，那么这样的社保就不可行。

雇主缴纳的那一半社保税从来就没有打算直接计入劳动者个人账户。它的目的是造福所有人，而不是特定的某一个人。在项目设计之初，有必要为许多在社保体系下工作的退休者提供收益，当他们退休并开始获得社保收益时，雇主缴纳的那一部分发挥了作用，而且雇主缴税可以推动高收入者和低收入者之间的财富重新分配。**雇主缴纳的那部分税收是为了实现社会公正，而不是个人公平。**

另外，许多支持"糟糕的购买"的研究仅仅考虑了遗孀和退休者的收益。研究者假设，如果劳动者拿到自己和雇主缴纳的社保税，就能够更便宜地购买到社保所能提供的保障。这种假设没有考虑到社保所能提供的全部益处。社保是一个独特的社会保险项目，同时覆盖残疾人并提供医疗保险。如果用所有的收益减去税收，那么这些研究结果可能完全不同。**考虑到所有这些好处，认为社保是"糟糕的购买"就不合适了。**

社保会减少储蓄？

社保财富效应：人们以社保代替储蓄的倾向，导致私人储蓄减少。

批评社保项目的人声称，社保减少了美国人的储蓄。他们认为，正是由于社保的存在，公民为了退休而进行的储蓄减少了。这种现象可称为**社保财富效应**。财富效应使得美国人在工作时消费得更多，因为认为没有必要进行储蓄。确实，美国的私人储蓄率是所有发达国家中相对较低的，我们在第10章将对其进一步展开论述。

提前退休效应：社保鼓励人们提前退休，从而增加私人储蓄。

不过，其他论述则认为社保实际上鼓励人们提前退休，同时增加了私人储蓄。这种影响被称为**提前退休效应**。提前退休的人必须为更长年限的退休生活做准备，因此在工作时就会多储蓄。如果社保财富效应大于提前退休效应，那么社保就会减少私人储蓄；反之，则会增加私人储蓄。

社保对私人储蓄的影响是一项经验研究，许多研究已经就这一议题进行了分析。衡量受到社保体系影响的储蓄比例和没有受到社保体系影响的储蓄比例比较困难，这使得众多研究的结果并不一致。许多研究没有考虑到劳动者会为了退休以外的其他目标而储蓄。例如，许多人为了假期储蓄，为了买房储蓄，为了孩子教育或其他目的储蓄。研究也没有考虑到很多孩子会在财政上支持年迈的父母。此问题着实棘手，我们目前尚无法评估社保对储蓄的影响。

女性在社保中的待遇

社保应该是性别中立的，它应该平等地对待男性和女性。不过，由于美国社会和文化没有实现性别平等，男性和女性在社保体系中的地位则不同。本小节分析社保中的两个女性问题，即遗孀的收入缺口和在社保项目中外出工作的女性可能遭遇的不公。

遗孀的收入缺口

若是社保项目覆盖的劳动者，其遗孀每月能够按照去世配偶的收入记录领取抚恤金。死者的孩子在 18 岁之前也能领取抚恤金。遗孀在最小的孩子 16 岁之后，就不能领取抚恤金，直到遗孀本人 60 岁，才能再次按照去世配偶的收入领取抚恤金。如果遗孀在 60 岁之前再婚，则失去领取抚恤金的权利。

让我们举例说明。汤姆和曼迪是一对有三个孩子的年轻夫妇。曼迪在第二个孩子出生之前有工作，但次子出生后就不再外出工作。汤姆突然去世。曼迪这时只有 28 岁。她最小的孩子才 3 岁。曼迪和自己的三个孩子都能领取抚恤金。但她的抚恤金在最小的孩子 16 岁时停止发放。曼迪在最小的孩子 16 岁时，自己只有 41 岁，直到 60 岁时才能继续领取抚恤金。如果曼迪一直在家照顾孩子，她可能没有办法养活自己。

曼迪将面临 19 年的收入缺口。同样，有许多年龄不足 60 岁的中年遗孀，当丈夫去世时还有孩子需要抚养。要注意的是，鳏夫也面临同样的问题。如果妻子是家庭的主要经济来源，鳏夫就面临同样的处境。不过，在美国，大多数婚姻都是所谓的传统婚姻，男性平均挣得比女性多，而女性一般却活得比男性长，主要的缺口还是女性问题。

对工作女性的不公平待遇

妻子可以从自己的工作所得中获取社保退休金，也可以配偶身份根据丈夫的收入记录获得退休金。不过，社会保障局会计算妻子和丈夫能获得的收益金，然后按最高限额支付。一般情况下，妻子的收益是丈夫的一半。那些从未外出工作的妻子或者虽外出工作但不足以获得全面社保覆盖的妻子所享受的配偶收益与外出工作的妻子享受的收益相同。

许多妻子申请社保退休收益时发现，她们所享受的配偶收益往往大于她们自己工作所得的退休收益。这似乎意味着她们缴纳的税款丢失了，或至少在享受社保退休收益上，她们的工作年限无关痛痒。

为什么会出现这样的情况？如果一对夫妇符合这种典型情况，丈夫会有较高的收入记录。另外，女性进入或离开就业市场时，考虑的家庭责任因素多于男性。这也会导致较低的收入记录。因此，丈夫一半的退休收益都比妻子基于工作所获得的收益多。这似乎意味着她工作的年限和所缴的工资税都浪费了。

同样，如果丈夫的工作所得低于妻子的，也可能陷入同样的境地。他们会发现配偶的收益比自己工作的收益还要高。社保法对待配偶时不考虑性别。**但美国的就业机构区别对待男性和女性，这种区别对待最终反映在社保体系上。**所有这些导致老年男性和女性之间贫富差距大，女性被划归贫困的可能性是男性的两倍。

社保、移民和少数族裔

社会保障局在其网站移民页面上写着欢迎移民到美国！（见 http://www. socialsecurity. gov/immigration。）这一网站向不同类型的移民（如学生、难民、政治避难者）提供社保信息和其他信息，同时提供西班牙语版本。社会保障局声称"向支付社保税但不说英语的顾客提供热情服务"。另外，社会保障局用阿拉伯语、亚美尼亚语、汉语、波斯语、法语、希腊语、海地语、意大利语、韩语、波兰语、葡萄牙语、俄语和越南语提供社保信息。

社会保障局同时设立特别网站向美国印第安人、阿拉斯加土著人、亚洲裔美国人和太平洋岛屿居民提供服务。社会保障局称，面向美国印第安人网站的目标是"扩大服务到边远地区"，提供各种关于个人、部落、民族能够获取的社保信息和其他信息。面向亚洲裔美国人的网站指出，到 2050 年，大约每 10 个美国人中就有一个亚洲裔的或太平洋裔的。它指出在第二次世界大战中服务于美军的菲律宾老兵能够获得特殊津贴。

其他国家是否面临同样的社保问题？

社保问题不仅存在于美国。根据美国人口调查局的数字，世界上 65 岁以上的人口将在 21 世纪中叶增长 3 倍，以至每 6 个人中就有 1 个老年人。世界人口老龄化问题存在多年，主要原因是人口出生率下降和医疗进步使得人们的寿命延长。

按照社会保障局的说法，大多数欧洲国家以及日本和中国社保面临的挑战比美国更严峻。其中 30 多个国家，包括英国、澳大利亚和瑞典，建立了具有本国特色的私人储蓄账户。一些发展中国家也开始面对人口老龄化带来的问题，并通过政府或商业项目进行应对。

南美洲国家智利是发展中国家采用公民社保项目的典型。由奥古斯托·皮诺切特（Augusto Pinochet）领导的保守右翼军事独裁政府于 1973—1990 年执政，当时政府的项目计划每个智利人将工资的 10% 放入一个私人储蓄账户中。不过，今天有大约一半的智利劳动者没有加入这一项目或是没有通过项目积累到足够的资金以每月获取足够的退休金。由于私营化的失败，现在执政的左翼政府于 2006 年 12 月宣布 2007 年开始彻底改革以加强政府在社保体系中发挥的作用。有一点是清楚的：老龄人口问题不止存在于美国。

社保体系今后靠什么维持？

美国人一直以来都怀疑社保体系的承诺。每一代人都感谢这一体系照顾他们的父母和祖父母，但总是怀疑这一体系能否"继续照顾自己"。每一代人都害怕自己退休时这一体系崩溃。在各种民意调查中，美国人表达着自己的不安。这种怀疑主义在 1983 年国会改变社保体系时也只是略有缓解。

一方面，劳动者对社保恶化的财政处境一直抱有疑问。目前最明显的事实是社保基金将会比以往更容易被破坏。不过，另一方面的疑问在于，美国人根本就不了解社保体系。例如，社保基金董事会 1999 年报告，社保基金将于 2037 年枯竭（现在的预计是 2041 年），全国的新闻头条都是"社保基金将在 2037 年破产"。尽管社保基金枯竭不是什么好消息，但回归现收现付制与破产还不完全是一回事。正如上文所说，2041 年之后，就算不进行任何改变以增强财政稳定性，社保体系还将提供当前收益水平的 75%。但收益将不得不来自那时的税收。

然而，财政和财政可持续性的问题一直存在。社保基金的账目平衡将比以往预计的更快被打破。医保基金的现状一直很危险。新处方药方案的发展存在疑问。这些随着布什政府和奥巴马政府财政赤字不断升高而引发质疑。社保体系肯定要进行改变，因为这一项目是衡量全体公民经济保障的措施，公民应关心这一项目是否遵从了关键原则，是否体现了社会保险体系的价值。如果放任体系恶化到危机水平，在那种情势下的改变恐怕不能遵从现在的原则。下面将分析今后可能发生的改变。

改变社保税

一些人关心社保税使得低收入者的负担过重。上文提到过社保税是累退税，这种累退的比例随着时间的推移不断增大。很少有人批评累退税，大概多数人并不明白它的影响。另外，目前削减资产税、利息税和个人所得税，将更多造福富人。关于税收对收入分配的影响将在第9章进行详细讨论。

现在需要讨论的问题是如何削减社保税的累退比例。这可能并不像想象的那么难。不再将每年收入的前 10.2 万美元作为税基封顶，而是将其设置为一个最低值。例如，收入在 10.2 万美元左右的人不再缴税，而是以超出部分作为缴税基数。通过这种方法，高收入者所缴纳的税收就高于低收入者，社保项目的规定可以轻易改变。

削减社保收益

不管是委员会还是高收入者，都曾提过各种削减社保收益的方案。一些提案通过修改社保规定，削减特定阶层的社保收益。其他方案则暂时或永久削减收益以适应通货膨胀。取消生活成本调整实质上也是一种收益削减。很明显，削减现有收益会使社保基金的运行时间更长。

美国国会 1999 年的一份提案提出削减社保收益。这份提案旨在修正按现有受益人的生活成本进行的社保调整。社保收益每年 1 月按照年度通货膨胀状况进行调整。通货膨胀根据消费价格指数（CPI）衡量。经济学家认为 CPI 高估通货膨胀，但对于高估的程度则意见不一。（第 7 章将分析这一问题。）立法提案提出修正按生活成本进行的社保调整，并削减每年现有受益人增加的社保收益。但这一提案最终被国会否决。

削减社保收益特别是高收入人群收益的观点认为，并非所有的社保受益人都是穷人。一些人收入高，能够同时享受商业退休金或者投资收益。换句话说，他们不像低收入者那么需要社保支票。取消或减少这些人的收益将使体系变成累进税制，为低收入者和收入处于平均水平的劳动者保持最低限度的支持，并减少社保体系的成本。

另外，削减高收入者的社保收益可能会危及个人公平原则，这一原则使得社保体系是一个社会保险项目而非福利项目。作为一个社会保险项目，社保广泛适用，不设标签。正如一个聪明人所说："为穷人设计的项目最终会很糟糕。"社保一直以来都是所有人的项目。取消或削减高收入者的收益可能导致人们认为社保是一项福利项目。福利项目在政治操作上比社会保险更加脆弱。

延长退休年龄

正如前文提及的，按照现有法律，正常退休年龄将延长到 67 岁。另一个增强社保体系的建议是延长正常退休年龄和提前退休年龄。

延长正常退休年龄的支持者指出，美国经济已从制造业转移至服务业和信息产业。总体上工作对身体的要求下降了。医疗的进步也使得劳动者在五六十岁时身体更加健康。因此，延长退休年龄不会伤害劳动者。

随着时间的推移，美国劳动者的退休时间越来越早。许多人认为是社保导致这一现象出现。当劳动者在相对年轻的时候退休（如62 岁），他们每月能够拿到 65 岁退休时获得的社保收益的一大部分。提议延长退休年龄和能够领取收益的最低年龄的人认为，选择过早退休的人不太清楚自己有多长时间依赖这一体系。随着他们财产用尽，被削减了的收益可能无法满足其生活需要，或者肯定无法让他们过得舒适。延长退休年龄将使劳动者继续工作并使其支付社保税的时间延长。因为每月能够领取的社保收益更多，劳动者能够过得更好，社保体系也运行得更加顺畅。

社保基金投资股市

社保基金在需要支付收益前投资股市以赚取利息。法律规定社保基金只能投资于美国政府债券，并认为由联邦政府担保的债券是最安全的选择。不过，美国上市公司的股息往往高于政府债券。一些批评的声音要求社保基金的经理人拿出一部分税收收入投资股市以增加基金投资收益。另一些人则指出投资股市比投资政府债券风险更大，特别是在 2008 年那样的股市中，风险更加不可预知。然而，一部分社保基金今后可能还是要投入股市。

部分私有化

乔治·W. 布什政府曾试图将部分社保体系私有化。他提议劳动者拿出 2% 的收入放入自己选择的投资账户。社保税率将相应减小。之后，不是社会保障局将劳动者缴纳的社保税投资于政府债券，而是劳动者直接将一部分资金投资于股票或信托基金。劳动者对自己的退休基金有控制权。允许劳动者直接将自己的税收投资与简单地让社保基金经理人投资于公司股票有很大不同。批评者认为，高收入者将比低收入者获得更多的投资建议。因此，布什的提议将增加高收入者的退休收益，而降低低收入者的退休收益。

社保体系是否会向这个方向转变还有待观察。目前由于企业丑闻和公众对金融机构的不信任，这种变化在短期内不会发生。同样不太可能的是民主党政府和民主党控制的国会会批准部分私有化社保体系的方案。

未来社保体系的发展十分关键。它代表了一些人未来的经济保障和一些人不确定的税收负担。但有一点可以肯定，社保会随着时间而改变。社保体系有很大可能性不会像今天对待退休者一样对未来的受益人如此慷慨。这对于准备开始职业生涯的学生而言意味着什么？这意味着如果想在退休时保持生活质量，现在就要通过自己储蓄、雇主协助的体系或商业保险做准备。社保体系将成为个人储蓄的补充，但仅凭社保收益，退休生活不可能舒适。

观 点

保守派与自由派

保守派认为社保意味着大政府。他们认为，如果公民不交社保税也可以过得很好。应该减税，这样公民就有多余的资金进行投资。许多保守派因此支持部分或全部私有化社保体系，同时也支持社保改为自愿性项目。

自由派支持通过社会保险为全体公民提供最低限度的收入保障，而不是私有化体系。自由派担心社保税的累退性质，希望进行改革以确保社保的财政可靠性。他们不担心社保体系的庞大，也不担心该体系会造就大政府。

总 结

社会保障是一个社会保险体系。尽管社保税是累退的，但社保收益是累进的。社保体系的目的是为美国劳动者提供最低限度的经济保障。体系的规模和税负随时间的推移而增大。

社保面临困难。长期困难是随着时间的推移缴税支持受益人的劳动者数量减少。目前，已经建立信托基金以支付收益给"婴儿潮"一代出生的人。其他问题包括体系对妇女和年轻人不公、影响私人储蓄、将体系变为自愿性项目的提议和体系长期的财政可靠性。今后的改变可能包括减少收益、延长正常和提前退休年龄并向社保收益征税。

中国的社会保障体系

中国的社会保障体系包括社会保险、社会福利、社会优抚、社会救助和住房保障等。社会保险是社会保障体系的核心部分，包括养老保险、失业保险、医疗保险、工伤保险和生育保险。党的十五大明确提出，建立社会保障体系，实行社会统筹和个人账户相结合的养老、医疗保险制度，完善失业保障和社会救济制度，提供最基本的社会保障。现在，中国的养老保险、失业保险、医疗保险、国有企业下岗职工基本生活保障和城镇居民最低生活保障等，已取得了显著的成绩。社会保障体系是指社会保障各个有机构成部分系统地相互联系、相辅相成的总体。完善的社会保障体系是社会主义市场经济体制的重要支柱，关系改革、发展、稳定的全局。

中国还是一个发展中国家，老龄化提前到来，即人们常说的"未富先老"。预计到 21 世纪 30 年代，中国老龄化将达到高峰，城镇养老负担系数将大幅增加，医疗费用也会随之加重。社会保障体系是社会的"安全网"，它对社会稳定、社会发展有着重要的意义。

案例一　中国养老金改革

中国养老金的改革近年来一直在大力推动中，而在 2017 年，关于养老金改革，又会有哪些新的变化呢？综合来看，要推动养老保险制度改革，加快出台养老保险制度改革方案。这标志着继机关事业单位工作人员养老金并轨、养老保险基金入市等一系列顶层设计之后，中央继续加大力度推行养老金制度改革的决心。

由于地区分化的存在，各地养老保险面临的问题和相应的解决办法亦不尽相同。那么，从中央推进顶层制度改革的角度，有哪些主线是在 2017 年值得重点关注的？

1. 养老保险从县市级、省级统筹向全国统筹迈进

目前，世界各主要国家的养老保险普遍采用统筹到国家层级的形式。就中国国内而言，国内地区收支失衡和个人异地缴纳社保的问题都可通过提高统筹层级得到缓解。在人社部贯彻 2016 年全国两会精神会议上，人社部部长尹蔚民明确表示："在社会保障方面，要坚持全民覆盖、保障适度、权责清晰、运行高效，稳步提高社会保障统筹层次和水平。"可以说，由国家统筹养老保险是全面建立公平合理的养老保险体系的重要一环。在顶层设计上率先对提高统筹层级做出规划，是养老保险制度改革的题中之意。

在制度设计上，提高统筹层级仍将面临两大难点。第一，在各地收入水平不一、缴费率不尽相同的情况下，要在机制上同时确保收入不减少和保障水平全国统一，防止"低缴纳、高领取"的养老金跨区域套利情况发生。这就需要大量的细节设计。第二，改革之后各地养老保险收支的"职""责"分离，防范道德风险，确保基层收支不打折扣。在加强管理之外，还需要一套过渡机制，使各地

适应新的管理方式。

2. "统账结合"模式更新

个人账户资金积累，统筹账户现收现付，是当前"统账结合"模式的核心。由于诸多历史问题，个人账户"空账运行"成为饱受各方争议之处。自2001年起，"做实个人账户"试点艰难运行，至今仍收效甚微。究其原因，无非两点：地方财政做实账户的支出压力大，做实之后的管理压力更大。在如此巨大的管理规模下，要在确保资金安全的同时追求不低于GDP增速和工资增速的投资收益，需要强大的投资能力作为支撑。

因此，实施名义个人账户（NDC）或是下一步完善养老保险个人账户的重要方向。名义个人账户运行的核心是个人缴纳部分只记账，资金进入统筹。在发放时则根据个人记账的缴纳水平实施差异化标准，多缴多得。在这种模式下，财政收支匹配，管理压力得到极大缓解。同时，个人账户激励约束机制将进一步强化，缴费者和管理者的目标一致，更加有利于养老保险的收缴。

3. 渐进式延迟退休年龄方案出台

延迟退休可以有效延长缴费时间，延缓养老金领取时间，相应降低抚养比，是缓解养老保险兑付压力的有效手段。美、德、英、日等主要发达国家均采用了延迟退休制度，因此称其为国际惯例也不为过。国际上通行的延迟退休往往是附带奖励制度的弹性退休制度，即越晚退休，得到的养老金比例相应提高。弱化行政强制，增加鼓励性因素，将是顺利推行延迟退休的捷径。

在2016年的二十国集团劳工就业部长会议上，人社部部长尹蔚民不仅确定了渐进式延迟退休政策即将出台，还指出了该政策的三个设计实施原则：第一，小步慢走、逐步到位，经过若干年时间逐步达到最终延迟退休年龄的界限；第二，区分对待，分步实施，针对不同退休年龄群体区别对待；第三，事先预告、做好公示，广泛听取各界意见，在此基础上修改完善。

党的十八大以来，养老保险核心政策密集出台，彰显了最高层改善民生的决心。预计改革趋势在党的十九大期间不仅延续，还将加快步伐。在供给侧改革和经济"L"形筑底双期叠加的局面下，保障人民群众生活稳定将是未来几年改革工作的重中之重。为此，大刀阔斧的顶层设计和周密严谨的细则实施缺一不可。因此，改革措施从提出到真正落地实施并非一蹴而就。2017年将是个开始，更多细则预计会陆续出台。

资料来源：2017年中国养老保险制度改革的重点. 光明网，http://www.yznews.com.cn/yzwzt/2016 - 12/27/content_5867316.htm.

案例二 北京"六险一金"首年不收费 长期护理险体系待成型

北京市人社局正式公布 2017 年北京将在石景山区试点政策性长期护理保险的消息，确定本市准备启动"六险一金"的方向，引发社会强烈关注。当时，市人社局相关负责人透露，这一政策正式实施后，试点地区就相当于设立了新险种，参保人和所在单位拟定在"五险"之外额外缴纳这笔费用，但具体实施方案未定。在市十四届人大五次会议上，市人社局局长徐熙在接受北京商报记者采访时表示，初步确定该险种覆盖人群是在石景山区居住和缴纳社保的两类人，2017 年内启动试点后将以提供服务为主，暂不会增加新的缴费。

"六险一金"方案框架浮出水面

随着北京老龄化形势愈发严峻，将照护服务从医疗保障中剥离出来已成为越来越多专家建议的新方向。市人社局相关负责人也表示，北京试水政策性长期照护保险，主要就是为了更充分地满足失能、半失能人员生活护理照料服务需求，而且也欲借此将照护与医疗保障的边界更明确地区分开，即医疗的问题由医保来解决，照护保险则主要覆盖生活服务。根据市人社局介绍，目前本市准备在石景山区开展的政策性长期照护保险试点，相当于在原有社保制度外设立新险种，独立于已有社保之外，具体的制度框架还将在试点过程中进一步完善，但因为这是具有社会性质的政策性护理保险，所以原则上会具有一定的强制性色彩，初步设定在职、退休职工均可缴纳。该消息一经披露，人们普遍反映最关心的还是"第六险"具体的缴费税率以及覆盖人群，即到底哪些人将需要参保新险种，每月的缴费将增加多少。对此，徐熙予以明确回应，他表示，虽然目前具体的方案还在酝酿，但初步确定政策性长期护理险的覆盖人群可能需要具备两个条件：一个是在石景山区缴纳社保，另一个是在石景山区居住，如果同时满足这两个条件，享受服务可能更为直接。"不过对于社保缴纳地和居住地不一致的人群应如何规划目前还在研究。"此外，上述市人社局相关负责人还表示，目前，政策性长期护理险参保人群暂无户籍所在地限制，非京籍人员在北京工作的也可以像缴纳职工医疗保险一样缴纳长期照护保险。上述负责人称，现阶段，包括试点启动具体时间、照护服务界定标准、提供服务单位，以及具体覆盖人群等还需要进一步研究确定。不过，对于企业"第六险"试行初期可能会增加个人和单位缴费负担的担忧，徐熙回应称，前期政策性长期护理险将主要以提供服务为主，具体缴费还需要看下一步安排，"今年北京试行政策性长期护理险肯定不收费"。徐熙表示，这部分资金拟由社保基金承担。

保值增值面临巨大压力

政策存在未知数意味着政策性长期照护保险仍有不少问题悬而未决。有业内人士告诉《北京商报》记者，在政策性长期照护保险的概念提出后，确实有相对年轻的在职员工提出疑问，他们认为自己可能几十年后才需要动用这笔钱，工作初期就开始缴纳这部分费用，累计这么多年，相关部门将如何确保这些资金实现保值增值？对此，中国社科院世界社保研究中心主任郑秉文表示，据不完全统计，老年人需要动用照护保险金的比例在17%~18%，而且普遍年龄到70岁以上才出现这一需求，如果从20多岁就开始缴纳的话，这部分保险资金需要在库中运转几十年，确实存在巨大的保值压力。还有业内人士表示，目前我国已确定了15个长期照护保险试点城市，从各地初步确定的政策来看，筹资方式、界定护理服务标准等规定各有不同，比如试点启动较早的山东青岛就是从基本医保基金中定期划转费用，有的地方则考虑新设立险种独立筹资，而这些地方政策大多是根据当地财政实力、参保个人和单位承受能力以及基本医保资金充裕程度等方面确定的，试水方案是否具备普遍参考性、能否普遍推开还有待商榷。

长期护理险体系待成型

"实际上，在北京启动石景山区进行政策性长期照护保险试点前，本市就已圈定海淀区作为商业性长期护理保险试点。"徐熙表示。然而，时至今日，除了正在试点的地区外，市场上长期存在的部分商业长期护理险，其实并没有充分发挥人们所期望的照护保障作用。有保险行业资深专家坦言，目前这类保险更像是年金或者储蓄性的养老保险，即当参保人符合年满60岁、65岁等条件就按月返钱，这笔钱是否用于购买照护服务，甚至是否用于老人本身，保险公司并不会过多地去管理、干预。究其原因，有专家分析称，主要是保险企业大多数没有提供护理服务、标准等方面专业界定的能力，企业和护理机构之间也大多没有联系或者合作关系，因此长期照护商业保险虽然在健康保险业务规模中占比已经能达到15%左右，但在部分消费者眼中，这种名义上的护理保险其实就是一个变相的储蓄性产品。市政协委员、泰康保险集团执行副总裁、泰康养老保险股份有限公司董事长李艳华在两会期间也表示，长期护理保险应该是一个完全独立的新险种，应该实现专款专用。"一方面长期护理保险与养老保险同属于长期涉老保险项目，配套措施多与养老服务提供相关；另一方面失能人群的医疗照护、需求等级和服务给付的评估也需要医疗机构提供专业建议。长期护理保险制度建立的初衷是为了分散因高龄、失能、失智等带来的护理费用的财务风险，不能单纯地归于养老保险或者医疗保险范畴。"

资料来源：北京六险一金首年不收费 长期护理险体系待成型. 北京商报，2017.01.18，http://insurance.hexun.com/2017-01-18/187777498.html.

讨论和问题

1. 你相信社保体系对妇女和年轻人不公吗？请说明你的理由。如果你认为社保体系不公，通过什么方法能够使其更加公平？这些方案可能会涉及哪些问题？

2. 解释社保税为什么是累退税。记住累退税不意味着低收入者缴纳更多税收，而是纳税额在收入中所占比例更大。怎样减小累退程度？

3. 对比社会保险体系和商业保险体系。你能举出社保项目的其他例子吗？

4. 对比社会保险体系和公共救助项目。你能举出公共救助机制的其他例子吗？

5. 你认为社会保险应当实现资金完全充足吗？其优缺点各是什么？

6. 社保体系在未来 15～20 年间会有什么变化？为什么？浏览社会保障局网站（http://www.ssa.gov），关注对社保体系未来的提问和社会保障局的回答。

7. 浏览社会保障局网站（http://www.ssa.gov），注意其他链接，如年度最受欢迎的婴儿名字。

8. 社保的长期问题是什么？你认为 1983 年的《社会保障法修正案》提供充足的解决办法了吗？

9. 关于保守派对社保体系的观点，浏览保守派研究机构卡特基金会网站（http://www.cato.org），这一网站有关于社保私有化的论文链接。

10. 关于自由派对社保体系的观点，浏览预算与政策优先中心网站（http://www.cbpp.org），查找关于社保体系和私营化问题的讨论。为什么保守派和自由派观点不同？

11. 浏览白宫网站（http://www.whitehouse.gov）的各种政策报告，包括总统演讲。搜索关于社保体系的演讲。

第 5 章框架图

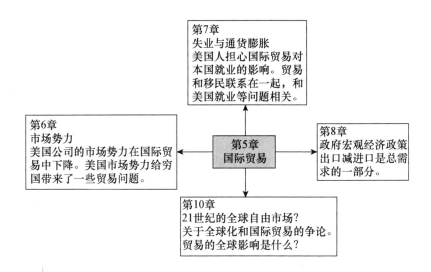

第7章
失业与通货膨胀
美国人担心国际贸易对本国就业的影响。贸易和移民联系在一起，和美国就业等问题相关。

第6章
市场势力
美国公司的市场势力在国际贸易中下降。美国市场势力给穷国带来了一些贸易问题。

第5章
国际贸易

第8章
政府宏观经济政策
出口减进口是总需求的一部分。

第10章
21世纪的全球自由市场?
关于全球化和国际贸易的争论。贸易的全球影响是什么?

经济学工具箱

- 贸易收支
- 绝对优势
- 比较优势
- 消费可能性曲线
- 贸易条件恶化
- G8

- 需求缺乏弹性
- 农业补助
- 《北美自由贸易协定》（NAFTA）
- 汇率
- 贸易禁运
- G20

国际贸易

我们面临挑战：全球经济正在紧缩，贸易在收缩，失业在增加，国际金融体系几乎要冻结，而这些都不足以形容本次全球危机的影响，危机后是沉重的悲痛和如此多的人面临不确定性。我们在美国、英国甚至全世界随处可见失去住房的家庭、失去工作和存款的工人、推迟梦想的学生。很多人失去了太多东西。在一个全球经济更加紧密联系的时代，整个世界经济都受到破坏性打击。今天，世界各国首领们正在制订一整套前所未有的全面配合计划来应对这场危机。

——奥巴马总统，全球经济论坛，伦敦，2009 年 5 月 2 日①

经济争论："美国经济发展得益于世界贸易组织吗？"

找到自由贸易对美国经济有利还是有害的结论。

http://www.cengage.com/economics/econapps

2009 年，美国遭遇金融危机和经济危机，现在你们大家都知道这场危机。但是这场危机对世界其他国家来说意味着什么？意味着一切！世界是如此紧密联系，美国打个喷嚏，全世界就感冒。美国陷入经济危机时世界其他国家如何？

美国经济和金融指标下降会对国际贸易和国际金融产生重要影响，经济下滑意味着很多美国人失去工作和收入，从而减少购买商品的数量，这意味着消费的美国商品和国

---

① 奥巴马总统 2009 年 5 月 2 日在伦敦关于金融危机的 G20 峰会上的会议发言。

外生产的进口商品数量都减少，那么国外的厂商也被迫缩减产量、减少雇用工人，这些人收入缩减也会减少消费需求。通过这种途径，美国经济衰退的影响传递到世界上每个进行商品和服务交易的角落，世界银行估计这次危机导致了80年以来世界贸易水平最大程度的下降。①

让我们回过头来看房地产危机。正如第3章对于房地产的详细讲述，当涌进大量资金且监管薄弱时，金融机构过度贷款给偿付能力弱的借款者。当这些人不可能偿付房屋贷款时，抵押贷款就失去了价值。然而，美国金融机构将这些房屋抵押贷款打包成抵押贷款债券进行投资，很多美国公司和个人以及外国公司和个人购买这种"抵押贷款债券"。当抵押的房屋价值下跌时，基于此的抵押贷款债券价值也下降，购买该债券的投资者遭受损失。正如经济危机在全球范围内扩散一样，金融危机也同样扩散到全世界。

这些看起来很复杂的问题确实比较复杂。但是问题背后的经济学原理非常简单——供给和需求。使用这些简单的经济学工具，可以理解国际贸易和国际金融领域的问题。

全球国际化进程加速，随着通信和运输的发展，人们的联系更加紧密，像在地球村里生活。通过进口，我们可以买到本国无法生产的可可和香蕉，而出口则创造了本国就业。世界银行、国际货币基金组织和世界贸易组织已经家喻户晓。国际投资以惊人的速度发展，国际化企业在全世界设立分公司。你可能某天会为一家国际化企业工作，通过你的电脑，你可以仅用几秒钟的时间给地球遥远另一端的同事发送电子邮件。教师可以通过网络授课，并在全球范围内分享课程，你无疑会意识到国际问题。

然而，许多美国人看起来不愿意考虑国际问题，认为世界太复杂而拒绝考虑可能就发生在自家后院的问题。为什么人们对国际经济学产生恐惧？因为它是外国的：外国、外国汇率和外国术语吗？对于我们来说，只学习熟悉的事物是错误的，世界不断发展，国际经济学对我们的生活来说日益重要。事实上，国际经济学并不像我们想象的那么难。通过下面的学习你就会认同这一点。最后，你会发现你每天都在谈论诸如"今天美元兑换汇率高"的话题，而且不久会影响到你周围的朋友和亲人！

本章将集中讨论国际贸易问题，会发现关于贸易问题的争论，也会发现贸易对于抵消市场势力（第6章）的重要性。我们同时会从美国和发展中国家的视角来考虑国际贸易。最后，在附录中我们会讨论国际金融的基本含义，它是支付国

---

① Landler M. As Trade Barriers Rise as Slump Tightens Grip. The St. Paul Pioneer Press，2009-03-23.

际贸易商品的基本手段。现在让我们开始学习吧。

贸易的重要性

> 出口：卖到国外的商品和服务的价值。
>
> 进口：从国外买进的商品和服务的价值。
>
> 贸易收支：一国出口减去进口的价值。
>
> 贸易赤字：一国贸易收支为负，进口超过出口。
>
> 贸易盈余：一国贸易收支为正，出口超过进口。

在美国，我们看到以美元计价的进出口贸易的重要性日益增加。**出口**是卖到国外的商品和服务的价值，**进口**则是从国外买进的商品和服务的价值。一种衡量进出口的方法是看其占 GDP 的比重，GDP 是国内生产总值，美国出口占 GDP 的比重从 1960 年的 4% 增加到 2007 年的 11%，进口占 GDP 的比重从 1960 年的 3% 增加到 2007 年的 17%，2007 年出口和进口之和占 GDP 的比重为 28%，表明了国际贸易在经济中的重要地位。2007 年**贸易收支**即出口减去进口占 GDP 的比重为 −6%（＝11% − 17%），意味着**贸易赤字**占 GDP 的 6%。如果一国出口比进口多，贸易收支就为正值，称为**贸易盈余**。表 5 − 1 列出了世界上一些国家的进出口数据，第 4 列表明国际贸易在有些国家很重要，在另一些国家则不那么重要。从表 5 − 1 中可以看到，贸易对其他国家相比于美国的重要性更大。

表 5 − 1 　所选国家的出口、进口、出口加进口、出口减进口（贸易收支）占 GDP 的百分比，按照出口加进口占 GDP 比重由低到高排序（2007 年,%）

国家	出口占 GDP 比重	进口占 GDP 比重	（出口 + 进口）占 GDP 比重	（出口 − 进口）占 GDP 比重
巴西	14	12	26	2
美国	11	17	28	−6
印度	11	17	28	−6
日本	16	15	31	1
阿根廷	22	16	38	6
孟加拉国	15	23	38	−8
英国	17	23	40	−6
埃塞俄比亚	8	37	45	−29
俄罗斯	30	22	52	8
墨西哥	28	30	58	−2
加拿大	32	29	61	3
波兰	30	34	64	−4
中国	34	30	64	4
越南	62	70	132	−8

（出口 + 进口）占 GDP 比重表明了贸易对一国的重要性，（出口 − 进口）占 GDP 比重表明了贸易收支情况，负值表示贸易赤字。

资料来源：World Bank. World Development Indicators 2009. Washington D. C.：World Bank，2009.

不管怎么说，贸易对于美国来说很重要，而且重要性不断增加。但是这种情形是好还是坏？要回答这个问题，我们要了解贸易带来的好处。

贸易的好处

暂时忽略国际环境，假设你是国内的一个生产者或消费者，想象一下，如果你要生产所有你需要和想要的商品，将会怎样？你要种作物、建房子、裁衣服并自学经济学！或者你试着钻研你擅长的东西，比如会计学或计算机程序，并以此谋生，然后你可以用你的收入购买你所需要的所有其他商品。

大多数人会很快认同我们最好专门生产某种商品以换取收入并购买我们想要消费的其他商品。为什么？因为我们不擅长生产我们需要的所有商品。一些人要花如此多的时间来学习如何烤面包或者学习在其他活动中根本用不上的管道修理。对我来说，雇用一名管道工人、停止烤面包并教授经济学更高效！

这种思考逻辑对于一个决定是否要从事国际贸易的单个国家来说也同样适用。一个国家可能想要自给自足，即生产居民需要和想要的所有商品。事实上，许多国家的政客经常宣扬这个目标，它听起来如此强大和独立！但是就像个人一样，一个国家可以专门生产自己擅长的商品并出口这些商品，用换来的收入进口居民需要的其他商品。正如个人一样，国家可以从专业化和交换中获利。

更确切地说，这些贸易利得从何而来？你现在可能有些想法，但是我们需要更准确地分析而非仅简单地说我们应该专门从事我们擅长的活动。准确地说，我们所谓的"擅长"有什么含义？答案就是绝对优势和比较优势。

绝对优势

绝对优势：以比其他国家更低的资源成本生产一种商品。

绝对优势是指以比其他国家更低的资源成本生产一种商品。资源包括劳动力、土地、资本等。我们比较两国生产一种商品的资源成本，例如考虑美国和巴西。一方面，巴西比美国有更好的种植咖啡的气候和土地，也许美国有人能设计一套气候控制系统来生产咖啡，但是这样做可能很难，而且会产生较高的资源成本，巴西可以以更低的资源成本生产咖啡。

另一方面，美国比巴西更适合种植大麦，美国有更适合种大麦的土地、天气、机器和技术，种植成本更低。因此我们说巴西有生产咖啡的绝对优势（和美国相比），美国有生产大麦的绝对优势（和巴西相比）。美国利用其资源生产大麦并以此和巴西生产的咖啡进行交换比美国同时生产大麦和咖啡获得更多收益。因为如果美国专门生产大麦、巴西专门生产咖啡，两国的总产量之和要比两国分别生产两种商品的产量之和高。更大的产量意味着可提供更多的消费：每个国家都可以从专业化和贸易中获利。

比较优势

我们刚才描述的情形是贸易带来好处的典型例子，然而，一国并不是只有绝对优势时才能获得贸易的好处。有的情形是一国对两种商品的生产都有绝对优势，而另一国对两种商品的生产都没有绝对优势。例如，和格陵兰相比，美国能以更低的成本生产 DVD 和鞋，那么美国是应该两种商品都生产还是专门生产其中一种并通过贸易和格陵兰交换另一种商品？为了回答这个问题，我们需要弄清楚比较优势的概念。

比较优势：以比其他国家更低的机会成本生产一种商品。

比较优势是指以比其他国家更低的机会成本生产一种商品。这和绝对优势的定义有相似性。我们考虑两个地区和两种商品的情形，然而，在比较优势的定义中机会成本代替了资源成本，这个区别很重要。回想第 1 章关于机会成本的定义，机会成本是指为了得到某种东西所需要放弃的东西。也就是说，一国为了生产一定数量的某种商品所必须放弃的生产另一种商品的机会。资源是有限的，投入一种商品就不能投入另一种商品，下面让我们具体讨论。

假设劳动力是生产 DVD 和鞋子的唯一资源，工人每天收取固定的工资。让我们假设美国每个工人一天能生产 8 张 DVD 或 4 双鞋子，而格陵兰每个工人一天能生产 2 张 DVD 或 2 双鞋子。表 5-2 显示了这些信息。

表 5-2　美国和格陵兰每个工人每天生产的 DVD 和鞋子的数量

地区	DVD 生产数量（张）	鞋子生产数量（双）
美国	8	4
格陵兰	2	2

根据该表，美国每个工人一天能生产 8 张 DVD 或 4 双鞋子，而格陵兰每个工人一天能生产 2 张 DVD 或 2 双鞋子。这意味着和格陵兰相比，美国对两种商品的生产都有绝对优势。

显然，因为和格陵兰的工人相比，美国的工人能生产更多的 DVD 和鞋子，美国生产两种商品所使用的资源成本最低，所以美国对生产 DVD 和鞋子都有绝对优势。

让我们考虑比较优势的概念，美国生产 8 张 DVD 的机会成本是 4 双鞋子（资源都用来生产 DVD 就无法生产这么多双鞋子），换一种说法，美国生产 2 张 DVD 的机会成本是 1 双鞋子（2∶1）。另外，格陵兰生产 2 张 DVD 的机会成本是 2 双鞋子（1∶1）。如果不生产鞋子，美国生产 DVD 的机会成本比格陵兰的要低。

经济争论："美国经济能从国际贸易中获利吗？自由的国际贸易能够增加所有贸易伙伴的消费可能性。劳动专业化分工能够使得一国总产量增加吗？"

根据下面国际贸易链接的文章找出答案。

http://www.cengage.com/economics/econapps

对美国来说生产一张 DVD 要放弃半双鞋子，而格陵兰生产一张 DVD 要放弃 1 双鞋子。因为美国生产 DVD 时所放弃的鞋子数量更少，所以美国生产 DVD 有比较优势。

现在我们再来考虑鞋子的生产，美国生产 4 双鞋子的机会成本是 8 张 DVD，也可以说生产 2 双鞋子需要放弃生产 4 张 DVD（1∶2）。另外，格陵兰生产 2 双鞋子的机会成本仅是 2 张 DVD（1∶1）。如果不生产 DVD，格陵兰生产鞋子的机会成本更低，因此格陵兰生产鞋子具有比较优势。

这意味着如果美国专门生产 DVD，格陵兰专门生产鞋子，两国将会产生一个贸易交换比率使双方受益。例如 4 张 DVD 交换 3 双鞋子的交换比率会使两国都获利，对格陵兰来说，可以通过出口 3 双鞋子换回 4 张 DVD，这比自己用全部资源生产 4 张 DVD 更有效率，因为这意味着要放弃生产 4 双鞋子（1∶1）。同时美国用生产的 4 张 DVD 和格陵兰进行交换能够得到 3 双鞋子，这比美国自己生产 3 双鞋子效率高，因为其机会成本是放弃生产 6 张 DVD（1∶2）。只要用该交换比率进行贸易的结果优于自己生产，就可以进行贸易。（这只是理论层面的探讨，假设格陵兰一年只生产两种产品，而现实中国际贸易要考虑多个国家超过一年时间的贸易。）

为什么美国不能既生产 DVD 又生产鞋子？毕竟，美国生产两种商品的成本都比格陵兰低。但是，美国专门生产 DVD 比两种产品都生产获得的产品数量更多。这可以用你已经熟知的生产可能性曲线表示出来。

回想第 1 章中生产可能性曲线表示特定时间内资源被充分有效地利用时，一国能生产的两种不同商品最大数量的各种组合。图 5-1 的生产可能性曲线显示了美国每个工人一天能生产 8 张 DVD 或者 4 双鞋子或两者之间的某个组合。没有国际贸易时，美国不可能消费超过其生产数量的商品。

消费可能性曲线：表示特定时间内一国能够消费的两种商品最大数量的各种组合。

现在让我们介绍贸易可能性。假设由于美国生产 DVD 有比较优势，美国决定专门生产 DVD，并假设美国同意以 4 张 DVD 换 3 双鞋的比率和格陵兰进行贸易，该交换比率能给双方都带来更多的收益。图 5-2 是在图 5-1 的基础上表示如果美国在 A 点生产（专门生产 8 张 DVD），通过贸易它可以移动到新的**消费可能性曲线**上。

例如，美国决定卖 4 张 DVD 给格陵兰（从 A 点移动到 A'点），并以此交换 3 双鞋子（对应 B'点），沿着消费可能性曲线移动到 B 点，在该点上美国最终消费 4 张 DVD 和 3 双鞋。或者美国也可以卖掉另外的 4 张 DVD 再换 3 双鞋，从 B 点

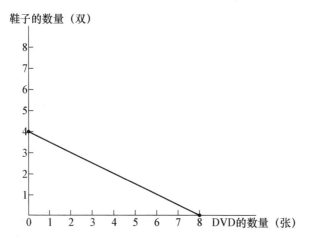

图 5-1　无贸易发生时美国工人的生产可能性曲线

生产可能性曲线表示特定时间内资源被充分有效地利用时，一国能生产的两种不同商品最大数量的各种组合。图 5-1 的生产可能性曲线显示了美国每个工人一天能生产 8 张 DVD 或者 4 双鞋子或两者之间的组合。

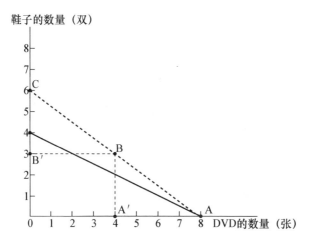

图 5-2　美国工人每天的生产可能性曲线和贸易后的消费可能性曲线

该图表示每个美国工人每天能够生产 8 张 DVD 或 4 双鞋子或两者之间的组合。在没有贸易的情况下，美国的消费者被限制在生产可能性曲线上；在有贸易的情况下，通过用 4 张 DVD 交换 3 双鞋子，美国可以在更高的消费可能性曲线上消费。

沿着消费可能性曲线到达 C 点，在该点上美国消费 6 双鞋，不消费 DVD。通过专业化生产和贸易，美国达到了比原生产可能性曲线更高的消费水平。对于格陵兰，我们可以画一张同样的图，表示专门生产鞋子并与美国 DVD 的交换所带来的好处。**根据比较优势进行专业化分工，两国都能从贸易中获利。**

要素禀赋理论

为什么一国比另一国擅长生产某种商品？无论我们认为是绝对优势还是比较优势，一定有某种基本原因导致该国拥有这种优势。一些明显的因素是天气和气候。有时天气和气候的影响能够被克服（例如在温室生产土豆），但是要克服自然因素的影响要付出很大的努力，成本也较高。

劳动力是另一个重要的决定国家优势的因素。对于拥有较高劳动生产率的国家来说，生产需要投入很多劳动力成本的产品具有比较优势。能提高劳动生产率的方式显而易见，如劳动培训和教育，其他方式可能更重要。劳动过程中使用高端的资本设备和技术能够极大地提高劳动生产率。**因为美国工人得到很好的培训和教育，而且配备现代资本、技术，所以美国工人的劳动生产率较高。**

考虑到劳动力成本，生产效率和工资水平都很重要。假设冈比亚一个工人的工资为每小时 5 美元，每小时能生产 5 个篮子；美国一个工人的工资为每小时 10 美元，工资是前者的两倍，但是能生产篮子的数量也是冈比亚工人的两倍。那么哪个国家劳动力成本更高？都不是！每个国家生产一个篮子的劳动力成本都是 1 美元。两国劳动力成本相同的原因是，虽然美国工人工资高出一倍但是生产率也高出一倍。另外，技术和教育是劳动生产率非常关键的决定因素，甚至比和劳动力结合使用的资本和技术更加重要。**当我们说外国劳动力便宜时一定要考虑劳动生产率因素，只有当生产率较高且工资较低时才是真正便宜的劳动力成本。**人们经常抱怨美国工人失业是由于外国劳动力太便宜，现在你能清楚地意识到这是错误的观点了吗？

其他决定优势的因素包括土地的质量和可利用性、资本、技术和其他投入的资源。例如新加坡土地稀缺，因此新加坡土地成本极高，这样的国家在大多数农产品生产上都不具有优势。

贸易利得

哇！大部分贸易利得都是根据我们刚讨论过的绝对优势或比较优势进行专业化分工获得的。这种专业化分工使我们能够在有限的资源条件下生产出更多的产品，让每一个国家和世界整体从贸易中获利。其他额外的好处也很重要。消费者在不同竞争品牌中获得更加多样化的商品和更多选择，而非仅仅选择本国生产的商品。如当我们选购 DVD 和笔记本电脑时，我们可以在众多品牌中进行选择，其中也包括了外国产品。

此外，贸易会使得公司间竞争加剧，这将降低市场势力控制的程度和可能

性，**使整个社会受益。**本书第 6 章讨论了行业集中的市场势力导致低水平的产出和就业、低效率的生产和较高的消费价格。国际竞争的增强会通过降低行业集中度来减少这些负面结果。除了三大汽车巨头之外，许多汽车企业进入美国市场。厂商数量的扩大使得三大汽车巨头限制产量和制定价格的能力下降。①

利益分配

经济学理论清楚地表明，根据国家的优势进行专业化生产并进行贸易会使得该国获利，但是我们必须意识到，并不是该国所有的人都能从贸易中获利。尽管国家作为一个整体可以获得好处，但是在一国内有得益者和受损者。也就是说，贸易的好处无法平均地分配，这也是人们对自由贸易的担忧。

我们来考虑一国从无贸易到开始进口商品（进行自由贸易）情形下的贸易收益分配。让我们分析美国的棉布市场，为了使得分析简化，我们需要做如下假设：（1）不论是在美国生产还是在其他国家生产，所有棉布都是一样的；（2）美国是生产棉布的大厂商。图 5-3 中 D 曲线和 S 曲线分别表示本国的需求曲线和供给曲线，在美国没有从事国际贸易时，供求均衡点 E 点对应的均衡价格是每码 1 美元，均衡数量是 1 000 码。

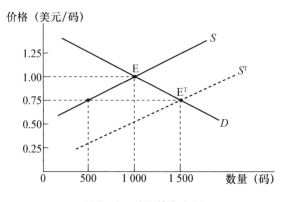

图 5-3 美国棉布市场

D 表示国内棉布需求曲线，S 表示国内棉布供给曲线，在没有贸易的情况下，均衡处于 E 点，对应的均衡价格为每码 1 美元、均衡数量为 1 000 码。随着美国进口棉布，D 仍表示国内需求，S^T 表示自由贸易后的总供给，新的均衡处于 E^T 点，均衡价格下降到每码 0.75 美元，均衡数量增加到 1 500 码，而国内生产的棉布数量下降到 500 码。

① 如果位于不同国家的跨国公司兼并数量不断增加，由于市场势力减小，国际贸易的影响力将有所下降。

现在假设美国开始进口棉布，D 曲线仍然表示本国需求（美国消费者对棉布的需求），S 曲线仍然表示本国供给（美国厂商生产的棉布）。但是要注意还有一条新的供给曲线 S^T，表示自由贸易后棉布的总供给，即包括本国厂商提供的所有商品和国外提供的额外商品的总和。因此，新供给曲线反映原供给曲线右移的结果，即供给增加。新的供给曲线和需求曲线现在决定自由贸易情形下的均衡价格和消费数量，新的均衡点 E^T 点对应的新的价格为每码 0.75 美元，新的均衡数量为 1 500 码。更低的均衡价格反映出美国棉布消费者支出成本的降低。新的均衡数量也有所提高，表明消费者能够买到更多的棉布。显然，棉布消费者从贸易中获得了好处。

然而，美国棉布生产厂商的情况则截然相反。新的供给曲线 S^T 决定自由贸易下的均衡价格和均衡数量，原来的供给曲线 S 仍反映国内供应商的供给数量。在新的较低均衡价格下（0.75 美元/码），国内供应商减少生产数量，只生产 500 码，但美国消费者要买 1 500 码，其差额 1 000 码是由从国外进口提供。美国棉布生产厂商在自由贸易中受损，产品价格下降、销售数量减少，厂商及其工人（可能被裁员）都遭受到贸易带来的损失。

尽管贸易给美国整体，尤其是美国棉布消费者带来了好处，但是给美国棉布生产者带来了损失。表 5-3 总结了自由贸易的结果。美国棉布生产者（厂商和工人）强烈地认为应该对外国棉布产品施加贸易壁垒。这些厂商在政治上颇有影响力（和无组织的个人消费者相比），美国政府可能会对它们对于贸易限制的各种提案作出响应。

表 5-3	美国棉布进口贸易的结果	
自由贸易的影响对象	影响结果	原因
美国整体	获利	根据比较优势进行专业化分工和贸易交换获得效率好处，产品更具多样性，以及降低市场势力的控制程度
美国棉布消费者	获利	更低的价格和更大的消费量
美国棉布生产企业	损失	更低的价格和更小的供给量
美国棉布生产工人	损失	棉布生产下降导致工人失去工作

自由贸易的限制

配额：限制进口商品的数量。

贸易限制的两种常用类型是配额和关税。**配额**是限制进口商品的数量，例如若对白糖施加配额限制，意味着只允许其他国家有限数量的白糖进入美国，一旦达到限额，美国人就只能购买美国产的白糖，否则什么都买不到。**关税**不限制进口的数量，但是对进口产品征税，加拿大威士忌进入美国市场要缴纳关税，这样就提高了美国消费者购买国外产品的价格（本例中是加拿大威士忌）。

美国大多数贸易限制的目的是鼓励美国消费者购买更多美国制造的商品而不是外国商品。因此贸易限制是用来保护美国厂商的，不过会减少自由贸易给美国带来的好处。棉布进口的贸易限制使得美国棉布价格上涨，于是美国棉布生产者（厂商和工人）获益。（在极端的贸易限制下会阻止所有棉布进口到美国，这样就回到图 5-3 的初始需求曲线和初始供给曲线，消费者支付的价格上升，消费数量减少，国内厂商供给商品的数量增加。）事实上，我们有很多贸易限制手段，这意味着美国生产企业比美国消费者更有能力保护自身的利益，或者说美国消费者不知道贸易限制对他们福利造成的损害。这两种情形可能都成立。

除了我们先前讨论的贸易限制对生产者和消费者的影响，贸易限制还有其他效果，即会使整个国家失去根据优势进行专业化生产和交换的好处。由于外国厂商减少，企业间的竞争下降。因此，国内厂商将有更多的市场势力。（正如我们所知，市场势力增加会使得行业集中、产量下降。如果厂商减少产量，有些工人会被解雇，而在这些行业工作的工人，如美国汽车行业工人会错误地认为贸易限制能够保护他们的工作。）

最后，其他行业的厂商，尤其是出口行业，可能遭受贸易限制带来的损失。如果美国对棉布进口施加配额限制，美国小麦和棉花厂商的出口量就会下降，这可能是很多原因造成的：首先，其他国家可能对美国的贸易限制采取**报复**措施，对美国的出口也施加贸易限制。如果美国限制斯里兰卡棉布的进口，斯里兰卡也限制美国棉花的进口。其次，美国限制购买外国棉布导致外国生产商的收入下降，例如斯里兰卡的棉布厂商收入下降，它们就会减少棉花的购买量。最后，正如本章附录所述，美国贸易限制将影响美元对其他国家货币的汇率，美元价值变化将可能减少美国出口。表 5-4 总结了美国对进口棉布实行贸易限制的结果。

因为美国棉布生产者（厂商和工人）是贸易限制的唯一受益者，而美国其他

表 5 - 4 美国对棉布进口实行贸易限制的结果

贸易限制的影响对象	影响结果	原因
美国整体	损失	失去根据比较优势进行专业化分工和贸易交换所获得的效率，产品多样性下降，市场势力增强。
美国棉布消费者	损失	更高的价格和更低的消费量。
美国棉布生产企业	获利	更高的价格和更高的供给量。
美国棉布生产工人	获利	由于棉布生产增加，工人获得工作。
美国出口厂商	损失	出口销量减少的损失。

人则遭受损失，或许当我们自由进口棉布时应该寻找更好的方案来帮助生产者渡过难关。如果其他国家对棉布生产有优势，那么鼓励美国企业继续生产棉布就是无效率的，同时对穷国如斯里兰卡的居民也不利，从长期来看这对美国是没有好处的。但是，我们又不能让美国厂商和工人遭受贸易带来的损失，需要找到解决方案以改进美国厂商的效率（例如对研发的补贴）或者对工人进行培训，帮助厂商转型生产更有优势的商品。后者正是《北美自由贸易协定》所追求的目标。要记住，美国整体从进口其不具备比较优势的商品中获益，如果不具备比较优势的原因在于外国便宜的劳动力，那么美国整体受益于外国便宜的劳动力。

其他争论

美国的就业和商业损失曾是西雅图抗议者的主要关注点，然而这并不是唯一的问题。许多更大的问题需要在世界范围内寻求解决方案，这些全球性的问题包括发展中国家贸易、美国农业政策和国际贸易协定。

发展中国家

时间为 1999 年，地点为西雅图。大规模示威抗议游行爆发，空气中弥漫着汽油的味道，到处都是警察和军队，以及环保主义者、人权主义者和工人激进主义分子。示威的目标是什么？当时，世界贸易组织正在召开会议讨论当年的政策。

当时的时间、地点和环境都不同寻常。现在这种情况经常发生。世界银行、国际货币基金组织和世界贸易组织的会议很少不引发抗议活动。当天晚上在《每日新闻》（*News Daily*）、《时代》（*Times*）杂志和网络上就报道了反对国际组织的声明，示威者抗议血汗工厂、环境破坏、不安全的施工条件、雇佣童工、失业、公司倒闭和其他由于国际组织管理带来的全球经济系统问题，国际组织对在全球制定的游戏规则是要负责的。

许多问题都是发展中国家所特有的，国际贸易经常给它们带来伤害。尽管穷国认真地参照和执行依据比较优势进行分工的经济学理论，它们却饱受贸易带来的伤害。

出口缺乏多样性

一个与贸易有关的问题是发展中国家缺乏出口的多样性，例如哥斯达黎加的咖啡出口收入占出口总收入的很大比重。因此，如果坏天气严重损害了咖啡作物，或者咖啡的国际市场价格大幅度下跌，哥斯达黎加的经济就会受损。因此最好不要完全专业化，出口的多样性能防止困扰某一特定商品的问题。穷国特别容易受到超过其控制能力的国内和国际事件的影响和攻击。

贸易条件恶化

初级产品：未加工的原材料和农产品。

贸易条件恶化：出口相对进口的价值下降。

另一个紧密相关的问题是发展中国家依靠初级产品出口。**初级产品**是未加工的原材料和农产品，如咖啡、糖、茶、可可和橡胶。

这些商品会导致**贸易条件恶化**，一段时间后，穷国的出口（尤其是初级产品）价格相对于其进口价格下降。贸易条件恶化是一种长期现象。**对穷国的出口商品需求逐渐减少（从而出口价格相对下降），部分原因是由人为的国家贸易限制政策的发展所致。**同时，制成品的价格和进口到穷国的石油的价格通常都在上涨（由于发达国家和石油输出国组织的市场势力），因此相对于进口支出，穷国的出口收入下降，这种情况会损害穷国进口所需商品的能力并依靠第 9 章讲述的国际借债。同时，这也使得发展中国家过度开发自然资源如橡胶作为出口收入的来源，这已导致环境退化。

价格不稳定

另一个和初级产品相关的问题是价格不稳定。这些产品的价格不稳定是一种短期现象（一年或一季度），然而贸易条件恶化是长期问题（通常为十几年）。

需求缺乏弹性：当商品价格改变时，买方对商品的需求不变。

这种短期的不稳定和初级产品市场的两个常见特征有关。考虑图 5-4 描述的咖啡市场，需求曲线陡峭，意味着需求弹性很小。当价格改变时消费者不改变购买的商品数量。陡峭的需求曲线反映了相对于价格变化，商品数量只发生微小的变化。例如比较 A 点和 B 点之间价格发生巨大改变下的需求量变化，我们发现当咖啡价格从每磅 1 美元上升到每磅 2 美元（上升了 100%）时，需求量从 5 000 磅下降到 4 000 磅（下降了 20%）。

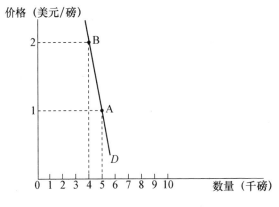

图 5-4　咖啡需求

　　在咖啡市场，需求曲线 D 非常陡峭，反映出咖啡需求弹性较小，当咖啡价格从每磅 1 美元上升到每磅 2 美元（上升了 100%）时，需求量从 5 000 磅下降到 4 000 磅（下降了 20%）。

　　需求缺乏弹性是许多初级产品市场的特征之一，以咖啡市场为例，当咖啡价格上升时，喝咖啡的人并不会大量减少咖啡消费，我们是习惯的傀儡，对于茶和香烟消费也同样如此。

　　另一个初级产品市场的特征是供给波动。许多初级产品的供给强烈依赖于天气，而天气易于波动。

　　正如图 5-5 所示，供给波动和需求缺乏弹性两者共同导致价格的波动。（做个小实验：重新画一条相对水平的需求曲线，供给波动不变，你会发现价格波动不那么剧烈了。）价格的波动正如天气年复一年的变化一样。

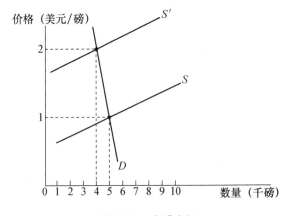

图 5-5　咖啡市场

　　咖啡需求曲线 D 缺乏弹性，下一年咖啡供给波动，供给曲线从 S 移动到 S'，两者共同导致价格的大幅波动（由于需求弹性低和供给波动），咖啡价格从每磅 1 美元上升到每磅 2 美元（上升了 100%）。

价格波动对于生产和出口初级产品的国家来说非常有害。尽管长期来说价格会达到一个可接受的中等水平，但是在短期很难处理波动问题。厂商可能破产，或一国在不景气的年份出口收入急剧下滑。这些潜在的影响导致一些发展中国家试图达成寻求稳定产品价格的协议并已成功达成一些协议。

过度依赖进口

穷国的另一个贸易问题是过度依赖从其他国家进口重要的产品。根据比较优势理论，一国进口缺乏比较优势的商品会受益，但是如果无法进口一种重要产品怎么办？正如 20 世纪 70 年代国际粮价飙升，发展中国家成千上万的人死于饥荒。同样，当时国际油价翻了两番，许多石油进口国无法满足基本的能源投入。另外，有些非经济原因导致进口不可靠：如政治原因切断供给，或者恶劣的天气、国家暴乱、战争所导致的航海和运输系统瘫痪。例如，一个生产茶叶而非大米的村庄，当大米供给被切断时，粮食安全难以得到保障，这在许多非洲国家和其他国家是常见的现象。

过度开采

最后，全球化为当地企业和外国企业在当地过度开发环境、过度使用劳工包括童工生产出口商品提供了机会，尤其是服装和地毯行业。西非的科特迪瓦共和国爆发了"可可豆奴役"事件，妇女和儿童被迫进行可可豆生产。当我们购买的商品是从血汗工厂并在奴役的条件下生产出来的时候，我们逐渐意识到我们作为消费者的角色，许多人挑选"公平贸易"下的咖啡、茶、水果和其他商品。我们的购买决策确实会影响跨国公司的行为。

所有这些问题表明穷国必须谨慎地制定它们的发展战略，比较优势应该是制定发展战略的重要影响因素，但是也必须适当考虑产品多样化和出口产品深加工，因为制成品较少地受到上面我们所讨论的问题的影响。食品安全问题也要考虑。富国必须确保贸易公平并减少对穷国的贸易限制，而且当政策和利益追逐带来环境破坏和不公平的劳动待遇时，富国和企业应该承担起它们的责任。我们作为消费者在国际商品生产中也扮演了重要的角色。

美国农业政策

美国农业政策和贸易尤其是发展中国家的贸易有什么关系？美国政府对美国农民和农产品企业进行补贴，鼓励农民和企业生产大量的农产品，如小麦、大米、玉米、棉花和土豆。当这些农产品进入世界市场时，全球市场价格下降，损害了低收入发展中国家农民的利益。（你知道这个推导逻辑：供给增加导致价格下降。）棉花就是很好的例子，这种农作物在一些国家如印度和乌干达的生产成本较低，因为这些国家的土地和劳动力比美国便宜。然而，尽管穷国有生产的成本优势，但是这些穷国的农民无法与美国农民和农产品企业竞争，因为美国的农民和农产品企业可以获得美国政府的大量农业补贴。尽管穷国具有比较优势，但是农民变得更穷了。（印度发生的"棉花自杀案"即种植棉花的农民自杀就提供了很好的例子，表明了印度农村穷人不能养活家人时面临的绝望。）

美国农业补贴已经成为世界贸易组织围绕国际贸易谈论的一个热点问题。显然，美国在农业等领域制定的法律政策对于发展中国家的发展需求具有促进或抵消的作用。

经济和贸易

经济争论："保护主义者的处方。"

经济衰退对贸易保护主义有什么影响？点击网站查找相关文章。http://www.cengage.com/economics/econapps

我们开始本章关于全球经济危机的讨论，并注意到经济危机促使国际贸易巨大下滑。在 2009 年第一季度，美国出口下降了 30%，进口下降了 34%，世界其他国家也经历了同样的下滑。

正如我们过去所见，经济危机使得贸易保护主义抬头。政策制定者为了尽快保护本国经济而实施贸易限制。然而事实并非如贸易保护主义者认为的那样，虽然我们已经看到了贸易限制的好处，但是贸易限制也有很多坏处，而且经常发生别国对我们的贸易实施报复。

2008 年 11 月，美国总统乔治·W. 布什和 G20 成员首脑承诺，虽然存在经济波动和失业，仍坚持自由贸易。（G20 是世界上 20 个重要经济体组成的集团，包括发展中大国和中等收入国家，如巴西、印度、南非、西欧国家、日本、加拿大、澳大利亚、俄罗斯、韩国、土耳其和美国。我们将在本章附录中更详细地讨论这 20 个主要经济体。）然而，在 2009 年年初，发起了关税和其他限制形式的贸易壁垒。世界银行 2009 年 2 月报道，自 2008 年 11 月会议以来，G20 中的 17 个成员采用了 47 种方式限制贸易。俄罗斯已采用汽车关税。中国提高了食物进口标准并限制爱尔兰猪肉进口。印度限制从中国进口玩具，阿根廷提高了汽车零部件、纺织品和皮革商品的许可证要求。其他成员包括美国开始补贴有问题的汽车制造商或经销商。有些贸易限制手段涉及环境，还有些涉及消费者安全，这些明显违反了自由贸易准则。

政治和贸易

尽管国际贸易是经济问题，它也经常被政治化。美国在 1973—1974 年阿拉伯国家石油禁运和 1979 年伊朗石油禁运期间深受其害，石油切断导致美国发生了能源危机。

有时，美国是由于政治原因实施贸易限制，通常是对社会主义国家实行贸易限制。以古巴为例，1959 年古巴政变形成了以菲德尔·卡斯特罗（Fidel Castro）为领导的社会主义经济体，主张政府没收在古巴的美国资产，以实现国有化。美国立刻实行**贸易禁运**以及其他政策来惩罚和古巴有贸易往来的国家，禁运至少是暂时性地严

> **贸易禁运**：由于政治原因对另一国实行禁止出入港口的贸易限制。

重损害了古巴国家和人民的福利，许多美国人反对古巴的社会主义政治体制，并控诉古巴政府对人民权利的侵犯。其他人则认为虽然古巴比较穷，但是古巴非但没有侵犯人们的权利，还给所有居民提供了高质量的医疗和教育。随着本书的出版，当年老体弱的菲德尔·卡斯特罗去世，新主席劳尔·卡斯特罗（Raul Castro）采取对国家完全的控制时，全世界都在忧虑地期待古巴经济的改变。奥巴马总统表示了他要减少美国和古巴之间贸易限制的想法，并制定允许古巴裔美国人到古巴看望亲人的政策。

美国在努力减少由于政治原因对古巴和其他国家实行的贸易限制。2000 年，白宫代表 40 年来第一次允许食品和药品销售到古巴（在一些条件下），克林顿总统几个月后签署了一份协议，允许美国向伊朗、苏丹、利比亚和朝鲜 4 个美国政府实行禁运的国家出口上述商品。以朝鲜为例，美国自 1950 年朝鲜战争爆发以来一直都采取禁运政策。新的协议允许美国公司向朝鲜销售商品尤其是农产品，并允许朝鲜向美国销售原材料和制成品。布什总统执政期间中止了与这些国家改善贸易关系的努力，武器试验和铀矿等新的问题使得美国与朝鲜、伊朗的关系紧张，苏丹西部达尔富尔有计划的屠杀影响了苏丹政府和美国以及其他西方国家的关系。

中国、越南与美国的贸易关系正在不断改善。美国与中国的关系在经济与金融危机时期发生了转变，美国经常为了其大规模的贸易赤字攻击中国，中国最近担心其在美国的金融投资。（中国的金融投资支撑着美国的贸易赤字，本章附录中会进行详细阐述。）中国人担心投资美国的政府债券和其他债券有风险，当然，这不太可能，我们将在第 9 章讨论政府通过政府债券和其他债券借款的问题。

那些相信自由贸易的人认为自由贸易不仅可以改善美国与外国的贸易关系，还可以改善其他关系，如放开外国投资机会、取消旅游限制、减少移民的限制会促进国家之间工人的流动，第 7 章"失业与通货膨胀"会讲述这方面的相关问题。

你可能会想到一个政治驱动贸易关系的例子，即 2003 年法国不同意美国攻

打伊拉克，美国与法国贸易关系恶化，许多美国人开始联合抵制法国红酒、法国奶酪和其他商品。尽管这种态度是暂时性的，却表明了消费者态度对贸易关系的影响。

国际贸易协定

《北美自由贸易协定》（NAFTA）：美国、加拿大和墨西哥三国签署的贸易协定，于1994年7月1日起生效。

世界向更加自由的贸易协定迈进，一个显著的标志是《北美自由贸易协定》（North American Free Trade Agreement，NAFTA），它是美国、加拿大和墨西哥三国签署的，于1994年7月1日起生效。该协定允许这三个贸易国平等地进入成员国市场，减少贸易限制。美国国会通过了《北美自由贸易协定》过渡期调整协助方案，对工人进行再教育和帮助由于协定而失业的工人换工作。正如我们前面讨论过的，美国会因从低劳动力成本国家进口商品而获益，事实上，大多数经济学家看到这三个国家都获益。然而，仍存在一些忧虑。

主要问题是一些低生产成本国家如墨西哥，对生产、最低工资、童工和工厂工作条件的管制较少，这会导致不公平的情形。为了处理这些问题，《北美自由贸易协定》增加了一些附属条款，规定墨西哥的企业必须遵守童工、环境保护、最低工资和安全生产条件等相关法律。其他人担心不公平生产会导致美国和墨西哥的成本差异，从而使得美国企业受损或到墨西哥进行生产。1992年，美国总统候选人罗斯·佩罗（Ross Perot）曾预言，《北美自由贸易协定》将导致工作机会流出国门。

事实上，经济学家认为美国工人很少会终生失业，《北美自由贸易协定》有利于他们在出口行业找到工作，墨西哥对美出口确实增加了，但是墨西哥对美进口也增加了。罗斯·佩罗的预言没有完全实现。

欧元：欧盟通用货币。

经济争论："我们仍在推进全球化，但是可能会和以前不一样了。"一些企业用区域竞争优势代替全球竞争优势，这意味着什么？阅读世界经济和国际贸易的有关文章。

http://www.cengage.com/economics/econapps

然而，墨西哥仍然存在污染和较差的工作条件等问题，血汗工厂和环境污染引起了人们对全球化的反抗，奥巴马总统在竞选期间提到他赞同重新针对《北美自由贸易协定》进行谈判。

欧盟在成员国内继续减少贸易壁垒和贸易限制，促进更加开放的贸易关系。欧盟取得的一个重要成就是采用了统一的货币。

除了这些区域贸易协定，《北美自由贸易协定》也扩展为更自由的贸易协定。目前还存在很多其他的贸易协定，包括南方共同市场（南美地区最大的经济一体化组织，也是世界上第一个完全由发展中国家组成的共同市场，由阿根廷、巴西、乌拉圭和巴拉圭 4 国签订）、安第斯国家共同体（秘鲁、玻利维亚、厄瓜多尔、哥伦比亚签署的贸易协定）、东南亚国家联盟（包括文莱、柬埔寨、印度尼西亚、老挝、马来西亚、缅甸、菲律宾、新加坡、泰国和越南）以及南非发展共同体（包括安哥拉、博茨瓦纳、莱索托、刚果共和国、马达加斯加、马拉维、毛里求斯、莫桑比克、纳米比亚、塞舌尔、南非、斯威士兰、坦桑尼亚、赞比亚和津巴布韦）。

《关贸总协定》（GATT）：最早于 1947 年协商的国际贸易协定，旨在减少世界各成员之间的关税壁垒，现在被世界贸易组织所取代。

世界贸易组织（WTO）：1995 年取代《关贸总协定》并继续发扬其减少成员间贸易壁垒的宗旨。

自第二次世界大战以来，《**关贸总协定**》（**GATT**）是实质上发挥作用的一个国际贸易协定，1995 年**世界贸易组织**取代了《关贸总协定》。《在关贸总协定》下进行了几轮谈判，包括 1967 年肯尼迪回合（肯尼迪总统发起的美国和西欧共同市场之间的谈判，目的是打破关税壁垒以扩大美国出口）、1979 年东京回合和 1993 年乌拉圭回合，这些谈判在减少《关贸总协定》成员间关税壁垒方面取得了显著的成果，产品平均关税从 1947 年的 40% 下降到 1992 年的 5%。然而，世界贸易组织的多哈回合谈判遇到困难，在卡尔塔进行的多哈回合谈判中，发展中国家坚持要求在它们采取调和行动之前，发达国家减少农业补贴，而发达国家则采取相反的行为，从而使得谈判失败。世界贸易组织仍是新千年全球化争论的焦点之一。

最后的提醒

当我们学习经济学理论时，会发现经济学家经常做自由市场的假设，然而现实中自由市场并不常见。比较优势理论、专业化分工和贸易收益都采用了该假设。在现实世界中，市场自由化有很多阻碍因素，例如考虑咖啡行业，在埃塞俄比亚遥远村庄的农民可以生产出全世界最好的咖啡豆，但是他们唯一的选择是把咖啡豆卖给定期访问村庄的买家，他们被迫接受很低的支付价格，他们没有其他选择，购买的咖啡豆经过挑拣、清洗、晒干、打包，运输到例如美国的公司，由于拥有垄断咖啡市场的势力，该公司再以非常高的价格把包装好的咖啡豆卖出去（本书第 6 章将详细介绍市场势力），咖啡消费者支付了高价，可是初始咖啡豆的种植者只赚取了极其微薄的收入。然而，这就是自由贸易理论。

现在公平贸易得到了广泛支持，消费者要确保农民得到公平的价格，就要通过农民合作经营或减少中间商的利润。这样，消费者可以用合理的价格买到优质产品，穷苦农民能获得销售利润，如果你对减轻世界贫困的方法感兴趣，登录本章"讨论和问题"中所列的网站。

观　点

保守派与自由派

历史上，当讨论国际经济学尤其是国际贸易时，传统保守派和自由派的观点界限非常分明。美国经济保守派倾向于自由贸易，他们认为自由贸易导致自由市场的效率，而经济自由派看重自由贸易对美国工人和企业的影响。自由派认为政府以配额和关税的形式进行干预是保护美国与其他国家进行不公平贸易的必要手段。例如，如果外国企业通过不安全工作条件下工人的劳动或违反环境法规来保持低成本，那么它们就拥有不公平的成本优势。美国和外国的工人会遭受损失，环境会遭到破坏。

保守派和自由派的界限不再如此清晰，他们对自由贸易给美国带来的好处达成了共识，《北美自由贸易协定》就是一个例子，立法得到了保守派和自由派的支持，自由派可能比保守派更担心贸易协定对美国工人和环境的影响。

发展经济学家和政客对贸易关系对穷国的影响也持两种观点。自由派担心全球化进程对发展中国家造成冲击，包括引发的经济公平问题。保守派更在意贸易限制引起的低效率，推进国际贸易更加自由的市场。自由派和保守派在关注市场势力和促进出口方面达成一致，都意识到美国农业补贴和贸易限制会损害发展中国家人民的利益。

总　结

国际贸易和国际金融对美国和世界其他国家来说越来越重要，进口为美国消费者提供重要的商品，其他国家的居民也从贸易中获得好处。事实上，只要各国专门生产其具有比较优势的产品，然后通过贸易进行产品交换，那么整个世界作为一个大的生产商会获得更大的产量，为所有贸易国的消费者提供更高的消费水平。

自由贸易的好处在一国内部并不是平均分配的，尽管消费者和出口商获得了自由贸易带来的好处，但是进口商及其工人遭受了损失，后者呼吁实行贸易限制，两种常用的贸易限制方法是配额和关税，然而这些都会减少贸易带来的经济利益，于是更好的方法是政府向进口企业和工人提供直接的帮助和再教育培训项目。

专业化分工和交换理论有时在实践中不可行，尤其是在穷国。这些国家经常面对诸如出口商品单一、依赖价格不稳定的初级产品、贸易条件恶化、过度依赖重要商品进口、食品不安全和经济不公平等问题。

一些贸易问题不仅具有经济性还具有政治性，如贸易禁运。然而，从世界范围来看，各国已经制定了广泛的区域贸易协定，包括《北美自由贸易协定》。这些贸易协定和世界贸易组织旨在减少成员之间的贸易限制。

中国对外贸易的发展

在参与国际分工和竞争中，20 世纪 90 年代全面的经济开放使中国抓住了经济全球化中国际分工与产业转移的机遇，中国在前一时期积累的基础上，及时加快经济改革，非国有经济和对外开放取得了长足发展，带动了全要素生产率的迅速提升，大力实施出口导向战略，以迎接东亚地区乃至全世界劳动密集型产业转移。全球化使发展中国家能够利用后发优势，达到比处于世界技术前沿的国家更快的技术进步速度和结构转型速度。中国正是在不断扩大开放政策推动下融入全球分工体系，有效地吸纳了欧美等消费赤字、财政赤字、贸易赤字提供的"国际超常购买力"，从而为经济高增长创造了额外的市场机会。迈入 21 世纪后，中国加入 WTO，由此推动的国内改革加大了企业的竞争压力，加快了技术引进和追赶的步伐，成为全球最有活力的经济体、全球制造业中心和贸易大国。中国已形成向全方位开放战略转变的态势，2013 年中国货物进出口总额达到 41 600 亿美元，超过美国成为全球第一。中国不仅成为世界制造业中心，而且逐渐成为世界市场、对外净投资国。

迄今为止，中国的资本项目还没有完全开放，这和中国独特的开放模式有关，中国是有次序、有节奏的全方位开放。和其他新兴市场国家不同的是，正是经济的渐进式开放使中国成功地抵御了亚洲金融危机和美国金融危机的冲击和影响。而俄罗斯和巴西等新兴经济体大多是激进式开放，发达经济体的宏观经济政策变动对其资本流动产生了较大影响，使其在每一次全球金融危机期间都受到了严重冲击。中国采取经常项目全部开放、资本项目和服务业渐进开放的方式，汇率制度为有管理的浮动汇率制的原因就在于，市场化的制度基础不完善，如果过早开放资本项目，会导致金融脆弱性的增大，易受国际市场动荡的冲击；同时，发展中国家开放资本项目的收益要少于发达国家，因为在其不发达的国内金融体系下，开放资本项目未必能促进本国投资的增加，也难以将本国居民的储蓄转化为投资。[1]

---

[1] Edison H J, Klein M W. Capital Account Liberalization and Economic Performance: Survey and Synthesis. IMF Staff Paper, 2004, 51 (2): 220−256.

中国的经济开放模式符合新结构经济学中归纳的渐进法方式，在转型过程中，这种实用的渐进法思路尽量在减少损失的情况下实现经济增长目标的最大化。①

不过，渐进式的全方位开放模式也带来了一些问题，数据显示，中国的贸易开放度排名全球第 27 位②，但是经济开放度排名全球第 136 位③，在考虑法律法规、政府行政效率和开放市场等因素后，中国的开放度水平较低，这意味着未来中国还需要进一步扩大开放，因此党的十八届三中全会提出了构建新型经济开放模式，在上海实行自贸试验区改革开放试点，加快推进资本项目开放和利率市场化等。

专栏一　中国四大省市自贸试验区对比

一、四大自贸试验区的发展成果和已有经验对比

2013 年 9 月 29 日，中国上海自贸试验区最早正式挂牌成立，2015 年 4 月 27 日，上海自贸试验区扩区启动运行，同期，中国正式批准了另外三个自贸试验区，包括和上海一样同属直辖市的天津自由贸易试验区，以及广东省自由贸易试验区和福建省自由贸易试验区。其中，上海自贸试验区启动最早，在金融业发展和制度创新方面具有基础；天津自贸试验区主要打造京津冀协同发展高水平对外开放平台；广东自贸试验区着力连接粤港澳平台；福建自贸试验区重点打造为海峡两岸区域性金融中心和两岸贸易中心。与此同时，后成立的自贸试验区旨在和中国"一带一路"倡议进行对接，成为沿线国家和地区开发合作的新高地。

根据在四大省市当地政府和管委会的实地考察和调研，发现四大自贸试验区取得了一些初步发展成果，总结来看包括：投资便利化、贸易便利化、服务业开放、金融业创新发展、知识产权保护制度创新和政府管理体制改革等六个方面。

（一）投资便利化经验对比

各个自贸试验区在投资便利化方面主要围绕以负面清单和准入前国民待遇为核心的制度改革。

第一，上海自贸试验区具有历史优势，对负面清单进行了持续修订和改进工作，2013 年、2014 年和 2015 年上海市政府的商委和发改委等相关部门制定并持续出台了全国三个版本的外商投资负面清单《上海自由贸易试验区外商投资准入

① Naughton B. Growing out of Plan: Chinese Economic Reform 1978—1993. Cambridge: CambridgeUniversity Press, 1995. Lin J Y. Economic Development and Transition: Thought, Strategy, and Viability. Cambridge: CambridgeUniversity Press, 2009. Lau L J, Qian Y, Roland G. Reform without Losers: An Interpretation of China's Dual-track Approach to Transition. Journal of Political Economy, 2000, 108 (1): 120—143.
② 数据参见 http://info.worldbank.org/etools/wti/1a.asp。
③ 数据参见 http://www.heritage.org/index/ranking。

特别管理措施（负面清单）》。

第二，其他三大自贸试验区是执行全国统一版本的负面清单3.0版本，从上海自贸试验区的1.0版本的190项减少至3.0版本的122项。此外，天津自贸试验区进一步减少和取消了对外商投资者的准入限制，对负面清单之外的领域，按照内外资一致原则，外商投资项目实行备案制管理，截至2016年6月底区内共设立了境外机构105家，占到了天津市的42%。

第三，广东自贸试验区特别强调粤港澳的合作和粤港澳经济的一体化，对负面清单的投资管理特别是在服务业方面，2015年粤港澳基本上实现了服务贸易的自由化，并发布了"投资便利化"的指数指标体系。

第四，福建自贸试验区编制了《中国（福建）自由贸易试验区产业发展规划（2015—2019年)》，为四个自由贸易试验区中唯一开展此项工作的自贸试验区。在负面清单管理上注重事中事后的监管，强调风控手段的创新，在全国提出第一张自贸试验区风险防控清单，包括55个监管风险点、88条防控措施。

（二）贸易便利化经验对比

天津、广东和福建都建立了国际贸易"单一窗口"并制定了通关便利化措施（"互联网＋易通关""智检口岸"等)，大大提高了贸易服务、查询、报检、通关的效率，提高了电子化、便利化和无纸化水平，很多成果已在全市乃至全国推广。上海在推进自贸试验区大宗商品现货市场建设，提升中国大宗商品国际竞争力和话语权方面做出了一定成绩，并建设了亚太示范电子口岸网络（APMEN）的运营中心，凸显了上海成为真正意义上的国际贸易中心的意义。

（三）促进服务业开放经验对比

各自贸在拓宽国际服务贸易业态，跨境电商、融资租赁等新业态发展获得了良好发展，并得到地方政府部门的重视。跨境电商发展势头较快，完善国际贸易服务功能；融资租赁尤其是飞机及船舶租赁的集聚效应十分明显。建设文化服务贸易基地和国家进口贸易促进创新示范区、开展境外高技术和高附加值产品再制造业务试点、允许在自贸试验区内注册符合条件的中外合资旅行社等。

（四）金融业创新发展经验对比

央行支持自贸试验区建设的"金改30条"细则对四个自贸试验区来说，其中跨境筹融资、资金池、贸易投资便利化和区内个人人民币跨境结算等14条已落地实施，各个自贸试验区金融机构的积极布局及体系建设取得了快速发展，银行、保险、券商、融资租赁等持牌机构入驻，但是其他金融细则如资本账户体系、提高对外放款比例、人民币跨境租赁资产转让和涉及间接投资资本流出等未能真正落地，金融改革进程和取得成效相对缓慢。

（五）知识产权保护制度创新经验对比

在创新知识产权服务方面，广东自贸试验区由于贸易起步早、产品设计相对成熟，在这方面相对发展较快，取得了一些成果，建立了统一的知识产权管理和执法体系，并将其明确写入《中国（广东）自由贸易试验区条例》，建立知识产权维权援助中心，开展知识产权质押融资风险补偿金试点，启动风险补偿机制，对自贸试验区的中小微企业知识产权质押融资提供重点支持。

（六）政府管理体制改革经验对比

在四大自贸试验区管理体制上，天津比较特殊，采取平行管理模式，其自贸试验区管理架构平行于天津滨海新区，在职责分工上，自贸试验区管委会负责制度和管理创新，滨海新区管委会负责该区的经济活动，两部门之间会产生一定的协调成本，不过由于这种管理架构运转时间尚短，目前无法评价其效果的好坏。广东的自贸试验区管委会更加市场化，探索自贸试验区企业化、市场化运营新模式的工作成为广东自贸试验区的一项重大创新举措。

二、目前发展的障碍和存在的问题

（一）负面清单的正面表述方式与中美 BIT 谈判存在差异

首先，中国自贸试验区负面清单是正面清单的负面表述方式，国民经济行业分类与联合国产品分类标准没有衔接上，目前中国的负面清单分 15 个行业、50个子行业、122 项管理措施，仅有 9 个行业中的 22 个子行业与中美 BIT 谈判负面清单存在对应关系。同时，在开放度方面，122 项措施中，有 29 项管理措施比中美 BIT 谈判负面清单更严格，只有 3 项更开放，其他基本持平。其次，在透明度方面，目前负面清单中有部分措施属于限制类，2015 年版负面清单仍有 18 项特别管理措施，没有指明具体的限制方式以及到底需要由哪个机构进行审批。最后，在实际工作中，常遇到"大门开小门没开""只能进不能做"的现象，负面清单管理模式促进投资开放的作用未能充分发挥。例如，负面清单对外商投资旅游、拍卖等领域是允许的，但项目审批、落地实施仍按原有关规定执行，并不是实际意义的放开。

（二）对标 TPP、TISA、RCEP 等世界经贸新规则存在差距

自贸试验区在对标 TPP、TISA、RCEP 等国际高标准投资贸易规则方面，在开展"风险测试"和"压力测试"层面上还有较大差距。原因主要在于：（1）由于时间差的关系，对 TPP 等规则掌握及利用不充分；（2）中央对地方的授权机制以及国务院与各部委在工作衔接和沟通协调上需要进一步完善；（3）法律等基础设施条件和机制环境存在差异。

（三）外资安全审查制度与监督机制不完善

在外资安全审查专项评估中发现，外资安全审查范围需要进一步明晰，如"重要文化"等，基层部门在甄别时较难界定。此外，对于"外商投资企业再投资"如何进行安全审查存在制度设计缺失，限制类或禁止类外资项目容易通过再投资等方式来规避现有管理环节与措施，从而绕行进入。此外，当地政府反映负面清单推出后对各个自贸试验区管理最大的挑战就是事中事后监督，完善立法体系，对可以且已经进入的投资企业和项目如何进行审查监管，防范风险，亟待落实相关监督管理措施。

（四）倒逼顶层改革

目前根据四个省市自贸试验区当地政府反映的情况，能推广的经验基本都不能算是改革，因为像国际贸易"单一窗口"等智能便利通关早就应该实施了，而至于真正需要改革试水的工作，地方政府由于没有决策权和审批权，大多都做不了，报上去最后还是要由中央来决策，地方自贸试验区总结的经验最多是在本市加以推广，规模效应有限。此外，最重要的是，目前我国制度设计的很多标准亟须和国际标准对应上，这些都需要顶层设计和中央改革方案。

三、未来政府需采取的相关措施和改进方案

（一）对标国际高水平经贸规则，进一步推动自贸试验区改革

自贸试验区是中国改革进程中的制度创新高地，未来要争取将国家双边或多边谈判中的难点、焦点问题放在自贸试验区内先行先试，国内先搞好压力测试、风险测试。积极对接 TPP、TTIP、TISA、BIT 等一系列多边或双边谈判规则，如国内制度环境、国企改革、竞争中立、更严格的环境及劳工标准等。加强跟踪研究，积极对标，高起点谋划，系统总结并推出国际经贸合作新规则、新模式，为对接高标准国际经贸合作新规则累积新经验。同时，在转变政府职能、投资体制改革、事中事后监管等方面加强总结，形成可供国内其他地区借鉴的制度创新模式。

此外，利用自贸试验区跨境电商等新业态的支持政策和通关便利化的优势，积极扩大对传统及新兴市场的出口，打开新的市场空间；加大力度支持自贸试验区实施跨境人民币贷款、境外发债和双向资金池业务等，切实解决企业融资难、融资贵问题，降低企业经营成本；利用体制机制优势，促进自贸试验区与所关联的非大陆区域的产学研合作，推进产业科技创新，降低外资、民资进入医疗、教育等行业的门槛，引进高端、高质量服务业，推动产业转型升级并进一步推动自贸试验区改革。

（二）增强政策执行中的整体性、协同性和有效性

第一，重视部门之间、各级政府之间的政策协调与配套，提高推进改革任务

落实的整体性和系统性，以更宽广的改革视野和管理格局推进下一步的改革，提升开放质量和水平；第二，重点解决中央与地方政府管理部门之间的政策对接问题，并加快实施细则的制定及落实，对于存在意见分歧的任务及措施，加强、加深与中央事权部门的沟通，在充分权衡利弊、评估风险的基础上形成政策共识，推动政策落实；第三，未来向全国进行复制推广更需进一步加强政府部门间的协调配合，以增强改革实施效果，提高管理效率和服务水平；第四，需要在国家层面加强自贸试验区统一立法工作。

（三）加快开展国家战略层面的系统性总结工作

第一，系统总结扩大开放的新模式。上海自由贸易试验区主要面向欧美发达经济体，福建自由贸易试验区主要面向台湾地区，天津自由贸易试验区主要面向韩国，广东自由贸易试验区主要面向港澳，因此，重点总结这四个自由贸易试验区各自面对的不同区域，发挥其地缘优势，例如福建自由贸易试验区的对台湾地区、对"一带一路"沿线国家和地区的开放合作新模式，总结与 21 世纪海上丝绸之路沿线国家和地区开展海关、检验检疫、认证认可、标准计量等方面合作与政策交流的新模式，并总结与 21 世纪海上丝绸之路沿线国家和地区开展贸易供应链安全与便利合作的新模式等。第二，系统总结服务地方经济发展的新模式，例如对于福建自由贸易试验区而言，可以系统总结厦门片区发挥辐射带动作用、利用溢出效应促进厦漳泉产业开放合作的新模式，系统总结福州片区发挥对产业转型升级的积极作用、促进当地经济转型发展的新模式。

资料来源：孙瑾. 全国四大省市自贸试验区调研札记. 经济学家茶座，2017 年第一期.

案例一　制度创新，让贸易插上"自由"的翅膀

清晨 6:30，运载着一批新款服装的 CK218 航班在浦东机场缓缓降落，卸货后中远物流的地面代理迅速开始理货并确认海关舱单。10:10，货物顺利通关出区，此时距离飞机落地仅仅过去 3 小时 40 分钟。

"快到不可思议！"上海中远空港保税物流有限公司副总经理孟路明兴奋地说。而在以往，这批货物进口如果在自贸试验区外操作，可能需要 1~2 天的时间。

一颗来自澳大利亚塔斯马尼亚岛的樱桃，从靠泊洋山保税港区码头到查验后放行，最快需要多长时间呢？答案是 6 个小时。

与孟路明一样切身感受到"自贸试验区速度"带来高效和便利的，还有国内水果生鲜电商"天天果园"联合创始人赵国璋。"原来这个过程至少要 2 天，自贸试验区改革后大大提速。这意味着，海外进口的水果到港后，当天就能送到

消费者手中，而且价格也降低了近一半。"

让企业经营者们纷纷点赞的"自贸试验区速度"，正是得益于上海自贸试验区成立以来致力攻坚的核心任务——制度创新。

一系列改革，不仅给企业和普通消费者带来便利和实惠，更带来了难能可贵的创新经验。这些经验也已开枝散叶，逐渐被复制并推广至全国。

与此同时，2016 年 6 月，浦东张江高科园区，一处掩映于修竹丛中、颇具特色的建筑群刚刚投入使用，高颜值的外形常常引来路人的驻足欣赏。

这里，便是跨国医药巨头诺华集团斥资 10 亿美元兴建的全球第三大研发中心，这也是目前中国最大的综合性国际前沿医药研发平台。

但并没有多少人知道，其实像诺华这样全球领先的跨国药企，对于是否要落户张江，曾经犹豫徘徊长达 10 年之久，其中最大的"心结"就是"监管瓶颈"。

诺华上海研发中心首席运营官蔡克文告诉我们："医药研发与一般实验室不同，它需要进口大批实验样品和试剂，但这些样品每次进口量不会很大。"过去，检验检疫部门按照一般贸易的进口方式对医药研发试剂进行监管，"每批试剂进口都要审批，耗时可能达 20 多天，等审批完，一些试剂的活性也消失了"。

随着上海自贸试验区的制度创新，上海国检局在自贸试验区内摸索出了一套针对生物医药研发机构的监管新模式，与国际惯例接轨，使得诺华上海研发中心能真正起到全球研发的功能。如此一来，让诺华彻底解开了"心结"，最终将研发中心落户张江高科园区。

对标国际，建设国际最高标准、最好水平的自由贸易试验区，正是上海自贸试验区的初衷。

不过，与国际最高标准的自由贸易区相比，刚满三岁的上海自贸试验区仍有着不小的差距。而这些，也正是未来上海自贸试验区继续深入改革的动力和方向。展望后三年，或许上海还应该承担一个更重要的任务，就是完全对标《国际服务贸易协定》（TISA），同时希望这些标准能够促进中国和更多的国家签订双边自贸协定（FDA）。

中国（上海）自由贸易试验区设立一年多来，围绕外商投资负面清单管理、贸易便利化、金融服务业开放、完善政府监管制度等，在体制机制上进行了积极探索和创新，形成了一批可复制、可推广的经验做法。党中央、国务院已决定在更大范围推开，推动实施新一轮高水平对外开放。一是深化上海自贸试验区改革开放，进一步压缩负面清单，在服务业和先进制造业等领域再推出一批扩大开放举措，并将部分开放措施辐射到浦东新区。二是除涉及法律修订等事项外，在全国推广包括投资、贸易、金融、服务业开放和事中事后监管等方面的 28 项改革试点经验，在全国其他海关特殊监管区域推广6项海关监管和检验检疫制度创新措施。三是依托现有新区、园区，在广东、天津、福建特定区域再设三个自由贸易园区，以上海自贸试验区试点内容为主体，结合地方特点，充实新的试点内容，进一步推动国家经济发展。

资料来源：上海自贸区三周年：从一枝独秀到百花盛开. 搜狐财经，http://business. sohu. com/20161005/n469609773. shtml.

案例二　《经济日报》：外贸新阶段要摆脱"速度情结"

当前，中国外贸发展的基本面没有根本改变，与发达国家、发展中国家的产业互补优势没有改变，外贸结构调整和动力转换加快的趋势没有改变。须充分考虑这些基本情况和形势变化，夯实持续发展基础，摆脱"速度情结""数字情结"，把工作着力点从短期的增长快慢转移到长期的结构调整上来，更加注重外贸增长的质量和效益。

中国国家统计局公布的数据显示，中国2016年全年进出口总额243 345亿元人民币，比上年下降0.9%，降幅比上年收窄6.1个百分点。其中，出口138 409亿元人民币，下降2.0%；进口104 936亿元人民币，增长0.6%。这表明，在全球市场需求疲弱、外贸转型压力增大的不利局面下，中国外贸在2016年实现了回稳向好的目标，成绩来之不易。同时也要认识到，中国外贸发展进入新阶段，应摆脱"速度情结"和"数字情结"，更加注重增长的质量和效益。

衡量中国外贸发展的历史阶段，不仅要考察进出口数据情况，也要将其放在经济全球化的大背景下、"一带一路"和"走出去"战略实施的过程之中、大宗商品价格变化以及中国贸易结构与全球贸易结构的差异等诸多条件中观察。

从国际环境看，世界经济仍处在深度调整期，长周期繁荣已转变为当前的中低速增长，总体复苏疲弱态势难有明显改观。跨国公司主导的大规模国际产业转移明显放缓，发达国家正大力推动"产业回归"和"再工业化"。同时，贸易保护主义持续升温，经贸摩擦政治化倾向抬头，部分区域局势动荡，使得对外经贸关系更加复杂。从国内情况看，劳动力、土地、资源等生产要素成本持续上升，环境承载能力已经接近或达到上限，低成本制造的传统优势明显弱化。

基于以上情况，中国外贸发展已出现"一慢、一快、一多、一升、一降"的态势——国际产业转移放慢、产业和订单向周边国家转移加快、贸易摩擦增多、企业生产要素成本上升、传统竞争优势下降。可以说，外贸已经进入新阶段，困难不是短期的。

从另一角度来看，中国外贸发展的有利条件仍然存在。首先，中国综合国力和国际地位持续上升，比以往更有条件为外贸发展营造良好的外部环境。其次，中国与发达国家、发展中国家产业具有较强的互补性，世界市场对中国产品仍有巨大需求，随着供给侧结构性改革深入推进，中国产业创新升级步伐明显加快，为外贸发展和结构调整增添新动能。再次，中国工业体系较为完整、行业配套能力强、基础设施完善、劳动力素质高，综合竞争优势依然明显，并在较长时期内继续保持。最后，中国已培养出一大批有国际竞争力的行业、企业和有国际视野的企业家队伍，积累了开拓市场和国际化经营的宝贵经验，为外贸持续发展奠定了宝贵基础。最关键的因素在于，党中央、国务院对外贸高度重视，出台多项政策措施，创造了良好的政策环境，自贸试验区、"一带一路"等战略加快实施，为外贸发展注入强劲动力。总的来看，中国外贸有"三个没有改变"：外贸发展的基本面没有根本改变，与发达国家、发展中国家的产业互补优势没有改变，外贸结构调整和动力转换加快的趋势没有改变。

今后一段时期内的外贸工作须充分考虑这些基本情况和形势变化，夯实持续发展基础，摆脱"速度情结""数字情结"，把工作着力点从短期的增长快慢转移到长期的结构调整上来，更加注重外贸增长的质量和效益。虽说 2017 年的外贸形势依然复杂严峻，但只要落实好中央经济工作会议的要求，深化外贸供给侧结构性改革，不断努力促进外贸继续保持回稳向好，相信外贸工作一定能继续为国民经济和社会发展做出更大贡献。

资料来源：冯其予.《经济日报》：外贸新阶段要摆脱"速度情结". 中国经济网，2017-02-03，http://news.163.com/17/0203/06/CCB4OD6Q00018AOQ.html.

案例三　英国国际贸易大臣表示中国将成为英国关键贸易伙伴

2017 年 2 月，英国发布脱欧白皮书，引发了各方对英国未来贸易投资环境的高度关注。自 2016 年 6 月以来，各方对"英国脱欧之后经济何去何从"的担忧一直从未间断。针对各方的质疑与担忧，在英国工商业联合会中国春节宴会上，英国国际贸易大臣利亚姆·福克斯信心满满地表示，中国将成为未来英国脱欧之后的关键贸易伙伴，未来"期待中国成为推进国际贸易自由化和全球化的正能量和灯塔"。

利亚姆·福克斯在演讲中表示，英国将在 2017 年 3 月底前正式启动脱欧程序，2017 年对英国来说是充满挑战的一年。应对未来的挑战，英国在脱离欧盟之后将谋求与中国开展全方位、多维度的贸易投资合作，以重塑英国全球贸易领先国家的地位。

英国对国际贸易发展趋势的这一判断有着足够的事实支撑。数据显示，从

2005 年至 2014 年，英国对华贸易年均增速维持在 17% 的高位。自 2010 年以来，英国对华出口总体增长了 108%。展望未来，利亚姆·福克斯表示，中国经济的再平衡，尤其是从制造业主导的发展模式向消费和服务业拉动模式转变，将为英国制造业企业和服务业企业带来巨大的增长红利。英国工商业联合会会长卡洛琳·费尔贝恩表示，未来英国在国际化发展道路上将会遇到很多挑战，但是英国与中国的贸易将更为自由化。同时，中国对英国的贸易和投资将带来更多工作岗位和消费选择。

在这份白皮书中，英国政府已经明确表示未来将会从欧洲单一市场和关税同盟中退出。英国政府也将充分利用退出之后在贸易政策上的高度灵活性，从多个角度寻求与中国的合作。

利亚姆·福克斯表示，在货物贸易领域，当前中国已经是英国第三大出口市场，未来双方贸易将通过便利化方式继续快速增长。英国将进一步加速国内供应商与中国电子商务行业的对接，以建立更为完整的产品分销供应体系，推动中英互联网贸易的快速发展。

在服务贸易领域，他表示，英国政府认为中国市场对外资进一步开放意味着英国企业新的市场机遇。在当前中国政府积极推进经济向服务业转变的进程中，作为全球最大的服务贸易出口国之一，英国国内的专业服务业企业高度期待能够参与这一进程。卡洛琳·费尔贝恩也表示，未来中国的中产阶层人口将会达到 6 亿，这对于英国服务业而言意味着巨大的商机。英国金融城协会亚太区负责人布莱恩·克里斯向记者表示，脱欧之后的英国金融服务业面临欧盟市场准入限制，因而高度期待能够在中国推进金融市场自由化发展进程中发挥英国金融业专长，提升中国金融市场的深度和广度。

自英国宣布脱欧以来，大量来自中国的资金涌入英国市场。卡洛琳·费尔贝恩表示，生活在伦敦，无论是英国著名的黑色出租车，还是泰晤士河边的金丝雀码头，中国的投资项目随处可见。中国在谢菲尔德、曼彻斯特的大规模投资给全英国人民带来了各种商机。这一发展模式得到了英国政府的高度认可。他认为，双方在基础设施、能源以及房地产市场的投资合作还将迎来新一轮高潮。

在贸易与投资之外，中国政府在推进全球贸易自由化和"包容式全球化"发展中的正能量赢得了英国政府的高度首肯。利亚姆·福克斯表示，在当前全球贸易增长滞后于全球经济增速，贸易保护主义升温的背景下，中国作为全球第二大经济体，正成为全球自由贸易发展的"正能量"和"灯塔"。

利亚姆·福克斯表示，英国在推进全球贸易自由化、打击贸易保护主义领域与中国有着共同的利益和责任，未来期待能够与中国在上述领域通力合作，重点促进世界贸易组织框架下的市场准入提升，尤其是服务贸易的市场准入。

资料来源：蒋华栋. 英国国际贸易大臣表示中国将成为英国关键贸易伙伴. 中国经济网，2017-02-06，http://www.ce.cn/xwzx/gnsz/gdxw/201702/06/t20170206_19972518.shtml.

讨论和问题

1. 国际经济学如何影响作为消费者和未来劳动力的你？作为一名大学生，你如何接触到国际事件？

2. 打开世界贸易组织主页（http://www.wto.org），点击主页上滚动的菜单"The WTO"，然后点击"What is the WTO?"，找到 10 个世界贸易组织的好处和 10 个对世界贸易组织的误解。

3. 你是否考虑过自给自足，生产所有你需要和想要的商品？这样的好处是什么？坏处是什么？

4. 打开中央情报局世界记事录网站（http://www.odci.gov/cia/publications/factbook），其中给出了表 5-1 所列一些国家的贸易情况，选择一个国家，点击链接，阅读经济概况，收集贸易统计数据，找出该国的主要进出口商品及贸易伙伴。这个国家是贸易赤字还是贸易盈余？对国家福利有哪些影响？什么原因会导致统计数据错误？记住这个 CIA 网址，它能够向你提供你以后将研究的某国的大量信息。

5. 你认为美国在哪些产品的生产上具有绝对优势？对于泰国和巴基斯坦这类低工资水平国家而言呢？对于哥斯达黎加和古巴这样的热带国家而言呢？

6. 基于表 5-2 的信息，假设贸易交换比率为 4 张 DVD 换 3 双鞋，那么格陵兰没有发生贸易的生产可能性曲线和发生贸易的生产可能性曲线各是什么？该地区会从专业化和贸易中获利吗？

7. 假设美国国会通过了对进口法国红酒的贸易限制，会对：a）美国红酒消费者；b）美国红酒生产者；c）法国红酒生产者；d）美国生产农产品出口的农民；e）整个美国产生什么影响？

8. 为什么美国遭受贸易损失的企业和工人比享有贸易带来的好处的消费者更有政治影响力？美国消费者知道贸易给他们带来的好处吗？他们是政治游说者吗？

9. 假设国会已经通过了对美国某一垄断性行业比如铝行业进口商品实行贸易限制的决定，由于这些限制会减少美国企业面临的外国竞争，从而美国铝行业企业增强了市场势力，那么贸易限制对该行业的就业会有什么影响？

10. 发展中国家的国际贸易有哪些问题？你对发展中国家政府制定贸易政策有哪些建议？

11. 画出某产品市场如可可豆市场的供求曲线，假设需求缺乏弹性（需求曲线相对陡峭），供给曲线移动（像图 5-5 那样前后等距离移动供给曲线），现在对加工的可可豆进行同样的曲线图分析，供给曲线移动同样的距离，但是假设产品需求曲线有弹性（画一条相对不那么陡峭的需求曲线）。试问发展中国家出口低需求弹性的商品会有什么样的结果？对商品进行深加工，如把可可豆变为可可会有什么影响？

12. 用浏览器搜索一下血汗工厂，你认为你找到关于血汗工厂公正的信息源了吗？你作为一个消费者能做什么？例如，你能在学校发起活动以找出标有学校标识的衬衫是从哪些血汗工厂生产出来的吗？

13. 打开反奴隶组织的主页：http://www. antislavery. org，找出关于"可可豆奴役"的事件。

14. 用浏览器搜索一下童工，你认为这些童工的日常生活受到什么样的影响？小孩的父母呢？使用童工如何破坏美国和发展中国家的劳动力市场？你如何看待在全球范围内提供食物和用少量金钱援助小孩上学而不是去打工的项目？本书第 7 章末尾对于童工问题有更详细的讨论。

15. 你所在社区的咖啡和其他产品是通过公平贸易而来吗？打开公平交易网址：http://www. transfairusa. org/content/support/campus. php，并发起使用公平贸易校园商品的活动。

16. 你认为美国从《北美自由贸易协定》中获得了什么好处？产生了什么问题？你认为美国如何从墨西哥经济增长中获得利益？

17. 本章讨论了美国农业政策，根据你所学的内容，你是否和其他人讨论过美国农业政策对贫穷的发展中国家的影响？

18. （参考附录回答本题。）为什么日本居民需要美元？分析美元对日元的汇率市场，2009 年 11 月，官方平均汇率为 89. 16 日元兑换 1 美元。

附录 3 国际金融

当两国居民从事贸易或投资时，他们必须兑换外国货币。如果一种产品在美国价值 500 美元，那么该产品价值多少墨西哥比索？如果我希望投资 1 000 美元到日本公司，这笔投资换算成日元是多少？为了回答这些问题，我们需要理解汇率的概念以及它是如何决定的。如果你了解供给和需求，那么这并不像你想象的那么难。

汇率决定

汇率：一国货币兑换另一国货币的价格。

汇率就是一国货币兑换另一国货币的价格，比如 1 美元可兑换 13.4 墨西哥比索，这就是美元与墨西哥比索的汇率，或者说 1 墨西哥比索可兑换 0.07 美元（7 美分）。（这个汇率计算过程为 1 美元 = 13.4 墨西哥比索，两边都除以 13.4，得到 1/13.4 美元 = 13.4/13.4 墨西哥比索，即 0.07 美元 = 1 墨西哥比索。）两个表达式意思相同，用 1 美元兑换 13.4 墨西哥比索或用 1 墨西哥比索兑换 7 美分。然而需要注意，汇率表示的是两种货币的相对价值，不是绝对价值。

浮动汇率制度：汇率由货币的国际需求和国际供给所决定。

大多数工业化国家采用 1973 年生效的浮动汇率制度。在该制度下，汇率是由货币的供给和需求决定的，使用你已经熟知的供求方法可以清楚看到如何决定美元与比索的汇率。

为了简化问题，假设世界上只有两个国家：美国和墨西哥，这种简化有助于使用坐标图进行分析，让我们来考虑美元市场并用墨西哥比索来表示美元的价值，参见图 5 - 6。

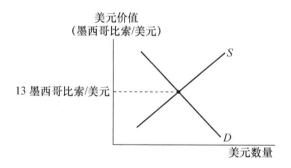

图 5 - 6　美元市场

需求曲线 D 表示墨西哥居民需要的美元数量，供给曲线 S 表示美国居民提供的美元数量，同样表示美国居民需要的墨西哥比索数量，两者的交点决定了均衡价格即美元与墨西哥比索的汇率，图中为 1 美元兑换 13 墨西哥比索。

注意，需求曲线 D 是墨西哥居民需要的美元数量，为什么他们需要美元？有很多原因，一个明显的原因是墨西哥人想要到美国旅游，他们需要美元来支付酒店和出租车费用，因此他们首先要把墨西哥比索兑换成美元。这个过程反映了对美元的需求。

然而，还有更重要的原因可解释对美元的需求。设想一个墨西哥居民希望购买一辆通用汽车，通用公司要求以美元支付，尽管墨西哥消费者并不需要拿出美元，但是从美国进口通用汽车到墨西哥的公司需要美元，用墨西哥比索交换美元的过程体现了对美元的需求；假设另一个墨西哥居民希望将储蓄投资到美国金融市场，如购买美国政府债券或公司债券，那么他将不得不兑换美元来购买债券，这也体现了对美元的需求；假定一个墨西哥公司希望买下美国工厂并经营，这需要用美元购买并用美元支付美国工人工资，因此还需要先用墨西哥比索兑换美元，这又体现了对美元的需求。**尽管还有很多其他原因解释对美元的需求，但前面讨论的去美国旅游、购买美国的商品和服务、投资于美国金融市场和购买并经营美国工厂是四个重要的原因。**

现在考虑图5-6的供给曲线，供给曲线表示美国居民提供的美元数量。为什么美国居民愿意提供美元？如果我们认识到美国居民提供美元和美国居民需要墨西哥比索是一样的，那么回答这个问题就很简单。**在两个国家的世界里，需要一种货币的过程如同供应另一种货币的过程：我们用美元交换墨西哥比索。**于是，美国居民提供美元可被同时看作他们需要墨西哥比索。

为什么美国居民需要墨西哥比索？这和墨西哥居民需要美元的原因相同。许多人希望去墨西哥旅游，或者购买墨西哥的衣服，或者投资墨西哥股票市场，许多公司想要买下并经营墨西哥的企业。所有这些想法创造了美国对墨西哥比索的需求。这使我们的图完整了，我们有了美元的需求曲线和供给曲线（美元供给曲线就是墨西哥比索需求曲线），两者共同决定了均衡汇率，图5-6显示1美元兑换13墨西哥比索。

> **升值**：一国货币相对于另一国货币价值增加。
>
> **贬值**：一国货币相对于另一国货币价值下降。

随着经济条件的变化，图5-6的需求曲线和供给曲线发生移动，如果墨西哥居民收入增加，那么他们对美元的需求将会增加，因为高收入可以让他们购买更多美国商品或增加对美国金融市场的投资。图5-7表明了这一结果，均衡汇率变为14墨西哥比索兑换1美元，反映了美元相对墨西哥比索价值的增加（正如我们预测的，对美元需求增加使得美元升值）。也就是说美元相对墨西哥比索**升值**。因为一种货币价值通常用另一种货币来表示，我们也可以说墨西哥比索相对美元**贬值**。

美元升值是好是坏？你要习惯这样的答案：这要看情况。要看你是谁，一方面，如果你是一个美国消费者，购买从墨西哥进口的服装，那么美元升值对你来说就是好事，因为这意味着墨西哥比索便宜，以至用更少的美元就可以支付用墨西哥比索标价的衣服。另一方面，如果你是一个美国出口商，那么美元升值对你来说就是坏事，因为需要更多的墨西哥比索来支付你出口的以美元标价的商品，那么对于墨西哥居民来说美国商品更贵，于是减少购买，从而美国出口下降。

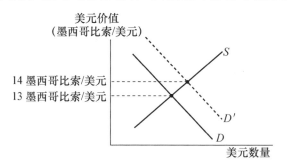

图 5 - 7　美元需求曲线的移动

对在墨西哥销售的美国商品加大广告宣传力度可能增加墨西哥居民对美国商品的需求，这将导致墨西哥居民增加对美元的需求以购买美国商品，于是美元需求曲线由 D 移动到 D'。新的均衡汇率为 1 美元兑换 14 墨西哥比索。

经济政策

美国（或其他国家）的经济政策对汇率有影响。回想先前讨论的美国对进口棉布实行的贸易限制，会减少美国对外国棉布的购买，于是支付外国商品所需的外国货币下降。外币需求减少，外币价值下降，美元价值上升，对外国消费者来说美国出口的商品更贵，美国出口下降。**现在，我们看到了为了保护美国棉布行业而采取的贸易限制对美国出口商造成的危害，也就是说帮助美国一个经济部门会危害其他部门。**

考虑另一个经济政策的例子。假设美国政策制定者决定提高利率，美国相对于世界其他国家的利率上升意味着美国金融市场对外国投资者更有吸引力，在这种情况下，一个法国居民会把投资于法国金融市场的储蓄转到美国金融市场以获得更高的利息收入。他会首先把他的**欧元**兑换成美元（从而创造了对美元的需求），对美元需求增加使得美元升值。事实上，**一个影响汇率的重要因素是不同国家间的相对利率。**2006 年 7 月 6 日，欧元对美元汇率为 1 美元兑换 0.785 4 欧元，或者 1 欧元兑换 1.27 美元。

美国金融危机和经济危机对国际金融产生了影响，我们已经注意到购买美国抵押贷款债券的外国投资者在次贷危机中损失惨重，美国抵押贷款违约率上升、抵押品和基于抵押贷款打包的债券价值下降，国际社会共同努力限制全球经济危机和金融危机的影响，后面我们将进行具体讨论。

国际汇率管理

尽管工业化国家采取浮动汇率制,真实世界系统并不是完全基于市场供给与需求来决定汇率。个别国家会干预汇率,买入和卖出货币来影响汇率。这种行为被称为肮脏浮动。自 1986 年开始,很多国家组成集团采用共同政策来影响汇率,其中一个集团被称为 **G8**,包括美国、加拿大、英国、法国、意大利、德国、日本和俄罗斯。G8 的一个主要目标是维持世界主要货币的汇率在可接受的范围内波动,所有成员国会从更加稳定的汇率中受益。

> **G8**:由美国、加拿大、英国、法国、意大利、德国、日本和俄罗斯八国组成,采用共同政策来影响汇率。

亚洲 G6 最早于 1997 年由美国、日本、中国、新加坡、澳大利亚和中国香港组成。一些人期望该集团能扩展到其他亚洲国家,形成和 G8 类似的集团。

> **亚洲 G6**:由美国、日本、中国、新加坡、澳大利亚和中国香港组成,协调金融政策。

1999 年形成了 **G20**,包括以下经济体:阿根廷、澳大利亚、巴西、加拿大、中国、法国、德国、印度、印度尼西亚、意大利、日本、墨西哥、俄罗斯、沙特阿拉伯、南非、韩国、土耳其、英国、美国及欧盟。你可以看到,G20 既包括 G8 成员,也包括世界其他重要经济体。例如,阿根廷、巴西和中国已经非常现代化,在国际贸易和国际金融领域担任重要的角色。G20 主要是讨论与全球经济稳定相关的主要问题。

> **G20**:由 20 个发达经济体和新兴市场经济体组成,包括阿根廷、澳大利亚、巴西、加拿大、中国、法国、德国、印度、印度尼西亚、意大利、日本、墨西哥、俄罗斯、沙特阿拉伯、南非、韩国、土耳其、英国和美国及欧盟,共同协调金融和其他政策。

2009 年,G20 主要针对全球经济和金融危机进行讨论,承诺拿出 1.1 万亿美元救助全球经济,包括为国际组织提供更多的贷款资金和增加对最贫穷国家的资金支持。

第6章框架图 ▶

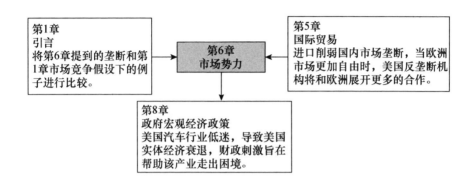

第1章
引言
将第6章提到的垄断和第1章市场竞争假设下的例子进行比较。

第6章
市场势力

第5章
国际贸易
进口削弱国内市场垄断,当欧洲市场更加自由时,美国反垄断机构将和欧洲展开更多的合作。

第8章
政府宏观经济政策
美国汽车行业低迷,导致美国实体经济衰退,财政刺激旨在帮助该产业走出困境。

经济学工具箱

- 市场势力
- 竞争
- 进入壁垒
- 价格接受者
- 垄断
- 价格制定者
- 寡头
- 集中率
- 规模经济
- 自然垄断
- 产品异质性
- 串谋
- 卡特尔
- 兼并
- 价格歧视
- 反垄断
- 贸易条件恶化
- 需求弹性

第6章

市场势力

美国人看到我们赋予公司空间来让市场自
我监督，并且执行机关也应该让市场自我纠
正。但每一个读报纸或看晚间新闻的人都清楚
地知道，这些都没有发生。相反，我们看到众
多市场被扭曲。我们还看到一些公司失败，并
殃及美国的消费者。似乎是一些因素共同导致
了这一现状，包括无效的政府监管、欠考虑的
解除监管的措施和不足的反垄断监管。作为反
垄断的执行者，我们不能坐视不理——既要执
行反垄断法，又要促进健全的竞争政策成为国
家经济战略的一部分。

——克里斯丁·A. 瓦尔尼（Christine A.
Varney），反垄断部门首席检察官助理，2009
年5月12日

重新表述克里斯丁·A. 瓦尔尼的话就是，一个人不可能不知道我们国家从
事金融和其他方面的大型公司所制造的过度繁荣、倒闭和欺诈，以及导致了2007
年和2008年经济危机的失败的政府监管。瓦尔尼明确表示她打算改变这些因坐
视不理而导致危机的反托拉斯行为。而这些对你而言又意味着什么？

近几年来，紧急财政援助、兼并和破产产生了什么后果？你曾担心过那些强
大公司的影响吗？你曾向你的参议员反映过汽车价格过高吗？你曾反对过你所在
地区有线电视系统的做法吗？你曾询问过电力公司是怎样管制的吗？你曾想知道
微软在计算机产业是否占有垄断份额吗？当你要购买摇滚乐演唱会的门票却被索
取额外的费用时，你曾示威反对过吗？

一种猜测是你没有。也许你没有意识到市场结构的方式在价格、产量、效

率、收入分配和政治影响方面造成严重的后果。很多美国公众好像不感兴趣或者
至少没有意识到市场势力的影响。一些人天真地认为因为我们有反托拉斯法和对
一些垄断的管制，我们就不存在这些方面的问题。另一些人主张管制降低了商业
效率，因而应该取消管制。还有一些人只是不感兴趣——消费者权益倡导者和
2000 年绿党总统候选人拉尔夫·纳德（Ralph Nader）曾提到公众把反垄断问题
看得太复杂、太抽象和太无聊。

我们刚刚经历了商业无节制凸显的阶段。虽然"大"不一定等于市场势力，
但一些公司确实因为政府的干预才拥有相当大的市场势力，包括那些汽车行业和
金融行业。我们现在需要大规模的政府干预来阻止 2007—2008 年金融危机爆发，
包括政府接管原来由政府赞助的企业——投资于贷款和住房抵押贷款证券的房地
美和房利美。（在第 3 章"住房问题"中讨论了更多的细节。）政府还救助了像
高盛、摩根士丹利、美国国际集团、花旗集团这样的金融机构和通用、克莱斯勒
这样的汽车公司。但主要的公司如克莱斯勒、通用和雷曼都破产了。其中许多公
司缺乏监管甚至没有监管，这引起了关于什么样的监管和干预适合未来我们经济
的稳定发展的问题讨论。

竞 争

市场势力：单个企
业影响产品的市场价格
的能力。

回顾我们在第 1 章中形容的竞争性市场。因为有许多
小的买者和卖者，没有卖者能够影响商品的市场价格。另
外一种说法是没有一个单独的生产者拥有**市场势力**。例如
如果许多相同的家庭教师中的一个决定收取过高的价格，顾客会从别的竞争者那
里购买服务。所以，竞争可防止消费者遭受可能的不合理的价格。

竞争：许多小生产
者把标准化的产品卖给
许多小的买者的市场。

卖者不能影响价格的市场结构就是经济学家所谓的**竞
争**。竞争性市场具有三个特点：

1. 存在许多买者和卖者。

2. 标准化的产品。

3. 进入或退出市场没有壁垒。

让我们来单独考虑每一个特点。正如我们提到的，第一个特点对市场价格有
影响。因为许多小买者组成了市场的总需求，没有哪个单独的买者能以更低的价
格买到商品。因为许多小公司出售商品，没有哪个卖者能对商品收取更高的价
格。如果你认为"小的买者和卖者"这个定义不是很精确，那你是正确的。从
绝对意义上来说，公司可以很大并且每年的交易额为几百万美元，但就完全竞争

来说，我们是指它们和整个市场相比很小。农产品市场通常被看成是竞争性的。例如，我们有许多小的玉米生产商。但即使是最大的玉米生产商生产的玉米，也只占整个市场供应量的很小一部分。

第二个特点是产品是标准化的或者大体上是相同的。大多数农产品都是相同的，标准化的橡皮筋、铅笔和软盘的市场也是如此。你能否想到其他标准化的商品？标准化的重要性在于买者不会在乎从哪家购买商品，因为商品都是大体相同的。所以买者不会花更高的价格购买一家公司的商品，因为这家公司的商品并不比其他家的好。

进入壁垒：一种阻止新企业进入市场的市场特点。

第三个特点是市场没有进入壁垒或退出壁垒。**进入壁垒**是指有些情况下一个新的生产商进入市场更加困难或成本更高。也许启动成本太大以至于在企业开始运作前需要募集大量的资本。或者政府要求企业在开始销售商品或提供服务前获得许可证，或者现在的企业可能获得专利保护，所以生产相同的产品会有侵权的风险。一个完全竞争的市场不存在这些壁垒。如果存在进入壁垒，就不会有"许多小的卖者"了。

价格接受者：没有能力影响产品的市场价格的企业。

这些特点产生的一个重要结果就是竞争性市场中的企业成了**价格接受者**。也就是说，它会接受既定的市场价格而不会对价格产生任何影响。它生产的产量过小以至于不能影响市场价格。下面我们来看图 6 - 1。它描绘了在一周内美国西北部港口的渔船经营者出售的鲜鱼的市场。

每一百磅 120 美元的市场价格是由总的市场供给曲线和需求曲线的交点决定

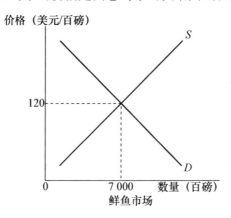

图 6 - 1　鲜鱼的竞争性市场

竞争性市场上鲜鱼的均衡价格为 120 美元/百磅，均衡数量是 700 000 磅。

的。在这个价格下，700 000 磅的鲜鱼会在市场上出售。我们假设 Diaz 这周能出售 0 ~ 5 000 磅的鱼，但这个量都太小以至于不能影响市场价格。即使他把产量范围扩大到 2 500 ~ 5 000 磅或者把产量降到 0，他的行为也不会对市场上鱼的供给产生任何影响。所以 Diaz 提供他想销售的数量并以每一百磅 120 美元的市场价格出售。他成为价格接受者。

为什么 Diaz 不收取比 120 美元高的价格呢？答案很简单。如果他这样做，他的消费者就会从别的生产商那里购买。因为他的鱼和其他生产商的鱼没有区别。如果他收取了更高的价格，他就会失去生意。

也许 Diaz 认为如果他降低价格，他就能卖出更多的鱼来增加收入。然而，他未被保证一定能在走向每一百磅 120 美元的市场价格时卖出他所有的鱼，所以降低价格只会减少他的收入。（市场供给曲线和需求曲线的交点是指在市场价格下供给量和需求量相等。）

竞争性市场的价格是合理的。市场的需求曲线反映了对所有买者而言鱼的价值，供给曲线反映了生产者的成本。（回顾第 1 章提到生产成本是影响供给的最重要的因素之一。）Diaz（和其他市场中的鱼的生产商）会被禁止收取高于市场价格的价格。这不是一个法律规定，甚至不是一个公开的规定，只是竞争保证了消费者不会被收取过高的价格。这个结果是竞争性市场最有优势的一个结果。

垄断和寡头

> **垄断**：只有一个企业生产没有近似替代品的产品的市场。
>
> **垄断者**：垄断市场中唯一的企业。
>
> **价格制定者**：有能力影响产品市场价格的企业。

与竞争性市场相反的就是垄断。**垄断**是指市场上只有一个卖者。我们也可以把这个唯一的卖者叫作**垄断者**。垄断者生产的产品没有相近的替代品，所以如果买者想购买产品就只能从垄断者手中购买。垄断者不是价格接受者，而是**价格制定者**。或者可以说垄断者具有市场势力。再次强调，市场势力是单个企业可以影响整个市场价格的能力。这种能力不意味着企业可以要求最高的价格，而是企业可以通过降低产量来提高价格。与竞争企业不同（接受市场价格），垄断者知道产量决定价格。垄断者面对的是一条向下倾斜的市场需求曲线（因为他是市场上唯一的卖者）。当他决定了一个产量，沿着市场需求曲线的均衡产量就确定了。这同时确定了市场价格。

考虑图 6-2，它描绘了对有线电视服务的需求。价格是每月有线电视的基础费，数量是该月该地区有线电视用户的数量。只有一个有线电视服务供应商。可以看到有线电视公司出售了 25 000 单位，它能收取每月 15 美元的价格，但如果它决定只出售 20 000 单位，它能收取每月 20 美元的价格。公司影响价格的方式就是控制数量。通过出售更少的量，公司可以大大地提高价格。同时注意到此时的收益也比之前出售 20 000 单位时更大。如果有线电视公司以每月 20 美元出售 20 000 单位，收益是 400 000 美元。但如果它以每月 15 美元出售 25 000 单位，收益是 375 000 美元。（如果你想知道更多有关垄断者降低产出来提高收益的弹性问题，请参考本章附录。）

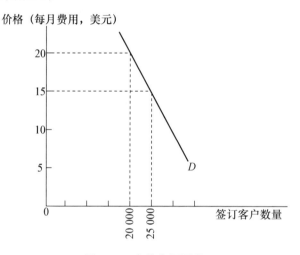

图 6-2 有线电视需求

因为有线电视公司的需求曲线是向下倾斜的，在每一数量水平上有一个确定的价格，当产出下降到 20 000 单位时，公司收入会增加。

经济争论： "UAW 罢工展示了垄断和联合之间的舞蹈。"

通过阅读微观经济学中有关垄断方面的文章了解更多。

http://www.cengage.com/economics/econapps

当垄断主导市场时，竞争性市场中基于许多小生产者生产成本的供给曲线便不复存在。相反，垄断会通过选择减少供给量来得到更高的价格。**所以，与竞争性市场相比，有相同生产成本的垄断者会生产更少，收取的价格更高，并且获得更大的利润。**要记住，虽然垄断者能够控制供给，但不能控制需求。垄断者面对的需求曲线是由产品的消费者控制的。

美国真正的垄断者较少。大多数确实存在的垄断者也接受一些政府机构的管制。（我们稍后会探讨关于管制的争议。）历史上的例子有长途电话业和邮政业。美国电话电报公司（AT&T）曾经是一个垄断的长途电话运营商，直到政府打破了垄断，更多的运营商才进入市场。类似地，美国邮政系统就是信件快递市场的垄断者。（联合包裹服务公司，即 UPS，只递送包裹。）现在，提供信件快递服务的公司有 UPS、联邦快递和其他公司。除了这些，一些地方存在当地服务的垄断者。这可能包括电力供应、自来水供应、污水处理、垃圾收集、公交系统等等。垄断者的存在需要一些力量，例如政府管制，从而可有效地阻止其他企业进入市场。总的来说，垄断有以下特征：

1. 只有一个企业。
2. 销售的产品没有相近的替代品。
3. 市场有很强的进入壁垒。

寨头：只有几家大企业主导的市场。

寨头企业：在寨头市场上的企业。

除了这些少量的垄断，美国存在另外一种具有市场势力的市场结构——**寨头**。寨头是指只有一些很大的企业主宰市场。这些市场中的单个企业叫作**寨头企业**。每个企业生产的产品都占总市场供给的很大一部分，所以每个企业都能影响市场价格。每当我们提到三大汽车公司或四大即食谷物公司，又或者五大投资银行时，我们指的都是寨头。所有的这些公司都具有市场势力。另外，如果寨头企业同意合作控制产量，它们可以和垄断一样设定价格。

测量集中程度

评估市场势力最好的一种方式就是测量特定市场的集中程度。当市场上只有一些相对较大的企业时，我们说市场是集中的。而集中指的是市场势力的存在。

集中率：四家最大企业占市场总产量的百分比。

我们经常用**集中率**来测量集中程度，集中率指四家最大企业占市场总产量的百分比。**集中率越高，产业的集中度就越大。**如果市场上有四个或更少的企业，集中率就是 100。也就是说，四家最大的企业生产了总产量的 100%。如果市场上有许多小企业，集中率就会非常低。集中率为 10 意味着四家最大的企业只生产了总产量的 10%，而且市场上有很多竞争企业。美国政府每 5 年测量一次集中率，并滞后一段时间公布。最新的数据是在 2002 年统计的。表 6 - 1 给出了一些美国产业的集中率。

表 6 - 1 制造业的市场集中率（2002 年）

产业	集中率
烟草	95
酿酒	91
电灯泡及其他部件	89
石油化工	85

续前表

产业	集中率
制铝	85
航空	81
早餐谷物	78
电子计算机	76
汽车	76
轮胎	73
饼干和甜点	67
杀虫剂及其他农业化学品	65
猫粮狗粮	64
瓶装水	63
肥皂和洗涤用品	61
制糖	59
黄油	58
农业机械设备	58
电话通信设备	56
软饮料	52
轮船和游艇	51
咖啡和茶	51
冰激凌和冷冻甜点	48
钢铁	44
石油精炼	41
乐器	37
制药	36
纺织	35
冷冻食品	33
鞋类	32
造纸	26
塑料袋	23
运动健身产品	23
制药设备	18
化学品	14
印刷	10

资料来源：U. S. Department of Commerce，Census Bureau. Concentration Ratios 2002：2002 Economic Census，Munufacturing（2006－05）. http://www.census.gov/prod/ec02/.

许多经济学家认为高于 60 的集中率表明存在较严重的寡头，企业有相当大的市场势力，小于等于 40 的集中率表明较小的市场势力。可是，我们在使用集中率时一定要小心。虽然它是有用的市场势力指标，但它不是完美的。需要注意以下几点。

第一点是集中率的统计只是基于国内的生产而排除了国外的竞争。一些产业面临进口品的强大竞争。美国的汽车产业就是一个例子。虽然美国国内只有三家主要的汽车公司，但进口品占据了汽车市场的很大份额。因而美国汽车市场的竞争比表中 76 的集中率所体现的更激烈。因为美国产业面临着日益激烈的全球化竞争，所以美国的集中率往往夸大了市场势力。

第二点是表 6—1 中的集中率统计了整个国家的产业，但许多市场实际上是地区性的。就拿冰激凌和冷冻甜品来说，48 的集中率低估了一些当地市场的市场势力。（当然，我们也可能更乐意花更高的价钱去买布里奇曼的覆盆子软糖蛋糕冰激凌而并不把它看成一个严重的问题。）这个问题在其他产品上表现得更显著，比如报纸。即使从整个国家角度来说报纸的市场势力很小，但因为大多数城市只有一种或两种当地报纸，所以这些小报纸比表中集中率所表示的有更大的市场势力，尤其在影响公众对当今事件的看法方面。

这些问题不意味着集中率作为市场势力的估计是无用的。虽然它不够完美，但它是有意义的。它应该被谨慎地使用，并且在必要的时候要调整以适应市场的现实。同时记住范围更广泛的产品（比如食品）比范围更窄的产品（比如冰激凌）有更小的集中率。这是因为有很多企业生产食品，而很少企业生产冰激凌（甚至有更少的企业生产布里奇曼的覆盆子软糖蛋糕冰激凌）。

进入壁垒

一些市场被几个大企业主宰的最重要原因是市场存在进入壁垒，就像垄断的情况。所以新企业认为很难与原有企业竞争。进入壁垒是目前企业市场势力的来源，也是集中市场能够长久保持集中的原因。

下面我们考虑几种常见的进入壁垒。

规模经济

规模经济：大量产品能以比少量产品更低的价格生产的情况。

一些市场存在**规模经济**，这是第一种进入壁垒。这意味着大量产品比少量产品能以更低的价格生产。例如，一个面包店能以每个面包 1 美元的价格生产 100 个面包，或者以每个面包 0.50 美元的价格生产 1 000 个面包。规模经济的产生是由于生产产品的技术，以及劳动力的组织者和生产者能从更大量的原料上得到更多折扣。在面包店的这种情况下，与购买 10 磅面粉（足够生产少量面包）相比，也许公司能以更低的单价购买 100 磅面粉（用来生产大量面包）。同样，面包店也许会组织工人进行流水线作业，这比让每个工人生产一整个面包更有效率，但这只对于生产大量面包来说可行。例如，一个生产大量面包的面包店会让一个工人和面，另外一个工人烘焙，还有一个工人负责切面包和包装。而小面包店是不能同时有效地利用多个工人的。

面包店的例子阐明了规模经济的思想，而当我们考虑像汽车、钢铁、铝和飞机这样的产业时，这个问题就显得更加重要。汽车制造商只有大规模生产时才能将每辆车的成本控制得很低。如果公司生产的汽车相对较少，生产每辆汽车的成本就会极高。在这种市场里，小公司是不可能成长起来的。如果一个新公司进入市场生产少量汽车，它没有能力与已经大规模生产的公司竞争。从小规模开始会导致失败，而不是壮大。这个教训可以从过去 45 年间想进入汽车市场的大量公司中得出。考虑布里克林（Bricklin）汽车和德罗宁（Delorean）汽车试图进入跑车市场这一例子。虽然它们都是很棒的汽车，但它们最终都失败了，因为它们不能和一些大公司保持同样低的成本。

特许经营权

自然垄断：存在显著的规模经济的市场。

特许经营权：政府（通常是当地政府）允许垄断企业存在。（经常还伴随着政府管制。）

第二种进入壁垒是特许经营权，这经常是在**自然垄断**的情况下，并存在广泛的规模经济时，由政府参与并允许一家企业垄断市场。在这种情况下，政府会介入并授予一个生产商特许经营权。**特许经营权**给予公司在一个特定的区域内单独经营的权利。因为企业获得了特许经营权，所以该企业通常也被政府机构管制，从而保证消费者从大规模的生产中获得利益。被管制的自然垄断的例子有当地的电话公司、天然气公司和电力公司。如果在这些市场中规模经济真的很显著，特许经营权的授予就仅仅是承认其必然性。市场可能存在也可能不存在政府的干预，但至少管制保护了消费者的利益。然而，特许经营权也充当了进入市场的壁垒，因为新的企业不能合法地进入市场。将管制强加于本来有潜力成为竞争性市场的自然垄断市场时，问题就发生了。在这种情况下，管制是产业内垄断力量产生的根源，与竞争性市场相比，结果是无效率的。

垄断资源

企业对生产产品所需的重要原材料的控制会成为第三种进入壁垒，因为新的企业得不到原材料开始进行生产。考虑制铝工业的例子。生产铝最重要的原材料是矾土。刚开始生产铝的时候，美国制铝公司（Alcoa）垄断了矾土的市场，因而它能长时间垄断铝的生产。

专利

> **专利**：政府允许的在一段时间内使用或销售新科技或新产品的独享权利。

第四种壁垒是许多产品受到专利保护，这充当了一种进入壁垒。**专利**是政府授予发明者的有限期限内的垄断权。政府给新产品和新生产过程授予专利权，进而促进创新和发明。毕竟企业在研发新产品的过程中付出了成本。如果不能保证企业获得新发明的好处，而它的竞争者又会紧跟着生产这种新产品，企业又怎么会再投钱进行研发呢？当一个企业拥有产品的专利权时，它能通过对生产类似产品的企业提起侵权诉讼来保护自己的利益。虽然专利确实鼓励发明，但它也从三个方面加大了市场势力的发展：（1）专利的拥有者会在很长一段时间内成为产品的唯一生产者。专利会使消费者认为专利拥有者的产品是最好的，即使在专利权到期而其他企业合法生产这种产品后，曾经拥有专利权的公司也有很大的竞争优势。（2）专利会被滥用。企业有时会申请并拥有一些没有使用目的的专利权。换句话说，它们通过申请比产品自身专利更多的专利权来阻止其他企业生产类似的产品。只有大约一半的专利是正常使用的。（3）过度用侵权诉讼来保护专利权的惯例阻止了潜在竞争者生产相似替代品。

产品异质性

> **产品异质性**：一个企业的产品和另一个企业的产品不同或者优于同类产品的现象。

第五，产品经常是不同的，产品异质性也是新企业的一种进入壁垒。**产品异质性**是消费者将一种产品区别于另一种产品的特性。这种差别可能是类型、质量、颜色或者味道的真实差别，也可能仅仅是品牌和广告导致的虚假区别。一个很好的例子是家用洗衣剂，它本质上就是次氯酸钠的作用物，尽管如此，高乐氏公司多年来统治着美国清洁市场，并且产品价格比其他品牌产品的高，因为许多消费者深信高乐氏的产品比市场上其他品牌产品更好。产品异质性能够作为进入壁垒的原因是新企业必须花费大量的预算做广告，与同市场上的已有品牌企业竞争，这笔支出对于新企业来说成本高昂，以至于难以进入该市场。

类似的产品还有手机等。

许可证

第六，政府要求一些行业的新进入者在从事专业交易时要具有相应的资格许可证，例如牙医、律师、美容师、理发师、殡仪师等。许可证认证就是通过考试来确保能力的最低水平，其原因显而易见，但同时也限制了一些领域的进入。

已有企业行为

第七，已有企业行为同样阻止新企业进入市场。例如，市场上已有企业可以偶尔降低产品价格，这样一来，新进入企业不得不同样降低价格来和已有企业竞争，问题是：已有企业能够承受暂时的价格战，但是新进入企业或者想要进入的企业则不能，这样就可以将其驱逐出市场或阻止其进入。

一个例子就是烟草行业，在 20 世纪 30 年代，美国有三家大型烟草公司，在国内拥有 90% 的市场销售，许多地方的小烟草公司只在当地销售，当其中一家小公司打算扩大销量时，三个巨头就会采取报复措施，生产无商标的香烟并以非常低的价格销售，历史上这种掠夺性竞争下的市场对新加入企业来说是没有吸引力的。你能想到其他通过暂时的价格战来将企业驱逐出市场的例子吗？（比如你是否注意到美国的油价大战，所有的加油站都暂时降低当地油价，这样能否成功地减少竞争？）

这七种进入壁垒使得市场在一段时间内非常集中，因为一个行业的企业数量较少且规模较大，它们可以控制市场的供给，从而可以比竞争性市场收取更高的价格。它们拥有市场势力。

市场势力的内涵

我们已经讨论了市场势力的效果，公司将收取更高的价格，生产较少的数量，获得更多的收入。图 6-3 对比了竞争市场和垄断市场下长途电话服务的价格、产出和收益水平。假设最初市场上有许多同样规模的企业，市场是充分竞争的，供给曲线 S_c 表示所有企业提供的服务总和，需求曲线和供给曲线的交点表明竞争条件下的均衡价格是每次长途通话 1.5 美元，均衡数量是 1 200 次长途通话（为了简化，假设每次通话收取同样的费用）。另外，假设只有一家企业提供长途电话服务，我们没有画出垄断市场供给曲线，而是仅仅用需求曲线上的某点来显示垄断厂商愿意提供的数量，例如当数量是 1 000 次长途电话通话时，图中对应的价格为每次长途电话通话2美元。

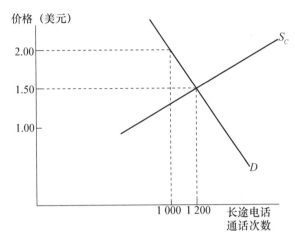

图6-3 竞争市场与垄断市场下的产出、价格和收益

注意，垄断市场比竞争市场的产出低，而价格和收益更高。

注意，竞争条件下的收益等于价格乘以数量：1.5美元×1 200＝1 800美元，然而，垄断条件下的收益是2美元×1 000＝2 000美元。既然垄断市场生产更少数量的产品，总生产成本应该更低，那么利润就会更高。（可参见本章附录关于弹性条件的论述。）

除了影响价格、产出和利润，市场势力和集中度还经常导致串谋、无效率和价格歧视。我们接下来讨论这些现象。

串谋

<u>**串谋：操控价格。**</u>　　　　**串谋**是指企业联合起来控制整个市场供给从而获得更高价格的一种价格操控行为。如果想要达到这个效果，市场上所有的企业必须合作，如果有一些企业想要收取更高的价格而另一些企业并不配合，那么消费者只要去收取低价的企业那里购买就可以了，这样就无法形成串谋。因此，串谋更容易在企业数量相对较少且有较高进入壁垒的市场中形成。

<u>**卡特尔：一群生产厂商意图操控价格。**</u>　串谋有卡特尔协议和价格领导两种类型，**卡特尔**是一群生产厂商之间有明确的协议来限制产出、控制价格，使得价格比竞争条件下的要高。你们可能比较熟悉的卡特尔组织是欧佩克（OPEC），它由世界上13个最大的石油生产国组成，以及DeBeers钻石卡特尔，它控制了全世界的钻石供给。此外，被视为"电气公司串谋"的卡特尔非法组

织由 29 个电气公司组成，由该行业的巨头通用电气和西屋电气控制，在美国存在了很多年。1961 年，通用电气、西屋电气和其他电气设备制造商共同策划操控价格，当时的重型电气设备由几个公司轮流出价，这个价格是先前由卡特尔组织协商好的并且看似是行业中的低价格，实质上则是处于较高水平的价格，串通者们设计了巧妙的程序来协调竞标，这就是美国长达 25 年的重型电气设备领域的串谋。

价格领导是串谋更微妙的形式，当市场上的企业不都同意串谋，但是它们意识到收取相似的价格并且限制产出以保持高价可以保证它们的最大利益时，其中一个企业作为价格领导者，其他企业随着领导者的价格变化来调整它们的价格。美国烟草公司是烟草行业的长期价格领导者，美国家乐氏公司是谷类早餐行业的价格领导者，坎贝尔公司是罐头汤行业的价格领导者，通用汽车是汽车行业的价格领导者。（顺便说一下，美国汽车行业建立的长期价格领导机制在 20 世纪 80 年代瓦解，因为该行业要和市场展开激烈竞争。）

正如你所知，串谋是违法的，而且事实上，公司组成卡特尔要接受严重的处罚，例如上面例子中的"电气公司串谋"案，根据反垄断法，通用电气公司的许多高管因此遭受了牢狱之灾。美国反垄断系统对于反卡特尔非常有效，但遗憾的是，该系统对于反价格领导是无效的，没有足够的证据证明企业正式联合起来串谋，指控它们操控价格几乎是不可能的。

无效率

市场势力的第二个问题是企业在相对集中的市场比在竞争性市场更容易低效率，竞争厂商必须最小化生产成本以在市场中生存，但是在集中市场，由于受到进入壁垒的保护，厂商缺少竞争动力。安全滋生惰性，生产成本增加。美国卡特彼勒拖拉机公司是该行业的领军企业，20 世纪 80 年代初突然遭遇日本企业竞争时，该公司发现可以削减超过 20% 的生产成本。同样，在 20 世纪 70 年代末，美国汽车行业受到外国的竞争包围时，通用、福特、克莱斯勒等公司可以削减20% ~ 30% 的成本。类似地，在 20 世纪 60 年代，美国哈雷-戴维森摩托车公司遭遇日本竞争时，首先想到的是进口关税的保护，直到 1988 年才取消该行业的进口关税。1988 年后，哈雷-戴维森摩托车公司减少了三分之二的存货，劳动生产率提高了 50%，产品返修率降低了 70%。当你阅读这些例子时，《华尔街日报》等商业周刊已经由之前围绕大企业进行报道，转向更关注如何成功降低成本等内容，正是竞争迫使这些龙头企业削减成本。无论是国内竞争还是国际竞争，都会提高效率并使消费者受益。

价格歧视

> **价格歧视：对不同的购买人群收取不同的价格。**

市场势力的另一个结果就是导致**价格歧视**，对不同的购买人群收取不同的价格，这种价格不同并不是由于成本不同。企业收取"市场能够承受"的价格，不同的市场分割导致了不同的价格。价格歧视对厂商来说是有利的，但是这只对那些有价格决定权的厂商而言是有利的。在美国，价格歧视现象非常普遍。

让我们举一些例子，首先是具有悠久的价格歧视历史的汽车行业，正如你所知，美国汽车行业生产各种各样的汽车，从经济实用型到奢侈豪华型，因为小型汽车购买者相对于凯迪拉克的购买者而言对于汽车的价格更敏感，因此汽车行业在小型车成本上的加价率即利润比较低。在这里，不同类型汽车的价格差异不仅反映了成本差异，同时也反映了市场购买者承受能力的差异。

汽车行业的另一个问题就是零部件和配套设备，如果你的汽车需要一个新的零配件，没有这个零配件汽车就没法启动，那你一定不会特别在意这个零配件的价格。当你看到维修单费用时你可能会很气愤，但是如果你认为维修而不是废弃这辆汽车是值得的，那你就只能别无选择地支付相应费用。这种现象其实非常普遍，汽车行业并不是对修理配件进行价格歧视的唯一行业。

药品行业的产品通常受专利保护，使用各种价格歧视。最终，医院病人购买的药品的价格比零售商的进价要高得多，而零售商的进价要比美国退伍军人管理局购买的价格高得多，药品行业宣称，如此严重的价格歧视是由于包装成本不同以及销售给不同的群体。在 20 世纪 70 年代美国参议院调查发现，医院购买的药品的价格比退伍军人管理局购买的同样药品的价格高出三倍。你能想到其他近期的药品行业价格歧视的例子吗？你能想到其他价格歧视的例子吗？价格歧视在本章附录弹性问题中会进一步讨论。

降低市场势力的力量

市场势力导致的一些结果会损害消费者的利益，而竞争会使消费者受益。现在我们来考虑一下降低市场势力的力量。包括：（1）技术进步；（2）反垄断活动。

技术进步

技术是市场结构的主要推动力，规模经济是自然垄断的特征，但是技术进步的力量会改变它。例如电话行业，当信息由无线电传送时，电话行业具备规模经济，然而，由于光纤和微波传送技术具有较小的规模经济效应，改变了垄断的情形，尤其是曾经自然垄断的长途电话业务，现在已经是竞争性的业务。自从美国电话电报公司剥离了资产，大多数地区的消费者可以选择长途电话业务，大大降低了长途话费，现在手机行业的竞争是一个新的创新领域。

铁路也是具有明显市场势力的行业，在 19 世纪晚期和 20 世纪初期，技术进步导致了新的竞争，内燃机的发明和汽车、卡车、飞机的发展导致了铁路行业的内部竞争，虽然铁路运输曾经是美国的主导运输方式，但现在已慢慢衰退。

美国反垄断系统

> **反垄断**：美国制定法律并设立机构和法院系统来控制市场势力。
>
> **兼并**：两家企业合并为一家。

反垄断系统是用来打击市场势力的武器，包括议会通过的法律、管理这些法律的机构，以及法院系统。第一部联邦反垄断法在 1890 年执行，《谢尔曼法案》（Sherman Act）提出垄断和限制贸易的串谋是违法的。议会公布该法案将具体案件留给司法部门和法院来处理。随着时间的推移，法院机构在解释该法案方面存在困难，于是另一部更详细的法案通过了，这就是 1914 年的《克莱顿法案》（Clayton Act），包括很多指明"减少竞争"的活动非法的条例，并经历了几次修订。1950 年《塞勒-凯弗维尔反兼并法》（Celler-Kefauver Act）强化了反对会影响竞争的兼并行为的法律。

市场势力的程度

市场势力问题有多么严重？答案并不简单。学者们试图回答集中度是否增大的问题，一个经典的案例就是威廉·谢泼德（William Shepherd）基于 1939—1980 年的研究，他得出市场势力在 1939—1958 年下降，而且在 1958—1980 年又一次下降，他认为增加国际贸易、减少政府监管和各种政府反垄断活动可以增加竞争。

主要问题是：集中和市场势力在 1980 年后是否改变？一些因素包括国际贸易和信息革命降低了集中度，然而，用于反垄断的公共资源远低于里根总统时期的水平，根据美国反垄断机构，反垄断预算非常低，员工收入微薄。因此，该机构认为经济中的大部分行业更加集中，兼并活动自 1980 年以来比比皆是，集中度在很多行业都比较高。

市场势力的地区方面

沃尔玛是全球最大的私人企业，2005 年拥有 1 700 万名员工和获得 112 亿美元利润。批判者认为沃尔玛的商业运作是不道德的，只是一味追求企业利润最大化，不允许员工成立工会，不提供足够的医疗保险，不给女员工管理岗位，通过全球血汗工厂来生产产品以及用最低工资来雇用中国工人等，有很多其他大型超市也面临同样的指控。

批判者认为沃尔玛的价格优势可以将地方商店驱逐出市场，尽管消费者受益了，但是低价可能转化为其他成本，当地方商店退出时，沃尔玛就可以增加其市场势力。另一派观点认为沃尔玛实际上增加了竞争，并且降低了消费者支付的商品价格，你的观点是什么？

市场势力的国际方面

我们已经考虑了市场势力的一个方面，即国际贸易降低了行业集中度。例如，表 6-1 显示美国汽车行业集中率为 76，表明具有较高的市场集中度。如果没有进口汽车与国内厂商的竞争，市场集中度会更高。美国消费者可以购买丰田、沃尔沃、大众、马自达、起亚、劳斯莱斯等汽车，从而大大降低了福特、通用和克莱斯勒的市场势力。在第 5 章"国际贸易"中我们已经进行了更广泛的讨论。

贸易条件恶化：一国出口价值相对于进口价值减少。

市场势力在国际贸易方面的另一个影响就是大多数发展中国家经历的**贸易条件恶化**，即出口价值相对于进口价值减少，这使得这些国家难以获得所需的外汇，尽管有很多因素能解释发展中国家出口价值下降的原因，然而市场势力在解释进口价值相对增加方面是一个非常重要的因素。由于欧佩克这个石油输出国组织和西方石油公司的市场势力，许多发展中国家的石油进口价格攀升，这大大降低了发展中国家偿还国际债务的能力，迫使它们采取一些不可取的政策，这在第 5 章中已详细阐述。

最后，世界银行报道的数据也许能够帮助我们评估市场势力的大小，表 6-2 列举了美国，西欧、东欧国家，亚洲、非洲、拉丁美洲发展中国家，其中第 2 列数据显示了每个国家的中小企业数量，尽管不同国家的定义不同，这里的中小企业通常被定义为拥有少于 250 个员工的企业。但是该信息难以反映出市场势力大小，加上第 3 列中小企业雇用人数占总就业人数比重，可以评估竞争度或者集中度。例如西欧的德国和意大利，中小企业数量较多，并且中小企业雇用工人数量占总就业人数比重较高，可以反映出市场的较高竞争水平。如果中小企业数量较少，且中小企业就业人数比重较小，说明市场集中并存在市场势力，例如荷兰和挪威。在东欧，数据表明，波兰和捷克的市场集中度较小，在发展中国家，中国和墨西哥的市场集中度较小。在这些例子中，可能还有其他因素发挥作用，因此我们也不能仅通过表中数据马上得出结论。

表 6 - 2　　　　中小企业国际对比ª，企业数量和企业雇用人数占
　　　　　　　　总就业人数比重（2000—2004 年）ᵇ

国家	中小企业数量（家）	雇用人数占总就业人数比重（%）
美国	5 681 000	50
西欧		
丹麦	205 000	78
法国	2 971 000	63
德国	3 008 000	70
爱尔兰	97 000	72
意大利	4 486 000	73
荷兰	570 000	59
挪威	288 000	57
瑞典	868 000	39
瑞士	343 000	75
英国	4 352 000	40
东欧		
亚美尼亚	34 000	31
阿塞拜疆	21 000	5
捷克	2 351 000	62
拉脱维亚	33 000	37
立陶宛	56 000	71
摩尔多瓦	21 000	8
波兰	1 655 000	68
俄罗斯	8 441 000	49
塞尔维亚和黑山ᶜ	68 000	70
塔吉克斯坦	93 000	25
发展中国家		
孟加拉国	177 000	80
巴西	4 668 000	57
智利	700 000	95

续前表

国家	中小企业数量（家）	雇佣人数占总就业人数比重（%）
中国	2 511 0000	78
肯尼亚	22 000	74
马拉维	747 000	38
墨西哥	2 891 000	72
斯里兰卡	131 000	28
泰国	842 000	18
越南	60 000	86

a. 虽然定义根据国家不同有所区别，但一般指雇员数少于 250 人。

b. 最近可获得数据。

c. 2006 年，黑山从塞尔维亚中分离出去。

资料来源：The World Bank. World Development Indicators 2006. http://www.worldbank.org.

太大而不能倒？

我们注意到市场势力不一定等同于"规模大"。当一个市场集中度较高的行业规模太大时会不会撑破肚皮？事实上，这就是美国 2008—2009 年汽车行业发生的问题。

美国汽车行业的集中率是 76，表明通用、福特和克莱斯勒公司的市场势力较大。（尽管我们知道，外国竞争确实使得本国的市场势力有所下降。）"汽车危机"是由一系列事件引发的，有些问题是长期的，例如 2001 年以来的能源价格上涨问题（参见第 6 章），使得消费者开始考虑是否要购买皮卡车和大型运动型多功能车辆（SUV），这些对汽车厂商来说都是高利润产品。美国汽车行业有工会组织，和外国竞争对手相比支付给工人更高的工资、福利、医疗和养老金。因此美国公司倾向于生产上述大型汽车以便参与外国竞争。许多评论员认为美国的汽车产业相比于外国竞争者来说竞争力较差。2008 年美国次贷危机和由此转化的金融危机（第 3 章中有详细阐述）使得信贷紧缩、利率上涨，这导致消费者难以支付汽车费用，2009 年全球经济衰退降低了所有类型汽车的销售水平，导致汽车产业大幅下滑，新车库存积压，各种打折活动开始被用来吸引谨慎的消费者。

在这种情况下，美国汽车行业开始减产、裁员。于是经济衰退导致大量裁员，而裁员又反过来加剧了经济衰退。2009 年，克莱斯勒和通用汽车陷入破产，震惊了美国，汽车行业的失败带来了失业高潮，从而给美国民众带来了巨大痛苦。汽车行业就像之前的金融行业一样，被认为太大而不能倒。美国政府介入并帮助克莱斯勒和通用汽车走出困境，并且给福特提供信贷，相应地，政府要求通用汽车拆分成几部分，并且 CEO 被迫辞职。克莱斯勒公司被迫和意大利菲亚特汽车公司进行重组，重组会带来什么影响，让我们拭目以待。

最后的提醒

由大企业和具有市场势力的企业组成的市场会游说政府保护它们的利益，从而会降低监管、限制反垄断活动和进行贸易保护。所有这些可能导致更强大的市场势力。例如贸易保护，可能降低美国企业面临的竞争程度，从而提高现有行业的进入壁垒以及市场势力。不幸的是，不像大企业，消费者对政府政策没有那么大的影响力。在我们信奉的民主制度里，我们认为一个人的投票权力等同于其他每个人的投票权力，但事实上在寡头垄断企业游说和对竞选进行资助的情形下，这些企业具有更大的政治影响力。最近引起人们争论的领域是许多年前艾森豪威尔总统提到过的军事领域，在阿富汗战争和伊拉克战争背景下，美国哈里伯顿公司（Halliburton）和柏克德公司（Beehtel）两家能源公司与布什政府有紧密的联系，这使得人们不得不猜想其背后的利益是美国发动伊拉克战争的诱因。

观 点

保守派与自由派

两派经济学家对于市场势力、反垄断活动、经济监管的态度截然不同。保守主义者认为政府干预经济的角色应该受到限制，认为市场势力不是严重的问题，进入壁垒并不高，不足以消除竞争，此外，技术进步会侵害已有企业的垄断地位，因此没有必要反垄断或者进行经济监管。他们觉得政府的这些政策会导致市场无效率。

自由主义者（和一部分保守主义者）认为竞争产生效率，政府必须行动起来以减少市场势力对竞争的阻碍，他们支持反垄断政策和政府监管机构。

两派最大的差异就在于他们对兼并的态度。保守主义者认为任何由潜在竞争或技术进步导致的企业兼并会增加市场势力。自由主义者认为反垄断系统需要控制过度的市场势力，提出的任何兼并活动在通过之前必须进行严密的审议。

对于公共事业来说，自由主义者认为应该加以规范，保护消费者利益，然而保守主义者认为政府事实上通过授予公益事业企业特许经营权造成了垄断，也就是说垄断是因政府授权产生的，而不是规模经济引发自然垄断。因此，保守主义者认为经济监管和政府角色过大是无效率的根源。

在最近的经济和金融危机中，我们意识到监管不足是一个重要问题，于是毫无疑问将有更多的声音支持经济合理监管。

总 结

市场势力是指市场上只有几个大企业主导，这些企业受进入壁垒保护规避竞争，进入壁垒包括规模经济、特许经营权、重要原材料控制、专利、产品异质性、许可证和企业价格战等。集中度较高的行业里的企业能够通过限制产品供给量影响市场价格，从而带来更高的价格、更高的利润，但可获得的产品数量降低，引发低效、价格歧视、串谋、对政府政策的游说干预等现象发生。

阻止市场势力的发展和滥用的重要因素是技术进步、反垄断体系、对自然垄断的经济监管和进口竞争。我们的反垄断系统具有丰富的历史，包括反微软和美国 Ticketmaster 票务公司的诉讼。美国许多行业存在市场势力的原因可以总结如下：大规模兼并、高集中度和有限的政府反垄断活动。

中国的市场势力与国有企业

中国经济是"混合经济模式"，总的来讲指的是政府和市场两种力量共同发挥资源配置的功能和作用。市场机制是经济合理配置资源、按照比较优势发展的基础。政府参与资源配置，在中国经济转型的特殊背景下，发挥了重要作用。特别是它与中国渐进式改革方式和三重经济转型过程紧密契合，使中国经济在向市场化、工业化和全球化三重转型过程中，带来资源配置效率提高、工业结构改善和全要素生产率提高，据统计，从 20 世纪 70 年代晚期到 90 年代早期，与东亚其他新兴工业化国家的发展阶段相比，全要素生产率的提高可以解释中国在 1978—1995 年增长的 30% ~ 58%[1]。在这一进程中，政府和市场这两种力量能在很大程度上互补，共同发挥资源配置的功能，特别是政府在弥补市场功能不足以及改善经济发展的外部条件方面发挥了积极的作用，并且创造了中国制造业的比较优势，成为推动中国经济发展的关键。

混合经济的基础是所有制形式的混合。在中国，始终坚持和强调公有制为主体的制度结构基础，同时大力发展各种形式的非公有制。在宪法修订中明确公有制和非公有制经济都是社会主义经济的组成部分，非公有制经济获得了宪法地

---

[1] World Bank. China 2020：Development Challenges in the New Century. Washington D. C. ：The World Bank，1997.

位，这种具有中国特色的所有制结构提出是一个重大的理论创新。2013 年，中国共产党的十八届三中全会更加明确提出："积极发展混合所有制经济。"实践中，"混合所有制经济"还侧重和强调所有权的"混合"，即混合所有制经济是国有资本、集体资本、非公有资本等交叉持股、相互融合的经济形式，它的作用在于"有利于国有资本放大功能、保值增值、提高竞争力"，"有利于各种所有制资本取长补短、相互促进、共同发展"。因此，中国提出混合所有制经济理论创新及其循序渐进的发展和深化过程充分表明，发展混合所有制经济能更好发挥各类市场主体的作用、完善社会主义基本经济制度。从实践来看，混合所有制结构已经创造了国民共进的双赢效果。一个实证结果显示：截至 2012 年，中国三次产业经营性总资产约为 487.53 万亿元，其中公有制经济的资产规模是 258.39 万亿元，占 53%；第二、三产业非公有制经济占增加值和就业规模的比重分别为 67.59% 和 75.20%。这表明公有制资产仍占主体，而非公有制经济贡献占优。① 也可以说，这是中国经济转型下的高产出增长、持续的资本积累、制造业部门再分配和巨额国际收支顺差的独特优势。②。

政府投资，特别是对基础设施和其他公共产品方面的投资，对市场发育有着重要意义。根据斯密定理，分工和专业化是一国经济增长的源泉，而分工和专业化的提高，又受市场范围的限制，一国基础设施的投资和建设正有扩大市场范围的作用。由于企业在市场经济中不能自发协调解决外部性问题，若靠市场中的企业自发来投资，基础设施投资就会不足。③ 由国家和政府来承担，就会提高效率，满足经济需要。一些比较充分的实证研究证明，中国交通基础设施对区域经济增长的产出弹性值达到 0.05 ~ 0.07，表明其对中国区域经济增长具有显著正向促进作用④，并促进区域经济一体化和省际的贸易增加。⑤ 中国铁路客运交通能显著降低劳动力流动成本，使厂商可通过劳动密集生产技术减少中间品和资本投入；公路客运交通能产生规模效应促进要素投入。⑥ 由此可见，政府的基础设施投资不仅是短期刺激经济增长，从长期来看对市场发育也有极大的促进作用，从

---

① 裴长洪. 中国公有制主体地位的量化估算及其发展趋势. 中国社会科学，2014（1）.

② Lin J Y. New Structural Economics：A Framework for Rethinking Development and Policy. The World Bank publication，January，2012.

③ 林毅夫. 新结构经济学的要义. 企业家日报，2013-09-21.

④ 张学良. 中国交通基础设施促进了区域经济增长吗——兼论交通基础设施的空间溢出效应. 中国社会科学. 2012（03）：60-77 +206.

⑤ 刘生龙，胡鞍钢. 交通基础设施与中国区域经济一体化. 经济研究. 2011，46（03）：72-82.

⑥ 张光南，宋冉. 中国交通对"中国制造"的要素投入影响研究. 经济研究. 2013，48（07）：63-75.

这一点来讲，中国政府对基础设施和其他公共产品的投资是对市场功能的扶持和促进，而不是对市场功能的抑制和替代，即政府和市场两种力量共同发挥资源配置的功能与作用，是互补关系而非替代关系。此外，中国政府不是扶持性政府，这和东亚模式是有差别的，而是偏向市场化的主体，运用政治企业家模式，有竞争有开放。中国政府的行为基本上是市场化行为：掌握国有资产、金融资产等国有企业的经营，具有未来预见性，并构成超级市场经济国家，市场化的政府多了一个经营主体必然带来经济增长，这就是中国经济增长之谜。

不过，如上所述，中国对于政府和市场的边界还没有完全厘清，特别是在生产要素配置方面，政府对生产要素的定价和流向有较强的干预，由此带来了生产要素配置的扭曲，继而引发了一系列问题，如效率低下、腐败等。在一些行业和领域，政府存在过度监管，如行政审批，或监管不足问题，如生产安全、食品安全领域等，这说明政府在市场经济中的边界还没有确定。

案例一　受中国移动固网宽带影响，中国联通宽带业务受重压

2016 年中国联通发布的 11 月数据显示固网宽带用户本月净减少 7 万户，达 7 540.2 万户，是其宽带业务近几年罕见的净减少，这意味着中国移动发展固网宽带的策略正取得越来越强的竞争优势，对中国联通造成了严重的影响。

中国移动将固网宽带业务当作一个战略业务来抓，将铁通闪电间并入，在 2016 年首次公布其固网宽带用户数以来保持着每月超过 100 万的净增数，高居三家运营商之首。到了 10 月，中国移动以 7 551 万固网宽带用户数超过中国联通的 7 547.2 万户，成为国内第二大固网宽带运营商。

不过，10 月，中国联通还是获得了 42.2 万固网宽带用户净增的成绩，但是 11 月净减少 7 万却让人瞠目结舌，从净增到净减居然就在一个月内！

固网宽带用户出现下滑对中国联通来说是一个很不利的消息，2016 年前三季度其盈利为 15.88 亿元，同比暴跌 80.6%，而相对来说固网业务应该是一块较为优质的业务，这是从原中国电信拆分出来的北方十省固网业务，由于中国电信多年来的建设，具有相当好的基础，也正是因为这个基础，让中国移动自 2009 年以来虽然投入了千亿元计的资金依然难以追上，即使时至今日，在国际宽带出口、固网传输网络方面中国移动依然难以与中国联通相比。

中国移动竟然在固网宽带用户数方面超越了中国联通，而中国联通竟然在一个月内从净增数十万跌至净减 7 万，实在是让人难以置信。让外界不禁问，到底中国联通为何会出现如此的业绩改变？

假如未来中国联通的固网宽带用户继续流失，这必然会对中国联通的业绩造

成负面影响，对它希望扭转当下的净利润大幅下滑非常不利，因为固网宽带业务拥有一定的先占优势，也正是因为这个因素，让中国电信和中国联通难以在对方占优势的省份竞争，但是如今却被中国移动击破了。

固网宽带还有一个重要性，在于它也是4G网络的重要基础，我们经常谈到无线宽带100Mbps，然而这仅仅是无线空口的速度，要达到这样的速度还得有强大的光纤传输网络支持才能让用户真正获得100Mbps的下载速度，但是如果中国联通的固网宽带业务继续下滑，将导致中国联通再次陷入两面无法兼顾的局面。

在2G时代，中国联通出现了CDMA和GSM双网互搏的局面，3G时代则出现了GSM与WCDMA两张网难以兼顾的情况，在4G时代，其4G网络覆盖不如中国电信和中国移动，净增4G用户数和存量4G也不如另外两家运营商，就连本来占优势的固网宽带也被中国移动压一头，成为三家运营商最弱的，让人不胜唏嘘。

中国联通或许将希望放在混改了，希望通过引入外来资金改善自己当前债务高企的困况，引入外来人才增强自身的竞争力，但是如果业务下滑过快而混改时间较长，这将让它难以承受。

资料来源：中国投资资讯网，2017-01-05.

讨论和问题

1. 竞争性市场的特点是什么？真实世界有许多竞争性市场吗？
2. 市场势力的缺点是什么？（提示：讨论价格、产出、利润、价格歧视等。）
3. 进入壁垒是什么？为什么市场势力存在时一定有进入壁垒？
4. 讨论如下进入壁垒：a）规模经济；b）特许经营权；c）重要原材料控制；d）专利；e）产品异质性；f）许可证；g）企业价格战。讨论每一项的作用。
5. 你能想到你所在社区的价格战的例子吗？你知道你购买的哪些商品参与了价格战吗？
6. 除了正文中的例子，你知道哪些产品异质性的例子？尤其考虑一下你购买的产品。
7. 你能想到除了正文中讨论过的其他价格歧视的例子吗？航空公司商务舱和经济舱的例子呢？你能解释一下为何收费不同吗？
8. 你能解释为什么成年人和小孩的电影票价不同吗？要知道成年人和小孩都是坐一样的座位。

9. 关税和进口配额是如何侵害消费者和美国工人利益的?

10. 你对反垄断和经济监管持哪种态度?

11. 你知道大多数你支付的摇滚音乐会等门票费都落入美国 Ticketmaster 公司的腰包,你是否认为该公司使用市场势力收取过高的服务费? 消费者除了该公司是否有其他选择呢? 你知道哪些乐队不通过该公司来提供门票吗? 关于美国 Ticketmaster 公司的信息,可以参考维基百科 http://en. wikipedia. org/wiki/Ticket-master。

12. 打开司法部门反垄断法的主页 (http://www. usdoj. gov/atr),点击 "What's New"。列举上面提到的新案件。

13. 回到司法部门主页 (http://www. usdoj. gov/atr),找到关于反垄断或潜在的反竞争活动的文章,阅读有关报道。

14. 点击调查部门主页关于集中率的内容 (http://www. census. gov/epcd/www/concentration. html),你能发现本书提到的市场集中率数据吗? 找一个你感兴趣的市场,看看它是竞争性的还是集中性的。

15. 进入美国反垄断机构网站 (http://www. antitrustinstitute. org),这是华盛顿独立的非营利性机构,旨在确保美国和世界经济的竞争,阅读该组织的首页,你能说明这个组织是保守派的还是自由派的吗?

16. 谷歌 2006 年以 16 亿美元收购了 YouTube 播放软件,现在除了搜索引擎、Gmail、聊天室和其他应用程序软件,谷歌拥有广受欢迎的音频网页,这项购买对于市场势力和集中度意味着什么?

附录4 市场势力和弹性

让我们考虑一下需求弹性与市场势力的关系,有两个问题与弹性相关。

弹性和垄断利润

首先,既然垄断厂商供应没有替代品的唯一商品,那么需求是缺乏弹性的,因为消费者只有一种选择,要么支付高额的价格购买,要么不买。我们知道,当需求缺乏弹性时,价格变化并不怎么改变消费者购买商品的数量,垄断厂商就是利用这点来稍微降低一点产量,从而获得高很多的价格,这反映了相对陡峭的需求曲线(如本章图 6-2,这里重复画在图 6-4 中)。我们用价格乘以数量来计算收入,由于价格变量上升的比例更高,而数量变量下降的比例较低,因此垄断厂商可以通过减少产量来提高总收入。此外，降低产量还可以节约生产成本，事实上成本降低、收入增加使得垄断厂商能够获得更多的利润，如果需求不是缺乏弹性的，垄断厂商就不能通过降低产量来增加收入。

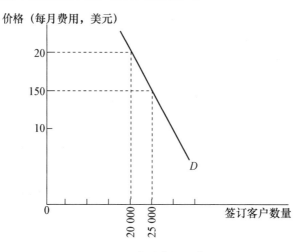

图 6-4　有线电视需求

因为有线电视公司的需求曲线是向下倾斜的，在每一数量水平上有一个确定的价格，当产出下降到20 000单位时，收入会增加。

弹性和价格歧视

我们再来考虑需求弹性和价格歧视之间的关系，回想价格歧视的含义，是指一个企业对不同的消费群体收取不同的价格。让我们回到长途电话服务的例子，假设只有两类消费群体，一类顾客是商人，必须经常在上班时间给客户打电话，他们除了打电话没有其他选择；另一类顾客是比较灵活的非商人群体，他们可以通过写信或者发送邮件来代替打电话。这两类不同消费者可以用需求弹性的方式加以解释。

第一类商人群体的需求弹性非常小，电话费上涨时商人也很难削减使用电话服务的数量。因此长途电话服务供应商可以通过提高价格的方式增加收入，因为收入等于价格乘以数量，价格提高幅度远远高于数量下降幅度，于是长途电话服务供应商可以通过提高价格来增加收入。

那么如果是第二类消费群体呢？由于他们可以有更多的选择来代替打长途电话，他们对价格比较敏感，且一旦电话费上涨，他们就会减少打电话的数量，针这类消费群体，长途电话服务供应商会通过降低电话收费来提高收入。这是因为需求是富有弹性的，人们增加消费数量的幅度远远高于价格下降的幅度，于是长途电话服务供应商的总收入增加。对两类不同的消费人群收取完全不同的价格，使得企业可以增加收入和利润。

当然，这个例子的前提条件必须得到满足，就是价格歧视发生在具有市场势力以及企业能将消费者依据需求弹性分割成不同类型的地方（否则，企业将不能改变价格）。长途电话服务供应商在上班时间收取较高的电话费用，而在夜晚和周末收取的费用较低。

还有许多针对价格歧视的例子，例如你能解释为什么航空公司对商务人士和游客制定不同的机票价格吗？（提示：用上面长途电话服务的例子中同样的原因来加以解释。）为什么电影院对成人和儿童收取不同的电影票价？在所有这些和其他例子中，具有市场势力的企业能够通过对需求弹性低的消费者提高价格来增加收入，同时通过对需求弹性高的消费者降低价格来增加收入。于是，采用价格歧视策略的企业可以增加总的收入和利润。

第7章框架图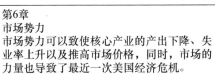

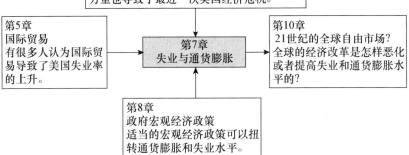

第6章
市场势力
市场势力可以致使核心产业的产出下降、失业率上升以及推高市场价格，同时，市场的力量也导致了最近一次美国经济危机。

第5章
国际贸易
有很多人认为国际贸易导致了美国失业率的上升。

第7章
失业与通货膨胀

第10章
21世纪的全球自由市场?
全球的经济改革是怎样恶化或者提高失业和通货膨胀水平的?

第8章
政府宏观经济政策
适当的宏观经济政策可以扭转通货膨胀和失业水平。

经济学工具箱

- 宏观经济
- 国内生产总值（GDP）
- 劳动力
- 劳动力参与率
- 失业率
- 丧志工人
- 摩擦性失业、结构性失业以及周期性失业
- 购买力

- 最低工资（最低限价）
- 通货膨胀
- 消费价格指数（CPI）
- 生活成本调整（COLA）
- 易货交易
- 恶性通货膨胀

- 充分就业

- 需求拉动型通货膨胀、成本推动型通货膨胀和利润推动型通货膨胀

第 7 章

失业与通货膨胀

> 我知道现在很多美国人正在翘首以待，相比其他问题，我们国家经济的状况正成为人们积聚担忧的焦点，现在的状况确实如此。如果你个人并没有亲身经历这场衰退，你可能通过你的朋友、邻居，或者你的家人而感知到这场衰退。你不需要了解关于我们经济的其他统计数据就能感受到这场衰退，因为你生活在此。这种担忧让你夜不能寐、寝食难安。那个你准备干到退休的工作，现在你却丢掉了；你用你的梦想打造的事业现在却命悬一线……这场衰退的影响是真实的，而且无处不在。
>
> ——奥巴马总统在国会两院联席会议上的致辞，2009 年 2 月 24 日

非常不幸的是，奥巴马总统在衰退中开始他的总统生涯，这场衰退始于 2007 年年末并一直持续到 2009 年，他在联席会议上的陈述是正确的——当经济处于危机时，我们无须通过统计数据来告知我们衰退。我们通过自己以及亲朋好友的处境感受到了危机的存在。然而，我们也确实需要这些数据，通过它们告诉我们其中的经济含义。

如果你是一个 20 岁左右的传统学生，那么直至现在你一直生活在一个相对健康的经济环境中。大幅度的临时裁员和生产线解雇就好比天方夜谭。或许你的祖父母经历了 20 世纪 30 年代的大萧条，当你询问他们关于大萧条的时候，你会得知超过四分之一的人在那场危机中找不到工作，以及长长的待分配救济品队伍和省吃俭用的生活。尽管生活状况相对以前大有改观，但是也许现在你的祖父母仍然保持着当年勤俭的作风，舍不得丢掉任何物品。苦难时期的教训是很难抹

去的。

也许你的父母对 20 世纪 70 年代的通货膨胀记忆犹新，在这个时期，能源价格突飞猛进，但是加油站依然排着长长的队伍。或者你的父母会记得 1981—1982 年的经济衰退，当里根总统和联邦储备系统致使通货膨胀失去控制后，当时的失业率达到了大萧条后的最高值而且接近于这次衰退。也许你甚至可以记起 20 世纪 90 年代初高于正常水平的失业，那时工作机会越来越稀少，但是排队寻找工作的人却越来越多，同样的情形在 21 世纪的头几年也曾出现过。

一个健康的经济对我们到底意味着什么？它对于你寻找一份满意的工作和作为一名普通的消费者的消费习惯又意味着什么？另外，更重要的是，这种健康的状态在下次危机来临前又能保持多久？

宏观经济

> **宏观经济**：整个经济。

我们重新回到第 1 章，当我们制定相应的政策来控制失业和通货膨胀时，我们学到的就是**宏观经济**。实际上，宏观经济是对整个经济的探索。在开始的章节中，我们已经考虑了像医疗保险、住房和农产品这样的私人市场。研究整个经济中的私人市场就是宏观经济学的一部分。有些经济学家认为，如果把微观经济学的学习比作一棵树，那么宏观经济学就是整片森林。我们探索的是同样的经济，但微观经济是从个体的角度来看，而宏观经济是从整体的角度来看。

> **宏观经济学**：对整个经济的探讨。
>
> **国内生产总值（GDP）**：整个经济的总产出。
>
> **微观经济学**：对整个经济中单个部分的研究。

我们对玉米和小麦的产出以及这些农产品价格是怎样变动的感兴趣。**在宏观经济学中，我们关心的是整个经济的总产出（即国内生产总值或者 GDP）以及所有这些产出的平均价格是怎样变动的**。我们定义的通货膨胀也是指平均价格的上升。尽管任何单个市场中的失业是与该市场的产出紧密相连的，在宏观经济学中我们更关心整个经济的失业水平，而该失业水平与整个经济的产出有关。

此外，需要注意的是，在本章的开头我们提到了衰退这个词，这个词语将会贯穿本章而且将在下一章更加详细地讨论。现在，让我们把衰退仅当作一个国家产出的下降，并且会导致生产产出的工人数量的下降。

失 业

让我们首先以与失业有关的话题来开始我们宏观经济学的学习，为了更好地理解这一点，我们需要明白劳动力与劳动力参与率的概念。

劳动力参与率

劳动力：所有 16 岁及 16 岁以上正在通过工作获得报酬或正在寻找工作的人。

劳动力是指所有 16 岁及 16 岁以上正在通过工作获得报酬以及正在努力寻找工作的人。用几分钟思考一下这个定义，我们可以清晰地感受到，劳动力参与率这个概念不仅仅是指那些正在工作的人，也包括那些愿意工作以及正在寻找工作的人。我们又常常把劳动力等同于工人总数，它代表着那些对参与工作感兴趣的人。

相反，哪些人不属于劳动力呢？很明显，不包括孩子，也不包括那些已经退休的人员，不愿意离开家出去工作的全职家庭主妇，正在接受全职教育而没有意愿去工作获得报酬的学生，受到制度限制的人（比如在监狱和精神病院的人），以及其他没有真正寻找工作的人。因此，很明显，劳动力是总人口的一个子集。

为什么劳动力的概念如此重要？首先，该概念验证了我们的劳动力资源中可用于参与国民生产的人员的数量，也反映了社会的发展趋势和公民的态度。比如，在 20 世纪50—60 年代，许多妇女不愿意离开家从事工作。实际上，社会上的大多数人都认为妇女应该待在家里，而不是作为劳动力的一员。这种态度在早期的战争年代和最近的这些年不再流行。人们对青少年的工作习性、单亲妈妈甚至新生儿父亲的态度都发生了改变，财政需求提升了许多大学生通过兼职工作来供养自己的可能性。

"妈妈工人"的现象非常有意思。在 20 世纪 60 年代初，大约只有四分之一的已婚妈妈离开家外出工作，然而有超过一半的单亲妈妈选择外出工作。在接下来的一二十年里，已婚妈妈外出工作的比例急剧攀升，但是单亲妈妈外出工作的比例仍然没有大的改变。但是到了 20 世纪 80 年代中期，外出工作的已婚妈妈的比例已经超过了单亲妈妈，而且到了 20 世纪 90 年代后期，几乎三分之二的已婚妈妈都外出工作。[1] 那么你认为什么原因造成了这样的趋势呢？

---

[1] Ellwood D T. Anti-Poverty Policy for Families in the Next Century：From Welfare to Worköand Worries. Journal of Economic Perspectives，2000，14（1）：187-198．

<table>
<tr><td>劳动力参与率: 劳动力人口总数与总人口中 16 岁及 16 岁以上人口的比率。</td><td>劳动力参与率是劳动力人口占年龄在 16 岁及 16 岁以上总人口的比例。它的计算公式是劳动力人口数除以 16 岁及 16 岁以上总人口数。**我们可以认为劳动力参与率是真正有意愿工作的所有的"成年人"**。表 7 - 1 展示了在 1964 年</td></tr>
</table>

和 2008 年，美国男性劳动力和女性劳动力的参与率，其中包括各自的参与率和联合的参与率。总的来说，劳动力参与率自 1964 年以后呈上升趋势，然而需要注意的是，为什么男性劳动力参与率实际上下降了，而女性劳动力参与率却急剧上升，尽管男性劳动力参与率仍然远远高于女性劳动力参与率。

表 7 - 1　美国男性和女性的劳动力参与率，各自的参与率和联合的参与率（1964 年和 2008 年，%）

年份	男性	女性	男性和女性
1964	81	39	59
2008	73	60	66

资料来源: U. S. Department of Commerce, Bureau of Labor Statistics, http://www.bls.gov.

我们也可以比较世界上男性和女性的劳动力参与率。表 7 - 2 展示了来自非洲、亚洲、拉丁美洲、东欧、西欧和北美的数据。值得注意的是，除了布隆迪之外，其他所有国家的男性劳动力参与率都高于女性劳动力参与率。然而，由于女性的许多工作都是没有回报的，因此关于她们的劳动都没有在这张表中得以体现，这种现象在许多发展中国家确实大量存在。在发展中国家，女性不仅烹调食物而且种植农作物；不仅清洁房屋而且对其进行修补；不仅洗衣服而且自己制作衣服。同时需要注意的是，在像埃及、伊朗和沙特阿拉伯这样的伊斯兰国家，女性是禁止进入有报酬的劳动力市场的。你能解释表 7 - 2 中不同国家间的其他差异吗？

表 7 - 2　劳动力参与率[a]，不同地区、国家和性别间的劳动力参与率（2007 年，%）

	男性	女性		男性	女性
非洲			**东欧**		
布隆迪	90	90	阿塞拜疆	71	60
埃及	71	24	俄罗斯	69	57
埃塞俄比亚	91	80	塔吉克斯坦	67	59
南非	60	47	**西欧**		
亚洲			爱尔兰	73	73
中国	80	71	挪威	71	62
伊朗	75	32	英国	70	56

续前表

	男性	女性		男性	女性
日本	72	48	**北美**		
沙特阿拉伯	80	19	加拿大	73	63
新加坡	76	54	墨西哥	80	41
拉丁美洲			美国	72	59
阿根廷	76	50			
巴西	82	60			
哥斯达黎加	79	43			
海地	83	39			

a. 指 15 岁及 15 岁以上的人。

资料来源：World Bank. World Development Indicators 2009. Washington D. C.：World Bank，2009.

因为这些选取的国家在世界上的不同地区不具有很高的代表性，因此我们无法就这个样本做一个地区间的总结。此外，我们必须对这些数据的解释持谨慎意见，因为发展中国家的许多人在非正规的劳动力市场工作，从而不能像正规的聘用单位一样得到可靠的计量。然而，我们确实看到了劳动力参与率的巨大差异性，就像沙特阿拉伯 19% 的女性劳动力参与率与埃塞俄比亚 91% 的男性劳动力参与率。

失业率

问问你的朋友，他们觉得失业率是怎样计算出来的。除非他们已经学习了一门经济学课程，否则他们一定会结结巴巴地回答你的问题，然后他们会做一些关于那些没有工作的人的模糊陈述。遗憾的是，这种答案不适用于经济学分析。

失业率：没有被雇用的劳动力所占的比例。

失业率是指那些没有被雇用的劳动力所占的比例。失业率的计算公式如下：

$$失业率 = \frac{失业人口数}{劳动力总人口数}$$

未被雇用的人：一个已经年满 16 岁或者年龄大于 16 岁并且在真正寻找工作，但是却找不到工作的人。

到底什么样的人是**未被雇用的人**呢？首先这个人必须是劳动力。就像你所知的，美国对劳动力的定义是指那些 16 岁及 16 岁以上的正在通过工作获取报酬的人以及那些 16 岁及 16 岁以上的正在努力寻找工作的人，后者就是未被雇用的人。

短暂思考一下这个定义，你会发现有一些人既不属于分子的范畴，也不属于分母的范畴。**那些可被归类到失业人口中的人仅仅是指正在努力寻找工作的人。**

这就是说，他们必须正在回应招聘广告，发出简历，忙于参加各种工作面试，或者正在做为了找到工作而需要做的其他事情。因此，全职的家庭主妇和没有寻找有酬工作的学生都不可以归类为未被雇用人群。（也不包括孩子、退休人群、志愿工作者、身处监狱或者精神病院的人以及那些仅仅是没有意愿工作的人。）

因为劳动力市场是由已经被雇用的人和未被雇用的人组成的，这样看起来劳动力似乎等同于总人口。事实当然不是这样的，我们需要牢记的是所有的家庭主妇、学生、退休群体、孩子等等，这些人被排除在失业率计算公式之外，即这些人既未算在分子中，也未算在分母中。你的祖母和四分之一的邻居中的全职妈妈是不属于未被雇用人群的，她们不是劳动力的一部分。同样你和其他同学如果都没有工作或者没有正在寻找有酬劳的工作，那么你们也都不属于这一范畴。

失业数据

国家的失业率是什么？现在的失业率已经高于我们预期的失业率，那么多高的失业率数据被认为过高，多低的失业率数据被认为过低呢？现有的数据与最近一期相比是怎样的？在我们的经济中是否所有的人都面临着失业的风险？你失业的可能性有多大？

国家失业率

让我们首先用美国最近几年的失业数据来回答上面问题的答案，如表 7-3 所示。

表 7-3　　美国的失业率（1960—2009 年选取的年份,%）[a]

年份	失业率	年份	失业率
1960	5.5	1995	5.6
1965	4.5	2000	4.0
1970	4.9	2001	4.7
1975	8.5	2002	5.8
1980	7.1	2003	6.0
1981	7.6	2004	5.5
1982	9.7	2005	5.1
1983	9.6	2006	4.6
1984	7.5	2007	4.6
1985	7.2	2008	5.8
1990	5.6	2009	9.3
1992	7.5		

a. 2000 年以后的数据与早期的数据不具有严格的可比性。
资料来源：U. S. Department of Commerce, Bureau of Labor Statistics, http://www.bls.gov.

在表 7－3 中，我们注意到，2000 年的失业率水平相比历史水平格外地低，这种空前的低水平失业率甚至难以想象地比 20 世纪 60 年代经济处于繁荣的年份都要低，更不用提诸如 1975 年、1981—1984 年和 1992 年这些时期的高失业率了。2000 年相对低的失业率是与从 1992 年开始的美国经济平稳扩张息息相关的。从 2001 年开始，失业率平稳上升到 2003 年，然后平稳下滑直至 2008 年。在 2009 年，失业率达到了令人震惊的 9.3％。2008 年与 2009 年失业率的上升反映了从 2007 年年底开始的经济衰退，我们这里简短地考虑一下衰退问题。图 7－1 更加直观地展现了自 2000 年以来到 2009 年美国失业率的变化，我们注意到 2003—2007 年，失业率处于下降阶段，但是 2008 年失业率开始攀升。

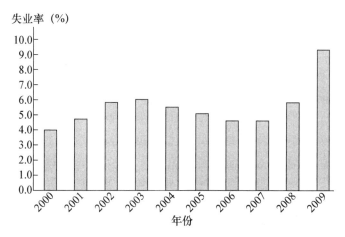

图 7－1　2000 年以来失业率水平的变化（基于表 7－3 的数据）

所选不同群体的失业率

就如表 7－3 中国家失业率所显示的那样，普通群体的相对失业率对一个国家的政策至关重要。表 7－4 给出了 2008 年的这些数据（2009 年的分解数据暂时还得不到）。在这些月份里，国家的平均失业率是 5.8％，我们可以将这一数据作为基准来衡量不同群体的失业率水平。

首先，值得注意的是，男性的失业率是高于女性的失业率的。当然，不总是出现这种情况。实际上，一些经济学家认为，在经济处于衰退期间和之后的一段时间，女性的失业率是低于男性的失业率的。他们解释说："丧志工人"（discouraged workers）这一现象的存在只是暂时的。不管怎样，可能某一年份男性的失业率略高，然而下一年可能女性的失业率又略高。牢牢记住我们对雇用人群的分类，即正在努力寻找工作机会的人。因此，任一没有外出寻求雇用的全职家庭主妇都不包括在未被雇用人群的统计数据中。

表 7-4　　　　　　美国不同群体的失业率水平（2008 年, %）

群体	失业率
国家	5.8
男性	6.1
女性	5.4
16～19 岁的青年人	18.7
白人	5.2
非洲裔美国人	10.1
亚洲裔美国人	4.0
拉美裔美国人	7.6

资料来源：U. S. Department of Commerce, Bureau of Labor Statistics, http://www.bls.gov.

其次，注意比国家的平均水平高出约两倍的青年人的失业率。年复一年，这一年轻群体一直是所有群体中失业率最高的。青年人找不到工作的部分原因是他们缺乏一个被雇用者应该具有的教育、技巧和经验。

最后，注意白人的失业率显著低于国家的平均水平以及远远低于非洲裔美国人和拉美裔美国人失业率的平均水平。非洲裔美国人的失业率通常是白人的两倍，而拉美裔美国人的失业率在白人的失业率与非洲裔美国人的失业率之间。这里，我们再次重申，我们所称的失业人群仅仅是指那些正在努力寻找工作机会的人。很明显，失业的压力对于不同的群体而言不是天生相同的。**尽管有许多原因来解释不同种族和民族的人不同的失业率，但这些数据告诉我们，在第 5 章讨论的机会平等和积极行动的政策是非常重要的。**

测量失业率的问题

官方失业率让我们对经济是怎样运行的有了一个粗略的了解。我们相信如果失业率下降，那么经济就运行良好，但是测量的问题可能导致通过官方数据来理解失业的经济困难。

许多经济学家相信失业率低估了经济困难的真实程度，低估的原因主要有两个：第一，一个只从事有酬劳的兼职工作的人被认为已经被雇用。尽管很多人宁愿从事兼职工作，但其他的许多人宁愿从事全职工作，并且需要全职工作来供养他们的家庭。当后者只能找到兼职工作的时候，即使这些人在官方分类中被归类为已经受到雇用，但是他们正在经历经济的困难时期。

丧志工人： 一个有意愿工作的人，由于在寻找工作过程中饱受打击，以致不再寻找工作。

第二，那些想从事工作和实际上正在寻找工作的人在他们的寻找过程中感到如此的挫败，以致他们不得不放弃寻找工作。在许多方面，这些"**丧志工人**"可能是受到失业打击最严重的一个群体，而且他们只要开始停止真正寻找工作，他们就不再拖失业数据的后腿。当经济处于萧条阶段时，丧志工人的数目开始增加，对失业的低估也就会更加严重。在 20 世纪 30 年代的大萧条时期，官方统计的失业率达到了 24.9%。许多经济学家相信如果把那些丧志工人也计算在内，那么失业率会更高。

我们已经提到，在衰退期及衰退过后的一段时间，女性的失业率常常低于男性的失业率。这就是在只有有限的工作机会的时候会发生的情形——越来越多的妇女开始"丧志"并离开劳动力市场。这就意味着即使妇女在劳动力市场可能面临着更多的困难，她们的实际失业率却可能低于男性的失业率。

经济学家相信对失业率衡量的失误可能导致严重的衍生灾难。首先，许多宏观经济政策的制定是基于失业率的，那么一旦失业率被低估，政策制定者可能低估问题的严重性而制定不足以解决问题的对策。其次，我们经济的变化对官方失业率有一个误导性的影响。比如，当经济衰退时，许多人由于找不到工作而不得不放弃寻找工作，之后他们完全从失业统计中漏出来，因为他们不再被归类为未被雇用群体。因此，由于这些工人在现有的统计数据中被忽略了，官方失业率可能随着经济环境的恶化而不断下降。

失业的影响

个人影响

失业对单个劳动者及其家庭的影响是显而易见的。当家里的顶梁柱丧失工作后，显然这个家庭的收入就会下降。**许多人没有察觉到，其实大多数失业群体没有收到失业补偿金。** 失业补偿金是政府部门向符合条件的失业劳动者支付的一笔收入。一个人要想获得这项资格，必须首先拥有一份工作。即使那样，政府的数据显示，只有约超过三分之一的被解雇工人拿到了失业补偿金，而且那些迫切需要这笔钱的低收入群体的受益却非常有限。对那些真正获得了失业补偿金的人来说，他们的受益也常常低于他们曾经的工作收入，而且失业补偿金也只在一个非常有限的时期内可以获得。劳动经济学家常常呼吁，失业补偿金制度必须修正，以保障能够反映现实的雇用情形。

丧失工作的人不仅会丧失收入，也会遭受到其他的有形损失。其中的一个损失可能是与雇用有关的健康福利，因此这一福利的丧失将影响到家庭成员的健康。另一个损失是在职工作经验的丧失，这可能降低失业人员的生产率和对市场的适应性。

失业导致了各种问题的出现，不仅包括完全的经济损失。美国约翰·霍普金斯大学和其他组织的研究人员发现，失业率与各种社会问题存在紧密的联系。当失业率上升的时候，我们一般会看到美国国内的暴力、离婚、酗酒、虐待儿童和自杀率的上升。

对宏观经济的影响

失业给个人带来的问题与给宏观经济带来的问题截然不同。回顾第 1 章所提到的生产可能性曲线，如图 7 - 2 所示。

我们都记得，当我们利用社会的资源和技术达到饱和状态时，我们就认为此时的经济正沿着生产可能性曲线运行。经济可能选择某点，如图中的 C 点进行生产，即生产 90 吨面包和 40 吨玫瑰花。然而，如果我们有闲置资源，那么我们就不能释放出足够的潜在产能，例如当存在失业工人的时候，我们可能宁愿选择 U 点来代替原来的 C 点，也许仅能够生产出 60 吨面包和 40 吨玫瑰花。**失业的宏观经济问题是失业导致我们国家产出的下降。** 在我们生活的世界里，只要存在短缺，我们就必须开始关注，我们是否已经实现了所有的潜在产能。

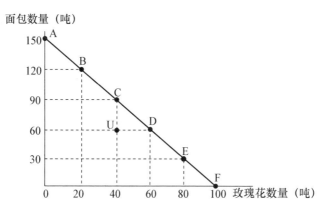

图 7 - 2　生产可能性曲线

失业的分类

有三种关于失业的类型：摩擦性失业、结构性失业和周期性失业。

摩擦性失业

你是否对寻找你的第一份兼职工作还记忆犹新？你是否期待申请、面试以及

摩擦性失业：当一个人寻找他的第一份工作、更换工作或者离开当前工作后重新进入劳动力市场时，出现的一段正常的延迟时间所引致的失业。

被雇用，而且期待你一开始找工作就能找到？当然，现实是残酷的。同样地，当你手握学校的学位证书从学校毕业的时候，事实上，你可能对需要你花较长时间甚至经过漫长的等待才能获得一份真正的工作不会再感到惊讶无比。在找到工作之前，有一段延时是正常的现象，同样地，当更换工作或者在经历一段时间的休整后重新进入劳动力市场，也会经历一段这样的时期。这是一种可预期的情形，我们定义这种情形为**摩擦性失业**。摩擦性失业反映了劳动力市场上"摩擦"的出现，即由我们对职位空缺的信息和商业公司对找寻工作的人的信息不对称所引致的。它需要雇主和受雇用的人花费时间走到一起，来发现他们彼此之间的互补性，这是所有工作空缺被填满前必经的程序。

因为摩擦性失业是非常正常的以及被定义假设了的临时性的失业，我们一般认为摩擦性失业不是严重的失业形式。实际上，许多人认为，对一个健康的经济而言，适当的摩擦性失业是必需的。我们需要人们得到更好的工作来维持一个有效率的经济。当然，寻找工作的时间越长，这种情形就会越严重。因此，我们对那些可以为雇主和工作寻找者提供工作信息的项目非常感兴趣。你的大学就业服务办公室、国家就业服务办公室和本地区的雇佣机构就提供这种类型的服务。从国家层面上来讲，将工作寻找者的信息以及职位信息上传到互联网可以减少寻找工作所必须花费的时间，并最终让雇主"牵手"正在寻找工作的人。

结构性失业

现在思考一个比毕业后找到你的第一份工作所耽误的时间更严重的问题。假如你的专业是基础教育学，你希望在一所小学找到一份当老师的工作。也许在你规划你的职业以及正踌躇满志地一心一意准备投身于这份事业的时候，市场对小学教师的需求正处于非常高的时期。现在，假设我们的经济发生了一项改变。学生的数目正在减少，因此将全面减少对小学教师的需求。与此同时，对专业教师的需求量却在不断上升，因为更多的学区正在探索满足那些精神上和学习能力上有缺陷的孩子。这时专业教师的职位有空缺，但是许多非专业教师仍然找不到工作。这种情形就是结构性失业的一个具体例子。

结构性失业：由我们经济的结构性转换所引致的失业，比如需求或者科学技术的改变。

就如名称所暗含的那样，**结构性失业**是由我们经济的结构性转换所导致的失业。比如，思考在过去的几十年，我们国家经济中需求的结构性改变。消费者对一系列服务的需求，诸如健康服务、

经济争论："我们怎样帮助人们被雇主发现？"
在宏观经济学中寻找答案并点击劳动力市场。
http://www.cengage.com/economics/econapps

照顾孩子服务的需求等不断上升。然而在更早的年份，消费者的需求多集中于对制造业产品的需求。因此，在健康服务和照顾孩子服务领域的工作机会不断增多，然而在制造业部门的工作机会却不断减少。

技术进步是另外一个我们经济中结构性改变的范例。在汽车产业中，可以用机器人来替代焊接工，从而导致汽车行业内工作机会的减少，这种现象至少在短期内存在。与此同时，另一种形式的技术进步所提供的工作机会不断增多，例如在计算机行业。然而，这些丧失了他们在汽车制造厂工作的焊接工，大部分不可能具有在计算机行业从事工作的本领。此外，大环境已经改变。比如，科学技术产业形势大好的年份瞬间消失了，取而代之的是我们正经历着在信息技术和通信产业的失业，尽管其他领域的工作机会增多，比如护理。

结构性失业情形下的关键点是，可能对每一个失业者都存在一个工作的空缺，但是由于经济中的结构性环境，这些失业者不适合这些特殊的工作岗位。失业的焊接工是可以使用的，但是他们缺乏计算机产业所必需的技术。失业的炼钢工人也是可以使用的，但是他们缺乏在卫生服务领域所必需的教育水平。

导致人们不能从事那些空缺工作的其他结构性因素可能是现实的。一些工人可能缺乏照顾孩子的必备设施、遭受歧视、住在工作机会稀缺的市中心或者偏远的郊区。这就是说，在佛罗里达州的服务部门的工作机会，对生活在明尼苏达州北部铁矿地带的失业人口是没有意义的，因为明尼苏达州北部铁矿地带的失业人口根本不可能进入佛罗里达州的工作市场。

许多人相信结构性失业是非常严重的，从而需要政府部门采取相关的措施。工作培训和教育项目很明显是非常重要的。所以，提供足够的照顾小孩的设施和实施反歧视的政策也同样是非常重要的。公共交通的便利对于生活在市中心的人而言无疑是非常有帮助的，并且需要对那些必须迁移才能找到工作的工人给予相应的迁移补贴。最后，那些未被雇用的学校老师可能需要重返学校以学习更多的专业知识，从而让他或者她在就业市场上更加受欢迎。政府的这些介入就是最自然的宏观经济政策。

周期性失业

周期性失业是失业类型中与宏观经济和宏观经济政策联系最为紧密的。因此，这一失业类型是我们在本章和接下来的两章最为关注的。

周期性失业是指由我们国家的整个经济出现衰退而引发的失业。相比之下，结构性失业是由在整个经济内某个部门的变化而引发的失业，而周期性失业针对

经济争论："僧多
粥少的就业形势。"

为了关注更多与就
业有关的现实问题，你
应更好地学习宏观经济
学并点击雇用、失业和
通货膨胀等相应内容。
http://www.cengage.com/
economics/econapps

的一定是整个宏观经济的变化。一方面，当我们的经济处
于扩张和生产扩大化阶段时，工作机会就会随之增多，经
济运行过程中就会需要更多的工人来生产更高的产出。另
一方面，当我们的经济处于收缩阶段和产出减少时，市场
上的工作机会也会随之减少。在经济处于下行阶段时，许
多人丢掉了他们本来拥有的工作，而且许多人根本就不能
找到他们的第一个工作机会。

这里值得我们注意的是，在周期性失业中我们假设经
济中存在数量不足的工作机会。在摩擦性失业中，可获得的工作机会数量与寻找
工作的人数之间是相互匹配的，即仅仅由于某些原因，这些求职者没有发现这些
工作机会。在结构性失业中，在某个经济部门或者地理区域存在工作机会的丧
失，但相应地，在其他的经济部门或者地理区域却有职位的空缺。这仅仅是合适
的工作机会与求职者不匹配，由于缺乏技能、教育、合适的地理位置或者其他形
式的影响，求职者不能得到这个工作机会。只有在周期性失业中，我们假设存在
数量不足的工作机会。这时候，出台相应的宏观经济政策来激活经济，进而创造
新的工作机会就显得尤为必要了。

充分就业

充分就业：不存在
周期性失业，市场中的
失业只是摩擦性失业或
者结构性失业的情形。

你曾经听说过"充分就业"一词吗？也许此时你的脑
海里会自然而然地想到，然后认为充分就业意味着每个人
都可以找到自己满意的工作，当然，这并不是充分就业的
真正含义。**充分就业**是指不存在周期性失业的情形，也就
是说，有足够的工作来满足那些想要工作的人。但是这并不意味着每个人都适合
现存的工作，抑或是每个人都找到了工作。这只意味着在这个状态下存在的失业
都是摩擦性失业或者结构性失业，而不是周期性失业。经济学家一般认为，
4%~5%或者略微高一点的失业率就代表着充分就业。

尽管充分就业这个概念看起来很容易让人误解，但是实际上，充分就业这个
概念是非常有用的。当经济达到充分就业状态时，就需要更多的信息、培训、教
育或者其他的服务，但是这时用宏观经济政策来扭转经济就显得多余了。相反
地，当经济并没有处于充分就业的状态时，就需要相应的宏观经济政策发挥作
用。关于这些政策我们将在下一章探讨。

移民的就业影响

在美国国内和国外，移民一直是一个非常具有争议的话题。对移民的仇视有

一部分是来源于一些人心中的偏执，而更多的是这些人心中的恐惧——害怕大规模移民的涌入增加失业，从而导致工资水平下降。而现实生活中，大量涌入美国的非法移民又加深了这种恐惧。

在美国国内，对于移民工人的两极态度大致可以用下列的表述来概括：（1）移民几乎什么工作也不干，而且抢走了美国本地人的工作机会；（2）移民努力工作，而且仅仅是从事美国本地人不愿意从事的工作。当然现实中的情形常常介于这两种情形之间。可能一些移民真的抢走了美国本地人的工作机会，其他的移民只是从事如果没有移民就不会存在的工作。

当我们的经济不景气的时候，许多美国人失去工作，对移民的这种仇视情绪就会升级发酵。有证据表明，这种对移民的仇视情绪会渗透到我们的公共政策当中。一些立法者严格审核移民享有福利待遇的资格并提出新要求——福利的接受者和申请公民资格的人都必须用英语来填写申请表格和参加审核考试。这项新要求对于年老的移民而言尤为困难，因为对于他们来说学习一门新的语言困难重重。其他人寻求取消对于非法移民的儿童的公共救助，例如，健康医疗保障、公共教育，尽管如果这些儿童出生在美国就拥有合法的公民地位。另外，不管是合法移民还是非法移民，我们注意到大多数移民像许多美国人的移民祖先一样，寻找如那些祖先一样的工作并希望他们的家人生活得更好。移民们期待在美国的学校、工作单位和社区能够像朋友和邻居一样为美国人所欢迎，当然很多美国人就是这样做的。但是移民们发现他们在语言和文化上被孤立，从而更加害怕因法律地位和语言障碍遭到取笑和歧视。①

在乔治·W. 布什总统的第二个任期，关于移民的讨论更加激烈。布什总统提议了一个双重法案——一方面是为已经在这个国家的人提供工作签证，另一方面却提出更加严格而又宽泛的障碍来限制更多的非法移民。保守党内部对于移民问题的立场也是泾渭分明，在这个国家里，许多人都反对任何关于非法工人的提议，但是其他人却对廉价的移民劳动力进入就业市场持欢迎态度。自由主义者、教会组织以及其他注重平等的人士都反对新近提出的住房提案，该提案将给予非法移民非常严重的处罚，其中包括在享受健康服务之前必须出示一份证明材料。最终，由于国会和参议院在移民法案上的分歧，导致了这个法案没有被通过。然而，大环境已经悄然生变，2007年国会选举中大多数民主党人士当选，布什总统在2007年1月发布的国情咨文演说中一再强调他将致力于移民改革。他呼吁

---

① Zapor P. Labor Day: Challenges, Rights of Immigrants. Catholic News Service, The Superior Catholic Herald, August 31, 2006.

一个临时的工人法案以及为移民提供一个转化为公民的路径，总统还指出，"我
们需要高举我们兼容并包的优良传统来欢迎以及吸收那些新移民"①。但是，具
有讽刺意味的是，布什总统在移民法案这一问题上与国会的许多民主党人士而非
共和党人士一致，而且随着本书的出版，奥巴马总统承诺在 2010 年就移民问题
进行全面的整改。在如今的美国，主要的问题就是：对于 1 200 万非法移民，是
否存在一条属于他们的"公民之路"？许多人坚信，唯有解决了移民的法律地位
问题，这些移民们才可能在劳动力市场上自由流动，让他们自己真正地融入社
区，以及结束在非法工作单位常常遭受的残酷剥削。

造成移民问题的原因当然非常复杂，但是至少移民问题中的一部分原因是经
济问题，因此，我们开始探讨移民对于美国劳动力市场的经济效应。首先，我们
注意到其实许多移民接受了良好的教育并具有高超的技能，然而，如果我们在短
期内把目光集中于低水平技能的移民，大规模的移民将导致低水平技能移民供给
的增加，从而降低这些人的工资水平。低水平技能劳动力市场的状况如图 7－3
所示。图中的供求关系与我们所考虑的不同商品和服务的供求关系是一样的，我
们在横轴上关于劳动力的计量（比如工人的数量）与产品的计量（比如玉米的

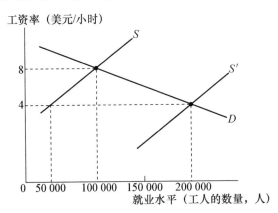

**图7－3　美国劳动力市场在存在移民或者没有移民的
情况下对低水平技能工人的需求**

　　横轴表示劳动力的数量（即工人的数量），纵轴表示劳动力的价格（即工资率）。需求曲线 D 是指对
于低水平技能工人的需求，S 曲线是指在低水平技能劳动力市场，从事劳动服务的美国本地工人。图中的
均衡工资是每小时 8 美元，均衡数量是美国工人 100 000 人。低水平技能移民工人的增加将使得供给曲线
向右移动至 S′，这时将使工资率下降为每小时 4 美元。因此，当工人的总数量达到 200 000 人时，美国本
地工人的数量只有 50 000 人。（这里需要注意的是，为了达到理论上的结果，供给量的增加和工资率的下
降在这个案例中被放大了。）

　　①　President George W. Bush, State of the Union Address, January 23, 2007.

单位是蒲式耳）是不同的。图 7–3 纵轴指的是劳动力的价格，也就是工资率。需求曲线 D 代表商业公司（以及其他的个人招收低水平的工人）对低水平劳动力的需求。S 曲线是指在低水平技能劳动力市场，从事低水平劳动力服务的美国本土工人。在该图的均衡点上，均衡工资是每小时 8 美元，美国工人均衡数量是 100 000 人。

现在我们开始讨论大量的只有低水平技能的移民工人的影响。由于这些移民的进入，低水平技能工人的供给曲线向右移至 S'，该曲线不仅包括美国本地工人也包括移民工人。供给的增加导致均衡工资率下降至每小时 4 美元。就业工人的数量增至 200 000 人。但是这里值得我们注意的是，从事低水平服务的美国本地工人现在只有 50 000 人。其余工作机会都给了移民工人。**所以，我们可以得出，大规模的低水平技能移民工人对劳动力市场的影响是：这些移民增加了低水平技能劳动力的供给，因此降低了低水平技能劳动力市场的工资率。**在越低的工资率水平上，越来越多的美国工人不愿意从事低水平的工作，这时，更多的移民会填补这些空缺，从而从事低水平工作的移民数量越来越多。在一些特殊的低水平技能劳动力市场，例如国内工人、旅馆的女服务员、修理屋顶的工人、季节性的农业劳动力都可能通过这些方式受到大规模移民的影响。然而，研究表明，如果移民已经存在，这些影响其实是微乎其微的。[①] 这里也需要注意的是，为了达到理论上的结果，供给量的增加和工资率的下降在我们的这个案例中被放大了。

在一个更长的时间周期后，移民的影响越来越模糊。更低的工资降低了公司的产出成本，从而提高了它们的利润。在这种情形下就可能使得商业扩张，随之产生更多的工作机会。美国消费者就可以用更低的价格购买到品种更丰富、服务更周到的产品和服务。因此，由于移民的进入而导致的劳动力数量的扩大将提高劳动生产率、经济增长水平并增加工作机会。当然，移民也是消费者。当他们自己购买食物、衣服以及住房时，这也导致为了生产出更多的产品，相应增加对于劳动力的需求。所有因素汇集起来导致了经济的增长以及工作机会的增加。此外，研究表明，移民作为一个群体，相比美国本地公民更具有创业精神，他们更加倾向于发展自己的企业。

最后还有两个因素值得一提。首先，要想解决移民问题，实际的解决方案绝不是设置铜墙铁壁、更多的武装力量以及越来越多的边防人员。真正的解决之道应该是帮助其他国家的人民摆脱贫穷，正是这种贫穷和走投无路才会让他们即使

---

① Lowenstein R. The Immigration Equation. The New York Times Magazine, July 9, 2006, 36–43, 69–71.

面临死亡的危险以及人格尊严的丧失仍愿意来到美国，成为这个国家的非法移民。其次，从非经济的角度来看，美国得益于越来越多样化的文化，毕竟，美国是一个移民国家。

最低工资的就业影响

> **最低工资**：法律上规定的劳动力的最低价值（工资）。

关注失业和劳动力市场的另一个议题是最低工资问题。联邦政府设定的最低工资在 2006 年是每小时 5.15 美元（除了少数例外）。自 1997 年起，最低工资就没有提高。之后，联邦政府最低工资上升到 2007 年的 5.85 美元、2008 年的 6.55 美元，以及 2009 年的 7.25 美元。个别州政府已经选择了更高的最低工资，但是一般情况下，州政府制定的最低工资只能比联邦政府的高而不能低。

分析最低工资的影响，我们可以回到我们在移民的讨论中所引用的低水平技能劳动力市场的图形。如图 7-4 所示，横轴表示劳动力的数量（工人的数量），纵轴表示工资率，D 曲线代表对于具有低水平技能的劳动力的需求，S 曲线代表具有低水平技能的劳动力的供给。在这个例子中，我们假设均衡工资率是每小时5 美元，均衡劳动力数量是 100 000 个工人。

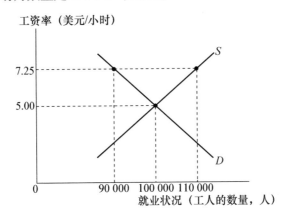

图 7-4 低水平技能劳动力市场的最低工资

横轴代表劳动力的数量（工人的数量），需求曲线 D 表示对于低水平技能劳动力的需求，供给曲线 S 是低水平技能劳动力的供给。均衡工资是每小时 5 美元，均衡数量是 100 000 个工人。每小时 7.25 美元的最低工资导致劳动力供给增加至 110 000 个工人，而对于劳动力的需求却只有 90 000 个工人，从而导致劳动力过剩，剩余劳动力为 20 000 个工人。

假设政府认为将工资率降到每小时 5 美元过低。人们可能认为这个工资水平是贫困线，不能补偿那些努力工作一天的工人。这种工资理所当然是不平等的。因此，政府决定设立每小时 7.25 美元的最低工资。最低工资类似于最低限价。

最低限价:对于一种商品或者一项服务法定的最低价格。

实现最低限价是为了给农产品的供给者提供帮助,不管他是玉米的供给者还者是劳动力的供给者。**最低限价**使得如果你给出的价格(或者工资)低于既定的最低限价就是违法的,因此,最低限价代表最低的价格(或者工资)。

图7-4中的最低工资是每小时7.25美元。我们注意到,在低水平技能劳动力市场,最低工资是高于均衡工资的。如果设置的最低工资低于均衡价格,那它就肯定不会对市场有影响。在前面我们提到过——最低工资仅仅是为了防止工资率低于最低水平。它并没有限制支付的工资高于这个最小值,即没有上限。如果最低工资低于市场均衡工资,就会自然地被市场均衡工资所取代。

我们可以通过观察图中提升工资率后低水平技能劳动力的需求曲线和供给曲线的变动来得出最低工资的影响。在劳动力的需求曲线上我们发现一个点,与该点相对应的是对劳动力的需求为90 000个工人。这一需求量是合理的,因为一旦劳动力更加昂贵,商业企业就会想尽办法裁减工人。在劳动力的供给曲线上我们发现一个相对较高的点,与该点相对应的劳动力的供给是110 000个工人。这一供给量也是合情合理的,因为一旦工资上涨,就会有更多的人愿意工作。这就导致了不均衡情况的出现——劳动力的供给(110 000个工人)大于劳动力的需求(90 000个工人),存在劳动力剩余,换句话说就是最低工资创造了一些失业。尽管最低工资对一些工人是有益的——这些人可以找到工作而且能够拿到更高的工资,但是最低工资也损害了其他工人的利益——这些人开始失业。商业企业同样也是受害方——它们被迫支付更高的工资,因此,最低工资的影响是复杂的。

尽管我们在前面用图形探讨了最低工资的影响,并得出最低工资可能对一些只需要低技能的职业是适用的,但是在美国,最低工资对于大多数职业是不适用的。在那些具有更高报酬的职业中,最低工资肯定低于均衡工资,因此,在这些职业中,最低工资制度是失效的。在有更高报酬的职业中,最低工资并没有提高工人工资,也没有创造失业,这种分析是有道理的,因此,我们讨论最低工资,针对的是只需要低技能的职业。即使那样,一些经济学家仍然坚信,即使最低工资对就业有影响,这种影响也必然是非常小的。

由于最低工资在带来好处(更高的工资)的同时也会滋生一些问题(失业),那么是否存在一种比最低工资更有效的针对辛勤劳动者的报酬呢?**许多经济学家都讨厌人为的价格,不管是最高限价还是最低限价。他们反对这些措施是因为这些措施导致了不均衡情形(短缺和剩余)的出现,而且打击了市场的积极性。因**

所得税抵免（EI-
TC）：联邦政府给予低
收入工人及其家人的一
种所得税抵免。

此，**直接给予目标群体帮助往往是更有效的**。如果我们关注的视角是那些接受贫困工资的人，那么对政府而言，一个直接的解决方案就是给工人补差价，这种差价是指他或者她所获得的工资与最低生活保障之间的差价。许多人对这种解决方案持反对意见，因为这种方案看起来像是赤裸裸的金钱施舍，但我们需要看到的是，这种方案避免了最低工资所导致的市场失灵。**所得税抵免**减少了收入低于一般水平的工人的税收（或者直接给予补贴）。这种方式当然会帮助到那些低收入人群，尽管大多数工人仍然是贫穷的，但是扩张的所得税抵免方案仍然提上了议程。

通货膨胀

1979—1980 年，在美国，通货膨胀并没有成为严重的问题，这时候伊朗爆发了战争，从而减少对美出口石油，因此，推了石油的价格（其他价格也随之走高）。实际上，直到 2007 年年底，经济的主要问题不是通货膨胀，而是衰退。

通货膨胀：宏观经
济中，平均价格水平的
上升。

通货紧缩：宏观经
济中，平均价格水平的
下降。

消费价格指数
（CPI）：由代表性的城
镇家庭购买的、一个固
定篮子中的商品和服务
的加权平均价格。

我们在本章开头已经提到了，**通货膨胀**是指平均价格水平的上升。因此，就像你能猜到的那样，**通货紧缩**就是平均价格水平的下降。我们中的大多数人经历的都是通货膨胀，所以通货膨胀就成为我们关注的焦点。但是在开始学习通货膨胀之前，我们需要回顾经济学家是怎样计算通货膨胀率的，即**消费价格指数（CPI）**。

消费价格指数就是指我们常常提到的生活成本，它的定义就是由代表性的城镇家庭购买的、一个固定篮子中的商品和服务的加权平均价格。在 20 世纪 80 年代初，我们的研究集中于决定哪些商品和服务属于这个篮子，以及由

美国家庭购买的这些商品和服务的数量。平均水平或者具有代表性的城镇家庭就是在那个时候决定的。由这些代表性城镇家庭购买的篮子中的商品和服务很多年都没有变化，直到发布一个新的调研报告。这个固定篮子中的商品和服务的价格是基于一系列城镇商店中的价格；在这个篮子中，这些商品和服务的加权平均价格的计算是基于如下理念——大量购买的商品和服务价格的权重大于少量购买的商品和服务价格的权重。也就是说，如果一个代表性家庭购买 10 条牛仔裤和一张影碟，当计算这个篮子的平均价格时，牛仔裤的价格权重是影碟价格权重的10 倍。

因为 CPI 只是一个指数，这个篮子中居民购买的商品和服务的加权平均价格是不断更新的。我们暂且不考虑在本章附录中即将讨论的消费价格指数的实际意义。尽管这样，我们仍必须铭记于心的是，由此产生的 CPI 实际上并没有告诉我们在一个特定年份里的价格。CPI 告诉我们的仅仅是当一个年份与另一个年份相比较时，价格的变化。

用消费价格指数来计算通货膨胀率是轻而易举的。我们可用当年的 CPI 减去上一年的 CPI，然后除以上一年的 CPI。例如，如果 2016 年的 CPI 是 200，2015 年的 CPI 是 180，那么我们可以据此计算通货膨胀率，计算过程如下：

$$\frac{2016 \text{ 年的 CPI} - 2015 \text{ 年的 CPI}}{2015 \text{ 年的 CPI}}$$

或者

$$(200 - 180)/180 = 20/180 = 0.11 \text{ 或者 } 11\%$$

在这个例子中，2016 年的通货膨胀率是 11%。（我们要时刻注意到小数点，比如此处的 0.11 可以通过把小数点向右移动两位同时增加一个百分号而转换为百分数。即 0.11 变成了 11%。）

通货膨胀率的非精确性

我们在前面讨论失业率时就已经提到了，失业率有低估失业真实状况的时候。**我们将要看到的是消费价格指数倾向于系统性地高估通货膨胀的真实状况，其中有两个原因，而这两个原因都与固定篮子中的商品和服务这一问题相关。**

由一个代表性家庭购买的篮子中的商品和服务在一些年份中是被有意地假设固定不变的，以致篮子中价格的改变仅仅反映价格的变化，而不包括商品和服务自身数量的变化。因此，在一个调查的年份中，如果一个代表性家庭购买 100 个汉堡包、1 台电脑和 1 000 加仑汽油，我们假设这个代表性家庭在以后的年份中都是购买相同数量的同样商品。如果在以后的年份，消费者将更多的钱用于消费，那是因为这些商品价格上涨而不是消费者购买数量发生了变化。（我们已经假设消费者购买的数量是固定不变的。）

然而，当我们忽视商品或服务数量的变化的时候，我们同时也忽视了一个现实，那就是当一种商品或服务价格上涨的时候，消费者将减少在这种商品或服务上的消费数量。比如，在能源价格上涨的时期，就好比我们在近些年经历的那样，消费者就会减少他们的能源消费量。他们可能待在家里、更多地驾驶节能汽车、关闭恒温器和空调等等。当我们假设消费者购买一个固定的商品篮子的时候，我们忽视了一个事实，即消费者减少了他们的能源购买量（包括汽油），这时相比固定篮子中消费者购买商品的价格，实际的购买价格下降了。因此，基于一个固定篮子假设的通货膨胀率被高估了。

同样地，我们在计算 CPI 时会考虑到消费者购买的商品篮子中商品质量的一些变化，但是，其他的许多质量变化却被忽略了。我们可能记录了一种特殊商品的价格上涨，比如个人计算机，而没有考虑到计算机质量上的改进。我们把价格的上升作为通货膨胀的警报器，然而，其中至少有一些商品价格的上涨可能是由于商品自然的改进（它的质量）。在这一情形下，消费价格指数同样高估了通货膨胀问题。

生活成本调整（COLA）： 当平均价格水平上升时，自动地对收入或者福利进行调高。

通货膨胀率的准确性这一议题往往不是绝对科学的。当然，如果政策的制定者们设计出更合适的政策，那么他们就能了解到精确度问题的严重性。如果通货膨胀是被高估的，这时推出相关的政策来减轻通货膨胀就可能是不合时宜的。其他的实际问题包括**生活成本调整（COLA）**，一些工资合同、社会保障福利以及其他的支付条款都是依据通货膨胀进行调整的。就像在第 4 章"社会保障"中提到的，政治家们都是寻求减少社会保障福利，他们往往提供低于由消费价格指数计算出的通货膨胀的估计值，从而为社会保障福利提供一个更加适度的通货膨胀调整区间。这种不得人心的措施还没有得到立法认可。

数据

尽管消费价格指数问题重重，但是这并不妨碍经济学家和政策制定者继续使用它。表 7-5 表示 1970—2008 年基于消费价格指数的通货膨胀率。我们可以看到，在 1980 年通货膨胀率非常高，达到 13.5%，以及自 1992 年以来，一个相对较低的通货膨胀率水平。

尽管 2009 年的数据没有在表中呈现，但是 2009 年前几个月的数据是可以获取的。2009 年 1 月的通货膨胀率是 0.03%，2 月的通货膨胀率是 0.24%，在 3 月和 4 月，分别是 -0.38% 和 -0.74%。这里你无须质疑的是，3 月和 4 月的通货膨胀率的确是负的！我们注意到，在早期的许多年中，我们并没有看到负的通货膨胀率。在 2009 年这几个月，负的通货膨胀率（或者通货紧缩率）反映了一个事实，那就是美国正在经历非常高的失业率以及消费者的消费能力正在减弱。低的消费支出也导致了低的通货膨胀率（或者负的通货膨胀率）。

表 7 - 5   美国的通货膨胀率ᵃ（1970—2008 年，%）

年份	通货膨胀率	年份	通货膨胀率
1970	5.8	1999	2.2
1980	13.5	2000	3.4
1990	5.4	2001	2.8
1991	4.2	2002	1.6
1992	3.0	2003	2.3
1993	3.0	2004	2.7
1994	2.6	2005	3.4
1995	3.4	2006	2.5
1996	3.0	2007	2.9
1997	2.3	2008	3.9
1998	1.6		

a. 以 1982—1984 年的平均 CPI 作为基准，得出以上各年的 CPI，从而得出通货膨胀率。

资料来源：U. S. Department of Commerce, Census Bureau, http://www.census.gov.

恶性通货膨胀

在美国，超过 10% 的通货膨胀率就被认定为非常高的通货膨胀率水平，但是世界上的许多国家正在经历比这一水平还要高得多的通货膨胀率。比如，拉丁美洲的许多国家曾普遍经历高达百分之几百，甚至百分之几千的通货膨胀率。例如，在 20 世纪 80—90 年代，巴西的通货膨胀率为 2 739%，阿根廷为 3 080%，秘鲁为 7 650%，尼加拉瓜为 14 316%。许多东欧国家在向市场经济转轨期间，也经历了非常高的通货膨胀率水平。比如，俄罗斯在 1992 年的通货膨胀率就达到 1 353%。然而现在还没有国家经历这么高的通货膨胀率（除了津巴布韦），缅甸的年平均通货膨胀率水平维持在 24%，刚果共和国维持在 30%，安哥拉维持在 54%，但 2000—2007 年，津巴布韦的年平均通货膨胀率就曾达到令人震惊的 498%。[1]（当本书出版时，津巴布韦当月的通货膨胀率达到百分之几十万！）在这么高的通货膨胀率背景下，钱几乎一文不值。没有人愿意储蓄，因为当平均价格水平上涨的时候，储蓄的钱迅速贬值。这时候，看起来最明智的行为就是你一收到钱就赶紧花掉，因为物品起码是保值的，然而钱不是！在去一个非洲国家的旅途中，本书作者打算用 10 美元的钞票（兑换成本地的钞票）购买纪念品，但是由于通货膨胀，她最终用装满一整袋的 20 000 张小面额的本地钞票购买了这些纪念品。在其他国家，人们甚至用独轮手推车或者婴儿推车装满钱进商场购物。

① The World Bank, World Development Indicators 2009. Washington D. C. : The World Bank, 2009.

当经济受到非常严重的通货膨胀影响的时候，即使用独轮手推车装钱，商品的价格在消费者离开商店之前也有可能上涨。在你观看电影的时候，电影票的价格就可能已经上涨！当你睡觉的时候，你寄宿的旅馆的房价可能翻番！（的确，你们的作者也同样经历了这样的事情，当她平静地在俄罗斯一个小型公寓睡觉的时候！）无论是出现哪一种情形，即使有一整车的钱也可能不足以支付账单。在这样的情形下，人们就可能倾向于进行**易货交易**，因为他们的钱根本不值钱。像这样严重的通货膨胀就是我们定义的**恶性通货膨胀**。

易货交易：用商品和服务直接兑换其他商品和服务，而不使用货币。

恶性通货膨胀：非常高的通货膨胀率以及随之发生的钱几乎不值钱。

许多人害怕通货膨胀是因为他们认为这样发展下去会导致恶性通货膨胀的出现，但是恶性通货膨胀常常只发生在那些正在发生战争、改革或者其他严重的经济破坏的国家。恶性通货膨胀基本不会成为美国关心的问题——即使曾经出现过严重的经济灾难，联邦储备系统和政府部门的政策措施可以减轻通货膨胀的影响。在下一章，我们对这些措施进行检验。

通货膨胀的影响

购买力：购买商品和服务的能力。

通货膨胀一般并没有你想象的那么严重，至少不是以你可能预见到的方式。人们假设平均价格水平的上升意味着我们作为个人，同样的钱不能像过去那样购买到同样多的商品和服务。也就是说，通货膨胀降低了我们的**购买力**。实际上，一段时间内的通货膨胀以及通货膨胀本身并没有如此大的影响力，因为我们的购买力不仅取决于商品与服务的价格水平，也取决于我们的收入。如果平均价格上涨 10%，同时我们的收入也上涨 10%，那么我们的购买力并没有改变。除非其他因素出现，在一段时间内，一个国家整体的收入水平是与购买力水平相伴上升的。因此，我们国家的购买力并没有受到损害。

然而，存在其他与通货膨胀相联系的问题。这些问题可以归类为再分配、不确定性、菜单成本以及国际影响。

再分配

尽管我们所有人作为一个整体的购买力并没有受到通货膨胀的损害，但显而易见的是，在这个国家里，总是有一部分人获得更多，另一部分人却丧失更多。而其他人的经济状况却不会发生改变。

让我们以社会保障福利的接受者作为例子来考虑这个问题。因为社会保障项目内置了一个自动的生活成本调节器，因此社会保障福利会随着通货膨胀率的上

经济争论： "通货膨胀威胁到经济的健康发展。"

你可以通过更好地钻研宏观经济学以及点击雇用、失业和通货膨胀相关内容获取更多关于通货膨胀的知识。

http://www.cengage.com/economics/econapps

升而上升。比如，如果在任一给定年份，通货膨胀率是4%，那么社会保障福利就会相应增长4%。在这一方式下，社会保障福利的接受者在发生通货膨胀的这段时间里的购买力并没有发生改变。

其他人的购买力将会遭受损失，如果他们的收入不能及时地随着价格水平的上升而上升。退休者领取的是养老金（不是社会保障福利），那么那些签订了长期劳动合同的工人以及福利的接受者就可能认识到他们购买力水平的下降。公务员，包括公立学院和大学的教授都可能遭受这种损失。通货膨胀对这部分人的负面影响将会被对那些看到他们收入的上升速度超过平均价格水平的那部分人（比如受到强有力的团体保护的工人）的有利影响所抵消。尽管一些群体的收益将抵消其他群体的损失，以致整个国家的购买力水平不会发生改变，但显而易见的是，在发生通货膨胀的这段时间，这个国家的一些人受益，同时另一些人却遭受了损失。

在通货膨胀期间，债务人通常被认为是受益方，然而债权人却有损失。想象一下，假设你借给你最好的朋友100美元而且协商好你的朋友支付3%的利息。从现在开始的一年以后，你期待你能够收回你的本金100美元以及3美元的补偿，这种补偿是因为在这一年里你丧失了这100美元的使用权。然而，在这一年里，年通货膨胀率达到7%，你在这一年年末收到的103美元就不能买到你当初把100美元借给你的朋友时所能买到的那么多商品了，你损失了，但是你最好的朋友却赚到了（这时他还是你最好的朋友）。

然而，值得注意的是，当大多数贷款人签订一项借款合同的时候，合同中已经包含通货膨胀的影响。如果银行期望收到的利率是10%以及预期这一年的通货膨胀率是5%，那么银行就会按15%（10%加上5%）的利率出借资金。通过这样一种方式，银行保护了自身免于遭受到通货膨胀的影响。在通货膨胀的情形下，借款人得利与贷款人损失的状况仅仅出现在通货膨胀没有被预期到的情况下。当通货膨胀高度可变时，借款人和贷款人可能就没有意愿签订借款合同，不确定性导致了经济活动速度放慢。

不确定性：低效率与风险规避

这里提示了通货膨胀的另一个问题：价格的不确定性导致的低效率。假设在过去的20年中每年的通货膨胀率是3%。在这一情形下，我们的经济决策有准确可靠的信息作为基准。但是，假设每年的通货膨胀率都是剧烈变化的，而且没有人能够精确地预测接下来几年通货膨胀率的水平。这时你将对你能否支付得起四年的学费感到怀疑，其他人将在他们做决定时犹豫不决，即是在一些年后当他们的经济条件已经稳定的时候购买一辆车或者一套房子，还是在价格水平上涨前即现在就购买。商人将在未来的几年中无法预测产品成本、收益或者收益率，同时他们对是否进行一项特殊的投资项目举棋不定。我们的共同决定在面对通货膨胀的不确定性时可能是不确定的。此外，如果我们是风险规避型的，即我们不愿意承担风险，我们有可能什么都不做而不是冒险做出一些错误的决定。你可能决定不去上大学，其他人可能决定不买房子或者小汽车，商人决定放弃具有产出潜力的投资。当我们减缓我们的经济活动时，我们也在减缓我们的经济增长。普通人和商人都不愿意签订长期合同和从事长期的经济活动。当通货膨胀率非常高或者反复无常的时候，通货膨胀不确定的影响通常非常严重。

菜单成本

> **菜单成本**：当发生通货膨胀的时候，与重新打印菜单、更改成本明细表、调整电话和自动售货机等行为相关的成本。

当每年的通货膨胀率是 2% 的时候，餐厅的老板就会考虑在这一年的年末重新编制菜单，提高菜单上的价格。然而，如果每年的通货膨胀率是 15%，餐厅的老板就可能会每个月更换一次菜单，更有甚者，可能是每个星期更换一次！这些基于通货膨胀而做出的调整，也就是我们所说的通货膨胀的**菜单成本**。然而，这些菜单成本不仅仅出现在餐厅。在飞行航行和公交线路必须更改价格明细表、自动售货机和投币式公用电话必须更改价格和更换投币口的时候，这些成本都会出现。这些成本常常被认为是不太严重的，但是当通货膨胀率非常高以及剧烈变动的时候，菜单成本（就好比通货膨胀的不确定性）就可能导致更加严重的问题出现。在 20 世纪 90 年代，俄罗斯的投币式公用电话成为最廉价的商品，仅仅是因为不能及时地像通货膨胀率上升的速度那样快地改变投币口的尺寸。

国际影响

最后，在任一国家，通货膨胀的另一个问题是，通货膨胀可能导致在本国的价格比其他国家的价格高。如果美国的通货膨胀率是 4%，日本的通货膨胀率是 1%，那么福特汽车价格就可能比丰田汽车价格上涨得更快。美国和日本的消费者都可能受此影响，从而购买丰田汽车而不是福特汽车，因此，在增加美国进口的同时，减少美国的出口。然而，随着全球经济相互依赖程度的加深，在任意一个工业化国家发生的通货膨胀都有可能传导到其他工业化国家。因此，发生在美国的通货膨胀不仅会影响到美国自身及其贸易和金融伙伴，也会影响到其他的国家。

通货膨胀的类型

需求拉动型通货膨胀： 当经济中任意部门提高它们对商品和服务的需求时导致的通货膨胀。

成本推动型通货膨胀： 产出成本的上升所导致的通货膨胀。

利润推动型通货膨胀： 当商家利用市场势力限制产出，从而提高价格和利润水平时所导致的通货膨胀。

通货膨胀的类型是根据导致通货膨胀发生的原因进行分类的，我们在下一章深入了解通货膨胀的类型和何种宏观经济环境导致了通货膨胀出现之前，先在本章进行简要介绍。首先，**需求拉动型通货膨胀**是由于经济中任意部门（消费者、商人或者政府）提高它们对于商品和劳务的需求所导致的通货膨胀。**成本推动型通货膨胀**是由于成本的上升导致的通货膨胀，比如能源价格或者工资的上涨。（在20世纪70年代出现的能源价格上涨就属于这一类型的通货膨胀，即成本推动型通货膨胀。如今，持续上涨的能源价格再次威胁着同样问题的出现，尽管这次价格上涨的幅度相比20世纪70年代那次要小。）最后是**利润推动型通货膨胀**，它是市场势力的结果，由于商家故意限制产品的产出从而提高价格和利润所导致的通货膨胀。

失业和通货膨胀哪个问题更严重？

政策制定者常常面临着这样的问题：失业和通货膨胀，到底哪个问题更严重？这是一个非常重要的问题。这个问题的答案大部分是基于谁来回答这个问题。失业人员自然认为失业是更严重的问题。政府的转移性支出可以减轻失业对个人的影响。因此失业对个人的影响在不同的国家是不同的，对于美国这类国家，肯定低于墨西哥这类国家。例如，墨西哥这类国家常常对失业缺乏一个合理的安全保护网。不过失业对于美国的大多数公民而言也非常严重。此外，失业对我们国家产出的影响是不可以转嫁的。由于资源闲置导致今天的产出下降，将使得明天我们没有足够的商品可以消费。

一个靠固定收入生活的人将会认为通货膨胀是更为严重的问题。这对于那些收入上涨的速度不能随着价格水平快速提高的人来说确实是一个非常严重的问题。许多人建议，对所有的经济合同都引入一项生活成本调整来减轻问题的严重性。因此，所有的工资合同、养老金计划、借款和租赁协议、福利项目以及最低工资都将随着平均价格水平的变化来提供收入或者福利，就像社会保障福利那样。尽管这类措施将消除一些不平等、不确定性以及低效率，但是它不能根治菜单成本和国际影响所带来的问题。

政策制定者即将面对的是现实的世界，以及在失业和通货膨胀中衡量政策的结果，从而制定出困难的决策。**我们在下一章将要看到，在某种意义上，常常是一种权衡，即一项政策在导致失业率下降的同时，也将提高通货膨胀率，反之亦然。**如果我们正在与失业做斗争，我们希望刺激经济，这样就可能导致通货膨胀的发生。如果我们关注的是通货膨胀，我们尝试收缩经济，就会提高失业率。

就像我们通过数据看到的那样，尽管我们看到前一年的经济状况非常好，但是下一年就可能出现问题。我们的近代史就充斥着关于失业和通货膨胀的严重问题。我们现在的政策制定者已经有了足够的资本来防止大萧条时期那种状况的重演，当然也就不可能再出现那么严重的失业水平。就像商业的自然周期，经济活动不是在低谷就是在高峰。在下一章我们将检验政策的类型，这些政策可用于防止严重的不稳定并处理棘手的通货膨胀和失业率之间的问题。

最后的提醒

在第 5 章"国际贸易"中我们提到了童工。这个话题也与本章讨论的失业问题相关。联合国国际劳工组织（International Labor Organization）的数据显示，在当今世界上有超过 2 亿名儿童成为劳工，从事对他们的智力、身体以及心理有害的工作。童工常常是贫困的产物，若不让儿童接受教育，将使他们永远固守他们的贫穷。儿童从事工作是为了维持自己的生活以及供养他们的家人，而这种行为常常是非法的。有时，使用童工的非法性又常常迫使对童工的使用转入地下，从而使得从事工作的儿童的生活状况更糟。几乎四分之三的儿童从事的是童工中条件状况更糟的工作，包括武装冲突、奴役、性剥削以及危险系数高的工作。[①]

如果你想了解更多关于童工的事情，你可以访问国际劳工组织的网站（http://www.ilo.org），也许你的同学或者学生社团组织有意发起一个更大的项目来吸引人们关注童工问题。当你们开展校园倡议活动时，国际劳工组织网站可以提供包括海报、宣传册以及书签等材料，以吸引人们对童工问题的关注。

观　点

保守派与自由派
把失业和通货膨胀这些议题放入保守派或者自由派的传统框架中往往是非常

[①]　The International Labour Organization, Child Labour, http://www.ilo.org/global/Themes/Child_Labour.

困难的。诚然，保守派人士与自由派人士当然都更愿意看到更低的失业率和通货膨胀水平。一些具体的政策与其他的政策相比可能不止与一个哲学观点相关。比如联邦政府可以更加致力于提供电脑化的国家工作搜寻项目，从而减少摩擦性失业。更重要的是，自由派人士可能更乐于看到政府致力于减少普通类型的结构性失业。比如，自由派人士可能希望看到的是，政府对于儿童保障福利服务的供给，或者福利措施由更加强有力的政府部门来执行和平等的立法机会。两种措施都可能解决取消人们中的一些群体找到合适工作的限制条件。政府的另一个角色是扩大培训和教育的机会，从而使得有更多的人找到合适的工作。政府可以通过提供再培训、重新安置来帮助那些由于技术进步和国际贸易而被解雇和商业裁员后失业的人员。而对于保守派人士来说，上述所有的这些政府努力都是步履维艰，因为这些保守派人士不愿意看到政府在经济中充当一个主动扩张的角色，而且他们对私有部门解决经济问题感到信心十足。然而，自由派人士和保守派人士常常能够看到上述这些措施所带来的效果。

当我们在下一章讲述用来减少周期性失业和通货膨胀的宏观政策时，我们发现保守派人士和自由派人士都关心这类问题，但是他们支持的是不同类型的宏观经济政策，而这往往是基于他们对经济中政府角色定位的一般视角。

总　结

在宏观经济环境中，失业和通货膨胀是两个重要的主题。当一个人正在努力地寻找工作却找不到工作时，我们就认为这个人是失业的。通货膨胀的定义是平均价格水平的上涨。在最近的这次衰退中，国家的失业率达到非常高的水平，而且某些特定的年龄组和少数族裔通常比其他人更容易经历失业。最近的通货膨胀率则处于相对低的水平。

失业可分为摩擦性失业、结构性失业和周期性失业。通货膨胀可分为需求拉动型通货膨胀、成本推动型通货膨胀和利润推动型通货膨胀。失业和通货膨胀都会对我们的经济造成严重的影响。失业对失业人员来说不仅导致金钱方面的问题，还导致非物质方面的问题，而且失业整体上减少了我们国家的产出水平。通货膨胀，尤其是严重的通货膨胀，会导致再分配问题、不确定性以及低效率、菜单成本和国际贸易方面的问题。在下一章"政府宏观经济政策"中我们重点讲述解决这些问题的政策。

中国的宏观经济发展与失业、通货膨胀问题

目前中国的失业率统计主要采用两种方法，即城镇登记失业率和调查失业率。对外发布的是城镇登记失业率。所谓的城镇登记失业人员，是指持有非农业户口，在一定劳动年龄（16 周岁至退休年龄）内有劳动能力，无业而要求就业，并在当地就业服务机构进行求职登记的人员。不包括正在就读的学生，等待就业的人员，已达到国家法定退休年龄或虽未达到退休年龄但已办理了退休（含离休）、退职手续的人员，其他不符合失业定义的人员。城镇登记失业率统计口径很窄，仅包括城镇劳动力中的登记失业人员，同时还排除了国有企业下岗未就业人员和拥有农村户口的失业人员。20 世纪 90 年代国企改革导致的大批下岗人员，按照官方的统计方法则不属于政府定义的"失业"人员，因为这部分人与原单位名义上的雇佣关系依然存在。然而，在目前的状况下实在看不出"下岗"和"失业"有什么根本性的差别。

中国的失业率自 1979 年达到相对高峰 5.4% 后一直降至 1985 年的最低值 1.8%，在经历了 1986—1988 年三年内维持在 2% 以后，中国的失业率在接下来的 20 年中处于震荡上升的趋势，其中有四个相对高点，即 1989 年的 2.6%、1997 年的 3.1%、2003 年的 4.3%、2009 年的 4.3%。2016 年人力资源和社会保障部统计的中国失业率为 4.02%。

通货膨胀最直观的表现就是物价上涨，关系消费者的切身利益。中国在 1980—2016 年这 37 年的时间里，通货膨胀率为负值只出现过四次，分别是 1998 年的 −0.8%、1999 年的 −1.4%、2002 年的 −0.8% 以及 2009 年的 −0.7%，其中 1999 年的 −1.4% 是 37 年来最低值，而最高值出现在 1994 年，通货膨胀率高达 24.1%。

中国 20 世纪末的通货膨胀率大起大落，5% 甚至 10% 以上的通货膨胀率出现了多次，这种大幅度的通货膨胀率对中国经济和人民生活的负面影响是很大的。按照西方学者的定义，当年通货膨胀率达到 100% 以上时，才能称为恶性通货膨胀。21 世纪以来中国的通货膨胀率增长比较平稳，近 10 年最高值为 5.9%，最低值为 −0.7%，随着中国经济进入新常态，2015 年的通货膨胀率仅为 1.4%，曾预测 2016 年的通货膨胀率为 3% 左右。

专栏一　厉以宁：不要再给经济增长率规定硬性指标

在 11 月 20 日举行的中国保险学会 2014 年学术年会上，著名经济学家厉以宁以《新常态与保险业》为题做了演讲。他表示，中国经济增长率下降到 7%，甚至 6% 多，在全世界仍居前，只要结构合理且稳定增长，这就是新常态。

"一定不要追求总量，而要把结构搞好，这是当前的要点。"他说。

厉以宁认为，中国的经济增长率曾经在 10% 以上，或者长期保持在百分之八九，最近到了7%多，整体有下滑趋势。因此有人担心是不是遇到了困难？

"实际上超高速的增长从来不是经济的规律性现象。短期内可以增高，但一个国家要长期保持超高速的增长是不符合经济规律的。我们国家曾经有过10%左右的高速增长，但付出了巨大代价，包括资源加快枯竭、生态破坏、产能过剩、低效率等。除此以外，最重要的弊病就是错失了结构调整和技术创新的机会。"他说。

厉以宁表示，新常态要考虑几个重要问题，第一个就是不要再给经济增长率规定硬性指标了。例如中国定了增长率8%，全国上下都为8%而奋斗。世界各主要大国不是这样的，它是软指标、预测值，经济增长率可能被预测为5%。若是两个季度以后，增长率可能完不成，可以进行调整。第二个是，失业率和通货膨胀率这两个指标比经济增长率重要。

"新常态下，实际上我们看重的是失业率与通货膨胀率，而不是全国人大代表通过的那个国民经济的增长率，这个改为软指标是经济学界很多人的意见。"厉以宁说。

资料来源：21世纪经济报道，2014-11-21.

专栏二　新常态与中国宏观经济的光明前景

随着中国特色社会主义事业的发展，中国在发展中遇到了一系列新挑战，由此产生了一些关于中国宏观经济前景的负面论调。究其原因，无非是对中国发展的客观情况没有形成正确的认识，进而没有理解中央应对经济新常态的战略部署。只要我们端正认识、把握规律、真抓实干、大胆创新，中国经济一定会延续过去的辉煌。

习总书记指出："新常态是一个客观状态，是我国经济发展到今天这个阶段必然会出现的一种状态，是一种内在必然性，并没有好坏之分。"伴随着经济发展，往往会出现很多新现象。经济新常态是对现阶段经济新现象的科学归纳，深化了中国共产党对经济社会发展规律的认识。

在经济发展新常态下，要认清挑战和机遇。挑战是客观存在的，这也是很多人对中国经济发展缺乏信心的原因。认清客观存在的挑战，就能在此基础上提出科学的应对策略，对中国经济的悲观估计就自然消除了。

首先，过剩产能的长期积压，不仅对经济运行及发展造成了不少障碍，还形成了不合理的经济结构。过剩产能造成了两难的局面：一方面，不去产能、不调结构，经济发展的良好势头就难以持续；另一方面，去产能、调结构，又有可能造成大量失业，不仅影响经济发展，还影响社会稳定。

其次，过重的债务负担有可能对经济造成冲击。房地产市场形成的债务压力已经有目共睹。由房地产带来的债务压力同样面临两难考验：一方面，不深入推进改革和反腐，房地产市场引发的债务压力就难以缓解，经济发展的良好局面就难以维系；另一方面，一些地方政府已形成对于房地产市场的依赖，对房地产的去库存改革可能会使地方财政陷入尴尬局面。可见，有关房地产市场的改革及反腐能否推向深入，也使人们产生了疑问和畏难情绪。其他政府债务也使得经济发展面临债务冲击。

最后，中国经济发展还面临着人口老龄化带来的养老金难题，人力成本升高带来的外资企业撤资问题，以及长期存在的能源缺乏问题、环境污染问题等等。经济发展新常态确实面临着诸多挑战。

与此同时，还应看到经济发展的新机遇。习总书记强调，中国经济仍存在四个"没有变"。科学把握经济现状的本质，进而把握经济发展的规律，开动脑筋，大胆创新，就能抓住经济发展的新机遇。

首先，应该看到，中国经济仍具有优势产业。高铁等优势产业具有深厚的技术班底与人才班底，如果能够集中力量发展优势产业，推动该领域的创新发展，同时合理谋篇布局，推动优势产业引领下的产业结构优化与创新，经济发展就可以获得新的动力。

其次，应该看到，国际经济虽然有复苏势头，但仍然处于困境，这一方面对中国构成了冲击，但也提供了难得的机遇。可以趁机购买大量外国技术、设备，也可以利用西方国家间的矛盾，在经济上找到合作伙伴，提振出口，推动经济向前发展。"一带一路"倡议提出后，抓住国际机遇，加强与周边国家的合作，更能推动中国经济开拓新境界。

最后，经济发展放缓，使通货膨胀速度有可能得到一定程度的抑制，有利于国内物价稳定，也有利于遏制劳动力成本的进一步提高，从而使得经济结构维持稳定，为进一步优化、创新产业结构赢得时间。如果能够在稳定就业的前提下合理调整产业结构，将产业从全球产业链的中低端逐步向上游调整，降低能耗，集中全力发展高尖端技术产业，中国经济就能以崭新的姿态出现在世界经济格局中。

可以看出，经济发展新常态虽然有一些突出挑战，但只要客观、全面把握，就能进一步提出应对措施。同时，新常态带来了新机遇，抓住机遇就能应对时下的暂时挑战。随着对经济新常态所面临的挑战和机遇的深入认识，随着对中央新的宏观经济策略的准确把握，对中国经济的各种悲观论调就可以消除。客观把握经济现象背后的本质，进而把握经济发展规律，就可以不被各种乱象、思潮蒙蔽，合力推动中国经济向前发展，在新常态下引领中国宏观经济继续走向光明的前景。

资料来源：东方网，2016-10-11.

讨论和问题

1. 我们说宏观经济学是整片森林，而微观经济学只是其中的树木，这是什么意思？在宏观经济学中，哪些话题是重要的？在微观经济学中，又有哪些话题是重要的？

2. 在美国，男性劳动力参与率高于女性劳动力参与率，你怎么看这一现象？为什么女性劳动力参与率会如此快速地上升？在劳动力参与率问题上，是什么原因导致不同的国家出现了不同的劳动力参与率水平？

3. 一些经济学家认为，在衰退之后的一段时间，女性的失业率可能比男性的失业率要低，你能解释这种现象吗？

4. 你曾经失业过吗？（记住失业的技术性定义。）如果你经历过失业，那么你经历的失业是哪种类型的？

5. 向你的家人或者朋友询问失业率是怎样计算出来的，他们能够给出合理的技术性推导过程吗？

6. 登录劳工统计局的统计网站（http://www.bls.gov），寻找最近一期的失业率，你认为我们经济中如今的就业水平是充分就业吗？（请记住，充分就业不是指所有人都就业。）

7. 你能够解释为什么有时候会出现这种情形吗？即在我们的经济中，当创造额外的工作机会时，为什么我们的失业率却在上升？而且为什么在我们经济中的工作机会越来越少的时候，失业率却在下降？（提示：考虑丧志工人。）

8. 失业对于个人的影响是怎样的？对经济的影响是什么？哪一种影响更加严重？

9. 有哪些可以减少结构性失业的政策措施？试着想出其他的好主意。

10. 2000年6月，有58名非法中国移民在一辆封闭的卡车中死亡，原因在于，在一个前往英国的长达五个小时的旅程中一直处于高温和缺氧的环境中。同样的情形也经常出现在墨西哥人非法穿过美国边境，而且常常是封闭在一辆狭小的、不通风的车中。同样，古巴人凭借只有简陋装备的船只穿过暴风雨。在这样的情形下，你认为我们可以责难于谁？是那些绝望的移民，那些提供交通工具的犯罪团伙，死板的移民系统，还是公众对移民的仇视，或者是使得一个国家贫穷而另一个邻近国家富有的全球经济系统？给出你的答案及理由。

11. 许多美国公司（包括沃尔玛）被指控在贫穷的发展中国家设立血汗工厂，并购买血汗工厂生产的产品。然而，不得不说的是，对贫苦的失业工人来说，有一份工作总比没有工作强，尽管涉及危险和低工资的公平性问题。简单地上网搜索，看看你可以为血汗工厂中的劳动力做些什么。

12. 为什么低估失业统计数据是一个问题？为什么高估通货膨胀统计数据是一个问题？

13. 登录人口调查局的网站（http://www.census.gov），用价格分类，然后点击 "cost of living and wages"，从而找到今年和去年的消费价格指数，并计算现在的通货膨胀率。

14. 你是怎样受到通货膨胀影响的？仔细思考在本章中讨论的通货膨胀的影响，那么你是通货膨胀的受益人还是受害人？

15. 你认为通货膨胀和失业哪个问题更加严重？给出你的答案并做出解释。

附录 5   消费价格指数的构建

消费价格指数的构建首先是选取一个基准年，比如 2002 年，然后计算 2002 年的消费价格指数，可通过除以在一个固定篮子中的商品和服务的实际加权平均价格并乘以 100 得到。

现在让我们计算一个虚拟小国的消费价格指数，如果这个国家在 2002 年固定篮子中的商品和服务的加权平均价格是 4 000 美元，我们可计算如下所示的 2002 年的消费价格指数：

$$\frac{2002\ 年的平均价格水平}{2002\ 年的平均价格水平} \times 100 = (4\ 000\ 美元/4\ 000\ 美元) \times 100$$
$$= 1 \times 100$$
$$= 100$$

基准年的消费价格指数通常都是 100。现在假设我们想要计算 2014 年的消费价格指数。假设 2014 年固定篮子中的商品和服务的加权平均价格是 8 000 美元。我们通过用 8 000 美元除以 2002 年的平均价格水平，然后乘以 100 便可计算 2014 年的消费价格指数。也就是说，我们用以下方式计算 2014 年的消费价格指数：

$$\frac{2014 \text{ 年的平均价格水平}}{2002 \text{ 年的平均价格水平}} \times 100 = (8\,000 \text{ 美元}/4\,000 \text{ 美元}) \times 100$$

$$= 2 \times 100$$

$$= 200$$

此外，消费价格指数为 200 对我们而言并不意味着什么。一个指数不是任何商品的平均价格。但是，我们可以用消费价格指数来比较某一年的价格水平与另外一年的价格水平。比如在我们上面的例子中，我们可以说 2014 年的价格（消费价格指数为 200）是 2002 年（消费价格指数为 100）的两倍。

第8章框架图

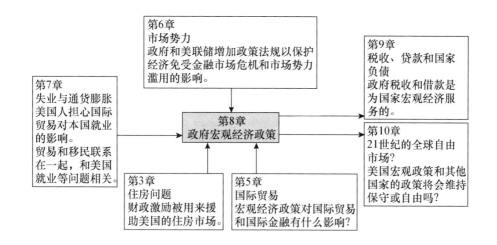

第6章
市场势力
政府和美联储增加政策法规以保护经济免受金融市场危机和市场势力滥用的影响。

第9章
税收、贷款和国家负债
政府税收和借款是为国家宏观经济服务的。

第7章
失业与通货膨胀
美国人担心国际贸易对本国就业的影响。
贸易和移民联系在一起，和美国就业等问题相关。

第8章
政府宏观经济政策

第10章
21世纪的全球自由市场？
美国宏观政策和其他国家的政策将会维持保守或自由吗？

第3章
住房问题
财政激励被用来援助美国的住房市场。

第5章
国际贸易
宏观经济政策对国际贸易和国际金融有什么影响？

经济学工具箱

- 总需求
- 总供给
- 国内生产总值（GDP）
- 真实 GDP
- 财政政策、货币政策和供给政策
- GDP 的构成
- 收入分配

- 衰退
- 滞胀
- 充分就业的 GDP
- 名义 GDP

- 美联储
- 涓滴哲学

- 需求拉动型通货膨胀、成本推动型通货膨胀和利润推动型通货膨胀

政府宏观经济政策

长期来看，我们都会死。

——凯恩斯

现在该是时候讨论宏观经济了，通过这样做，你将发现你可以更容易地理解失业、通货膨胀以及我们国家目前面临的其他重要经济问题。你将理解政府宏观经济政策的含义，例如财政政策和货币政策，这些名词大家以前都听过，尤其是在严重的经济衰退期，但是很少有人真正理解这些政策的含义。既然你已经学了需求和供给，那么理解起来就不那么困难了。

宏观经济图表

你应该记得我在一开始说过本书基本上只使用两条曲线，即在第 1 章学过的需求曲线和供给曲线，来反映整个经济。

回想第 1 章中用需求曲线和供给曲线来表示某种商品和服务的市场，例如家教服务。图 8-1 再次给出家教市场的供求图，让我们把这个图转换成反映整个

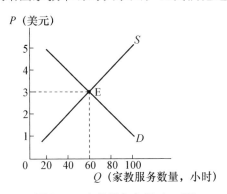

图 8-1 家教服务市场（一周）

市场将在 E 点出清，在每小时 3 美元的价格下，家教服务的需求量等于供给量，为 60 小时。

经济的图。让纵轴的价格不再表示家教服务的价格，而是表示整个经济的平均价格，图 8 - 2 纵轴表示生产所有产品的平均价格。（例如用第 7 章讨论的消费价格指数来衡量价格 P。）

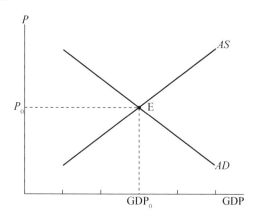

图 8 - 2　宏观经济

在宏观经济中，价格 P 表示平均价格水平，GDP 是总产出，AD 是总需求曲线，AS 是总供给曲线，在均衡点 E 点，平均价格水平为 P_0，国内生产总值为 GDP_0。

图 8 - 1 横轴的 Q 表示家教服务的数量，在图 8 - 2 中 Q 为名义 GDP，表示经济中所有商品和服务的总产出，第 1 章讲述了 GDP 的含义，后面我们会对 GDP 进行更多的讨论。

总需求：在给定的平均价格水平下，需要（购买）的总产品（GDP）数量。

在图 8 - 2 中，让我们用 AD 替换 D 表示向下倾斜的需求曲线，用以表示总需求，并且定义为在给定价格水平下的总需求量，我们考虑的是经济中所有部门的总需求。记住，总需求涉及经济中的购买方，也就是说，在给定价格水平下购买的国内生产的产品数量。**AD 曲线表示世界上所有人购买的美国产品。**

总供给：在给定的平均价格水平下，提供（生产）的总产出数量（GDP）。

同样，我们用 AS 表示供给曲线，用以表示总供给。总供给被定义为在给定价格水平下总产出的数量（GDP），这里我们考虑的是经济中所有生产者创造的国内生产总值，总供给指的是经济中的生产层面，即创造出来的国内生产总值的数量。**总供给曲线代表了所有为创造美国国内生产总值做出贡献的人。**

图 8 - 2 中总供给曲线向上倾斜，这与个体市场上的供给曲线向上倾斜的原因相同，在更高的价格下，生产者更有动力生产商品。因此，当产品价格上升时，供给量增加。

然而，图 8 - 2 中总需求曲线向下倾斜的原因和个体市场中需求曲线向下倾斜的原因不同。例如，考虑橘子市场，当价格下降时人们愿意购买更多的橘子，因为他们能够支付得起，他们也可能购买其他可替代的水果，例如苹果和香蕉。但是当我们考虑总需求时，这种替代性不存在，因为总需求是对所有商品的需求，不存在替代品。同样，整个市场平均价格下降并不代表人们能够支付得起总产出，因为我们的购买力不仅依赖于价格，还依赖于收入。除非受其他因素影响，否则通常假设随着平均价格水平下降，总收入下降。这意味着除了价格，总需求还有其他影响因素，如贸易、资产、利率等因素，本章附录部分会详细讲解。

最后，要注意图 8 - 2 中总需求和总供给在 E 点达到均衡，我们可以看到平均价格水平为 P_0，国内生产总值为 GDP_0。

国内生产总值

GDP 的定义

> **国内生产总值（GDP）**：特定时期内（通常是一年），一国国内经济中生产的所有产品和服务的市场价格。

国内生产总值（GDP） 是指一国国内经济中一定时期内（通常为一年）生产的所有最终产品和服务的市场价格。

我们需要考虑定义的内涵。第一，最终产品和服务包括购买的作为最终产品的所有产品（如汽车和洗碗机）以及服务（如理发和医疗）。假设你从超市购买了作为最终产品销售的一袋面粉，因为这一袋面粉不再被加工或者再销售。（你可以用面粉生产面包自己吃，但是你不会售卖生产出来的面包。）然而，假设市中心的面包店购买了很多袋面粉并使用面粉生产面包圈和饼干，然后进行销售，那么在这种情况下，面粉是中间产品，生产出来的面包圈和饼干才是最终产品。只有在最终生产环节销售的产品才计入国内生产总值，这样避免了重复计算。面粉的价值已计入了面包之中。

第二，所有组成 GDP 的产品必须是在特定年份生产的。例如，你今年卖掉 10 年前的老房子，房子的价值并不计入今年的 GDP。然而，如果你雇用了房地产经纪人，其服务价值计入今年的 GDP，因为这是当前的服务。同样，如果一辆今年生产的车作为库存在未来被卖掉，那么它将计入它被生产出来的这一年的 GDP。

第三，要注意国内生产总值以价值的形式被定义，在美国是以美元的形式。我们不可能累加苹果、橘子、冰箱、彩电等产品，我们也无法判断某年生产很多电视机相比于某年生产很多冰箱来说，哪一年的 GDP 更高，而且我们也无法比较生产很多棒球卡、啤酒和热狗的美国的 GDP 与生产很多土豆、伏特加酒和鱼子酱的俄罗斯的 GDP，因为不同产品的数量无法比较。因此我们要用货币的形式表示产出。

市场价格：等于商品的零售价格与消费税和销售税之和。

鉴于这些原因，我们必须首先给产品数量赋值，然后再把这些产品加总。我们使用市场价格来衡量产品数量的价值。**市场价格**包括商品的零售价格再加上消费者支付的消费税和销售税。如果产出用美元计价，我们可以简明地列出总产出的美元价值。

第四，注意，国内生产总值的定义是国内经济中的所有最终产品和服务，这区别于国民生产总值。

国民生产总值（GNP）：特定时期内（通常是一年）一国所有公民生产的最终产品和服务的市场价格。

经济数据："真实 GDP。"

找到更多有关真实 GDP 的信息，包括习题、图表、数据等，请查阅宏观经济学并点击产出、收入和价格水平。

http://www.cengage.com/economics/econapps

国民生产总值（GNP） 表示特定时期内（通常是一年）一国所有的公民创造的最终产品和服务的市场价格，两个概念的唯一区别就是国内和国民。

一方面，当我们说 GDP 时，是指在美国境内生产的最终产品和服务，例如，如果墨西哥居民到美国来种植西红柿，那么西红柿的价值将计入美国 GDP，因为这是在美国境内生产的。然而，美国公民在墨西哥取得的收入并不计入美国 GDP，因为其不在美国境内了。

另一方面，当我们讨论 GNP 时，是指美国所有公民的生产（包括美国工人、企业所有者等）。例如，一个美国公民在墨西哥取得的收入要计入美国 GNP。无论在何处生产，只要是美国公民生产的，都包括在内。加拿大公民在美国生产的汉堡包则不被计入美国 GNP，因为生产者是外国人，但是会计入美国的 GDP。

美国政府和教科书经常使用国内生产总值的概念，然而 GDP 数据有时不易获得，因此使用 GNP 来代替。两个指标都是用来大体衡量总产出的。

美国 GDP 水平在全世界最高，2007 年价值约为 14 万亿美元，衡量经济有不同的指标，例如其他章节讲到的国民收入等，但 GDP 是衡量经济整体的指标，世界上没有其他国家的 GDP 数值接近美国的，包括全世界 GDP 排名第二的日本也只有约 4.4 万亿美元。表 8-1 列出了 2007 年全球 GDP 排名前十的国家。

表 8-1 世界排名前十国家的 GDP（2007 年）

国家	GDP（百万美元）
美国	13 751 400
日本	4 384 255
德国	3 317 365

续前表

国家	GDP（百万美元）
中国	3 205 507
英国	2 772 024
法国	2 589 839
意大利	2 101 637
西班牙	1 436 891
加拿大	1 329 885
巴西	1 313 361

资料来源：World Bank. World Development Indicators 2009. Washington D. C.：World Bank，2009.

真实 GDP 与名义 GDP

当我们使用 GDP 这个指标时，必须注意比较不同的时期。假设 GDP 从 1990 年到 2000 年翻了一番，这意味着真实产出增加了还是价格上升了？或者两者都有？如果我们对真实产出是否增加感兴趣，那么我们需要考虑真实 GDP 而非名义 GDP。

> **真实 GDP**：依据恒定价格水平计算的 GDP。
> **恒定价格**：基准年的价格。

真实 GDP 定义为依据**恒定价格**水平计算的 GDP，恒定价格水平指特定年份的价格水平。例如以 1982 年为基期，1990 年的真实 GDP 为 1990 年生产的产品按照 1982 年该产品的价格计算得出的产品总值，同样，2000 年的真实 GDP 也是按照 1982 年产品的价格来计算 2000 年生产的产品总值。因此，当我们比较真实 GDP 时，2000 年和 1990 年增加的部分就是实际产出水平的提高，而非价格上涨引起的 GDP 增加（因为这里价格是恒定的，都使用 1982 年的产品价格）。详见下式：

1990 年真实 GDP = 1982 年价格 × 1990 年产出
2000 年真实 GDP = 1982 年价格 × 2000 年产出

> **名义 GDP**：依据当前价格水平计算的 GDP。
> **当前价格**：某一年的实际价格。

名义 GDP 定义为依据**当前价格**水平计算的 GDP，是某年的实际价格。2000 年名义 GDP 为以 2000 年价格水平计算出的这一年生产的所有产品的价值，同理，1990 年名义 GDP 则以 1990 年产品价格计算。详见下式：

1990 年名义 GDP = 1990 年价格 × 1990 年产出
2000 年名义 GDP = 2000 年价格 × 2000 年产出

表 8 - 1 反映的就是名义 GDP 数值，我们只考虑一年的信息，而真实 GDP 则是当我们要对比不同年份的信息时所使用的数值。真实 GDP 剔除了通货膨胀的影响，名义 GDP 却没有。

GDP 的缺陷

GDP 是衡量经济活动和生活水平的一个典型指标，当 GDP 高时，假定经济运行良好，生活水平较高；当 GDP 随着时间增长时，假定经济活动增加，生活水平也提高。然而，这些假定有一些不足，非市场交易、地下经济活动和国内产出的分配与构成使得用 GDP 来衡量经济活动和我们的生活水平是不完善的。

非市场交易

还记得 GDP 的定义吧，一国国内经济生产的所有最终产品和服务的市场价值，然而，如果一种产品或服务没有进入市场呢？如果你自己粉刷了自己的公寓，吃自己花园种植的作物，在当地医院做志愿者呢？如果你在家从事家务，如准备晚餐、照顾小孩、清扫房间呢？这些产品和服务由于没有在市场上交易，所以并没有被赋予市场价值，从而没有计入 GDP。

排除非市场交易的产品和服务低估了整个经济的生产活动价值。很多人认为这还低估了传统妇女从事家政服务的价值，不能把这部分服务计入在内意味着没有完全评估经济中妇女的重要贡献。

排除非市场交易的产品和服务也导致了对比失真。20 世纪 50 年代大多数妇女待在家里做全职主妇，在 20 世纪 90 年代，许多妇女进入劳动力市场工作，付钱给提供服务的家政公司，随着人们雇用别人照顾小孩、做家务、购买快餐，这些之前不计入 GDP 的产品和服务开始计入 GDP。表面上看 20 世纪 90 年代和 21 世纪的 GDP 比 20 世纪 50 年代高很多，部分原因就是家政服务成为有偿服务计入了 GDP。

排除非市场交易的产品和服务还导致了国家对比失真。在发展中国家，家庭经常自己种植所需的作物，自己建房、贮水、获取所需燃料，GDP 统计数值较低就是因为这些非市场交易不计入 GDP。同时，许多妇女的服务没有被计入和衡量。

地下经济活动

地下经济是指没有上报政府的经济活动，这些活动要么违法，要么是因为参与人的避税行为，从而使得 GDP 指标低估了真实经济活动。

假设你从事非法活动，例如赌博、卖淫或者毒品交易（希望你没有！），那么你绝对不会把这部分收入上报政府部门！非法经济活动没有计入 GDP，尽管我们不知道有多少地下经济活动，但我们知道对于很多国家来说非法经济活动规模不小。

在一些国家，例如阿富汗和哥伦比亚，经济活动中的很大比例属于非法交易。

同样地，个人从事地下经济通常是为了逃避个人所得税的支付，这也没有被计入 GDP，这些交易可能包括合法活动，例如理发、照看小孩等，但是如果该服务没有上报，那么不会计算在 GDP 内，同样使得 GDP 统计数据失真，我们不清楚这种合法地下活动的数量，但该活动在美国很多。

构成和分配

GDP 的构成：GDP 包含的产品和服务。

GDP 的构成和 GDP 指标同样重要，如果一个小国主要生产武器和其他军事设备，那么和具有同等 GDP 水平但主要提供医疗、教育服务和生产其他产品以满足人民需求的国家相比，国民能达到的生活质量是不同的。

收入分配：国民收入如何在一国国内分配。

GDP 的分配或者更专业地称为**收入分配**，也非常重要。这在很大程度上反映了一国的收入是主要流向小群体、有选择的群体、上层精英，还是公平地在国内分配。大多数公民在公平分配情况下生活水平更高。**鉴于这个原因，国民的生活水平不仅依靠国内生产总值，还依靠收入分配政策。**

最后要注意，假设一国 GDP 快速增长，同时该国也经历着越来越多的污染、交通拥堵和自然资源的损耗等问题，或者该国居民必须每周工作很长时间来生产更多的产品。这样，我们还能说该国的生活质量在提升吗？**尽管我们花很多精力关注国内生产总值，但是也要留意上面讲的这些问题，高 GDP 并不同时意味着高生活水平。**

总需求和总供给

因为总需求考虑美国在特定价格水平下需要的总产出数量，对我们来说考虑各种购买构成 GDP 的产品的部门是很有用的，通过这种方式，我们可以思考各部门如何影响总需求。简单来说，让我们仅考虑一些增加总需求的因素。**当经济中的任何一个部门增加其购买数量时，都将增加总需求。让我们依次考虑这些部门。**

哪些部门反映总需求？

消费者

耐用品：商品使用寿命达到一年以上。
非耐用品：商品使用寿命不到一年。

个人消费者购买美国耐用品和非耐用品，**耐用品**是指使用寿命可以达到一年以上的商品，**非耐用品**是指使用寿命不到一年的商品。耐用品包括电器、家具、手机等，食物属于非耐用品。家庭购买的服务例如理发、医疗都属于消费项目，事实上，消费者购买代表了总需求的最大比例，这也是相对稳定的部分，尤其是非耐用品的比重。无论经济运行是否良好，人们都需要购买例如食物这些必需品。当经济形势不好的时候，许多人被迫减少例如汽车和家庭娱乐设施等大件商品的购买；当经济复苏时，这些商品的销售又好转起来。

有很多原因使消费者增加他们所购买商品和服务的数量。当消费者的收入增加时，消费者购买力提高（因为我们更富有）；当消费者资产价值上升，例如股票、债券、房产、设备等增值时，消费者购买力提高（因为我们感觉更富有）。当消费者预期未来会更好，例如预期未来职业晋升时，也将出去庆祝，增加消费。

转移支付收入：在个人不需要提供产品和服务的情况下，政府把钱转移支付给个人。

政府政策会直接影响消费者的收入。例如减税政策将提高我们的税后收入，同样，政府转移支付收入也会增加消费者收入，**转移支付收入**政策即在个人不需要提供产品和服务的情况下，政府把钱转移支付给个人，包括社会保障支付、失业救济金、退伍军人津贴。当转移支付收入增加时，我们的收入也将增加。

利率也会影响消费者的决策。当利率降低时，借贷成本下降，因此消费者更倾向于购买那些他们必须借钱才能购买的商品，如房子、汽车和家具等。**因为消费者代表了总需求的一部分，因此所有促进消费者购买的因素也都将增加总需求。**

最后，要注意尽管美国消费者购买外国商品，例如丰田汽车和宏碁笔记本，但这些并不构成美国 GDP，因此美国 GDP 的总需求曲线不包括进口品消费。

企业

存货：没卖掉的产品和材料。

假设企业也购买美国生产的产品，例如购买机器、工具和计算机，它们也购买工厂车间、办公楼、商场和酒楼等。最后，企业"购买"**存货**，即未销售掉的产品和材料，包括最终产品、生产环节的中间产品和原材料零部件。①

关于企业存货有很多解释。例如一个汽车企业可能有大量的汽车存货，可能

---

① 不要被中间产品的企业购买也计入 GDP 的事情所困扰。虽然 GDP 只包括最终的产品和服务，但一种解释方式能使中间产品的企业购买也包括在内。这种方式是"增值"，也就是说，只有每一生产环节额外的产品和服务价值才会计入 GDP，因而解决了计算中间产品和最终产品的 GDP 时对价值的重复计算。无论哪一种计算方法——不管是计算每一环节增加的价值还是只计算最终产品和服务的价值——都会得到同样的 GDP。

是因为经理人预测最近一段时间汽车的需求量会增加，或者汽车需求下降导致产品有剩余。不管是何种原因，存货也算在总需求里面，视为企业"购买"。

企业购买只占总需求的一小部分，却容易大幅波动。当经济低迷时，企业家们不愿意购买新的工厂和设备；当经济复苏时，他们则愿意增加购买。

影响企业购买的因素中未来预期是一个很重要的因素，如果经济复苏，企业家预期销售增加，他们将购买新的工厂和设备来满足消费者的未来需求。此外，企业家和消费者一样，也受利率变化的影响。利率下降意味着企业更容易购买新的工厂和设备。任何增加企业投资的因素都将增加总需求。然而，与消费者一样，我们只考虑企业购买的美国生产的产品而不考虑进口品。

政府

政府购买的产品和服务代表了总需求的第三个组成部分。政府购买形式多种多样，包括政府购买的救灾食品、办公用品、计算机等。政府也购买服务，包括警察、消防、军队、公共教师提供的服务。最后，政府购买例如监狱、学校教学楼等。同样，政府购买的美国生产的产品才能算作总需求的一部分。

要注意转移支付收入不属于政府购买的产品和服务，因为政府没有购买任何东西。政府转移的这部分收入最终被收入的接受者用于消费，属于总需求中的消费部分。

政府决策对总需求有着重要的影响。**因为政府购买产品和服务也是总需求的一部分，那么政府增加对医疗、太空项目、公共教育和其他项目的支出将直接增加总需求。**不管政府支出用于购买什么，都会增加总需求。因此，政府为战争而购买的军备武器和军事服务以及政府选择增加对公园和图书馆的支出同样会增加总需求。

不要混淆政府购买产品和服务与生产产品和服务的区别，产品和服务的生产发生在市场的供给方。

注意政府政策影响总需求的间接效应，税收减少或前面讲的转移支付收入的增加将增加消费者的收入，从而增加他们的消费，于是这些政府政策影响总需求中的消费组成部分。我们之后将会更细致地对此进行分析。

外国购买者

作为总需求的最后一个组成部分，我们必须意识到外国人也购买我们生产的产品，这部分已占美国 GDP 的 10%。外国购买者包括个人、企业和其他国家的政府，这构成了美国的出口。

出口增加会导致总需求增加，这主要由美国之外的因素决定，例如外国人的收入水平等。

总需求曲线移动

消费者、企业、政府或外国购买者会导致总需求曲线向右移动，如图 8-3 所示。同样，这四部门中任何一个减少购买都会导致总需求曲线向左移动。

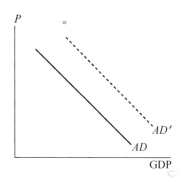

图 8-3　总需求增加

当总需求增加时，曲线由 *AD* 移动到 *AD'*。

总供给曲线移动

第 1 章所讲的引起供给曲线移动的原因同样导致总供给曲线移动，生产产品的成本如能源价格或工资水平降低会使得产品的总供给增加；技术进步会使得产量增加从而总供给增加；如果是农产品，气候良好也会使总供给增加。一些经济学家和政客相信政府可以通过制定政策来影响总供给曲线的移动，之后我们会讨论这一问题。

正如图 8-4 所示，任何原因导致的总供给增加都会使得总供给曲线向右移动。

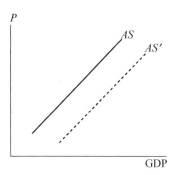

图 8-4　总供给增加

当总供给增加时，曲线由 *AS* 移动到 *AS'*。

通货膨胀

在第 7 章我们定义了三种类型的通货膨胀，在本章的宏观经济学背景下更容易理解通货膨胀问题，让我们用总需求曲线和总供给曲线来对美国不同时期不同类型的通货膨胀进行分析。

需求拉动型通货膨胀

总需求增加引发的通货膨胀叫作需求拉动型通货膨胀。如图 8 - 5 所示，初始的国内生产总值位于 GDP_0，对应的平均价格水平为 P_0。现在考虑 20 世纪 60 年代的情形，肯尼迪总统发起了一系列社会项目，这些项目意味着政府增加对产品和服务的购买（例如难民所需的食物）以及对低收入者的转移支付收入。1963 年政府还降低了个人所得税，提高了消费者的税后收入，从而使得消费者对产品和服务的购买增加。最后，越南战争中美国政府对武器和其他军用设备以及军人服务的购买也构成了需求的一部分。

所有这些因素导致了总需求的增加，使得总需求曲线向右移动，导致国内生产总值从 GDP_0 增加到 GDP'，平均价格水平从 P_0 上涨到 P'，详见图 8 - 5。平均价格水平的上升意味着通货膨胀，这就是需求拉动型通货膨胀的例子。

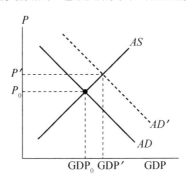

图 8 - 5　需求拉动型通货膨胀

总需求从 *AD* 增加到 *AD'* 导致更高的平均价格水平（P'）和更高的国内生产总值（GDP'）。

成本推动型通货膨胀

成本推动型通货膨胀是由生产成本增加导致的，回想一下 20 世纪 70 年代中后期通货膨胀率非常高，这可以归为成本推动型通货膨胀。

1973—1974 年，阿拉伯国家切断对美国的石油供给，以反对美国在阿以战

争中支持以色列，石油价格由此上涨。到 1979 年，伊朗伊斯兰革命中伊朗国
王被推翻，伊朗石油供给又被切断，从而石油价格飙升。所有这些事件都发生
在石油输出国组织市场势力增强的背景下，旨在提高石油价格。因为购买石油
和相关能源产品对美国来说至关重要，所以石油价格上涨直接导致平均价格的
上升。除此之外，我们知道能源是生产大多数产品和服务的重要投入品，能源
价格的上涨导致生产成本的增加，生产成本增加导致总供给曲线向左移动，如

> **衰退**：国内生产总
> 值下降并伴随着失业的
> 增加。至少连续两个季
> 度实际 GDP 下跌。

图 8－6 所示。

图 8－6 中总供给曲线向左移动导致国内生产总值减少
到 GDP′，平均价格水平上升到 P′，平均价格水平上升是发
生通货膨胀的结果，而 GDP 下降意味着经济**衰退**。

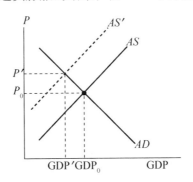

图 8－6 成本推动型通货膨胀

总供给减少（AS 到 AS′）导致更高的价格水平 P′ 和更低的国内生产总值 GDP′。

> **滞胀**：通货膨胀和
> 经济衰退同时发生。

在衰退时期，总产量下降，就业也随之减少。（在更低
的产出水平下需要更少的工人。）因此，美国经历了通货膨
胀和经济衰退的双重打击，这种情形被称为**滞胀**。尽管宏观经济学的这些问题是
由于石油价格上升引起的，卡特总统却为此付出了代价，很多人相信，正是这些
问题使得卡特总统在 1980 年的连任上落选，继而里根总统竞选上任。

利润推动型通货膨胀

这是由于行业的垄断势力导致的通货膨胀。正如第 6 章所述，当企业使用市
场势力即影响市场价格的能力时，产量完全被价格和利润所支配，这些显示为总
供给曲线的移动，情形和图 8－6 相同。尽管许多人没有发现，但是美国企业垄
断市场限制产量和就业导致产品价格上升，损害了工人和消费者的利益。正如第
5 章所述，产品价格上升对那些进口该产品的发展中国家来说具有负面影响。

政府宏观政策

我们现在正在分析政府能采取什么政策来处理失业和通货膨胀。你也许听过财政政策和货币政策这两个术语。当里根总统的第一个任期开始时，我们开始熟悉供给政策这一术语。尽管我们对这些术语很熟悉，但是大多数美国人并不太清楚知道它们的含义。接下来，我们依次讨论它们。①

财政政策

财政政策：通过政府支出和税收政策使得总需求曲线移动。

扩张性财政政策：增加总需求、刺激经济的财政政策。

紧缩性财政政策：降低总需求、紧缩经济的财政政策。

充分就业的 GDP：劳动力充分就业情况下的 GDP（一个假定的概念）。

经济争论："'新经济'中必然有一部分是'无就业的复苏'吗?"

阅读关于经济衰退原因的争论可能以"无就业的复苏"告终，经济增长率和失业率之间到底存在什么关系？从宏观经济就业、失业和通货膨胀中寻找答案。http://www.cengage.com/economics/econapps

财政政策使用政府支出和税收来改变总需求曲线，财政政策可以是**扩张性财政政策**（总需求曲线向右移）或**紧缩性财政政策**（总需求曲线向左移）。在本章一开始提到的经济学家凯恩斯提出了政府可以使用有效的财政政策来调控经济的理论。他认为当经济出现问题时，政府应该行动起来而不是长期地等待，"长期来看，我们都会死。"

扩张性财政政策的效果如图 8-7 所示，假设经济在 GDP_0 处运行，平均价格为 P_0，假设**充分就业的 GDP** 为 GDP_F，即劳动力充分就业情况下的国内生产总值水平，充分就业的 GDP 意味着周期性失业为零。**充分就业的 GDP 是一个假定的概念，这是我们希望达到的 GDP 水平，通常实际 GDP 要比该水平低，例如在 GDP_0 的位置上。**

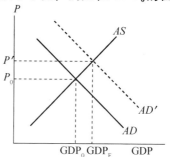

图 8-7 扩张性财政政策

扩张性财政政策使得总需求曲线向右移动，从而国内生产总值更高（GDP_F），平均价格水平更高（P'）。

---

① 在本章总需求方面的政策中，我们故意通过忽视乘数效应——初始的支出最终会形成更大的支出——来简化总需求方面购买的影响。这种简化并不影响本章和下一章的结论。

如果成功使用扩张性财政政策，总需求曲线将向右移动，国内生产总值将增加到 GDP_F，在这个过程中就业增加，同时平均价格水平也上升。

你已经知道了政府用来改变总需求的工具：政府购买、政府税收和政府转移支付。回想前面讲过政府购买支出代表了总需求的一部分，因此当政府购买支出增加时，总需求曲线向右移动。另外，政府降低个人所得税，消费者税后收入上升刺激消费，增加了总需求中的消费者需求，从而导致总需求曲线向右移动。最后，政府转移支付将增加消费者收入，也导致总需求的增加。在所有这些情形下，总需求曲线右移代表总需求的增加。

这些财政政策工具可以独立使用。因此，当其中一种工具被使用时，不要想当然地以为其他财政政策工具也在同时使用。

财政政策的例子

克林顿总统 1993 年执政期，是美国经历经济衰退的困难期，失业率较高，克林顿总统寻求增加国内生产总值的途径，即采用扩张性财政政策。他的第一个财政政策方案就是加强国内铁路建设，政府购买了大量的建筑材料和建筑工人的服务，有效地增加了总需求。

布什总统在执政第一年就遭遇了经济衰退，2001 年衰退停止，但却是无就业的复苏，失业率依然很高。布什总统采取了很多政策以修复经济。例如，布什总统推行了大规模减税计划，这意味着消费者税后收入增加，从而可以购买更多的美国商品。问题是这些特殊税种的减税政策使得富人获得最大的好处，而富人和穷人相比并不会利用减税的收入增加消费。布什政府的其他政策包括政府增加对伊拉克和阿富汗的战争支出，这也将增加总需求。关于布什总统的税收政策，在第 9 章会进行更详细的阐述。

2008—2009 年经济衰退期的财政政策

奥巴马总统执政期是经济衰退程度最高的时期，面临着自美国大萧条以来最大的经济挑战。数据显示，美国 2008 年第四季度实际 GDP 下降 5.4%，2009 年第一季度下降 6.4%，第二季度下降 1%，回想当 GDP 连续两个季度下降就表示经济陷入衰退。当时预期 GDP 能在 2009 年 10 月触底反弹，增长率为 1.6%。失业率在 2009 年上半年达到 10%，在 2009 年下半年和 2010 年继续上升。奥巴马总统使用扩张性财政政策并出台了美国《复苏与再投资法案》（American Recovery and Reinvestment Act），称为一揽子刺激方案。该方案经国会批准推出总额为 7 870 亿美元的支出和减税计划，以期缓解经济下滑。

该政府支出增加包括转移支付增加和减税，即我们本章所述的扩张性财政政策工具，但由于经济大幅度衰退，刺激方案不能立即带来经济复苏，也不能马上降低失业率。刺激方案是短期方案和长期方案的组合,大多数经济学家相信失业率的改善要比经济复苏、GDP 增长滞后 6 ~ 12 个月,因为不断有新的毕业生进入劳动力市场而且劳动生产率不断提高,所以提供的新岗位很少,即便有也不一定由之前的失业人群获得。

短期刺激计划包括大部分减税计划、增加失业保险、一次性提高社会保障金,这些转移支付使消费者获得更多的收入。经济学理论告诉我们这将立即增加消费者购买,但每一个消费环节都需要一定时间来促使生产者雇用更多的工人生产商品,并增加企业的支出,这种加速器作用在长期才能奏效。

其他短期刺激计划包括公共医疗补助,从而促进医疗行业发展并为那些付不起费用的人提供医疗服务,食品救助项目也属于短期刺激计划。长期来看,政府继续支持教育和医疗项目。这些都为经济注入更多的资金,一些基础设施项目立即启动,从而促进就业,而另一些项目计划长期执行,包括大型运输、高速公路建设和能源项目。一个特殊项目叫"旧货补贴",为消费者提供高达 4 500 美元的补贴以旧车换新车。

财政政策总结

扩张性财政政策使用下面一个或多个工具:

1. 政府增加购买产品和服务;
2. 政府减税;
3. 政府转移支付增加。

同样,紧缩性财政政策使用下面一个或多个工具:

1. 政府减少购买产品和服务;
2. 政府增税;
3. 政府转移支付减少。

货币政策

货币政策被定义为国家货币供应量的改变以调整总需求。政府负责制定财政政策(总统和国会),而货币政策是由**美联储**控制的。美联储是美国的中央银行。联邦储备委员会由 7 名成员组成(其中主席和副主席各 1 名,委员 5 名),需由美国总统提名,经美国参议院批准方可上任,任期为 14 年（主席和副主席任期为 4 年，可连任），每两年提名一次。尽管由总统决定联邦储备委员会成员，但总统的权力是有限的。美联储在某种程度上来说免受政治影响。2006—2014 年美联储主席是本·伯南克（Ben Bernanke）。

美联储掌管国家的货币供应，货币供应量的改变会影响利率。（事实上，根据贷款类型和金融投资可以分为很多种利率，然而不同利率的变化方向是一致的，同时向上或向下变动。）考虑到表示货币价格的利率，在货币供应量增加的时候利率下降（正如玉米供给增加会导致玉米价格下降一样），在货币供应量减少的时候利率上升。

经济链接：找到政府分类中联邦储备银行的链接。

http://www.cengage.com/economics/econapps

紧缩性货币政策： 旨在减少总需求、降低 GDP 的货币政策。

扩张性货币政策： 旨在增加总需求、提高 GDP 的货币政策。

货币政策通过影响利率来影响经济，利率上升会导致企业购买的工厂和设备数量减少，同时消费者会减少购买汽车、住房、家具和其他贵重物品的数量，企业和消费者必须借款来购买这些大件商品，而利率的上升会使借款成本增加，这使得企业和消费者无法承受。**因此，一国货币供应量下降将导致利率上升，从而使得消费者和企业购买力下降，导致总需求减少。** 一国货币供应量减少意味着**紧缩性货币政策**（货币政策减少总需求，从而减少 GDP）。一国货币供应量增加将使得总需求增加、GDP 增加，意味着**扩张性货币政策**。

因此，货币政策与财政政策一样，是改变总需求的政策。 学生有时会对货币供给产生困惑，并假设它反映经济中的供给方，要知道货币政策和财政政策一样，都是用来影响总需求的。

货币政策的例子

美联储主要根据经济状况选择扩张性货币政策或紧缩性货币政策。里根政府于 1981 年遇到的经济状况就是很好的例子，当时面临着严重的通货膨胀，尽管总统没有货币政策的直接控制权，但是里根总统提出让美联储采取紧缩性货币政策降低总需求，美联储确实这样做了，结果参见图 8 - 8。

随着美联储采取紧缩性货币政策，利率上升。建筑行业和汽车行业遭受到沉重打击，因为企业和消费者都不能或不愿意在高利率水平下借款来购买这些行业生产的商品。总需求的减少导致国内生产总值下降到 GDP′，如图 8 - 8 所示。紧接着，经济衰退导致 20 世纪 80 年代初的高失业率。通货膨胀是被控制住了，其代价是严重的经济衰退和失业现象。20 世纪 90 年代也采用了同样的货币政策，尽管结果没有 80 年代那么严重，但同样导致了经济衰退和高失业率。

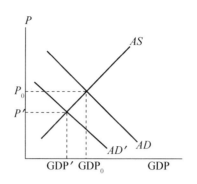

图 8-8　紧缩性货币政策

紧缩性货币政策使得总需求曲线向左移，导致 GDP 水平下降到 GDP′，平均价格水平下降到 P′。

21 世纪初的经济衰退是另一个例子。美联储执行增加货币供应量的政策并导致利率下降，而在利率多次下降后，消费者和企业购买支出增加的决策却仍不明朗。这主要是因为消费者担心失业、企业担心破产，因此不论利率下降到多么低的水平，消费者和企业都不愿意借钱来购买商品。事实上，这正是货币政策的一个问题。

2008—2009 年经济衰退期的货币政策

联邦基金利率：美国同业拆借市场的利率，是一家银行向另一家银行借出资金的隔夜贷款利率。政府债券买卖影响该利率水平。

经济新闻："走钢丝的货币政策。"

点击货币政策并阅读更多有关美联储和利率的信息。

http://www.cengage.com/economics/econapps

2008—2009 年的经济衰退是美联储、美国总统和国会面临的自大萧条以来最严峻的一次挑战，要求采用猛烈的扩张性货币政策以及其他政策。美联储在公开市场上购买政府债券，第 9 章会详细讨论政府债券。政府债券就是一张纸，政府欠债券持有者本金和利息，每天都有几千人买卖政府债券。美联储在公开市场上购买这些债券，意味着美联储向银行系统注入更多的货币，这将导致联邦基金利率下降。**联邦基金利率**指美国同业拆借市场的利率，是一家银行向另一家银行借出资金的隔夜贷款利率。当货币供给增加时，联邦基金利率下降，银行有更多的可贷资金，因此收取更低的利率。当时，扩张性货币政策已得到充分使用，联邦基金利率下降到零附近。

美联储还下调了贴现率，即银行向美联储借钱的利率。这也使得银行有更多的资金可借出。其他方面，如美联储购买其他形式的债券也增加了银行的资金量。

随着本书的出版，扩张性财政政策和货币政策开始生效。2009 年 8 月，美国仍处于经济衰退，GDP 仍然在下滑，但是下滑幅度减缓。随着政策发挥作用，

GDP 将停止下降，经济会停止衰退，转向复苏。

货币政策总结

总体来说，扩张性货币政策即美联储增加货币供应量，这会降低利率，鼓励消费者和企业增加对商品和服务的购买。紧缩性货币政策即美联储减少货币供应量，这会提高利率，降低消费者和企业的购买水平。

失业和通货膨胀的权衡

这些财政政策和货币政策的例子表明了刺激经济总需求的一个缺陷。总需求增加，例如 20 世纪 60 年代初采用扩张性财政政策的情形，会导致 GDP 和就业增加，但这是以通货膨胀（平均价格水平上升）为代价。而总需求减少，例如 20 世纪 80 年代初紧缩性货币政策的情形，能够降低通货膨胀，但这是以经济衰退（GDP 下降）为代价，引发了高失业率。**因此，总需求政策至少短期内需要在失业问题和通货膨胀问题之间进行权衡。**

有没有一种政策能够同时降低高通货膨胀率和高失业率？这个目标需要供给政策来实现，这就是 1981—1984 年里根总统执政时期流行的供给学派。

供给政策

供给学派：认同增加总供给的经济政策。

供给政策：使用各种工具来刺激工人和企业生产更多产品，从而增加总供给和 GDP。

供给学派是思想的一次革命。里根政府采取了供给政策来增加总供给。供给政策背后的想法是增加总供给而非总需求，GDP 和就业将会增加，同时平均价格水平将会下降，同时实现低失业率和低通货膨胀率。图 8-9 描述了该现象。

里根政府采用的供给政策工具包括降低个人所得税，削减政府转移支付，减少政府监管（减弱政府参与经济的程度），这些政策包括乔治·W. 布什总统在内的美国保守派都采用过，下面对每一种政策进行逐一分析。

降低个人所得税

这个政策工具容易让人混淆，因为前面讲的财政政策和现在讲的供给政策都用到减税。回想财政政策，减税使得消费者手中的收入增加了，从而增加消费支出，这反映了总需求的增加。然而，用供给学派的观点来分析减税的效果是完全不同的。从供给学派的视角来看，减税使得税率降低，会影响生产率。因为减税等价于增加工人每小时的工资，设想工人面对更高的税后工资工作起来更有动力，从而提高他们的工作强度。一些人将会从事第二份工作或者加班，还有一些人愿意从事他们之前不愿意做的工作。**供给政策主要看重激励，这里的激励旨在提高工作强度，如果一国的工人更愿意提高他们的工作强度，就会使得生产增加，从而增加了经济中的供给量。**如图 8-9 所示，总供给曲线将向右移动，使得 GDP 扩张，价格下降。

1981 年里根政府实行了一系列大规模三年期减税计划，尽管国会缩减了减税的规模，但这仍然是美国历史上最大规模的减税计划，后来因为富人比穷人从这次最大规模的减税计划中获得更多的好处，从而使该计划遭到批判。

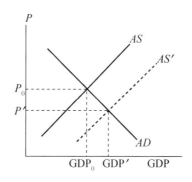

图 8-9　供给政策

供给政策使得总供给曲线向右移动，从而使得国内生产总值增加到 GDP′，平均价格水平下降到 P′。

乔治·W. 布什总统也推出过类似的减税计划，对所得税和其他税进行减免，尽管他宣传人人都获得好处，但事实上这个减税计划仍然使得高收入者获得主要利益。尽管布什声称减税是为了经济增长，而他确实成功地做到了这一点，但是我们无法忽视保守派的动机，这和里根政府时期的减税方案结果是一样的。

减少转移支付

正如减税一样，减少转移支付也在财政政策中使用过，同时转移支付也是一种供给政策工具。在财政政策中，转移支付的减少使得人们收入水平下降，从而导致购买水平降低，于是总需求减少。而在供给政策中，激励再次变得很重要，许多保守派人士认为转移支付给懒人、不愿意寻找工作而等待政府救济的人提供了激励，这样，减少政府转移支付会迫使人们努力寻找工作，有更多的人劳动，生产就会增加，总供给随之增加。

里根总统就实行了大规模的减少转移支付方案，福利改革已经不是工作激励而是工作要求。不管是激励还是要求，其目的都是增大人们的工作强度，从而增加生产和总供给。当然，在经济衰退时期，这种福利体系会遇到麻烦，因为工作机会很少，这也正是 2008—2009 年经济衰退期低收入人群面临的问题。

减少监管

减少监管：政府减少对经济部门的监管。

里根政府使用的第三种供给政策工具就是**减少监管**，即减少政府对美国企业的监管，尤其是减少环境保护和工人生产安全方面的监管。里根政府认为这些监管束缚了企业的手脚，提高了生产的成本，减少监管企业才能扩大生产，从而增加总供给。保守派布什总统在这方面意见如出一辙，不仅认为减少政府监管会给企业带来更多的生产激励，而且认为应限制政府在经济中的角色。

除了环保和生产安全方面，20 世纪 80 年代美国还减少了对金融部门的监管，导致金融行业监管不力，造成巨大的损失，这是导致 2007 年年底经济衰退的重要因素。金融部门的监管问题将会在第 10 章进行更详细的阐述。同时，我们意识到有相当多的声音否定了美联储在将来防止类似危机发生方面的作用。美联储将来是增强监管力度还是紧盯货币政策，让我们拭目以待。

供给政策的效果

20 世纪 80 年代使用供给政策工具是否成功地增加了 GDP？21 世纪初的保守派政策是否有效地刺激了经济？回答这些问题是很困难的，因为供给政策不是独立运行的，在 20 世纪 80 年代还实行了紧缩性货币政策，使得供给政策的效果微乎其微。同样，21 世纪头十年的供给政策力量与改变总需求的政策力量比较起来效果非常小。下一章我们会进一步讨论，这些力量来源于布什总统增加对福利、国防、安保方面的支出。

我们有理由质疑供给政策的效果，减税对增大工作强度的效果有限。大多数人不愿意改变每周工作的小时数，有些人在税后工资增加的情况下愿意增加工作时间，但有些人则希望减少工作时间，因为减税使得他们少工作几小时也可以获得原来预期的工资水平。劳动经济学家认为全面考虑这些影响，整个减税的效果可能接近于零，基本上没有变化。

许多人认为与减税一样，减少政府转移支付也不会增加对工作的激励。因为 20 世纪 80 年代获得转移支付的群体主要是有小孩的妇女和无法工作的人。我们加入福利系统的很多人根本无法工作，除非他们在照看子女、工作培训、教育等方面能够得到满足。最后，考虑到经济衰退的可能性，工作非常难找，一个人有工作动机并不意味着就能找到工作。因此，减少政府转移支付在有很多工作机会的条件下才对提高工作强度和刺激总供给有效。

记住 20 世纪 80 年代的供给政策以及 21 世纪初的保守派政策都旨在减少政

府参与经济的角色，减少政府对社保的支出、减税以增加私人部门的支出、减少政府对企业的监管等。保守派的目标是减少政府在经济中的角色，这是供给政策的根本。

如果我们质疑供给政策对刺激经济增长的有效性，那么我们必定想知道有什么其他方法更有效。在第 10 章我们分析 21 世纪的经济情形时会讨论增加总供给的真正力量。

涓滴哲学

里根总统为富人减税和减少对穷人的政府转移支出是否意味着他和其他供给学派的人都愿意帮助富人而伤害穷人？乔治·W. 布什总统对减税和福利制度所做的进一步改革是否意味着他抛弃了他父亲建立一个仁慈美国的理念，并再次让富人凌驾于穷人之上？供给学派的经济学家和政治学家会坚决地回答：不是。相反，他们认为这些政策一定会创造经济增长（也就是说，总供给持续增加）。他们认为经济增长会促进国家的繁荣，最终繁荣的利益会渗透到每一个人的生活中，无论是富人还是穷人。这种经济方法叫作涓滴哲学。我们把这个问题留给你们，保守派的这种做法是否最终会使所有人受益？又或者穷人是否会继续被排除在整个国家的繁荣之外？这个问题很重要，因为保守派的很多做法都体现了涓滴哲学。

新世纪的经济政策

乔治·W. 布什 2000 年当选美国总统，当时的失业率极低，只有 4%，通货膨胀率只有 3.4%，政府预算盈余，保守派的福利系统奏效，经济持续增长了 8 年。乔治·W. 布什执行保守派的理念，减少政府支出、减税，让一部分社保、医疗和教育私有化。

正如你所知道的，我们的经济经历了戏剧性的变化，首先是经历了小型衰退，并在之后十年达到最高的失业率水平，经历了 "9·11" 事件、阿富汗战争、入侵伊拉克。除了军费开支（这正是保守派经常做的），税收和国内项目的政府支出都有所减少。布什总统和里根总统时期一样，实行供给政策。除了国防方面，布什所有的目标都旨在降低政府参与经济的程度。

随着 2009 年初布什的卸任，我们面临着完全不同的经济局面，国家陷入房地产危机和金融危机导致的严重经济衰退，要求实行新的政策和选举新的总统，即希望采用财政政策和货币政策刺激经济复苏，同时规范监管金融部门的总统。奥巴马更信奉自由学派的经济哲学，他愿意增加政府支出带动经济复苏并监管金融部门的失误。

观 点

保守派与自由派

任何财政政策工具或者货币政策工具的使用都能成功地使经济扩张。从理论上讲，供给政策也能做到。虽然这些扩张政策都同样有效，但人们还是会对采取哪种政策有不同意见。你应该注意到自由派更愿意采取增加政府购买和转移支付的财政政策，尤其是为国内的社会项目进行购买。

保守派更愿意采取减税的财政政策，并给予私有部门更大的购买力，虽然保守派经常支持大量的国防支出。

保守派也更愿意采用货币政策，通过降低利率来增加私人消费者和企业的购买。此外，保守派还是供给政策的支持者。他们采取降低税收、减少转移支付和减少管制的政策来减少政府对经济的影响。

所以，虽然不同的政策可能对宏观经济有相同的效果，但它们的根本理论有很大的区别。虽然这些政策可能会使国内生产总值的规模发生相同的变化，但GDP 的组成和收入分配会有所不同。我们可以有更多的国防支出、更少的医疗保险支出。我们中的富人也许会更有钱，而穷人更穷。我们可以购买更多的房屋和工厂，却更少地购买教学楼。当然，GDP 的构成和收入分配与 GDP 的规模一样重要。

总 结

我们可以用总供给和总需求的有关图表来分析宏观经济。总需求是在特定价格水平下需要的总产品数量，而总供给是在特定价格下的总生产数量。总需求曲线与总供给曲线的交点决定了国家的平均价格水平和国内生产总值水平。国内生产总值是指一国国内经济中一定时期内（通常为一年）所生产的所有最终产品和服务的市场价值。总需求由消费者、企业、政府和外国购买者组成。政府和美联储可以通过政策改变总需求与总供给进而降低通货膨胀或者失业。用来改变总需求的两种政策是财政政策和货币政策。财政政策包括改变政府支出和税收，而货币政策包括改变货币的总供给进而改变利率。供给政策的目的是增加总供给。供给政策的根本就是减少政府对经济的影响。在这个过程中，这些政策的目标都是促进经济的繁荣。这些利益会渐渐渗透到所有社会大众的生活中。供给学派的批评者认为这些政策是无效的，而且会损害穷人的利益。

讨论和问题

1. 许多人认为政府应该计算家务劳动的价格并把它计入国内生产总值中，你是怎么想的？为什么？

2. 国内生产总值是对生活标准的准确测量吗？为什么？

3. 描述下列几项对国内生产总值、就业和通货膨胀的影响：（a）战争；（b）环境监管的减少；（c）福利的减少。

4. 在人口调查局的官网上查看现在 GDP 的水平（http://www. census. gov）。名义 GDP 是多少？实际 GDP 又是多少？计算实际 GDP 的基准年是哪一年？

5. 在劳工统计局的官网上查看目前的失业率（http://www. bls. gov）。可以说我们现在是充分就业的吗？

6. 保守派希望政府减少对经济的影响，而自由派却希望政府发挥更大的作用。这两派对增加政府购买和转移支付的财政政策是怎么看的？对于减少税收的财政政策又是怎么看的？降低利率的货币政策呢？

7. 你认为政府在经济中应该充当何种角色？

8. 你相信涓滴哲学吗？

9. 登录总统的网站（http://www. whitehouse. gov），查看总统最近关于政府购买和税收政策的演讲。他正在推崇哪一种宏观政策？你同意他的看法吗？

中国政府的宏观调控

宏观调控指的是政府运用财政、货币等经济政策手段对整个国家宏观经济的运行进行调节，其大部分内容不属于政府运用掌握的权力对经济资源的直接掌控和支配，如在经济周期中，政府运用货币政策、税收政策对经济运行进行宏观调控，它会影响资源的微观配置。政府在运用财政政策时，运用财政支出来进行公共产品如基础设施、公用事业的投资和经营，以及设立国有企业，这些就属于政府权力配置资源的范畴。目前在欧美等典型西方发达国家，由政府投资和直接掌控的国有企业规模并不大。与此相反，一些赶超型资本主义国家，如亚洲新兴工业化国家等，在这方面有很大的规模。

一个最有效率的经济体，就是在资源配置方面处理好政府权力与市场交易的互补边界和替代边界。当然这里所指的边界不是一个静态的概念，它是一个动态的概念，它随着市场交易与政府权力配置资源的能力而变化。市场交易配置资源的能力取决于市场化的进程和质量，而政府权力配置资源的能力就是政府治理经济的能力。

专栏一　发改委主任张平详细解读4万亿元刺激经济投资构成

中国国务院新闻办公室于2008年11月27日上午10时举行新闻发布会，请国家发展和改革委员会主任张平介绍进一步扩大内需有关问题的情况，并答记者问。

张平：关于4万亿元的问题，4万亿元的构成大体是这样的。在第四季度1000亿元的投资中，我们重点是解决民生的问题、基础设施的问题、生态环保的问题，当然也包括了提前下拨救灾的资金，加强灾后恢复重建的问题。这1000亿元涉及的建设工程，在今后两年中大体需要4万亿元投资。根据现行的投资体制和投资资金安排的方案，需要中央投资11 800亿元。这4万亿元中，保障性安居工程占2 800亿元；农村民生工程和农村基础设施大体占3 700亿元；铁路、公路、机场、城乡电网占18 000亿元；医疗卫生、文化教育事业占400亿元；生态环境方面的投资占3 500亿元；自主创新、结构调整占1 600亿元；灾后的恢复重建，重灾区占1万亿元。4万亿元大体是这样构成的。

中央4万亿元投资分配方向	
保障性安居工程	2 800亿元
农村民生工程和农村基础设施	3 700亿元
铁路、公路、机场、城乡电网	18 000亿元
医疗卫生、文化教育事业	400亿元
生态环境	3 500亿元
自主创新、结构调整	1 600亿元
灾后恢复重建，重灾区	10 000亿元
合计	40 000亿元

资料来源：中国网，2008-11-27.

专栏二　"4万亿元"投资的经济刺激有多大？

扩张性的经济刺激方案终于出台了。"4万亿元"投资，三年内实现。股市为之一振，一周内上涨逾13%。这一经济刺激方案的实施效果，不少人预计，每年对GDP增长的贡献率可达到两个百分点以上。若果真如此，几乎可以抵消出口萎缩的负效应。2007年中国国民生产总值是25万多亿元人民币，依此计算，4万亿元的新增投资分三年投入，可以实现每年2%的经济增长贡献率。

然而在中国，4万亿元的经济刺激计划是"1:3"配套投资，国家财政出1万亿元，银行配上1万亿元，地方和企业再各自配套1万亿元。因此，"1:3"配套投资对经济增长的贡献就不能以4万亿元为投入基数来计算了。因为地方和企业的投资是未定之数，即使能够百分之百落实，也可能是"拆东墙补西墙"，不会是纯粹的新增投资。换句话说，没有这个经济刺激方案，部分投资也会在未来三年内发生，只是所投资的项目可能有所不同。再看一看已经披露的投资项目，甚至在国家财政计划出资的1万亿元之中，也有不少是原来已经计划的投资，如汶川地震的灾后重建项目等。这样算来，也许只有银行的配套资金是新增投入。所以，这令人震撼的"4万亿元"刺激经济方案并不能产生新增2%的经济增长贡献率。

2009年，当时预计中国经济的下降和全球经济的衰退高度重合，经济增长速度的下降势在必行。"保8%"的经济增长率目标，实际上是中国的反衰退目标。为了防止中国经济的下滑并进入衰退，宏观调控政策的基调一下子从2007年年底确定的"夏季方案"变为"冬季方案"，这个激进的政策调整类似于1998年。但是，比较2008年和1998年，当前的经济刺激方案或许还是不够"刺激"，还要加大力度才能实现"保8%"的目标。因为这一次有两个因素的负效应大于1998年的：一是金融海啸的冲击远远大于1998年亚洲金融危机的冲击；二是股市房市双双"熄火"的影响远远大于1998年。

为什么必须追求"保8%"的经济增长目标呢？最主要的原因是就业和稳定。在中国，稳定压倒一切，而就业率是社会稳定的支柱。中国每年的新增就业人口有2 300万~2 500万人，在8%的经济增长水平下，每年可以消化其中的1/3左右，也就是说，会有1 500万左右的新增就业人口难以就业。此外，这个数字并不包括已经进入城市的"农民工"，也不包括农村的潜在失业人口。当人们评估土地流转政策将带来的消费拉动效应时，往往会忽视农村改革带来的潜在失业。毫无疑问，土地流转必然带来土地的集中使用，也就意味着农村的潜在失业会因此增加。新增的农民工是巨大的流动性人口。已经进入城市的农民工在过去几年内主要被房地产市场的火爆吸收。随着房市低迷，他们会流出房市，与新增的流动性失业人口"合流"。据统计，目前已经进入城镇的农民工超过了1.5亿人，如果其中的2/3失去工作机会，他们能否流回农村呢？答案是：不确定！

资料来源：上海证券报，2008-11-17.

专栏三　4万亿元投资账单公布，民生和基础设施建设占大头

中国发改委公告显示，在4万亿元投资中，廉租房、棚户区改造等保障性住房投资达4 000亿元，农村水、电、路、气、房等民生工程和基础设施达3 700

亿元，铁路、公路、机场、水利等重大基础设施建设和城市电网改造达 15 000 亿元，医疗卫生、教育文化等社会事业发展达 1 500 亿元，节能减排和生态建设工程达 2 100 亿元，自主创新和产业结构调整达 3 700 亿元，汶川地震灾后恢复重建达 10 000 亿元。

在投资构成中，中央投资达 11 800 亿元，主要包括中央预算内投资、中央政府性基金、中央财政灾后重建基金和中央财政其他公共投资，而剩下的 28 200 亿元投资，则来自地方财政预算、中央财政代发地方政府债券、政策性贷款、企业债券和中期票据、银行贷款以及吸引民间投资等。

中国发改委表示，截至 2009 年 4 月底，2008 年四季度新增 1 000 亿元和 2009 年新增 1 300 亿元中央投资项目中，在保障性住房建设方面，基本建成廉租房 21.4 万套、开工建设 65 万套，正在加快实施煤矿棚户区民房改造 10 万户、采煤沉陷区民房治理 12.9 万户和国有林区棚户区改造 15.7 万户，开工建设国有垦区棚户区约 8 500 户、游牧民定居房 1.8 万套。

资料来源：上海证券报，2009-05-27.

附录6   总供给曲线的倾斜

前面曾提到总需求曲线向下倾斜，如图 8-10 所示。向下倾斜是指当价格下降时，国内生产总值上升；当价格上升时，国内生产总值下降。GDP 的变动方向与价格的变动方向相反有三个原因。

第一，让我们来考虑价格上涨对国际贸易的影响。如果美国的价格相对其他国家的价格上涨，美国的消费者就会倾向于购买更多国外的产品而更少购买美国的产品。例如，福特汽车的价格相对于丰田汽车的价格上涨，美国的消费者（其他国家的消费者也一样）会购买更多的丰田汽车和更少的福特汽车。这就是美国平均价格的上涨导致了 GDP 的下降。

第二，价格的上涨降低了我们财富（资产）的价值即购买力。我们的财富（资产）是我们拥有的，比如房屋、股票、债券甚至是钱。当价格上涨时，你存在储蓄账户中的钱（或者藏在床垫下的）不再和之前一样值钱。也就是说，当商品价格上涨的时候，固定数量的钱失去了它原来的购买力。变少了的财富意味着人们减少购买（因为他们觉得变穷了）。所以，当价格上涨时，GDP 所代表的总需求量下降了。

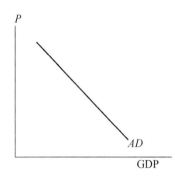

图 8 - 10　向下倾斜的总需求曲线

向下倾斜的总需求曲线意味着当平均价格水平下降时总需求量增加，当平均价格水平上升时总需求量下降。

第三，价格的上涨对利率有影响。当人们经历资产的缩水时，他们需要向银行借更多的钱。对信用的需求增长使信用的价格即利率上升。当利率上升的时候，人们和企业减少了对高价物品的购买，如汽车、房屋和工厂。所以，当平均价格水平上涨的时候，GDP 所代表的总需求量降低了。

在这些例子中，我们考虑的是为什么价格的上涨会导致 GDP 所代表的总需求量的下降。同样地，价格的下降也会导致相反的效果，即 GDP 所代表的总需求量的上升。

要记住，导致总需求沿曲线变化的因素和导致其平移的因素有区别。一方面，价格位于纵轴，所以价格导致的 GDP 发生的变化都会反映为沿着总需求曲线变动。另一方面，不是由价格因素引起的变化——如人口、消费者收入或者政府的财政政策或货币政策的变化——会导致整条总需求曲线的移动。

总供给曲线的倾斜

当谈到政策方案的时候，总供给曲线的实际倾斜程度至关重要。在本章我们简化了总供给曲线——一条向右上方倾斜的直线，如图 8 - 11 所示。这种形状解释了本章中的一个结论：总需求政策是对失业和通货膨胀的取舍。但如果我们更仔细地分析总供给曲线，这种取舍也不一定会发生。

经济学家得出了多种关于总供给曲线形状的结论，根据是从长期考虑还是从短期考虑，或者是否有其他假设。但我们可以简化一下，画一条结合了许多情况的总供给曲线，如图 8 - 12 所示。

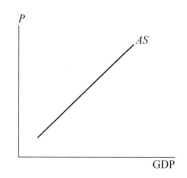

图 8 - 11   向右上方倾斜的总供给曲线

向右上方倾斜的总供给曲线意味着当平均价格水平上升时总供给量增加，当价格水平下降时总供给量减少。

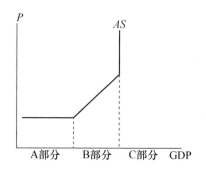

图 8 - 12   分为三部分的总供给曲线

水平区域（A 部分）代表低产出和低就业率，向右上方倾斜部分（B 部分）代表正常水平的产出和失业率，垂直区域（C 部分）代表高产出和充分就业。

请注意，图 8 - 12 中的总供给曲线有一段是水平的（A 部分），有一段向右上方倾斜（B 部分），有一段是垂直的（C 部分）。向右上方倾斜的部分与图 8 - 11 中的总供给曲线是一样的，并且可以看作反映的是正常状态下的经济——也就是说，适当的 GDP 和失业。向右上方倾斜的总需求曲线的任何改变都会导致失业与通货膨胀的权衡取舍。（参见图 8 - 13 中总需求从 AD_2 到 AD_3 的改变，GDP 从 GDP_2 增加到 GDP_3，平均价格从 P_2 上升到 P_3。）

总供给曲线水平的部分有时也叫作凯恩斯区域，因为它是凯恩斯经济学理论中典型的大萧条阶段。具体来说，即 GDP 很低而失业很高，无论工资多低，人们都愿意工作。物质资本（工厂和机器）也没有被充分利用，也许一天只运转一次而不是两次或三次。在这样的背景下，公司很容易通过扩大生产来满足需求。单位产量（比如汽车）的生产成本不会上升，因为工资和资本价格没有上升。生产成本没有上升，公司也没有理由涨价。这意味着在总供给曲线的凯恩斯区域内，任何总供给的增长都会增加产出和就业，而价格不变。这种情况在图 8 - 13 中得到体现，总需求从 AD_1 变化到 AD_2，GDP 从 GDP_1 上升到 GDP_2，而价格 P_2 等于 P_1。

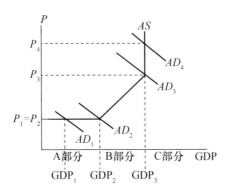

图 8 - 13　需求曲线与分为三段的总供给曲线

处于 A 部分的总需求曲线右移导致产出增长，就业上升，而价格水平不变；处于 B 部分的总需求曲线右移导致产出增加，就业上升，同时也产生一定的通货膨胀；处于 C 部分的总需求曲线右移不会导致产出增加，就业也不会上升，只是创造了通货膨胀。

最后，垂直的总供给曲线出现在高 GDP 和充分就业经济的情形下。要记住第 7 章中充分就业的定义，在充分就业条件下扩大产出很困难。如果总需求增加了，例如汽车公司的经理想通过扩大产出来满足多余的需求，唯一的办法是雇用更多的工人，但需要提供更高的工资。同样地，如果资本是充分利用的，汽车的扩大生产就需要更多的资本。这两种情况都会导致生产成本的上涨，而公司会以更高的价格将其转嫁给消费者。可是尽管通货膨胀发生了，整体的 GDP 并没有提高，因为在充分就业的经济中使用更多资源的方式就是从其他公司获得资源。汽车公司也许能够扩大汽车生产，但电冰箱公司可能会裁员并减少生产。在充分就业条件下总需求的增长只会导致通货膨胀，而不会带来更多的产出或者就业。如图 8 - 13 所示，总需求从 AD_3 增加到 AD_4，价格水平从 P_3 上升到 P_4，但 GDP 却没有增加。

虽然经济不像 A 部分或 C 部分那样绝对，但我们能够理解当就业水平低的时候总需求的增长会轻易地使产量和就业扩张，而当就业率很高的时候，总需求的上升只会大幅度提高通货膨胀率，而不会对产出和就业有很大帮助。

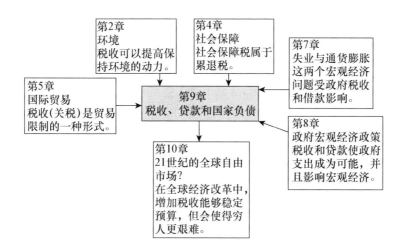

第2章
环境
税收可以提高保持环境的动力。

第4章
社会保障
社会保障税属于累退税。

第7章
失业与通货膨胀这两个宏观经济问题受政府税收和借款影响。

第5章
国际贸易
税收(关税)是贸易限制的一种形式。

第9章
税收、贷款和国家负债

第8章
政府宏观经济政策税收和贷款使政府支出成为可能,并且影响宏观经济。

第10章
21世纪的全球自由市场?
在全球经济改革中,增加税收能够稳定预算,但会使得穷人更艰难。

经济学工具箱

- 政府有价证券
- 税率
- 税收信用
- 所得税抵免（ETIC）
- 可退还
- 资本利得
- 工资税
- 消费税

- 累进税、比例税和累退税
- 税收负担
- 可贷资金
- 挤出效应
- 预算赤字
- 国债
- 完全无弹性的需求
- 完全无弹性的供给

第9章

税收、 贷款和国家负债

在这个世界上没有什么是确定的，除了死亡和税收。

——本杰明·富兰克林（Benjamin Franklin，1706—1790）

到目前为止，我们考虑了各种政府支出，包括在社会和贫困项目、控制污染和垄断企业、保证公平机会、农业和控制犯罪、增加总需求和稳定经济方面的支出，我们也看到了对军队支出的增加。尤其是在阿富汗和伊拉克战争中，美国政府支出显著增加。我们也看到了政府刺激经济所使用的大量政府开支，但是我们还没有问一个问题：政府如何筹到这么多钱来资助这些项目和政策？

政府有价证券：政府债券和短期国库券。

政府收入最显而易见的来源就是征税，通过对大众包括赚取工资的人、资产拥有者、企业和消费者征税，政府获得了大部分所需支出的费用，其他的政府融资途径就是贷款，政府通过发行**政府有价证券**来借钱，包括政府债券、中期国债和短期国库券。政府债券就像是一张借条：这张借条表明政府借钱并承诺在未来某个时间偿还这笔钱加上利息。政府把这些债券卖给银行、公司、外国人和大多数美国居民。你可能购买了一些政府债券，如果是这样，你实际上就是把钱借给了政府。本章我们将考虑两种基本的政府支出的融资途径。

政府税收

正如本章开始所说的，"在这个世界上没有什么是确定的，除了死亡和税收"。公民意识到政府项目需要政府收入，因此征税是必然的。然而，公民希望这些税收是公平合理的。

政府税收有各种形式，由联邦政府和州、地方政府强制征收，我们将考虑这些税收并分析它们对宏观经济、收入分配和美国个人市场的影响。

联邦政府税收

图9-1显示了主要的联邦政府税收种类和2007年每种税收占联邦政府税收收入的比重。

税率：必须付给政府的税收百分比。

从图中我们能看到个人所得税是联邦政府征收的最重要的税，个人所得税大概占联邦政府税收收入的51%，不同的收入水平，**税率**不同。

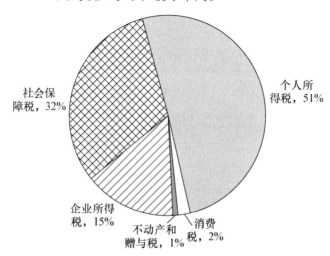

图9-1 联邦政府税收收入比例（2007年）

资料来源：U. S. Internal Revenue Service，IRS Data Book，2008，http：//www. irs. gov.

课税基础：适用某一税率的收入、所得、资产、销售额或其他有价产品的价值。

在这个例子中，征税的收入部分叫作**课税基础**或**计税基数**。你收入的第一部分有一个税收级别并适用相应的税率，下一部分有另一个税收级别并对应更高的税率。到1986年，共有14个不同的税级，最高收入者在最高的税收级别里征收最高的税。1964年最高的税率达到90%，之后的40多年开始有所降低，税级也大幅下降。到2009年，最高税率为35%，多了5个额外税级，对应的税率分别为10%、15%、25%、28%和33%。

最高税率从1964年的90%下降到2009年的35%！对比美国和其他西方工业化国家的最高税率也很有趣。表9-1显示了15个工业化国家的最高税率，其中有10个国家的最高税率比美国高，有4个国家的最高税率比美国低。因此，美国的最高税率不仅从历史数据来看相对较低，而且与其他工业化国家相比也处于较低水平。表9-1 也显示出了需要按最高税率纳税的收入水平，以美国为例，2008 年只有超过 326 000 美元部分的收入按最高为 35% 的税率纳税。德国是唯一起征点比美国高的国家，其他国家个人所得税的起征点水平远比这两个国家低。数据表明，和其他工业化国家相比，美国的税收针对的是高收入者而且税率要低得多。

表9-1　西方工业化国家在特定收入水平上的最高个人所得税税率[a]（2008 年）

国家	最高税率（%）	起征点[b]（美元）
澳大利亚	50	64 000
比利时	50	47 000
加拿大	29	101 000
丹麦	59	64 000
芬兰	32	84 000
德国	45	341 000
希腊	40	103 000
爱尔兰	42	44 000
意大利	44	102 000
荷兰	52	73 000
葡萄牙	42	85 000
西班牙	27	73 000
瑞典	22	77 000
英国	40	50 000
美国	35	326 000

a. 大部分数据为 2006—2008 年的数据。

b. 近似到千位。

资料来源：World Bank，World Development Indicators 2009．Washington D. C.：World Bank，2009．

免税：在缴纳个人所得税之前，每个家庭成员可以减免的税收数量。

法定免征额：如果没有其他的减免申请，纳税者从计税收入中扣除的固定数量的金额。

税收信用：直接扣减向政府缴纳的所得税，个人或企业必须满足一定的要求才有资格使用税收信用。

美国可以对个人所得税进行税收减免，家庭成员可以申请**免税**，2009 年个人免税额度达到 3 650 美元，他们也可以从计税收入里扣减各种支出，一个例子就是第 3 章"住房问题"中讲的中高收入房屋所有者获得抵押贷款利率降低的好处。或者，家庭可以使用**法定免征额**，是指纳税人如果没有其他减免申请，从计税收入中扣除的固定金额。2009 年单身人士法定免征额是 5 700 美元，家庭是 11 400 美元，纳税人也可以申请各种**税收信用**来直接扣减向政府缴纳的税。

除了减少税收项目和降低税率，1986 年的税法削减了许多优惠，提高了法定免征额，**所得税抵免**增加。所得税抵免范围扩大且应用到每个符合条件的低收入工人身上，并且**可退还**，意味着虽然有些工人收入太低不用交税，但仍向他们提供税收退还。

从乔治·W. 布什执政以来，联邦政府个人所得税一直是争议的焦点，竞选时宣誓要大幅减税的布什在 2001 年推动国会实行了自 1981 年以来最大规模的减税政策。在 2003 年和 2006 年又实施了进一步的减税。另外，联邦政府个人税收项目和税率也发生了变化，立法取消了所谓的"结婚税"，扩大了法定免征额，并使有孩子的家庭的税收信用加倍。此外，股息税收削减以及本节提到的其他税收削减使得美国的富人受益，遗产税也有所减免，当时计划到 2010 年取消所有的遗产税。布什总统一直想要永久取消所有的遗产税，因为富人拥有价值不菲的财产，遗产税减免将会给富人带来好处。因此财产税、遗产税以及个人所得税的削减使高收入者受益。

另一个政策问题是资本利得是否征税，**资本利得**是指以某种价格购买资产继而以更高的价格卖出所获得的收益。例如，如果你以每股 100 美元的价格买进公司股票，之后以 150 美元的价格卖出，那么你将会获得 50 美元的资本利得。如果这部分收益不需要交税或者只交很少的税，那么对你来说是有好处的。**然而，由于高收入者比低收入者获得更多的资本利得，取消资本利得税会极大地使高收入人群获益**。布什总统等人试图减少资本利得税税率，2003 年他们成功地将税率降低到 15%，2006 年布什总统成功地推动国会将资本利得税和其他税税率削减议案推行到 2010 年。

司法部门估计，通过减税政策，2% 的纳税人节省了 80% 的资本利得和其他个人税收；税收部门估计税收收入将减少 80%，这些钱流入 10% 的纳税人手中，近五分之一的好处落到 1% 的人手中。

问题是，2010 年之后还会推行减税政策吗？奥巴马总统表示反对继续实施减税政策以主要让富人获益。如果下一个十年继续推行税收减免，那么成本将超过 1 万亿美元。如果下一个十年继续推行税收减免，那么对预算赤字将产生重要的影响。①

---

① 这两段内容取自 the Tax Center, Washington D. C. , May 2006；Citizens for Tax Justice, April 2006；David Cay Johnson, Tax Benefits to the Rich and Patient, May 12, 2006, and Big Gain for Rich Seen in Tax Cuts for Investments, April 5, 2006；The New York Times；and Edmund L. Andrews, Senate Approves 2 – Year Extension of Bush Tax Cuts, May 12, 2006, The New York Times.

第二大联邦政府税收是社会保障税，这部分税收也叫作工资税，因为它是直接从工资中扣减的，或者由你的雇主来支付各种社会保险项目。工人和雇主因两种主要的社会保障被征收相同数量的税，这两种社会保障即社会保险和医疗保险。这两个项目为退休工人及其家属、工伤残疾和死亡工人及其家属提供收入，并为退休和伤残工人及其家属提供住院和基本医疗服务。所有的社会保障税占联邦政府税收收入的32%。这些内容在第4章"社会保障"中有更详细的介绍。

对企业所得征收企业所得税。这是净收入税收，对收入减去支出的部分征税，或者换句话说，对利润部分征税。公司所得税占联邦政府税收收入的15%，**消费税**与营业税类似，但是仅对一些特定的商品和服务征收，占联邦政府税收收入的2%，遗产税和赠与税占1%。

最后提一下遗产税，布什总统和其他保守派人士经常称财产税为"死亡税"，一些评论者认为这样做是使投票者相信人去世之后才支付遗产税。不管税收政策如何，正如本章开头所引用的，只有死亡和税收是确定的，将二者结合起来，"死亡税"将死亡和税收联系得更紧密了！

州政府税收

州政府也征收各种税，图9-2显示了2007年各种州政府税收的相对重要性，这是所有州的平均水平。

正如图9-2所示，营业税和消费税占州政府税收收入的比重最大（46%），在州和当地范围对商品和服务征收营业税，一些州不对医疗和食品征税，另一些州则相反。对一些特定商品如香烟、汽油、烟草和酒征收消费税。（州政府和地方政府征收消费税的商品和联邦政府一样。）营业税和大部分消费税是基于市场价格征收的。在一些情况下，消费税是基于购买商品的数量，如香烟。

州政府也征收个人所得税，占州政府总税收收入的约35%，一些州的个人所得税具有不同的税级和税率，另一些州对所有纳税人需纳税部分的收入按同一个税率征收。注意，各种免税、减税政策和税收信用同样适用于州政府的个人所得税。例如，一些州也有所得税抵免。一些州也有公司所得税，占总的州政府税收收入的7%。

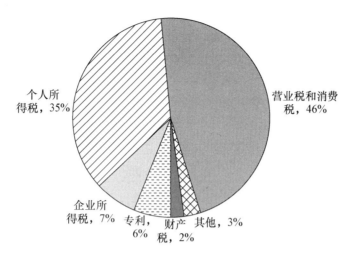

个人所
得税，35%

营业税和消费
税，46%

企业所
得税，7% 专利，财产 其他，3%
6% 税，2%

图 9－2 州政府税收比例（2007 年）

资料来源：The Department of Commerce，Census Bureau，Population Division，http://www.census.gov//govs/statetax/.

地方政府税收

经济链接：查看地
方政府税率。
http://www.cengage.com/
economics/econapps

地方政府征收的财产税作为目前地方政府税收收入的最主要来源。根据资产价格，地方政府直接对土地和房屋所有者征收财产税，经济学家指出，以租房为例，通常大部分财产税通过更高的房租从房屋所有者转嫁到租房者身上。财产税用来资助当地的公共学校。由于低收入地区资产价值较低，这些地方的教育机会较少，教育条件也较差。一些地区也要依靠个人所得税和营业税。

评论

最近几年州政府和地方政府遇到很大的财政困难，经济形势不好减少了税收收入。（收入水平降低，财产价值下降，从而支付更少的税收，相应地，人们减少购买收取营业税的商品和服务。）同时，联邦政府向州政府和地方政府的财政转移受到限制，许多人指责联邦政府对州政府和地方政府设置了更多的要求，却没有提供更多的资金资助以实现这些要求。2009 年，许多州政府和地方政府已经面临稀缺性和机会成本的问题，它们被迫在学校、监狱和其他需要财政支持的项目上进行选择。

税收对宏观经济的影响

回忆第 8 章的总需求曲线，总需求是给定价格水平下经济各部门对总产出

经济新闻：查看经济形势。

http://www.cengage.com/economics/econapps

（美国 GDP）的需求，这些构成总需求的部门包括个体消费者、企业、美国政府和外国购买者，政府征税会对这些部门的购买决策产生影响，让我们来考虑对个体消费者的影响。

假设联邦政府增加 100 万美元的支出修建公园，正如我们所知，更多的支出将导致总需求的增加，如图 9-3（A）中箭头所示，真实 GDP 增加到 GDP′。现在假设政府这 100 万美元的支出通过提高个人所得税获得，考虑当政府提高税收时的情况，由于我们付更多的钱给政府，我们的税后收入减少，因此我们的消费支出下降，随着构成总需求的消费下降，总需求也下降，如图 9-3（B）中箭头所示。

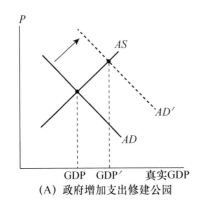
（A）政府增加支出修建公园

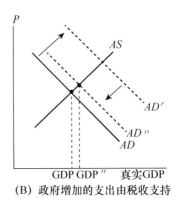
（B）政府增加的支出由税收支持

图 9-3　政府增加的修建公园的支出由税收支持

（A）图显示了由于政府增加支出修建公园导致总需求的增加，使真实 GDP 增加了较大幅度；（B）图显示了假设增加的政府支出是由增加的政府税收提供的，那么总需求虽然会由于政府支出的增加而增加，但是会由于税收的增加而减少，表现为总需求曲线向左移动，这是由于消费者税后收入降低所致，从而减少消费支出。净增加的总需求很小，导致真实 GDP 增加的幅度也很小。

经济新闻："坏主意变好。"

经济学家考虑税收和政府支出对经济的共同影响，阅读下面网址中更多有关财政政策的宏观经济内容。

http://www.cengage.com/economics/econapps

尽管总需求下降，但是下降幅度小于政府增加 100 万美元支出修建公园的水平，原因是这 100 万美元直接构成了总需求的一部分，而增加 100 万美元的税收虽然导致消费者收入下降进而消费下降，但并没有下降整整 100 万美元，原因是往往并不是收入改变多少我们的消费支出就改变多少。如果我们的收入增加了 100 美元，我们可能花掉 80 美元，将剩下的钱存起来；当我们的收入下降 100 万美元，我们也不会一下子就把消费支出降低 100 万美元。消费支出可能下降 80 万美元而非 100 万美元。

讨论的焦点是增加政府购买（支出）所带来的总需求的增加将被个人消费支出随着税收的增加而减少冲抵，但不是完全抵消。也就是说，增加政府支出并增加政府税收将使得总需求小幅净增加。如图 9-3（B）所示，真实 GDP 移到 GDP″反映了经济的扩张。

重要的是，**如果通过增加税收来增加政府支出，那么会导致经济适度扩张。**适度经济扩张对经济是恰当的，过度经济扩张将会带来价格上涨的压力。另外，如果政府的目标是使经济扩张，那么提高税收以支持政府支出的增加并不是最有效的方案。下面我们会学到，通过政府贷款来增加政府支出是更好的办法。

税收对收入分配的效果

除了对宏观经济的影响，税收还对收入分配有重要的作用。事实上，税收可为调节收入分配的目的而特别设计。当经济学家考虑税收再分配的效果时，他们通常根据三个基本类型对税收进行分类：累进税、比例税和累退税。每种税对收入分配都有不同的效果。

累进税对高收入者比低收入者按更高的收入比重征收。**这里要注意收入比重，我们不关心税收的绝对数量，我们关心的是人们按照他们的收入来交税。**

累进税：对高收入者比低收入者按更高的比例征税。

累进税的典型例子是联邦政府个人所得税的税率结构，许多州也是按累进税来征收所得税。累进税税率结构分为不同的收入级别，正如我们之前讨论的，第一部分收入归于税收的第一级，并对应相应的税率，下一部分收入归于更高的税收级别，并按照更高的税率征收。这个流程持续到个人收入的最后一个级别，并征以最高的税率。因此，收入越高，适用的税率越高。于是，高收入者需要支付更多的税收给政府，低收入者只支付收入的较小比例。这种税收给高收入者带来了更沉重的负担，导致对高收入者的收入进行了再分配。回想过去 40 多年的改变，累进税通过降低税级和最高税率有所削减，各种免税、减税政策和税收信用的采用都是针对中高收入者而非穷人，这使得实际税收不再是累进征收。

比例税：对于不同收入水平的人按照相同的比例征税。

比例税是对不同收入水平的人按照相同的比例征税。一个例子是州政府按统一税率征收的个人所得税，一些人提出联邦政府也应按统一税率征收个人所得税，因为统一税率对不同收入水平的人按相同的税率征收，对收入没有再分配功能。注意这个统一税率要考虑在税收中存在的各种免税、减税和税收信用。最终的结果可能是累进税。

一些人希望通过统一的税率来简化联邦政府个人所得税，他们没有意识到税率结构其实没有那么复杂，而是免税、减税和税收信用使税收变得复杂，而且使用比例税率就丧失了再分配的功能。

累退税：对低收入者比高收入者按更高的比例征税。

最后，**累退税**是对低收入者比高收入者按更高的比例征税。美国的大部分税是累退税，这是否使你感到震惊？累退税包括营业税、大多数消费税、财产税和社会保障税。因为这些税直接根据收入征收，很难理解为什么它们是累退税。让我们以州政府营业税为例来阐明。

假设州政府对在本州内购买的商品征收5%的营业税，那么税率是5%，商品价值是课税基础，州政府可以调整税率。让我们考虑两种典型的家庭，一个年收入达10万美元的高收入家庭和一个年收入为1万美元的低收入家庭，表9-2列出了这两种家庭的情况。

表9-2 　　　　　某年营业税对两种典型的高收入家庭和低收入家庭的影响

	高收入家庭	低收入家庭
收入	100 000 美元	10 000 美元
购买的纳税商品价值	50 000 美元	8 000 美元
营业税税率	5%	5%
支付的营业税	2 500 美元	400 美元
营业税占收入的比重	2 500/100 000 = 2.5%	400/10 000 = 4%

尽管是虚构的数字，却提供了真实的结论。假设高收入家庭每年花费5万美元购买商品，而低收入家庭支出8 000美元，比高收入家庭的消费支出小得多，但是请注意，低收入家庭消费支出占收入的比例更高，原因就在于低收入家庭要花费大部分收入来购买生活必需品，只剩下很少部分用于储蓄。高收入家庭则不然，他们可以将收入的很大一部分用于储蓄。高收入家庭确实消费更多，因此他们支付的州政府营业税绝对量更大，然而当考虑这些税收占收入的比重时，我们发现低收入家庭支付更高比例的税收（4%），而高收入家庭则支付更低比例的税收（2.5%）。**5%的营业税税率导致低收入家庭支付的税收占收入的比例更高。因此，营业税是累退税。**

基于同样的原因，财产税和消费税也是累退税。低收入家庭花费更大的收入比重来购买一些商品和住房。假设财产税通过增加房租转嫁给租房者，低收入家庭比高收入家庭要支付收入的更大比例在这些税收上。

社会保障税也是累退税，但是基于不同的原因。首先，社会保障税针对劳动收入征收，也就是工资和奖金。因为低收入家庭的大部分收入是以工资和奖金的形式获得的，所以所有收入都要交税，而高收入人群的收入可能以利息、资本利得、股息等形式持有，因此大部分收入不用交社会保障税。2009年，社会保险税税率为 6. 2% ， 医疗保险税税率为 1. 45% ， 总的税率为 7. 65% 。

社会保障税之所以是累退税还因为存在收入上限，超过上限部分的收入不需要交税。2009 年该上限为 102 000 美元，所有超过这一水平的收入都不用缴纳社会保障税。因此，所有低收入者的收入都纳入社会保障税，而高收入者的部分收入则可能不纳入社会保障税。表 9 - 3 显示了社会保障税对高收入者和低收入者的适用情况，在这个例子中，高收入者支付收入的 1. 6% 作为社会保障税，而低收入者支付高达 6. 2% 的收入比重作为社会保障税。

表 9 - 3 某年社会保障税对两种不同类型人群即高收入者和低收入者的作用效果

	高收入者	低收入者
工作收入	200 000 美元	10 000 美元
其他收入	200 000 美元	0 美元
需缴纳社会保障税的收入	102 000 美元	10 000 美元
社会保障税	$0.062 \times 102\,000 = 6\,324$ 美元	$0.062 \times 10\,000 = 620$ 美元
社会保障税占收入的比重	$6\,324/400\,000 = 1.6\%$	$620/10\,000 = 6.2\%$

经济争论： "我们应该如何改革目前的税收体系？"

http://www.cengage.com/economics/econapps

由于社会保障税存在收入上限且只针对工资收入征税，低收入家庭比高收入家庭将更大比重的收入用于支付社会保障税。对这部分内容更全面的讨论，见第 4 章 "社会保障"。

累退税对收入的再分配功能对富人有利，对穷人不利，累进税则相反。**20 世纪 80 年代、90 年代和 21 世纪，各种因素促使我们的整个税收体系逐渐向累退税倾斜**，里根政府时期对个人和公司所得税进行大幅度削减，使得这两种累进税作为税收收入来源的重要性下降。另外，社会保障大幅增加，同期出现的消费税、营业税和财产税等使得累退税的比重增大、累进税的重要性减弱。乔治·W. 布什总统的税收政策带来了更大程度的累退税收体系，这为高收入者提供了最大的好处，进而降低了联邦政府个人所得税作为累进税在整个税收体系中的重要性。

布什总统实行对个人收入、股息、资本利得和上百万美元财产的税收减免，宣称既然富人担负最多的税收，那么他们应该获得最大幅度的减税。这对于收入所得税和财产税可能是有道理的，但并不是我们整个税收体系的情形，在该体系里低收入者在社会保障税、消费税、营业税和财产税等税收方面承担了很重的负担。换句话说，减税减轻了富人的税收负担，却没有相应地减轻穷人的税收负担。最后，保守派提出了其他方案，包括将目前的联邦政府个人所得税用统一税率来征收，这些都会使得我们的整个税收结构更加趋于累退。

政府借债

既不要做借方也不要做贷方。

——谚语

尽管这是善意的忠告，但是个人和家庭确实需要借钱，于是他们陷入债务，负债可能好也可能不好，这需要考虑很多因素。但是政府呢？政府借钱并发生对外负债对一个国家来说是好是坏？

回想前面讲的，政府不仅可以通过税收支持政府支出，还可以借钱来支持政府支出，后者通过发行政府债券进行，谁都可以购买政府债券，包括政府机构、银行、金融机构、公司和其他形式的企业，以及像你我一样的个人。当我们购买一张政府债券时，就相当于把我们的钱借给政府，在将来特定时刻，我们将连本带利收回来。这不是强制的，对个人和政府都有好处，那么对于我们国家的经济呢？

为了回答这个问题，我们必须考虑政府借债的一些影响，下面将对政府借债对宏观经济、收入分配、利率、政府预算和国家负债这几个方面的影响进行分析。

政府借债对宏观经济的影响

回想前面所讲的政府要增加100万美元支出来修建公园的例子，正如前面所述，这将导致总需求曲线右移，如图9-3（A）所示。但这回不增加政府税收，而是通过借债来支持政府支出，因此，不会发生如图9-3（B）中总需求曲线左移的情形，影响效果如图9-3（A）所示，会发生很大幅度的经济扩张，这种结果是否令人向往要看经济形势，如果经济处在高速发展期，经济扩张会导致不愿意发生的价格上涨，而如果经济处在低迷或衰退时期，那么经济扩张是一剂良方。**通过政府借债来增加政府支出比通过提高税收来增加政府支出对经济的扩张效果更大。**

政府借债对收入分配的影响

如果我购买政府债券，我将会从中受益，政府将在未来某个时点连本带利进行偿还，那么由谁来支付这些利息？一个可能性是政府再借债来偿还利息支出，在实际操作中这没有问题，与个人不同，政府是可以无限地借的。或者，政府可以提高税收来支付利息，如果你支付额外增加的税收，而我享受利息收益，那么收入就在你和我之间进行了再分配，我受益，你损失。

在这个过程中，收入再分配可能导致更大程度的收入不公平，债券持有者多属于中高收入阶层，很少有低收入者能够参与到这种投资活动中。另外，我们看到，我们的税收体系更倾向于累退税制。**从某种程度来说，低收入者承担了更重的税收负担，高收入者则从利息收入、收入再分配中获得了更多的好处。**

这种再分配并不意味着政府借债是坏事，我们可以改变政府借债对收入分配的影响，同时并不影响政府的借债能力。我们可以对政府债券进行多样化设计，使其更容易被低收入者购买，当然，我们也可以改变国家税收体系，使其更倾向于累进税制，也可以抵消政府借债对收入分配的负面影响。最后，我们都知道，税收收入和借款资金都可以用来支持政府政策和项目，这些政策和项目的本质与出发点决定了其效果是促进公平还是导致不公。

政府借债对利率的影响

<blockquote>
利率：为使用资金需要付给贷款人或投资人资金的百分比。

可贷资金：借贷的资金。
</blockquote>

我们可以观察市场利率如可贷资金的价格来分析政府借债对利率的影响。**利率**是必须付给出资人贷款资金的百分比；**可贷资金**是指借出或借入的资金。分析利率是如何被决定的，我们必须考虑可贷资金市场。这并不困难，因为我们已经掌握了供求曲线分析工具，分析可贷资金市场与分析之前的家教服务市场是一样的。

如图 9-4 所示，横轴表示可贷资金的数量，需求曲线为所有想要借款的人，包括企业、个人和政府。需求曲线向右下方倾斜表示利率越低我们越愿意借款，

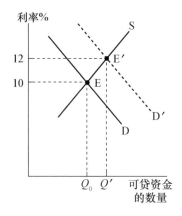

图 9-4　政府借债对假定的可贷资金市场的影响

曲线 D 表示消费者、企业和政府对可贷资金的需求，如果政府希望增加对商品和服务的支出并选择通过借债的方式来支持这些支出，那么可贷资金的需求增加，将会右移到 D′，需求的增加将会导致利率从 10% 上升到 12%，贷款量增加到 Q′。

相反，利率上升，借款的需求降低。供给曲线表示所有愿意借钱给别人的人，包括商业银行和信用单位，可贷资金的供给来源于个人存款（借钱给银行）和购买的政府债券（借钱给政府）。供给曲线是向上倾斜的，表示利率越高，我们越愿意借钱给别人。注意，这里我们统称为市场利率，其实利率有很多种，贷款类型不同、贷款期限不同以及借入和借出资金的利率都不同，我们忽略了这些差别来考虑平均市场利率，在 E 点达到均衡，均衡利率水平为10%，均衡借贷资金量为 Q_0。

现在假设政府通过发行债券来借债，这反映了对可贷资金需求的增加，需求曲线移到 D'，均衡点达到 E' 点，在新的均衡中，借贷资金量都增加到 Q'，市场利率上升到12%，结果是可贷资金需求增加导致可贷资金价格上涨，于是出借方沿着供给曲线移动，增加其愿意借钱的数量以满足增加的需求。

由于政府借钱，利率上涨。上涨的幅度取决于经济形势和可贷资金市场。利率上涨最重要的担忧是对消费者支出和企业支出的影响。正如前面所述，利率上升，企业不愿意购买机器和其他资本设备，同时个人减少购买诸如汽车、住房和

> **挤出效应**：政府通过借债支持其支出导致利率上升，进而导致私人经济中的支出减少。

设备等大件商品。我们不愿意花费更大的成本借钱。经济学家将这种现象称为**挤出效应**。**政府借债以支持其支出会导致利率上升，结果是个人和企业选择减少贷款从而减少支出**。政府支出部分地挤出了私人支出。企业减少购买机器和资本设备，影响未来经济的投资和生产能力。此外，那些希望减少政府在经济中的参与，而希望私人部门发挥更大作用的人尤其担心挤出效应。

挤出效应当然是一个问题，但是我们必须从长远来看。第一，至少短期来看，挤出效应并不是完全挤出。假设政府支出增加100万美元，这100万美元并不意味着私人部门的支出减少了100万美元，要知道利率上升会增加可贷资金的供给量，因此会有更多的可贷资金，虽然个人和企业现在的贷款和支出数量减少，但不是完全减少。第二，利率上涨并不是必然发生的。记得前面讲过货币政策可以调整利率，货币供给的增加会导致利率下降，可以抵消政府借债增加对利率的作用。该货币政策是否执行要考虑当时的经济运行状况。**在过热的经济中，扩张性财政政策（政府购买增加）和扩张性货币政策可能导致经济的过度膨胀和通货膨胀压力**。在经济低迷时期，经济扩张可能是一剂良方，经济学家和政客一样面临很多选择，但是理解了政策选择的效果对于做出明智的决策来说非常重要。

政府借债对政府预算和国家负债的影响

我们的政府机构臃肿庞大，开支不小。（我们需要）修宪以执行相对平衡的

预算。

——罗纳德·里根总统，1988 年

我们必须使联邦政府预算趋于平衡。

——乔治·赫伯特·沃克·布什总统，1989 年

我们有义务把无穷机遇留给我们的后人，而不是累累债务。

——比尔·克林顿总统，1996 年

当然，我们还要为孩子们承担另一项职责。这就是保证我们不给他们留下他们无法偿还的债务。

——巴拉克·奥巴马总统，2009 年

在大多数学生的成长期间，上任的总统都曾直言不讳地强烈反对预算赤字。确实，2000 年之后政府预算已经成为一大重要议题。20 世纪 90 年代末，全国主要关注如何管理政府预算赤字；在 21 世纪初，我们又面临政府预算盈余的管理。到了 2002 年，美国举国上下重新开始聚焦于政府如何管理预算赤字——规模庞大的赤字！具有讽刺意味的是，布什总统（以及里根总统）在任期内经常激情澎湃地宣称要平衡财政预算，然而军费开支和减税规模在他们当政期间却大幅增大，财政赤字不减反增。在奥巴马总统的第一个任期内财政赤字仍很庞大，这与持续增加的军费开支和衰退后振兴经济的措施有关。

> **预算赤字**：联邦政府某年的支出与收入之差。
>
> **预算盈余**：联邦政府某年的收入与支出之差。

预算赤字简单来说就是联邦政府某年的支出与税收收入之差。举例而言，若政府当年支出为 15 000 亿美元，收入为 13 000 亿美元，那么预算赤字为 2 000 亿美元。简言之，赤字就是政府目前负债的规模，必须通过借款来弥补的资金差。**预算赤字是一个年度概念：它代表了任一年的年度支出与收入的差距。**

与预算赤字相对的是预算盈余。如果政府的收入比当年的支出要多，那么便产生了预算盈余。如果政府支出 15 000 亿美元，收入为 17 000 亿美元，则预算盈余为 2 000 亿美元。和预算赤字一样，预算盈余也是一个年度概念。

1998 年——一连串财政赤字年的最后一年，联邦预算赤字规模大概为 220 亿美元。到了 1999 年，财政收入超过支出，盈余达到 1 260 亿美元。预算赤字转为预算盈余。2000 年的预算盈余为 2 360 亿美元，2001 年则为 1 270 亿美元。[1] 21 世纪伊始的预算盈余引起了如何使用预算盈余的大讨论。有一些人建议政府将盈

---

[1] U. S. Census Bureau, http://www.census.gov. 这些数据包括社会保障税收入。如无特别说明，本章其他数据均来自于此。

余用于社会项目和转移支付，另一些人则希望把盈余用在社会保障方面。乔治·W. 布什总统则希望把它们用于税收减免。如果没有这些建议，盈余将自动用于偿还国债。

　　然而关于预算盈余用途的讨论在 2002 年和 2003 年的炮火中戛然而止。国土防御和国家防御支出的增加、对伊拉克和阿富汗的战争使得政府支出螺旋式上升。同时，布什总统通过了之前提出的税收减免方案。这些都导致 2002 年年底的预算赤字以及之后的持续预算赤字。在布什总统任期的最后一年，即 2008 年，预算赤字已经积累到 4 550 亿美元。在 2009 年 10 月结束的 2009 财年，当时预计预算赤字将达到 1.58 万亿美元。当然，这是阿富汗战事和伊拉克战事以及 2009 年刺激法案导致的。政府出手拯救汽车工业和金融业的行为也是一大原因。对未来十年预算赤字的预测众说纷纭，不过如果奥巴马总统的预算被国会通过，未来十年的预算赤字预计将达到 9.1 万亿美元。这个预计是基于假设奥巴马总统的支出计划没有变化，且经济状况如预期发展的情况做出的，否则还会更高。①

　　国债：是联邦政府的欠债总额。它代表了联邦政府所积累的尚未偿还的债务总额。　　国债和预算不同，但二者紧密相关。**国债是联邦政府欠债的总额，它代表了联邦政府所积累的尚未偿还的债务总额**。任何一年的预算赤字都会增加国债的总额（预算盈余则会减少国债总额）。如果一个国家保持预算赤字，逐渐积累国家债务，那么这个国家存在问题吗？大多数政治家的回答都是肯定的。大多数居民也会回答：是的。人们通常把政府和家庭类比，认为我们应该负起责任，我们应该在一定范围内消费，我们应该偿还之前欠下的债务，之后再借新的债务。我们不能永远借钱，最终的还款日将会到来。既然家庭有经济责任，国家亦然。

　　这个类比并不完全正确。正如我们之前所言，政府可以不断借债。与家庭不同，国家并不用面对眉头紧蹙的银行职员，没有借债的限制意味着政府可以不断地用新债来偿还旧债。还款日永远也不会到来，破产之日也遥遥无期，永远都有个人和企业愿意借钱给政府。

　　这意味着国债没有问题吗？许多我们的政治家和公民都认为有问题，尽管他们误解了问题的类型。对于复杂的问题，保守主义者通常反对大规模的国债和预算赤字，而自由主义者鲜有关注。不过最近观点开始发生变化，我们将在"观点"部分对此进行讨论。为了分析对于国债的担忧，我们应该思考国债的实际规

---

①　Center on Budget and Policy Priorities, Kathy Ruffing et al. New OMB and CBO Reports Show Continuing Current Policies World Produce Large Deficits —President's Proposals World Produce Lower Deficits than Continuing Current Policies. August 27, 2009. http://www.cbpp.org/cms.

模和债务的持有人，之后考察国债对美国经济的影响。

国　债

国债的规模

回想我们在第 8 章（政府宏观经济政策）讨论过的 GDP。我们知道许多以美元为计价单位表示的变量若要在不同时期进行比较，必须经过通货膨胀调整，否则，变量数值的增加可能仅代表价格水平的提高，并不是变量本身的真正改变。我们也要对国债和预算赤字规模进行类似处理。如果要比较不同时期的债务和预算赤字规模，我们必须按照通货膨胀水平进行调整以剔除价格水平变动的影响。

通常，当报纸比较预算赤字和国债规模的历年变化时，通常忽略了通货膨胀的调整。这个失误导致了对预算赤字和国债规模的夸大报道。

当考虑预算赤字和国债规模时，设定一个适当的基准也是必要的，GDP 即是其中之一。一个小示例或许可以阐明为何我们对预算赤字和国债与 GDP（我们实际生产和偿还的能力）之间的关系如此感兴趣，而不仅仅是预算赤字规模本身。设想一个小型经济体，其年度预算赤字如下：

GDP	＝100 000 美元
政府支出	＝20 000 美元
政府收入	＝18 000 美元
预算赤字	＝2 000 美元
预算赤字与 GDP 之比	＝2 000/100 000 ＝2%

在这个例子中，预算赤字是 2 000 美元。预算赤字占 GDP 的 2%。国债因此而增加 2 000 美元。

我们将经济规模翻倍继续考察：

GDP	＝200 000 美元
政府支出	＝40 000 美元
政府收入	＝36 000 美元
预算赤字	＝4 000 美元
预算赤字与 GDP 之比	＝4 000/200 000 ＝2%

此时预算赤字由 2 000 美元翻倍至 4 000 美元。但例子中并没有警示，随着 GDP 的翻倍，政府支出翻倍也很正常（消费者支出和企业支出也是如此），政府收入翻倍，预算赤字规模也翻倍。与 GDP 相比，预算赤字没有增加，仍占 GDP 的 2%。虽然一个数量可观的预算赤字翻倍后将产生规模庞大的国债，但这个例子告诉我们无须担心。国债会增加，但我们更应该关心国债占 GDP 的比例，以及赤字占 GDP 的比例。

这意味着：如果我们想精确考量预算赤字和国债规模的增加，我们必须考虑二者与 GDP 之比。表 9-4 展示了 1940—2009 年国债与 GDP 之比。[①]

表 9-4 　　　　国债与国内生产总值之比（1940—2009 年,%）

年份	国债/GDP	年份	国债/GDP
1940	53	2000	63
1946	122	2001	57
1960	56	2002	59
1970	38	2003	62
1980	33	2004	63
1990	56	2005	65
1995	68	2006	65
1996	69	2007	66
1997	67	2008[a]	68
1998	65	2009[a]	69
1999	64		

a. 估计值。

资料来源：U. S. Department of Commerce, Census Bureau, 2009 Statistical Abstract of the United States, http://www.census.gov/compendia/statab.

从表 9-4 中我们知道，1940 年国债占 GDP 的比例为 53%，1946 年增至 122%。这个巨大的变化是因为政府为备战第二次世界大战而筹集资金。1980 年国债占比相对较低，但缓步增长，尤其是在 80 年代末，直到 1996 年。20 世纪 80 年代是税收减免的年代，但社保和国防支出不断增加。1996—2001 年，国债占 GDP 的比例缓慢减小，政府预算赤字减少、盈余增加。之后国债占 GDP 的比例戏剧性地上升，到 2009 年预计将达到 69%。

谁持有国债？

任何人都可以购买政府债券。持有债券者即是国债的持有者。表 9-5 显示

---

① 当我们考虑国债与 GDP 之比时不用考虑通货膨胀的影响，因为分子和分母同时调整相互抵消了。

国债由不同群体持有，需要注意的是，2005 年联邦政府和美联储持有了约 51%
的国债，这表明近半数的债务在各级政府机构间转移。私人金融市场持有 8%，
州和地方政府持有 7%，美国储蓄债券占 3%。另外需要注意的是，25% 的国债
由国外持有者持有，这个群体让很多美国人担心。国外持有者从国债中获得利
息，这意味着美国国内的实际资源发生了转移。这个结果也是唯一因债务而产生
的。无论如何，了解国债的持有者让这个话题更加清晰。

表 9 – 5 谁持有国债？（2005 年 12 月）

持有者	所持有的国债占总额的比例（%）
联邦政府和美联储	51
私人金融市场[a]	8
州和地方政府	7
美国储蓄债券	3
外国和国际持有者	25
其他持有者	6

a. 包括金融机构、私人养老基金、保险公司和共同基金。

资料来源：U. S. Treasury, Financial Management Service, Estimated Ownership of U. S. Treasury Securities, http://www.fms.gov/bulletin.

国债的影响

国债的含义正如我们之前讨论过的政府借债的含义。一方面，政府借债将导
致负面效果，包括收入的重新分配和利率的上升。如前所述，向外国人支付利息
让许多民众担心，因为这意味着国内的真实资产将被转移出去。这个负担将以对
未来世代征税的形式体现，用于支付国外债务持有者获得的利息。

另一方面，政府借债也有积极的影响。它使政府可以振兴经济，并开展对社
会有益的项目。不管是当下对我们有益的，如提供社会保障和贫困减少，还是为
后人投资的项目，如健康和教育，都对国家有利。我们在考虑国债负面影响的时
候也要考虑到这些好处。

最后，由借债带来的政府支出并不会直接给国家带来好处。这也是为什么许
多美国人为对伊战事感到担忧，认为这是对国民经济（和军事力量）的极大摧
残。只要美国处于战争中，这种讨论就会持续下去。

对预算平衡的建议

没有讨论关于联邦政府平衡预算的提案，就谈不上完整地讨论预算赤字和国

债问题。年度预算平衡意味着没有预算赤字，也没有国债的增加。这意味着所有政府支出都由收入提供，任何支出的增加都伴随着收入的增加。

与政客不同，经济学家认为政府平衡预算有许多问题。首先，任一年都保持预算平衡困难重重。太多的变量是未知的。设想国家必须面对洪水和飓风带来的灾害（如卡特里娜飓风），宣布国家处于紧急状态的同时，联邦政府必须增加开支来帮助灾区进行善后工作。或者举个更贴切的例子，美国进入战争状态，增加了军费开支。这些计划之外的事件会造成预算赤字。改变税法或是征收新税是可能的，但这类措施在常规情况下行不通。减少其他项目的支出也是可能的，但它们通常已经开始实施。（只是因为预算出现赤字就叫停修到一半的高速公路，或否决已承诺的社会保障项目，抑或关闭联邦监狱都无疑是荒谬而不可行的。）

其次，设想美国步入衰退。如你在前面几章学习过的财政政策所示，政府通常会通过增加支出和减少税收来使国家走出衰退。在平衡预算的背景下，二者将无一可行，因为它们都会增加预算赤字。政府的能力被束缚，无法通过财政政策调整经济。

现在让我们进一步讨论这个问题。在衰退时人们失业，当他们失去工作时，他们的收入也将减少，同时税收减少。这让他们更愿意接受失业救济和福利援助。**由于种种原因，衰退的经济会带来政府税收收入的自动减少和支出的自动增加。二者又共同导致了预算赤字的出现（经济的增长与之相反）。**现在，根据平衡预算的需要，政府必须要么增加税收，要么减少支出以消除预算赤字，或者同时采用两种方法。虽然很困难，但这是可能的。但是对于衰退的国家而言，这无疑是开错了政策药方！政府要做的是减少税收并增加支出。**换言之，遵照平衡预算的方式，国家可能加剧衰退，甚至让经济更加动荡。**

对平衡预算的要求通常以立法或宪法修正案的方式出现。这些提议并不相同，一些提议允许衰退时出现预算赤字，一些提议要求保持长期平衡而不是短期平衡，这缓和了我们之前讨论过的问题。我们必须明白，关于政府支出和税收的思想导致了这些提议，它们反映了一个保守派的观点，即经济中政府介入越少越好。

最后的提醒

所得税抵免制度在本章的前半部分有所讨论。所得税抵免制度是援助穷苦工人的重要方式，但是很多工人没有留意过这个制度。如果一个工人的收入低到不用填写联邦政府个人所得税表格，他或她通常不知道只要填写个人所得税表格，自己就有资格申请所得税抵免！最重要的事情之一就是让穷人意识到税收抵免的存在，这给那些交很少的税甚至不交税的人提供资金支持。一些州也有自己的所得税抵免制度，如果你是服务性学生组织甚至是会计和税收班级的一员，你的团体或许愿意开展活动，让低收入群体了解所得税抵免的政策。你可以通过从国内收入署的网站上（http://www.irs.gov）下载个人所得税抵免表格和宣传册的方式开展服务，或者在你所在社区的邮局、公共图书馆、市政厅等公共场所获得宣传资料。之后你可以申请发放许可，张贴告示，到那些穷苦人民最可能出现的地方发放资料：到施粥处、免费食物架、旧货商店和低收入群体医疗服务站那里去，这是将你的知识转化为行动的最简单的方法。

观　点

保守派与自由派

如你想象的那样，保守派人士和自由派人士在政府税收和借债方面持有完全不同的观点。保守主义者通常希望政府减税，其主张通常基于以下几个原因：首先，他们更愿意看到收入留在私人手中，而不是政府手里。他们更关注私人领域的支出而不是政府支出。其次，他们对税收的激励效果感到担忧，认为如果个人所得税过高，人们就会减少工作；如果企业所得税过高，企业就会生产得更少；如果对利息所得征税过高，人们就会储蓄得更少，其他税也是如此。自由派人士支持政府税收和支出，只要中下层人民没有因此受到太大损害。他们也支持将税收用于其认为有益的活动，如高等教育的支出或是对老年群体的保障。两派人士都支持征收消费税，例如汽油消费税，尤其在他们鼓励人们减少浪费时。不过自由主义者也关注这些税的累退性。

由政府借债支持的高额政府支出对保守主义者而言一直是一个现实问题。他们担心随之而来的利率上调会挤出私人支出，并担心政府在借款允许范围内增加的支出。通过立法或宪法修正的渠道，保守主义者强烈公开呼吁平衡预算。不过具有讽刺意味的是，当政府支出事关国家安全（和出兵伊拉克）时，他们又持完全不同的观点。近年来，布什政府的保守主义者们对税收减免和国防支出增加所带来的巨额预算赤字无动于衷。这在之前也有先例，在 20 世纪 80 年代的里根总统时期也是如此，该政府对税收减少和军费增加带来的预算赤字漠不关心。自由主义者和保守主义者都在强调目前的和可预见的高额预算赤字的危险性。虽然倾向于自由的人们以前对预算赤字关注相对更少，但极高的数字还是让人们害怕。经济学家此时坚持不懈地说服公众，认为在衰退时期预算赤字会自然增长，政府支出是恢复经济的关键。

总 结

美国政府通过征税或是借债为支出项目筹集资金。个人所得税占联邦政府税收收入的比重最大。其他联邦政府税种包括社会保障税、企业所得税、消费税和财产税。独立的州政府一般课征营业税和消费税、个人所得税和企业所得税。地方政府征收财产税。政府的支出项目由税收支持，对国民经济有温和的作用，并通过 GDP 来体现。此外，税收也有调节收入分配的重要意义，这取决于税收是累进、比例，还是累退征收的。联邦政府个人所得税和一些州政府的个人所得税有累进的税率结构。营业税和消费税、财产税和社会保障税都是累退税。最后一点，消费税和财产税对特定市场——如汽油、酒类、烟草和租房市场有所冲击。它们使得价格（或租金）上涨，消费的数量减少。布什政府出台的一系列税收政策减免了富裕阶层的许多税收。

每当政府发行政府债券和国债时，政府的负债便会增加。当我们购买政府债券时，我们实际上正在把钱借给政府。由负债支持的政府支出对国家经济和 GDP 有极大的影响。政府借债同样对收入分配有影响，让持有金融债券的高收入阶层受益，却损害了低收入者的利益。最后，政府借债会使利率上升，让大量私人投资减少。这一点通常被称为挤出效应。

预算赤字是政府支出和政府收入之差。预算赤字是一个年度概念，它代表了政府特定年份的负债额。与此类似，预算盈余是政府收入与政府支出之差。当预算有赤字时，政治家们会讨论如何减少赤字；当预算有盈余时，他们会讨论是否花掉它。国债是政府所欠的未偿还的全部金额。任何一年的预算赤字都会使国债增加。

国债的数额在我们没有考虑通货膨胀和国内生产总值时往往被夸大。大部分国债由各级政府持有，小部分由私人和企业、投资者和外国人持有。政府借债和国债的负面效应与政府借债的积极结果有关。这些结果包括经济增长和对国家有益的支出项目。

中国的分税制改革

中国政府在发展经济的过程中具有独特的思路，形成了中国式"财政分权"（fiscal decentralization）。主要是指中国分散化的财政体制，由钱颖一等学者较早提出。之后，许成钢等经济学家将中国的政治集中和经济分权结合在一起，强调了中国与俄罗斯等国政治体制的不同激励。[1] 中国在区域经济关系方面形成了有

---

[1] Qian Y, Roland G, Xu C. Why is China Different from Eastern Europe? Perspective from Organization Theory. European Economic Review, 1999, 43 (416): 1085-1094.

利于经济发展的"分权模式",并进一步形成区域竞争格局,促进了市场化发展。[①] 而根据我们的观察,除地方分权特征外,中央政府制定经济发展的战略目标,围绕这一目标,中央政府对国家治理实施高度控制,这里称之为"集权治理"。这使得中国形成了中央集权与地方分权相结合的模式。它既实现了中央政府的战略目标,又极大调动了地方政府参与经济建设的积极性,使社会资源得到了较为合理的配置与利用,促进了中国经济建设的快速发展。

中国市场经济改革的政治约束是坚持共产党的领导,这决定了中国体制既不同于西方自由市场经济的民主治理结构,也不同于传统的专制国家治理结构,而是保持既有民主又有决策效率的中央政治集权的组织治理结构,且任命制避免了民主制下服从党派利益却脱离了国家利益的弊端。而地方分权的积极意义在于向地方政府和企业提供了经济发展的激励,这是整个经济和政治体制改革的突破口。在分散的财政体制下,由于市场要素流动下政府竞争增加了政府援助国有企业的机会成本,地方政府不再有激励向经营绩效不佳的国有企业提供援助,结果是所谓"市场维持型联邦主义"的确立,这也是 Qian 和 Weingast(1997)提出的"保持市场化的联邦主义"效率的一个解释。[②] 这种体制的核心运行机制是地方竞争和地方试验,推动了地方经济发展和人民生活改善。相比于俄罗斯的地方分权制,如州长由选民选出,并有较大自治权而形成的"市场掠夺型联邦主义",更突出了中国式集权和分权的特殊意义。[③]

从更宽广的视角来看,中央集权和地方分权是中国经济改革先行、政治改革滞后的渐进道路的一个表征。回顾中国 20 世纪 70 年代的放权让利,到 20 世纪 80 年代的财政包干体制,再到 20 世纪 90 年代的分税制改革,如何合理划分中央和地方的利益是中国财政体制改革的要点。"财政分权"可以向地方政府提供市场化激励、保持和促进市场化进程,极大调动地方政府发展经济的积极性。同时,中国地方政府为了自身的政治经济利益而形成企业式的竞争模式,推动了市场化的进程,在省、市、县级官员政绩考核制度和升迁激励机制的作用下,地方政府竞争加剧,地方为发展经济,大力招商引资,各地区实际利用外资金额大幅

---

① Xu C. The Fundamental Institutions of China's Reforms and Development. Journal of Economic Literature, 2011, 49(4): 1076-1151.

② Qian Y, Weingast B R. Federalism as a Commitment to Preserving Market Incentives. Journal of Economic Perspectives, 1997, 11(4): 83-92.

③ 俄罗斯 2004 年取消了州长选举制,并加强中央政府对地方的控制权力,2014 年开始进行"地方投资环境排名",作为考核地方政府发展经济、积极招商引资的一个指标,目前已经完成 21 个联邦主体的排名,参见普京在 2014 年 5 月 22 日第 18 届圣彼得堡国际经济论坛的演讲报告——俄罗斯正在学习中国的"分权激励",中国社会科学网,http://db.cssn.cn/sjxz/,2014 年 6 月 3 日。

增加。地方政府之间"招商引资"的标尺竞争和政府治理的转型是解释中国基础设施投资决定的重要因素。① 地方政府实际上参与企业发展的引导激励、土地投入以及支持服务等具体方面，因此政府从企业取得的财政收入就有一部分不再是"税"，而是经济学意义上的"租"，可以说，各个地方政府之间的竞争是中国产权制度变革和市场化的主要动力，民营企业的发展、国有企业民营化的进程是地方政府在产品市场展开竞争的结果。② 樊纲等（2003）测算了地方政府市场化指数③，数据显示，近年来各地方政府市场化指数呈现大幅上升的趋势，表明各地方政府的市场化水平都显著提高，虽然地方政府之间仍有差距，但是这种差距在各地方政府的激励竞争中逐步缩小。在地方政府的竞争态势下，地方政府会追求更高的 GDP 增长，从而推动全国经济的高速增长。

尽管中央集权与地方分权形成了促进经济发展的强大动力，但是，地方政府在鼓励投资、增加资本并产生就业机会的同时，带来了重复建设与产能过剩，拉大了地区间贫富差距，内生于这种分权激励结构的相对绩效评估又造成了地区之间的市场分割。④ 也有学者发现，财政分权虽然有利于经济增长，但却恶化了各级政府在教育、卫生等领域的投入，反而导致居民福利下降⑤。

案例一　部分地方政府防范债务风险任务较重

"近年来中央通过建机制使得地方政府债务风险整体处于可控范围，地方政府债务的债务率低于国际警戒标准，但局部地区的地方政府债务风险不容忽视，这些地区防范地方政府债务风险的任务依旧较重"。财政部预算司副司长王克冰1 月 7 日在中国财政学会投融资研究专业委员会"2017 年年会暨地方政府投融资创新与债务管理研讨会"上表示。

他表示，财政部已经做了两次地方政府债务风险评估，2015 年的评估结果为：全国有 90 多个市本级、300 多个县级纳入风险预警名单，此外有部分省、市、县被列入风险提示名单，局部地区有风险，个别地区债务率超出 100%。

针对局部地区风险较大的问题，财政部提请国务院印发了《地方政府性债务风险应急处置预案》，提高地方政府的防风险能力，要求地方加强预警监测，不仅需要对地方政府债务进行监测，还要对地方中长期支出事项如政府购买服务、

---

① 张军，高远，傅勇，等. 中国为什么拥有了良好的基础设施. 经济研究，2007（3）：4-19.
② 张维迎，栗树和. 地区间竞争与中国国有企业的民营化. 经济研究，1998（12）：13-22.
③ 樊纲，王小鲁，张立文，等. 中国各地区市场化相对进程报告. 经济研究，2003（3）.
④ 王永钦，等. 中国的大国发展道路——论分权式改革的得失. 经济研究，2007（1）：4-16.
⑤ 尹恒，朱虹. 县级财政的生产性支出偏向研究. 中国社会科学，2011（1）：88-101＋222.

PPP 进行监测。

王克冰表示，这两年债务管理越来越严格，尽管当前经济下行压力比较大，稳增长和防风险要统筹考虑，但是全面依法行政、落实深化财税体制改革的决心仍旧坚定不移，因此会加大力度治理地方政府违法违规举债行为。

他坦言，目前仍存在地方人大及政府部门违法出具担保函的情况，以及通过伪 PPP 或政府违规购买工程服务等变相举债的情形，国务院办公厅印发的支持 PPP 发展的文件和财政部印发的《政府投资基金暂行管理办法》，已经明确规定政府不得回购其他出资人的投资本金，不得承诺最低收益，今后将进一步提高相关规定的法律层次，增强法律约束力。

他表示，针对 2016 年财政部驻地方专员办在全国范围核查出的违规担保问题，已向有关地方问责并要求整改，同时要求有关金融机构不得强迫地方政府提供担保。今后严格地方政府债务监管的高压态势将持续，对地方政府违法违规举债行为"发现一起，问责一起"。

他强调，融资平台公司的监管需要多部门合作，这是因为，银行贷款、信托由银监会负责监管，企业债由发改委负责监管，公司债由证监会监管，非银行金融企业融资工具如中期票据、短期融资券等由中国人民银行监管。目前财政部正在与相关部门沟通协调，促进部门间形成齐抓共管的合力，会特别关注以政府资金作为偿债来源的举债，共同落实好国务院〔2014〕43 号文件《关于加强地方政府性债务管理的意见》。

此外，他提醒省级政府要高度重视地方政府债务问题，一定要严格管理。由于法律规定地方上只有省级政府有举债权，市县政府没有举债权，市县债务由省级政府代为举借，因此现在所有的地方债信用都是省级信用，省级政府有严格管理的责任。

财政部下一步将继续加强对地方政府债务的管理，他表示：一是要继续完善制度框架，包括地方政府债务限额分配办法、地方政府债务信息公开办法、债务管理纳入党政领导考核办法等；二是要发挥地方政府规范举债对经济的促进作用；三是要加快融资平台公司市场化转型，关闭空壳类融资平台公司，推动实体类融资平台公司转型为市场化运营的国有企业；四是要健全统计监测和风险防范机制，对地方政府债务、融资平台公司债务、地方政府中长期支出事项进行监测；五是要加强对违法违规行为的处罚力度。

资料来源：财新网，2017-01-08.

案例二　中国继续规管地方政府债务，强化执法问责

中国财政部有关负责人 2016 年 12 月 19 日表示，把强化执法问责作为加强

地方政府债务管理的重要抓手，发挥专员办（财政部驻各地财政监察专员办事处）就地监督优势，对于核查或检查发现的违法违规问题，及时、依法依规做出处理，"发现一起、查处一起、问责一起"，防范地方政府债务风险。

财政部有关负责人做出上述表述之前，财政部印发了《财政部驻各地财政监察专员办事处实施地方政府债务监督暂行办法》（下称《暂行办法》）。《暂行办法》共分五章，包括总则、地方政府债务预算管理和风险应急处置监督、地方政府和融资平台公司融资行为监督、监督处理、附则，有针对性地对专员办实施地方政府债务监督做出系统规范。

负责人表示，根据《暂行办法》，专员办督促地方政府确保政府债务余额不得超过限额，不得突破依法设定的举债"天花板"；督促地方政府将政府债务收支全部纳入预算管理，主动接受监督；督促地方政府规范举债程序，切实防范偿债风险，保护投资者合法权益；督促地方政府全面强化债务资金管理，提高资金使用效益；督促地方政府妥善做好政策储备，防范和化解地方政府债务风险。

负责人强调，地方政府债务只能通过发行地方政府债券方式举借，除此之外政府及其所属部门不得以任何方式举借债务。除外债转贷担保外，地方政府不得为任何单位和个人的债务以任何方式提供担保。地方政府及其所属部门参与社会资本合作项目，以及参与设立创业投资引导基金、产业投资引导基金等各类基金时，不得承诺回购其他出资人的投资本金、承担其他出资人投资本金的损失，或者向其他出资人承诺最低收益等。

资料来源：中国新闻网，2016-12-19.

讨论和问题

1. 想想最近的联邦政府个人所得税减免。这对收入分配有什么影响？你认为这是公平的吗？为什么？

2. 想想其他关于税收改革的提议，比如将联邦政府所得税的结构改为统一费率的结构，或者把所得税改为消费税。这些行为对收入分配有何影响？你同意这些观点吗？为什么？

3. 你对免除高额房产继承的财产税有什么看法？为什么布什政府认为这是一种"遗产税"？

4. 你对资产利得税的减免有何看法？又如何看待所得税减免制度？它们对收入分配有什么影响？

5. 社会保障税应该停止现有的递减征收结构吗？为什么？应该如何实施？

6. 为什么政府对烟草和酒类征收消费税？因为这些商品是"罪恶的"（烟酒消费税通常被称作"罪恶的税"）吗？你认为征收消费税能在很大程度上减少这些商品的消费？考虑到政府的消费税收入，你对前一个问题又是怎么看的？

7. 你认为哪种税收体系是最公平的？累退税、累进税和比例税的优缺点分别有哪些？

8. 你怎么看欧洲为推动节油而征收的高额汽油消费税？你认为这在美国行得通吗？你认为在短期（比如两个月）和长期（比如两年）效果会不同吗？

9. 登录人口调查局的网站（http://www. census. gov/），查看联邦政府收入和支出的最新信息。最主要的支出项目是什么？最主要的收入项目呢？

10. 登录财政部网站（http://www. fms. treas. gov/bulletin），查看预算赤字和国债的当前规模，和书中的数据相比，这些数据是怎么变化的？

11. 你认为当前的预算赤字应该减少吗？如果应该减少，要怎么做？应该增加税收吗？还是减少政府支出？如果需要减少政府支出，什么项目应该减少支出？

12. 你关心美国国债吗？为什么？你学过本章之后是否改变了之前的看法？在伊朗战争和阿富汗战争带来大量军费开支之后，你的看法是否改变了呢？在2008—2009 年的衰退和政府的激励措施之后，你的观点是否改变了呢？

附录 7　消费税对于完全无弹性的供给和需求的影响

我们已经考虑了消费税对汽油的影响，以及财产税对租房的影响。接下来让我们考虑一些关于消费税的其他例子来观察消费税对经济的影响。

假设一个关于香烟的市场，如图 9 - 5 所示。其中供给曲线是正常的形状，但需求曲线是垂直的。考虑垂直的需求曲线的含义。虽然价格可以上下波动，但需求量是固定不变的。也就是说，人们希望购买一定数量的香烟，而且不会因为价格的变动而改变数量。经济学家把这种缺少对价格变化的调整的情况叫作**完全无弹性的需求**。当然，完全无弹性的需求不是完全现实的。虽然人们对香烟上瘾而且好像愿意支付任何价格，但至少一些吸烟者（尤其是青少年）会根据价格的变化而改变香烟的需求量。可是在这里我们忽略这种可能性，并单纯地假设只要吸烟者能

完全无弹性的需求： 对价格变化完全没有反应的需求。

得到他们想要的香烟数量，他们愿意支付任何价格。均衡点在 E 点，均衡市场价格是每包 1.50 美元，均衡数量是 5 000 包。

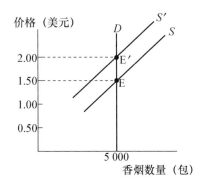

图 9－5　消费税对需求完全无弹性的假想香烟市场的影响

　　每包香烟 0.5 美元的消费税会导致供给曲线向左移动，从 S 到 S'。在新的均衡点 E'点，香烟的价格从每包 1.5 美元上涨到每包 2 美元，完全包括税费。需求完全无弹性时消费者将承担全部税费。

　　现在考虑征收 0.50 美元的消费税。征税意味着生产成本上升并且会导致供给曲线左移（到 S'）。新的均衡点为 E'点，香烟的价格变得更高。回忆两条供给曲线之间垂直的距离代表税收的量，并且注意到价格上涨的幅度等于征收的税，从每包 1.5 美元上涨到每包 2 美元。另外，香烟的购买量并没有变化。

　　其实征税后本应该减少供给，香烟的价格上涨，需求量降低。但是消费者没有像以往那样做出反应，他们没有减少香烟的购买量。由于需求完全无弹性，他们支付了每包额外的 0.5 美元，承受了所有的税收负担，而供给者没有承受任何税收负担。

　　虽然这是一种极端的情况，并且有点不切实际，但它确实阐述了一个重要的理论。当消费者对价格不敏感时（即他们的需求弹性很小），消费者会承担大部分税收负担。这可以体现在汽油和酒精消费税的例子上，也体现在租房财产税的例子上。这对于第 5 章"国际贸易"中提到的农产品也是成立的。所有这些产品的弹性都很小（虽然不是完全垂直的）。

　　现在让我们考虑一种相反的情况，如图 9－6 所示。分析你所在城镇的市场，当地的农民要卖他们的西红柿。在任何给定的一天，假设农民供给固定数量的西红柿。西红柿全部用于销售，不管价格是多少，因为它们已经采摘下来了。没有其他的西红柿可供销售，这些西红柿也不能留到第二天（假设第二天它们就会烂掉）。这种情况导致西红柿市场的需求曲线是正常的形状，但供给曲线完全垂直。均衡点在 E 点处，市场价格是每磅 2 美元，均衡数量是 50 磅。

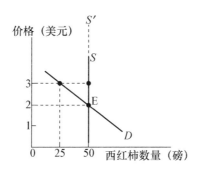

图 9-6　消费税对供给完全无弹性的西红柿市场的影响

　　每磅西红柿 1 美元的消费税会导致供给曲线移动。当供给完全无弹性时，我们可以假设为原有供给曲线的垂直延伸。均衡点仍在 E 点，价格仍为每磅 2 美元。因为农民要向政府交税，但消费者购买的价格并没有变化，因此供给完全无弹性时生产者将完全承担税费。

　　现在考虑当地政府要对西红柿征税。假设每磅收取 1 美元的税。我们令供给曲线的改变量等于税收的量。可是供给曲线只能向上移动。我们不能像常规那样移动供给曲线。供给曲线只能垂直变化，延伸到 S′。均衡点仍然在 E 点处，均衡数量和均衡价格都没有变化。

　　为什么价格不能改变？为什么农民不能让价格上涨 1 美元？他们当然可以这样做，但应看一看这样做的结果是什么。如果价格变成每磅 3 美元，需求量下降到 25 磅，但供给量不变。结果是有过剩的西红柿。根据我们第 1 章所学，降价是消除过剩的唯一方式。农民不得不面对市场的现实。他们不能改变的供给量意味着他们要承担整个税收负担。他们支付额外的 1 美元给政府，却不能从消费者

> **完全无弹性的供给:**
> 供给对价格的变化没有反应。

手中获得补偿。在这种情况下，生产者就会有**完全无弹性的供给**。实际中更常见的现象是生产者对价格越不敏感（供给曲线的弹性越小），他们承担的税收负担就越大。

　　香烟和西红柿例子的结论可以推广到很多种情况。**第一，消费者和生产者中对价格变化越不敏感的一方，就要承担越大的税收负担。第二，这种理论适用于所有生产成本上涨的情形**，无论是因为消费税、基于安全问题和污染问题的政府管制还是上涨的能源价格等等。当生产成本导致供给减少时，价格就会根据需求曲线和供给曲线弹性的大小而上涨相应的幅度。需求越不敏感，越多的成本就会以价格上涨的方式转移到消费者身上。供给越不敏感，越多的成本就会以更低利润的方式由生产者承担，而价格上涨的可能性也越小。

第 10 章框架图

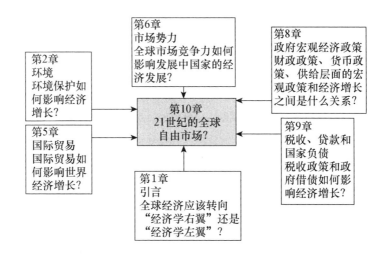

第2章
环境
环境保护如何影响经济增长?

第6章
市场势力
全球市场竞争力如何影响发展中国家的经济发展?

第8章
政府宏观经济政策
财政政策、货币政策、供给层面的宏观政策和经济增长之间是什么关系?

第5章
国际贸易
国际贸易如何影响世界经济增长?

第10章
21世纪的全球自由市场?

第9章
税收、贷款和国家负债
税收政策和政府借债如何影响经济增长?

第1章
引言
全球经济应该转向"经济学右翼"还是"经济学左翼"?

经济学工具箱

- 资本主义
- 社会主义
- 自由派和保守派
- 经济增长
- 储蓄率
- 资本利得
- 消费税
- 劳动生产率

- 经济转型
- 价格管制
- 私有化
- 安全网
- 经济改革
- 国际债务
- 资本转移
- 条款

21 世纪的全球自由市场？

> 市场机制到底是好是坏对我们来说已经不
> 是问题了，市场带来财富和自由的能力是无与
> 伦比的。但是这次金融危机提醒我们，若没有
> 一双监督的眼睛，市场可能失控。如果仅仅富
> 人获利，一个国家不可能长期繁荣发展。美国
> 经济的成功不仅依靠国内生产总值的规模，而
> 且依赖于人们可以得到的财富和获得财富的机
> 会，这不是基于慈善，而是公共产品的必经
> 之路。
>
> ——奥巴马总统，就职演说，2009 年 1
> 月 20 日

市场机制是好是坏？市场需要政府适度干预还是大幅度干预？自由市场与被
监管的市场孰优孰劣？政府力量应该更多地干预经济还是更少地干预经济？过去
几十年来这些问题在教科书上被广泛争论。可以看到的是，至少直到目前为止，
全世界倾向于以最少的政府干预为特征的自由市场。那么未来又会如何？

本章以提问的形式，询问 21 世纪的全球市场是否为自由市场。尽管改变的
方向还不明确，但可以说自由市场对于所有国家在任何时期来说并不是都适用
的。同样，不是所有的国家都能顺利地转变为自由市场机制，也有可能回到原来
的政策体制。事实上，一些国家尤其是拉丁美洲国家已经开始回到计划体制。让
我们来分析一下这种趋势。

市　场

供给、需求和市场一直贯穿于整本书，同样被反复提到的经济学词汇是政府

干预。一直以来，经济学家和政客激烈讨论政府在市场经济中应当扮演什么样的角色，这也是本章的热点问题。根据经济学体系和美国专有名词分类，传统经济学偏向于政府的角色有限，新自由主义经济学偏向于政府承担更大的角色。**保守派认为自由市场是有效的，市场会提供经济繁荣的机会并带来经济增长。**市场失灵的可能性极低，政府对运行正常的市场进行干预会导致低效率并限制经济增长。尽可能限制政府的权力是最好的。

这种传统的观点在第8章"政府宏观经济政策"讨论供给层面的政策时得到证实，供给学派认为减少政府监管、税收、国内项目和转移支付更有利，他们认为市场有效运行，政府不能束缚企业和消费者，必须让他们自己进行决策，这样经济才会更好地发展。

自由派认为市场是不完善的，而且市场失灵非常严重，他们认为市场并不一定是平等的，有时是失效的。此外，社会还有其他目标需要实现，比如环境保护、照顾穷人和老人、经济稳定等，这些目标仅靠市场自由运行是无法实现的。他们认为政府必须干预市场以实现这些目标，美国金融市场爆发的危机告诫整个国家完全的自由市场是行不通的，政府必须在某种程度上进行干预，但是政府进行多大程度的干预是适当的呢？

资本主义：私人部门拥有生产资料并通过市场决定经济政策的经济体制。

社会主义：公共部门（政府）拥有生产资料并制定经济政策的经济体制。

大多数经济体采用市场和国家干预相结合的形式，只不过一些国家更偏向资本主义，而一些国家更偏向社会主义。**资本主义**国家的私人部门（个人和私营企业）通过市场和它们拥有的生产方式（工厂、设备和土地）来决定经济政策。相反，**社会主义**国家的公共部门（政府）制定经济决策并且拥有和管理生产资料。资本主义国家的消费者和生产者通过市场相互作用并反映市场决定的价格，而社会主义国家的政府担任主导角色来决定生产哪种商品、如何生产以及商品的价格。

资本主义和社会主义都是一种经济体制，与政治体制如民主制和共和制无关。因此，共和政体可以采用社会主义经济体制，民主政体也可以；共和政体可以采用资本主义经济体制，民主政体也可以。本书主要讲经济体制。

西方工业化国家：资本主义工业化国家。

经济体制朝着自由市场的方向发展是最近才出现的全球现象，覆盖全球各个国家各个角落。我们依次分析全球主要的三大地区。我们将**西方工业化国家**定义为资本主义工业化国家，包括美国、加拿大、大部分西欧国家和其他国家（如日本），它们具有较高的经济发展水平和稳定的市场条件；将**东方工业化国家**定义为中东欧前社会主义工业化国家，

东方工业化国家：中东欧前社会主义国家。

发展中国家：世界上的发展中国家。

包括前苏联和中东欧其他主要国家；最后是**发展中国家**，包括所有发展中国家，如大多数非洲、亚洲和拉丁美洲国家。

需要注意的是，不要混淆自由派和自由主义，前者是指由政府干预经济，后者是指经济朝自由市场过渡的变化。

西方工业化国家：经济增长

美国保守派共和党从 1981 年到 1992 年连续 12 年执政，尽管民主党人士（克林顿总统）于 1993 年当选美国总统，但共和党于 1994 年掌管美国国会，并于 2001 年重新执政（乔治·W. 布什总统）。布什总统关于税收政策、教育、医疗、环境、社会保障和政府监管的观点反映了自由市场理念，政府扮演最小的经济角色，较少地干预供给。

事实上，大部分西方工业化国家包括英国、法国、德国都与美国一样，限制政府对经济的干预，更加注重自由市场，经济增长成为西欧国家 21 世纪开始的主要目标。

随着 2009 年奥巴马当选总统，美国国会开始采用自由学派的政策。但是，2008—2009 年全球经济危机引发的经济衰退要求美国和其他西方工业化国家进行更多的政府干预，正如本书第 8 章"政府宏观经济政策"中所讨论的。由于 2008—2009 年的数据于写作时还不可获得，我们将集中讨论步入 21 世纪以来保守派强调经济增长的政策。

经济增长率

经济增长：生产持续增加，表现为生产可能性曲线外移。一段时间内 GDP（或年均 GDP）增加。

经济增长是指生产的持续增加，衡量经济增长的一个标准就是一段时间国内生产总值的年均增长率。表 10－1 给出了西方工业化国家 1990—2000 年和 2000—2007 年（近期的数据各个国家均可获得）的 GDP 年均增长率。数据显示，后一时间段的增长率在 0.9%～5.5%范围内，大多数国家 2000—2007 年的增长率比 1990—2000 年的水平低。美国也是如此，2000—2007 年的年均增长率为 2.6%，而 1990—2000 年的水平为 3.5%。近期，美国经济增长和其他西方工业化国家的平均增长水平一样。

2000—2007 年最后两年的增长率比前期增长率低，从 2008—2009 年的数据中可以发现世界经济最终呈现下滑趋势，全球经济衰退甚至出现负增长。

表 10-1 显示的国内生产总值的年均增长率从短期来看可以放在总供给框架
下进行讨论，从长期来看可以放在生产可能性曲线框架下进行讨论。

表 10-1　　　　　西方工业化国家和日本的年均经济增长率
（1990—2000 年，2000—2007 年,%）

国家	GDP 年均增长率 1990—2000 年	GDP 年均增长率 2000—2007 年
澳大利亚	2.4	2.0
比利时	2.1	2.0
加拿大	3.1	2.7
丹麦	2.5	1.8
芬兰	2.6	3.0
法国	2.0	1.8
德国	1.8	1.0
希腊	2.2	4.3
爱尔兰	7.5	5.5
意大利	1.6	1.0
日本	1.3	1.7
荷兰	2.9	1.6
挪威	4.0	2.4
葡萄牙	2.7	0.9
西班牙	2.6	3.4
瑞典	2.2	3.0
瑞士	1.0	1.8
英国	2.7	2.6
美国	3.5	2.6

资料来源：World Bank, World Development Indicators 2009. Washington D. C. : World Bank, 2009.

总供给和生产可能性曲线

供给学派的观点基于政府政策、法规、税收等方面的影响，政府财政转移能
促进生产率的提高，从而增加总供给。总供给曲线外移导致国内生产总值的相继
增加。我们已在第 8 章"政府宏观经济政策"中详细讨论了供给政策及其影响。
图 10-1 总结了供给政策的影响。

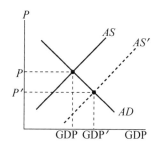

图 10-1　宏观经济供给政策的影响

供给政策旨在提高总供给，如图所示，总供给曲线由 AS 移到 AS′。这会导致国内生产总值由 GDP 增加到 GDP′，且平均价格水平由 P 下降到 P′。

> **经济争论：**"对基础设施投资支出增加是促进经济增长的主要动力吗？"
>
> 基于生产率和经济增长问题的争论详见：http://www.cengage.com/economics/econapps

供给政策旨在增加 GDP，然而 GDP 持续扩张需要额外的政策改变长期均衡。在第 1 章我们利用生产可能性曲线讨论了这种根本的改变。

回想一下，生产可能性曲线表示在所有资源和技术充分有效使用的条件下能够生产的最大产出水平的各种组合。一段时间后，随着生产可能性曲线的外移，可以获得更高水平的产量。我们定义经济增长为产量持续的扩张。引起生产可能性曲线外移的因素包括社会资源数量的增加或质量的提高或者技术的改进。这些因素使得产量持续增加，即经济增长。

促进经济增长的政策

图 10-2 给出了第 1 章介绍的生产可能性曲线，让我们讨论四个影响经济增长的因素的例子，即资本增加、劳动生产率提高、技术进步和减少不必要的监管。我们可以讨论政府政策对这几个方面的影响。

资本增加

如果物质资本的数量持续增加，即工厂、设备、机器等增加，那么一国的经济就会增长。投资会促使资本增加，而储蓄是投资的前提，包括家庭、企业的私人储蓄和通过征税获得的政府储蓄。

> **储蓄率：**总储蓄与国内生产总值的比率。

较高的投资水平需要较高的**储蓄率**，即总储蓄与国内生产总值的比率。如表 10-2 所示，2007 年美国的储蓄率约为 14%；在西方工业化国家中，只有希腊和葡萄牙的储蓄率比美国的低；相比之下，挪威的储蓄率最高，达到 38%；日本也有较高的储蓄率（31%）。尽管表中没有显示，但是阿塞拜疆（属于东方工业化国家）和中国（属于发展中国家）

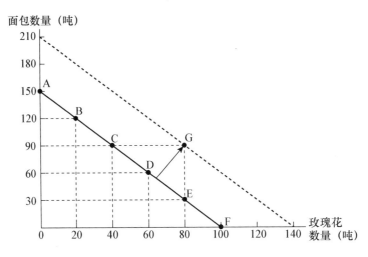

图 10 - 2　经济增长的生产可能性曲线

　　A 点到 F 点表示能够生产的面包和玫瑰花的各种组合，当经济增长且生产可能性曲线外移到虚线位置时，该经济体可以生产更多的面包和玫瑰花。

有非常高的储蓄率，分别达到 60% 和 54%。很多经济学家对美国的低储蓄率水平表示担忧。

表 10 - 2 　　　　　　西方工业化国家和日本的储蓄率* （2007 年,%）

国家	储蓄率
澳大利亚	26
比利时	25
加拿大	23
丹麦	24
芬兰	27
法国	19
德国	25
希腊	10
爱尔兰	26
意大利	20
日本	31
荷兰	28
挪威	38
葡萄牙	13
西班牙	22
瑞典	28

续前表

国家	储蓄率
瑞士	—
英国	16
美国	14

＊用总储蓄除以 GDP 计算储蓄率。

资料来源：World Bank，World Development Indicators 2009. Washington D. C.：World Bank，2009.

　　一些学者预测，随着"婴儿潮"出生的一代长大成人、享有更高的收入并支付房贷和子女的教育费用，美国在 21 世纪储蓄率将会提高。此外，政府储蓄的增减也将扮演重要角色。当政府支出少于收入时，储蓄增加；当政府支出超过收入时，则是动用储蓄。奥巴马政府持续的高投资支出，包括挽救经济的财政刺激计划意味着未来美国政府动用储蓄会发生预算赤字。

　　为了提高国内储蓄率，政府通过供给政策制定了许多方案，旨在增加家庭和企业的储蓄和投资动力。如 1981 年税法加速了对企业新投资的减税进程，极大地降低了企业所得税。1981 年税法及相继的税法对家庭将收入转化到个人养老金账户提供了税收优惠，并降低了资本利得税。正如第 9 章"税收、贷款和国家负债"所讨论的，**资本利得**是指因买卖资产的差价而获得的净收入，同时也降低了资本利得税。后两种减税政策颇受争议，布什政府认为减税会促进经济增长，然而减税的大多数受益者都是美国富人阶层，他们更容易获得投资收益和高收入。奥巴马政府和国会是否继续推行减少资本利得税的政策还有待观察。

资本利得：以某种价格买入资产又以更高的价格卖出所获得的收益。

消费税：对用于消费商品和服务而非用于储蓄的那部分收入所征收的税。

　　针对上述争议，最终有方案提出，应以**消费税**代替个人所得税。消费税是对消费商品和服务的收入征税，而不对用于储蓄的收入征税，最终的目标是提高储蓄率，降低消费税确实可以极大地减轻低收入者的负担，这部分收入是必须用来消费必需品的。这就表现为累退税，一种对于低收入者的收入来说占据更大比重的税。

　　如果这些政策能够成功地提高储蓄水平，可以预见物质资本投资将增加，即工厂、设备和机器的增加会导致国内生产总值的增加，从而带动经济增长。

　　保守派强调为个人储蓄和投资的增加提供有力措施，自由派则认为增加政府投资的作用不能被忽略。政府在高速公路和大型运输、学校和医疗设施等方面的投资将起到重要作用，这些投资能够改善商业环境，提高工人生产率，增强国家的物质资本和人力资本。事实上，这也是奥巴马总统应对 2008—2009 年经济衰退所采用的经济刺激政策。

劳动生产率提高

劳动生产率：每个 就业劳动者所创造的国 内生产总值。

世界银行定义**劳动生产率**为 GDP 增长百分比与就业人数之比。美国劳动生产率在 20 世纪 70—80 年代较低，现在已达到较高水平。1992 年美国劳动生产率为 2.7%，到 2008 年提高到 3.0%。[1] **劳动生产率和劳动者使用的资本与技术的种类、数量有关，这些年劳动生产率显然有很大的进步。**同样需要注意的是，劳动生产率也要依靠人力资本，包括工人的技术和能力。政府对培训项目、教育、医疗和营养的支持对于提高人力资本的水平具有重要的保障作用，这也是奥巴马政府刺激政策的一部分。

技术进步

技术：生产产品所 使用现有资源的方式。

技术是生产产品所使用现有资源的方式，在给定有限资源的条件下，技术进步可以使我们生产更多的产品。技术进步带来更高效的新机器、新产品和新生产方法。

技术进步主要依靠研发，美国每 100 万人中有 4 651 个科学家和工程师从事研发工作，该水平在世界上名列第七。芬兰拥有最多的研究者，每 100 万人中有 7 691 人从事研发工作。表 10－3 按照每百万人中研发人员数量列出了世界上排名前十的国家。

表 10－3 **每百万人中研发人员数量和居民提出的专利申请数量，按照前者排名前十的国家（2007 年）[a]**

国家	每百万人中研发人员数量	居民提出的专利申请
芬兰	7 681	1 804
瑞典	6 139	2 527
新加坡	5 713	696
日本	5 546	333 498[b]
丹麦	5 277	1 660
挪威	4 668	1 223
美国	4 651	241 347
新西兰	4 207	1 892
韩国	4 162	128 701
澳大利亚	4 053	2 717

a. 2007 年或最近可得数据年份。

b. 世界最高。

资料来源：World Bank, World Development Indicators 2009. Washington D. C.：World Bank, 2009.

---

[1] World Bank, World Development Indicators 2009（Washington DC：World Bank , 2009）. 除特殊说明外，本章中的其他资料均来源于此。

专利：政府授权一段时间内使用或售卖某项新技术的特殊权利。

政府可以制定相应政策鼓励研发。如增加大学研究奖学金或者对从事研发的企业减税，并对研发出的新产品提供专利保护。**专利**是政府授权一段时间内使用或售卖某项新技术的特殊权利。如果没有专利权，其他企业可以模仿该技术或产品，利用研发者的成果创造利润，这样，企业就没有动力研发新产品。专利对于制药、通信科技和消费品领域至关重要。表 10-3 同时显示了各国申请专利的数量，日本排名世界第一，有 333 498 项专利申请，美国有 241 347 项专利申请。

计算机领域的技术进步最明显。信息技术，包括计算机、软件、通信网络和互联网设施方面的投资在近几年的经济增长中占很大比重。表 10-4 给出了每 100 人中个人电脑数量和互联网用户数量排名前十的国家的数据。可以看到，加拿大拥有世界上每 100 个人中最多的个人电脑数量（94 台）；美国排名第五，每 100 人有 84 台个人电脑、有 74 人使用互联网。计算机技术帮助美国和其他国家的企业以同样或更低的成本生产更多更好的产品，同时也成为提高劳动生产率的主要因素。

最后，奥巴马总统号召对创造清洁环境的技术进行研究，尽管下面讨论的加强环境法规可能会使经济增长减速，但是绿色技术投资具有拉动美国经济增长的潜在动力。

减少监管

政府在很多方面规范企业行为，如保护制药、食品和制成品领域的消费者利

表 10-4　　　　个人电脑数量和互联网用户数量（每 100 人），
按照前者排名前十的国家（2007 年）[a]

国家	个人电脑	互联网用户
加拿大	94	73
瑞士	92	76
荷兰	91	84
瑞典	88	80
美国	81	74
英国	80	72
新加坡	74	66
德国	66	72
法国	65	51
挪威	63	85

a. 2007 年或最近可得数据年份。

资料来源：International Telecommunication Union's World Telecommunication Development Report data base, cited in World Bank, World Development Indicators 2009. Washington D. C.：World Bank, 2009.

益，保护工人权利，保护环境等。鉴于不安全轮胎和药物导致的死亡，政府增加监管迫在眉睫。然而，不必要和不明智的法规监管却增加了企业的成本、降低了企业的产量。因此，亟须减少不必要的法规以促进经济发展。当然，最重要的问题是识别哪些法规是有利的、哪些是有害的。

通常来说，经济保守派倾向于减少政府法规，而经济自由派则相反。20 世纪 80 年代的供给政策就包括大幅度减少政府法规，环保就是一个很好的例子，里根总统和乔治·H. W. 布什总统都大幅减少政府对该领域的政策法规，而克林顿总统的很多有关法规的提议被国会否决，乔治·W. 布什总统延续了较少环境法规的趋势，尽管从短期来看，这种政策通过降低企业成本从而增加供给对经济增长有利，但是从长期来看，环境成本会超过经济增长的收益。正如一段时间内生产资源的增加会使生产可能性曲线外移一样，环境破坏导致自然资源的减少会使该曲线内移，从而使国家的生产和发展能力受限，居民生活质量也会下降。

正如第 2 章"环境"所建议的，环境保护在全球范围内十分重要。森林砍伐和燃料消耗导致全球变暖、生物多样性缺失，酸雨损害农作物、水资源和国家的资本结构。化学试剂的使用破坏了臭氧层，还造成了空气污染和水污染。

尽管布什总统拒绝签署 1997 年强制工业化国家减少温室气体的《京都议定书》，奥巴马总统还是制定了减少温室气体排放的政策，发出支持国际条约的信号。在第 2 章"环境"中我们详细讨论了国际协议对于降低全球温室效应的重要性以及其他的全球环境议题。

除了环保、工人和消费者安全领域，20 世纪 80 年代政府还减少了针对金融部门的法规。但是 21 世纪初爆发的美国金融危机使我们看到了其危害和影响，以及对金融部门现有监管的失败，而这是引发 2007 年年末金融危机的主要原因。一个问题就是金融双系统，一方面，商业银行负责传统抵押贷款，第 3 章"住房问题"已经讨论了这一过程，联邦储备银行监管商业银行，对于银行和可能承担的各种违约风险极其谨慎；另一方面，抵押贷款的变化（如贷款给信用评级低者和把固定贷款利率变为可调整利率），以及基于抵押贷款的债券投资——"抵押贷款债券"快速发展改变了金融业的本质，金融机构参与抵押贷款债券的行为并没有像商业银行那样受到监管，从而带来的交叉风险导致金融系统崩溃。

现在人们已经达成共识：金融部门需要新的监管法规。奥巴马总统倾向于由联邦储备银行监管投资银行，而单独成立一个机构来监管商业银行抵押贷款和信用卡金融服务，当时的美联储主席伯南克则倾向于联邦储备银行同时监管这两类银行机构，而其他人则认为美联储能制定好货币政策已经足矣，应由其他机构负责银行监管，国会自然是将这几种观点综合考虑而非单单支持某一观点。

21 世纪经济增长的含义

现在，人们对西方工业化国家市场导向型增长战略产生了疑问。随着自由派人士当选总统，政府很可能会加强对环境、工人和消费者安全、金融业和其他部门的监管，同时可能取消布什总统对富人的减税计划，从而可能降低美国储蓄率。由于对金融业和其他行业的监管不力，当你读到这一部分的时候政府可能正在制定严格的法规，这无疑是政府角色从有限到放大的周期运动，如果对自由派治理不满意，政府的角色可能又会变化。当然，这不能走向极端，极端情况会暴露缺陷，从而使得政府角色一次次发生改变。在美国历史上，第二次世界大战后的经济增长并没有改变贫困人口比例，20 世纪 60 年代人们通过贫困和公民权利运动反映需求，即要求经济繁荣应改善贫困状况，于是政府在 20 世纪六七十年代制定了反贫困政策，然而到了八九十年代和 21 世纪初期，保守派使得政策有所保留。而随着 21 世纪人们担心生活改善落后于世界经济增长时，又一次极力要求政府参与到经济监管中。

东方工业化国家：经济转型

中东欧的变化是完全的革命，很多年轻学生无法完全理解。冷战结束后，两德统一、柏林墙倒塌；苏联瓦解，分裂成 16 个相互独立的国家，最大的是俄罗斯；之前的中东欧社会主义经济体经历了向资本主义的**经济转型**。

经济转型：经济政策和体制从社会主义向资本主义转变。

在这里，东方工业化国家指之前的东欧和中欧社会主义国家（尽管有人认为部分国家属于亚洲）。这些经济体向资本主义转型取得了不同水平的成功，具有不同的经济增长率水平。表 10-5 给出了 1990—2000 年和 2000—2007 年东方工业化国家的经济增长率，这些数据很有意思！首先，1990—2000 年，约三分之二国家的年均增长率为负值，这意味着这段时间内平均每年国内生产总值都在下降。然而，2000—2007 年，所有这些国家的增长率都转为正值，这种转变令人难以置信。例如，塔吉克斯坦在 1990—2000 年拥有最高的负增长率（-10.4%），2000—2007 年其年均增长率为 8.8%。2000—2007 年增长率较高的其他国家包括亚美尼亚、阿塞拜疆、哈萨克斯坦和拉脱维亚。俄罗斯由 1990—2000 年 -4.7% 的年均增长率转变为 2000—2007 年 6.6% 的年均增长率。**值得注意的是，东方工业化国家经济由负增长转变为正增长的情形和西方工业化国家增长率下降的情形截然相反。**

表 10 - 5　东方工业化国家年均经济增长率（1990—2000 年，2000—2007 年, %）

国家	GDP 年均增长率 1990—2000 年	GDP 年均增长率 2000—2007 年
阿尔巴尼亚	3.5	5.3
亚美尼亚	− 1.9	12.7
阿塞拜疆	− 6.3	17.6
白俄罗斯	− 1.7	8.3
波黑	N/Aª	5.3
保加利亚	− 1.8	5.7
克罗地亚	0.6	4.8
捷克	1.1	4.6
爱沙尼亚	0.2	8.1
格鲁吉亚	− 7.2	8.3
匈牙利	1.6	4.0
哈萨克斯坦	− 4.1	10.0
吉尔吉斯斯坦	− 4.1	4.1
拉脱维亚	− 1.6	9.0
立陶宛	− 2.7	8.0
马其顿王国	− 0.8	2.7
摩尔多瓦	− 9.6	6.5
波兰	4.6	4.1
罗马尼亚	− 0.6	6.1
俄罗斯	− 4.7	6.6
塞尔维亚	− 4.7	5.6
斯洛伐克	1.9	6.0
斯洛文尼亚	2.7	4.3
塔吉克斯坦	− 10.4	8.8
土库曼斯坦	− 4.8	N/A
乌克兰	− 9.3	7.6
乌兹别克斯坦	− 0.2	6.2

a. N/A 指无法获得。

资料来源：World Bank, World Development Indicators 2009. Washington D. C. ：World Bank, 2009.

　　这些国家向资本主义转型最主要的因素是由市场决定价格和私有化进程以及企业化发展。俄罗斯在经济转型过程中经历阵痛，尤其在价格市场化和私有化方面问题较多，然而对于商业化，无疑俄罗斯人每天都在进行商业活动：在每个地铁站销售快餐，在加油站沿线的高速公路上销售汽油，从事翻译或驾驶员等第二职业，和西方合伙人成立合资公司等。

价格市场化

市场决定价格是高效的，需求和供给均衡解决了短缺和过剩问题。（当政府干预房价或者支持农产品价格时，就会出现短缺或者过剩现象。）在自由市场，稀缺商品的高价格会鼓励消费者减少消费、生产者扩大生产，于是短缺问题就解决了。相反，商品的低价格会鼓励消费者多消费、生产者少生产，将生产资源转移到其他商品的生产中，从而杜绝了过剩发生。

在纯社会主义国家，政府决定商品和服务的价格，中东欧社会主义国家的商品定价偏低，以使消费者能够负担基本的食物、衣服和汽油。**通过设置价格上限的方法人为压低价格使得经济出现短缺**。于是，尽管人们买得起所需的必需品，却在商店买不到。当有供应时，人们丢下工作并冲到商店花费较长的时间排队购买。

解除价格管制：取消政府对价格的管制。 在绝大多数情况下，短缺是过去的现象。现在中东欧国家大部分商品的价格水平都由市场决定，也就是说，**解除价格管制**。政府不再决定所有商品的价格。然而这样一来，对于工资上涨幅度赶不上价格上涨幅度的地区来说，消费者购买力下降，于是出现供给过剩，消费者买不起商品。**通货膨胀通常是解除价格管制带来的短期后果。**

俄罗斯解除价格管制的速度惊人，在几天之内，对80%～90%的批发和零售商品价格解除管制①，大量商品和服务的价格上升，导致价格平均水平的突然上涨。1992年俄罗斯通货膨胀率飙升，达到约135.3%。此后通货膨胀率有所下降，然而通货膨胀仍然是比较严重的问题。（1990—2000年平均通货膨胀率为99%，2000—2007年下降到13%②，水平仍然较高，但问题已不像以前那么严重。）

私有化

私有化：将国有企业卖给私人部门进行管理。 **私有化**指政府将国有企业卖给私人部门进行管理。整个中东欧，从工商业、农田、能源设施到道路、交通网，都归政府所有，实行私有化即生产方式归私人部门所有能够提高生产效率、促进经济增长。

---

① U. S. Department of Commerce，Business Information Service for the Newly Independent States（BISNIS），International Trade Administration，Commercial Overview of Russia，Moscow，January 28，1993.

② 除非特别说明，本节有关东方工业化世界的统计数据均来自 World Bank，World Development Indicators，见 http://www.worldbank.org.

在私有化进程中，俄罗斯再次成为一个典型案例。1992 年 4 月俄罗斯开始私有化进程，卖掉政府企业，同时将国有农场和集体农场转为私人所有。6 月，政府将大中型规模企业转为股份制公司（意味着个人可以持股）。① 最后，在 10 月，政府宣布所有公民都可以购买公司股票，并可以在二级市场买卖。

经济新闻："俄罗斯农场走向公司制。"

集体农场现在已成为公司制农田。通过透视世界经济和发展与转轨经济找出原因。

http://www.cengage.com/economics/econapps

俄罗斯的私有化进程遇到了一些困难。第一，俄罗斯政府内部对私有化进程的速度意见不一致。第二，小企业如大多数商店比大企业卖得快。规模较大的企业很难卖给私人。第三，很多企业的机器和设备都十分陈旧且很难维修，使得这些企业的生产率也较低。由于私人企业是以利润为目标，随着政府补贴减少，许多企业宣布破产，工人失业。**失业通常是私有化带来的短期后果。**第四，俄罗斯企业多是垄断性的，在转型前，苏联设计者将行业分类为 7 664 个"生产小组"，其中 77% 的产品是由单一企业生产的。② 因此即便国有垄断企业变为私人所有，本书第 6 章"市场势力"所讨论的垄断问题仍然存在。第五，在俄罗斯占很大比重的产业是军工业，冷战结束后，俄罗斯军费支出有所下降，然而和世界其他国家相比，俄罗斯的军费支出仍然较高。（2007 年俄罗斯军费支出占国内生产总值的 3.6%，美国该比重是 4.2%，世界上仅有几个国家军费支出更高。）所有这些都意味着俄罗斯的私有化进程、去垄断化和国防转变面临障碍。不过，尽管如此，俄罗斯现在已成功建立了许多小型企业和中型企业，有超过 320 万个注册企业，仅次于巴西（570 万）、墨西哥（430 万）和美国（520 万）。

经济转型的影响

中东欧工业化国家由社会主义转型为资本主义的目标是实现更高效率和更快增长，但是转型也带来了很多问题：通货膨胀使居民难以买到基本必需品，农民受到投入品如农药价格上涨的冲击，军工行业、政府部门和私人企业大量裁员，工人经常拿不到工资，腐败泛滥、犯罪猖獗。尽管许多人已经在和这些困难做斗争，但还是有人从中获利，导致不公。一些国家酗酒率和自杀率上升，生活预期下降。一位在美国留学的年轻俄罗斯女士总结了这些困难：

> 俄罗斯的情形对普通民众来说非常艰难。我父亲最近失去了政府部门的

---

① Russia Reborn. The Economist, December 5, 1992.

② Ibid.

工作，尽管他后来很快又找到了另一份工作。我在银行工作的母亲没有失业，但她已经有 7 个月没有拿到工资了。这简直难以想象，银行里全是钱，但无法支付工资。人们要从事第二职业以维持生活，老年妇女乞讨或者卖自制的食物、旧衣服或者其他人们会买的东西。养老金非常微薄，每月 30 美元，甚至更低，这点钱每天可能只够买一块面包和一瓶牛奶，每周买一点点肉。工资上涨远远落后于价格上涨，现在需要花约 7 天的平均工资购买一支睫毛膏，花两个月的工资买一双鞋。20 卢布只能买一瓶劣等的伏特加酒。与此同时，很多中年男人开着奔驰、奥迪和宝马标榜财富。很容易认出哪些是黑手党。①

21 世纪？

这里对 21 世纪用了个问号。尽管自由化政策无疑会继续下去，但人民的困扰和不满可能会减弱或改变经济转型的本质。在一些国家，转型甚至可能发生逆转。俄罗斯掌权的政客以人们对政治、经济现状的不满为由，希望回归以前的政策。民意测验表明大多数人希望回到"以前的日子"，那时他们有房住、有工作、有大人和小孩的医疗保障。在其他东方工业化国家，自由化政策已经发生了转变，一些国家倾向于由社会主义政客执政。其他一些国家有少数人希望回到社会主义。

安全网：政府项目，如住房、营养、医疗，以保证人们的基本福利。

东方工业化国家向自由市场经济转型的一个重要问题就是给人们一个安全网。 在社会主义经济体制下，政府保障就业、住房、小孩医疗和所有公平的基本医疗水平。由于民众要经历失业和购买力下降等问题，政府必须确保满足人们的基本需求，否则经济转型将不会顺利，也不会成功。

发展中国家：经济改革

经济改革：机构和政策向自由市场（资本主义）经济转变。

很多发展中国家都经历了**经济改革**过程，这意味着发展中国家的政策逐渐向自由市场倾斜，换句话说，发展中国家参与自由市场。经济增长率水平显示了发展中国家人均国内生产总值的增长。20 世纪 90 年代和 21 世纪盛行的经济改革起源于 20 世纪 80 年代的国际债务危机，而这场危机根源于 20 世纪 70 年代的世界经济状况。

---

① Yana S. Yurgelyanis 和作者的谈话。

20 世纪 70 年代：石油危机

20 世纪 70 年代最重要的经济事件都与石油有关，石油输出国组织（OPEC）限制石油供给，1973 年、1974 年阿拉伯国家实行石油禁运，1979 年伊朗伊斯兰革命爆发。这些事件都限制了对西方国家的石油供给，从而引起石油价格暴涨。OPEC 成员国，包括中东的一些国家，以及非洲的尼日利亚、利比亚、阿尔及利亚、加蓬，南美的委内瑞拉、厄瓜多尔，东南亚的印度尼西亚等国家从石油出口中获取暴利。然而，非石油出口国包括大多数发展中国家，需要为石油进口支付高额费用。石油冲击的影响有三个。

石油美元：石油以美元标价，销售石油获得的金钱。

首先，OPEC 成员国将石油收入进行"再循环"，也就是说，它们将出口石油创造的收入存放在美国和欧洲的金融机构，这些储蓄的**石油美元**（这样命名是因为石油以美元标价）极大地增强了西方商业银行和其他金融机构的贷款能力。其次，许多发展中国家开始大量借债。那些发展中国家中的非石油出口国需要借钱来购买石油，而其中的石油出口国例如墨西哥借钱发展石油部门和经济多元化。一些发展中国家借钱是为了发展经济，而另一些则有其他的目的（我们将马上看到）。当时，由于利率水平较低而且西方金融机构的贷款能力较强，贷款的成本因此非常低。最后，持续增长的石油价格引发了世界范围内的通货膨胀。（这在第 8 章成本推动型通货膨胀例子中有所讨论。）通货膨胀导致了 20 世纪 80 年代上演的事件。

20 世纪 80 年代：债务危机

紧缩性货币政策：减少国家货币供给以提高利率和降低总需求。
国际债务：一国欠外国或外国机构的债。

20 世纪 80 年代初，人们对美国由于油价上涨引发的通货膨胀极其关注。1981 年，联邦储备银行采取了**紧缩性货币政策**。（回想一下第 8 章讲述的 20 世纪 80 年代初的宏观经济政策。）该政策的结果是：（1）制止了通货膨胀，但是以极高的利率水平从而导致美国经济衰退以及后来扩散到全世界的经济衰退为代价。（2）利率的上升意味着发展中国家借款应付的利息增加。（3）美国利率上升的间接效应是推动美元升值。而美元升值会使发展中国家进口以美元标价的石油的成本更高，同时也使以美元支付的债务变得更加困难。于是发展中国家爆发了**国际债务**危机。

1988 年，发展中国家借款已经高达十亿美元，而且数量不断增加。借款的原因包括我们上面已经讲过的石油价格上涨。发展中国家投资于基础设施、农产品和出口部门产业发展的借款则是令人欣赏的。然而还有许多发展中国家滥用借款并将其浪费于宏伟但是无效的政府建设、富人奢侈品和政府人员及富商的保险箱。由于银行当时有很强的借款能力,它们不在意谁借款以及为什么借款。《华盛顿邮报》(*Washington Post*)的作家 Tyler Bridges 曾撰写过关于委内瑞拉在 20世纪 80 年代中期借款使用情况的报道,他写道:

> 我发现政府根本没有记录钱去哪里了,尽管各种资料表明借款中的一小部分投资于促进经济长期增加的项目。幸亏有一条法令规定每一个公共厕所和电梯要有一个工作人员,从而使得 1974—1984 年的十年间公共部门就业增长了三倍。①

资本转移:发展中国家或其他国家将资金投资于外国的过程。　　另一个问题是资本转移。**资本转移**是指借款又重新投资于国外的金融市场和房地产的过程,腐败的政府官员或商人得到借款后经常将这些资金投资到国外而非用于当地建设,资本投资获得的收益增加了富人投资者的利润,却没有给发展中国家带来任何改善。此外,当政府没有利用借款进行有效投资时,偿还债务的能力自然也受到了损害。打个比方,如果你借钱参加教育培训,你会通过教育培训使自己的效率更高(回想一下关于人力资本投资的讨论),那么这就意味着你将赚更多的钱,这些钱可以用来偿还你的贷款。如果借款投资没有提高生产力,那么还款能力就很差。在这种情况下,发展中国家的错误在于无效、腐败的政府,但却是由民众承担这些债务的重担。

我们详细分析一国偿还债务的过程之后,你就可以清楚地认识到这是多么巨大的债务负担。首先,每年需要偿还的债务数量(借款加上利息)可能是非常大的一笔支出。由于发展中国家的收入总体来说比较低,基于有限收入的需求则反映出一个典型低收入国家要拼命发展所做出的选择,因此支出必须满足人们基本的消费需要——食物、住所和医疗;政府支出对于各种社会服务、公共教育和基础设施也是必要的。对于处在生存边缘和具有强烈的发展需求的人来说,任何用来偿还债务的支出都将直接损害人民的福利。这解释了人们通常看到的现象:"在穷国,在孩子的脸上都可以看到债务危机的阴影。"**用于偿还债务的支出的再分配已经损害了人民的生活福利,受影响最深的通常都是年轻人。**

除了要找到一笔钱偿还债务之外,问题还在于货币币种!**债务必须以当初借款时的货币币种偿还,因此,必须用美元或者其他主要国家的币种来偿还债务。**

---

① Bridges T. Before Bailing Them Out, Plug the Leaks. Washington Post National Weekly Edition, March 22-April 7, 1989.

我们将这种货币称为"硬通货",它可以在世界范围内被广泛接受。然而发展中国家获得这种硬通货来偿还债务的途径非常有限,虽然它们可以通过出口获得外汇收入,但是这些出口收入十分有限,而且由于 20 世纪 80 年代美国和世界经济衰退,许多发展中国家的出口贸易下降。(回想一下第 5 章"国际贸易"讨论的发展中国家贸易条件的问题。)当然,一国也可能通过外国投资和国际救助来获得外汇,不过一个被发展中国家越来越多采用的最终方法是继续借钱来偿还过去的旧债。很明显,这会导致借贷的恶性循环,使得发展中国家还清债务的希望几乎为零。

在一个获得硬通货机会很小的国家,必须要谨慎使用借款。当货币被用来偿还债务时,就不能用于其他重要的方面例如购买外国资本和技术,或者进口重要的食物和能源等。最可怕的是,债务偿还是长期行为,一些硬通货少的发展中国家不得不采取一些不同于预想的发展政策,以便未来能够还债。**迫于这种压力,国家可能扩大出口产业以获得外汇收入,却可能会损害收入分配、用尽有限的资源、危害食品安全和导致环境问题。**一些国家屈服于压力,可能会不加选择地鼓励对国家总体发展目标并无益处的外国投资;它们可能会重视工业的发展而忽视农业的发展。而如果没有这样的压力,国家本应会选择完全不同的、更有利的发展路径。

20 世纪 90 年代:经济改革

国际货币基金组织(IMF):主要由西方工业化国家资助的国际组织,对有需要的国家提供有条件的贷款和资金援助。

条款:为了获得资金援助必须满足某些要求的义务。

由于许多国家无力按照规定时间偿还债务,它们向**国际货币基金组织(IMF)**寻求资金援助,并最终引发了债务危机。虽然 IMF 援助对它们来说是有帮助的,但其帮助是涵盖条款的,要求国家必须进行经济改革(紧缩性政策)以作为获得援助的条件。换句话说,IMF 的援助是有附加条件的。这些经济改革包括减少政府支出和私有化。政府要允许食物和其他商品价格上升到市场水平,减少对国际贸易和投资的政府控制,也就是说,市场要更加开放,减少政府参与经济的角色,由市场来决定价格。一些国家愿意主动进行这样的经济改革,但是大部分国家是被迫进行改革的。一些改革已给政府及其人民带来了很大的困难,一个非洲首领这样描述他的困境:

> 对一个饿了好几天的人你不能谈"紧缩",对他来说,给他几滴水滋润一下嘴唇和喉咙比什么都高兴……对那些正在驱赶落在孩子眼睛上的苍蝇的哺乳母亲来说,提高食品价格是致命的,她们只能眼睁睁地看着自己的孩子

因没有食物、牛奶或水而死去。①

21 世纪？

发展中国家经济改革的作用是多种多样的。在一些国家如尼日利亚和其他非洲国家，私有化导致公共部门员工的大量失业，而私人部门也没有出现大量的就业。其他国家如肯尼亚、印度尼西亚、墨西哥，食物价格上涨引发了城市居民的暴乱和示威游行。另一些国家如智利，尽管大部分人还是极度地贫困，但可以说经济改革促进了经济大幅增长和国家繁荣。**需要明确的一点是，正如东方工业化国家经济转型一样，发展中国家进行经济改革需要一个安全网来保护人民免受伤害。**

经济争论："国际货币基金组织参与全球经济的前提和条件是什么？"

请阅读完整的讨论来了解世界经济和全球经济系统。

http://www.cengage.com/economics/econapps

很多发展中国家人民反对最终会给穷人带来好处的经济改革以及随之而来的资本主义和市场经济。面对传统经济政策的失败，他们转向修正的社会主义。尤其在拉丁美洲，很多社会党人士当选总统。类似的国家还有智利、玻利维亚、巴西、厄瓜多尔、洪都拉斯、委内瑞拉。委内瑞拉总统乌戈·查韦斯（Hugo Chavez）将通信企业和电力企业国有化；玻利维亚将石油和天然气部门国有化；智利保证将自己作为发展中国家在经济模型中的另一个典型。

2007 年 1 月厄瓜多尔新当选总统拉斐尔·科雷亚（Rafael Correa）发誓把解决贫困放在偿还外债问题前面，作为首要问题。

然而，在所有这些例子中，需要注意的是，这些国家并不是转变为纯社会主义。更多的财富仍掌握在私人部门手中，大多数价格仍由市场决定。此外，改变不是永久的。随着本书的出版，亿万富翁塞巴斯蒂安·皮涅拉（Sebastioan Pinera）赢得了 2010 年智利选举，战胜左翼候选人成为总统。

墨西哥有一个有趣的例子。经过革命制度党长达约 70 年的统治，2000 年墨西哥民众选举国家行动党候选人比森特·福克斯（Vicente Fox）当选总统。而在 2006 年，一位新的国家行动党候选人费利佩·卡尔德龙（Felipe Calderon）以微弱优势胜出。（他只赢得了不到 15 万张选票，约为总选票的 1%。）他的社会党竞争对手曼努埃尔·洛佩斯·奥夫拉多尔（Manuel Lopez Obrador）宣称投票不真实，并组织声势浩大的示威游行。之后大多数墨西哥人已接受卡尔德龙当选的结果。

---

① Bread for the World Institute，Africa：Crisis to Opportunity，1995，见 http://www.bread.org。

在这些例子中，要记住的是我们不要走极端，不是完全转变为社会主义或完全转变为资本主义。例如越南和古巴等国家在社会主义经济背景下运用市场经济好的方面，也就是说，世界不是在单纯的资本主义或单纯的社会主义中变化，而是处于两者之间的某个位置。发展中国家和东方工业化国家以及西方工业化国家如何应对资本主义体制和社会主义体制的问题仍待观察。它们是会采用保守派的政策来帮助那些穷人，还是像拉丁美洲的例子削弱经济向市场导向转型和改革？正如标题带个问号一样，其中很多问题都是未知的。

最后的提醒

作为一名受过高等教育的公民，你有机会也有责任来改变我们的世界，接受让世界变得更好的挑战。

观 点

保守派与自由派

本章学习了世界向资本主义和全球自由市场转变的保守派观点。市场经济通常带来高效和增长，但是会忽视公平的问题。因此，如果政府没有对穷人和失业者提供保障和支持，市场经济带来的好处就不会惠及那些有需要的人。21 世纪，富人和穷人之间的矛盾更加严重。自由派倾向于更多关注公平问题。

在社会主义经济体制下政府干预过多会造成价格体系的失效，经济发展会停滞。保守派比自由派更加注重这些有关效率和激励的问题。

经济会在保守和自由两者之间寻求均衡。毕竟如果人们享受不到福利，那么市场效率对他们而言毫无意义。同样，如果无效率阻碍了经济增长和生产力水平提高，那么社会主义经济体制下的公平也就失去了最大效用。

然而，均衡点在哪里呢？你已经学了很多问题的对比分析，包括农业、住房、医疗、环境等。你现在掌握了大量的信息，能够帮助你分析问题并总结出相应的政策。

总 结

西方工业化国家、东方工业化国家和发展中国家都呈现出向更加自由的市场转变的过程。许多西方工业化国家拥护保守派经济政策以期获得经济增长。大多数先前的社会主义阵营经历了从社会主义向资本主义的经济转型。最后，大部分发展中国家主动或被动地采用经济改革政策，使经济更加以市场为导向。无论是社会主义还是资本主义，都有成功和失败，两种经济体制的长期发展结果仍无定论。

中国的改革开放

中国在计划经济时代实行了"逆比较优势"的要素扭曲型发展战略，改革开放后通过市场的矫正实行了"顺比较优势"的发展战略。而今，值得注意的是，经过不断发展和积累，中国已形成了"多元要素供给与综合优势模式"，即形成了全面的劳动力、资本、土地、技术等产业层面的要素供给优势，这些要素同发达国家跨国公司直接投资带来的高级知识、先进管理、高端制造技术等生产要素相结合，又形成了产品价值链层面的要素综合竞争优势。① 目前，中国已形成门类齐全的工业体系和产品供应链系统，并具有强大的集成创新能力就是这一优势的体现。这些由先天性禀赋、创造性禀赋和人为性因素所带来的优势，既是发展的成果，又是拉动中国经济增长和取得国际分工地位的重要坚实基础。

首先，众所周知，中国人口众多，具有充裕而低成本的劳动力禀赋，这是和很多亚非国家一样的先天性禀赋。但是工业化早期即改革开放以前，中国并不具备资本优势，中国采用逆比较优势战略，即人为压低不具有比较优势的资本价格，包括采用农产品价格"剪刀差"，人为压低农产品价格来支持工业产品的生产。改革开放后，由于市场配置资源的力量不断被释放，将逆比较优势成功转化为顺比较优势，在经济发展过程中，不仅消除了要素短缺和扭曲现象，而且创造性地积累起来了充裕的资本禀赋。

其次，中国的土地要素价格与中国的新型工业化和城镇化模式以及地方分权模式密切相关，一国的工业化、城市化发展程度越高，则土地原始增值的幅度就越大。但是，中国独特的土地制度使得工业用地的成本低廉，这就为工业生产创造了土地要素供给优势。除了劳动力、资本和土地要素，在技术方面，进行持续多年的教育、研发投入，除高端技术如信息技术和高端制造技术以外，在中端科技及一些战略性新兴产业中，中国正日益成为强有力的技术领先国家。全要素生产率是衡量技术创新对经济增长贡献的一个重要指标，其中，知识和体制变革的影响非常大，这是理解中国经济快速增长的一大要点。除此之外，中国政府人为压低自然环境资源价格甚至不考虑环境污染成本而产生的供给优势，虽然不利于

---

① 这里的综合竞争优势是指经济发展所需要的生产要素全面、多种要素供给相对丰裕，且没有明显的要素短板，它有利于形成完整的工业体系和产业供应链系统，进而形成经济发展的综合优势。

中国的长期可持续发展，但也带来了中国经济增长的贡献因素。

总结来看，主要表现在中国经济增长的动力来源不同于其他国家，不是仅靠单一的生产要素供给优势拉动经济增长，而是形成了有利于发展和壮大实体经济的"多元要素供给优势"（包括劳动力、土地、资本、技术、自然资源等），这一优势成为驱动中国经济增长的强大动力。不仅如此，通过扩大开放和招商引资活动，外国的先进生产要素不断进入，和本国生产要素结合，从而形成了门类齐全、完整的工业体系、供应链体系，提升了集合创新能力，使中国具有了要素综合优势，它对内拉动经济增长，对外则形成了强大的国际竞争优势。但是，中国在高端制造业、知识密集型产业、信息服务业、金融服务业等领域技术创新仍然不足，出口粗放型增长，尤其是在价值链生产环节中处于中低端水平，出口的国内增加值偏低，这和发达国家相比还存在较大的差距，反映出中国在人力资本、高端技术及原创性创新方面的不足。

中国在开放进程中不能完全模仿和照搬西方模式，以西方发达国家为代表的市场经济普遍存在经济过度金融化、制造业空心化、财富过度集中与居民高福利高消费等一系列问题和缺陷，因此，中国要继续深化改革开放，不断完善和丰富已形成的独特的经济发展道路。亚洲一些新兴工业化国家一旦完成工业化和城市化的使命，国家政策与经济发展将难以为继，而中国特色社会主义市场经济把市场体系嵌入国家与社会大结构中并形成新的经济体制范式与发展模式，可以超越工业化和城市化的历史阶段，缓冲市场经济的破坏。

案例一 中国改革开放的全球担当

在当今世界，发达国家出现了广泛的反全球化现象，将自身困难如失业、治安差和经济低迷归咎于全球化，认为全球化得不偿失；发展中国家也出现了被全球化的挫败感。因此，国际社会是继续推进全球化还是任凭保护主义、孤立主义、民粹主义盛行？G20杭州峰会承担了推动有效治理的全球化深入发展、协调发展、包容发展和可持续发展的重任。G20、亚洲基础设施投资银行（以下简称"亚投行"）、"一带一路"……这些概念因为中国而联系在一起。世界各国的改革开放和全球化，因为中国的改革开放而联系在一起。这是习近平主席在G20杭州峰会及工商峰会主旨演讲中所释放的信息。

中国通过国内的五大发展理念推动世界转变发展模式，通过改革促开放的逻辑升级到改革开放促全球化的逻辑。可以说，全球化成就了中国崛起，中国崛起又在反哺全球化，并成就全球化。

总之，世界日益增长的对国际公共产品的需求与落后的供给能力之间的矛盾，就是建设"一带一路"的动力。亚洲基础设施有 8 万亿美元的巨大缺口，所以中国倡导成立的亚投行才会取得如此成功。"一带一路"需要中国和美国等其他国家一起合作提供公共产品，这是中国"一带一路"受欢迎的重要原因。"一带一路"与亚投行是包容、共享的区域合作架构。中国外交的逻辑正由"改变自己，影响世界"向"改变世界，影响自己"的趋势转变，并结合这方面为国际社会提供越来越多的公共产品和正能量，相信中国会不断得到国际社会的欢迎和鼓励。

资料来源：中国社会科学网，2016-09-06.

案例二　金砖国家新开发银行开局良好

中国财政部国际经济关系司司长刘健接受中国媒体采访时说，金砖国家新开发银行自 2014 年宣布成立后，实现良好开局，中方愿继续与其他金砖国家一道，努力将新开发银行打造成专业、高效、透明、绿色的 21 世纪新型多边开发机构。

刘健介绍说，新开发银行成立以来，建章立制工作基本完成，已经搭建起组织机构，制定了主要业务、财务、人事、内控等政策。首批 5 个项目的审批工作也已完成，总金额达 9.11 亿美元，全部用于支持可再生能源领域。新开发银行 2016 年 7 月在中国发行首期 30 亿元人民币绿色金融债券，用于支持首批项目的融资。新开发银行还于 2016 年 7 月 20 日在上海召开首届理事会年会。

刘健认为，新开发银行的价值主要体现在三方面。首先，它是发展中国家推动完善全球经济治理的重要手段。新开发银行的建立反映了新兴市场和发展中国家的共同愿望，将促进现有多边开发机构加快改革步伐，进一步提高发展中国家的发言权和代表性。其次，它是金砖国家间团结合作的推进器。新开发银行通过金融服务支持成员国的基础设施建设和可持续发展项目，将提振实体经济，有利于成员国之间贸易互通、产业互补、经济互促。最后，它还是服务于全球共同发展的有效平台。新开发银行在业务政策和运营模式上形成了自身特色，与其他多边开发机构优势互补，有益于满足广大发展中国家多样化的发展需求，促进全球经济增长和共同发展。

刘健说，中国是新开发银行的创始成员国、重要股东国和东道国，新开发银行所具有的重要价值符合中国的切身利益。他表示，金砖国家新开发银行和应急储备安排的建立，在金砖国家财金合作历史上具有里程碑意义。中方将在深化现有合作的基础上，不断寻找新的合作领域，提升合作水平。

资料来源：新华社，2016-10-15.

案例三 亚投行的愿景与治理

2015 年 12 月 25 日，由中国倡议发起、57 国共同筹建的多边开发性金融机构——亚洲基础设施投资银行（下称"亚投行"）正式成立，全球多边开发性金融体系增加了一个由发展中国家主导的新成员。亚投行将以开放性、建设性、创新性的姿态，为亚洲区域经济发展乃至全球经济增长做出自己的贡献。

基础设施投资短期形成需求，长期形成供给，是推动经济增长、提升人类福利的重要手段。但是，基础设施投资的回收期较长，通常需要 15～25 年才能收回成本，且大部分基础设施项目的收益率偏低，单纯的市场机制远远不能满足其融资需求。因此，基础设施投资不足成为长期以来困扰世界经济的一个重要问题。2008 年金融危机之后，全球经济的平庸增长、各国公共与私营债务的普遍高企使得基础设施投资匮乏的困境愈发突出。亚洲在基础设施投资方面的供需缺口更大。

从 1978 年到 2008 年，中国的改革开放不断推动其自身融入经济全球化的进程，在这一阶段，中国在全球市场上扮演的角色主要是参与者而不是创造者，是全球价值链的被动接受者而不是主动选择者。2008 年金融危机以后，发达经济体和新兴经济体的经济实力对比发生了显著变化。中国从 2010 年开始成为全球第二大经济体，2013 年货物进出口贸易总额跃居全球第一。

毫无疑问，中国已经成为全球具有系统重要性的国家之一。中国的经济发展是世界经济增长的主要引擎之一，中国的经济政策对世界各国都会产生某种程度的溢出效应。反过来，区域和全球的经济发展也会对中国产生巨大的影响。不论是自身发展的需要，还是国际社会对中国的期待，都要求中国在区域和全球经济治理中成为一个负责任大国，中国能够并应当在一定程度上成为区域和全球市场的创造者，从而为区域和全球经济增长做出更大的贡献。在这样的背景下，中国发起设立亚投行，为亚洲经济发展提供资金支持，就成为中国转变角色、承担区域经济大国责任的一个标志性事件。

亚投行的发展愿景

1. 尊重发展中国家需求的开发银行

二战结束之后的经济发展理念大多以发达国家的现实经验为基础，在全球影响力较大的几家多边开发银行，其业务实施也是以发达国家为主导。这些多边机构的发展理念主要由发达国家来制定，其战略使命不断扩展，从经济领域延伸到政治改革、法制建设、公司治理、民族政策等多个领域。发展理念的刚性和战略使命的繁复一方面对借款国形成了较多干预，降低了借款国与多边机构的合作兴趣；另一方面，多边机构设立过多的战略目标，各类事务纠缠在一起，导致资源配置效率低下，反而弱化了对发展中国家关键领域的支持力度。

亚投行充分尊重发展中国家所选择的发展道路，其投资将尽量减少与经济活动无关的附加条件。从现实看，金融机构对其投融资活动设定附加条件是一件很自然的事，但附加条件应仅限于与项目运营和偿还贷款有关的方面。单纯套用某些国家的发展模式往往会带来很多的社会问题、政治问题，既伤害了借款国和多边金融机构之间的互信，也会明显地降低机构本身的运行效率，这对借款国和多边金融机构都是得不偿失的事。

亚投行将精简战略使命，把基础设施投资作为自身的核心战略，投资决策以项目的经济可行性为主要考量标准。这样做的益处有三个方面：（1）将投资业务重点放在基础设施领域，能够高效配置资源，提升运营效率，为亚洲区域经济的长期发展提供有力支持；（2）便于快速积累实施基础设施项目的经验，为亚投行的长期稳健发展打下坚实基础；（3）便于建设一个重视专业技术知识、非政治化的组织文化，并更加符合发展中国家的核心诉求，从而为亚投行赢得更多的发展中国家客户和全球业务合作伙伴。

2. 具有良好财务可持续性的开发银行

作为以发展中国家为股东主体的开发性金融机构，亚投行将重视利润的适度获取，以保证自身具有良好的财务可持续性，既维护发展中国家股东的参与热情，也能够在长期中为国际发展融资体系做出稳定、持续的贡献。

从全球多边开发机构的运营经验来看，良好的财务可持续性是可以实现的，如亚洲开发银行和欧洲投资银行。对于亚投行而言，主要业务集中在最具经济活力的亚洲地区，通过专业的项目选择、严格的风险管理和精简的机构运作，完全能够赢得适度的投资收益。与商业银行的区别在于，一方面，亚投行不会把追求利润最大化作为目标；另一方面，亚投行将主要致力于中长期投资，与商业金融机构追求短期回报形成鲜明的对比。在这样的经营理念指导下，亚投行既能够实现良好的财务可持续性，又拥有商业银行不具备的竞争优势，创造可观的经济与社会价值。

3. 坚守高标准的开发银行

亚投行将尊重国际通行规则，充分借鉴现有多边开发银行的经验，在治理结构、业务运营和安全保障政策等领域遵守高标准。

在亚投行筹备期间，亚投行多边临时秘书处聘请了多位在国际机构和政府部门拥有丰富工作经验的外籍专业人士，与亚投行的股东国代表共同探讨和设计治理结构、业务运营模式、安全保障政策以及相关的法律文件。整个筹备过程体现出的公开、透明、包容和民主协商的作风，不仅使中国赢得了各国的信任和支持，也帮助亚投行在创建伊始就能够全方位地学习和借鉴先进的国际经验，实现高标准运营。

亚投行目前所拥有的高度多元化股东结构，以及由理事会、董事会和管理层所形成的三层组织架构，已经形成了良好的现代治理模式，为亚投行始终如一地坚守高标准提供制度保障。亚投行行长金立群多次在公开场合表示，亚投行"将建立符合21世纪要求的高标准治理体系"，要实现"创新的国际最佳实践"，这反映出亚投行最高管理层对于实现高标准运营的决心和信心。亚投行在全球范围内以公开、透明、择优的原则选聘人才，高质量的人才队伍能够有力地保障亚投行全方位地实现高标准运营。

4. 重视国际合作的开发银行

作为全球多边发展融资体系的新成员和补充力量，亚投行将全方位地与现有多边开发银行、商业金融机构以及各国政府开展合作。

现有多边开发银行在几十年的运营过程中积累了丰富的经验，总体上讲，在项目储备、知识储备和人才储备上都具有优势。亚投行可以在知识共享、能力建设、人员交流和项目融资等方面与现有多边开发银行开展合作，这将有助于亚投行在较短时间内积累经验，提升管理能力，降低运营风险。同时，亚投行的新增资金供给和高效运转模式也将激发其他多边机构的合作意愿，并通过合作来促进全球多边发展融资体系的改革与发展。在亚投行筹备期间，世界银行行长金墉、亚洲开发银行行长中尾武彦均明确表示了与亚投行的合作意愿。事实上，目前亚投行已经与世界银行、亚洲开发银行、欧洲投资银行和欧洲复兴开发银行开展了实质性合作。

亚投行将开展与商业金融机构的合作，以政府与社会资本合作（PPP）模式放大杠杆效应，更有效地调动、配置市场资源。世界银行旗下的国际金融公司、欧洲投资银行的全球贷款业务，都是多边开发机构与各国商业金融机构合作的成功典范。亚投行将认真学习这些先进经验，联合全球的公共资本与私人资本，整合不同金融机构的客户资源和项目储备，力争成为国际发展融资市场上优秀的合作者。

深化与各国政府的合作是亚投行重要的战略诉求。以基础设施投资为主要业务方向、以主权信用担保贷款为主要商业模式的亚投行，其核心的合作伙伴和服务对象是各国的中央政府和地方政府。亚投行将充分与各国的各级政府保持密切交流，了解政府部门的需求，在尊重各国发展道路的前提下，设计、制定适当的项目融资和运作模式，配合政府部门实现经济发展的关键目标。作为多边金融机构，亚投行还将承担跨境基础设施项目的协调与融资工作。跨境项目的发起与实施，涉及多边政府间合作机制的建立，具有一定的挑战性，亚投行以金融平台的身份参与多边机制的协商建设，具有不可替代的价值，亚投行将努力为多边政府间合作做出自己的贡献。

亚投行的治理和运营

虽然亚投行刚刚开始投入，但从各个方面，我们都可以感受到亚投行在治理和运营模式上与已有的多边开发银行的差别。简单来说，开放包容、精简高效和务实灵活是其鲜明特征。

1. 开放包容

亚投行与其他多边金融机构相区别的第一点在于其充分的开放性。《亚洲基础设施投资银行协定》（下称《协定》）规定亚投行在其贷款项目中将进行全球采购，而不限于成员国采购，这充分体现出了开放和包容，将使得所有受援国都能够在项目实施中购买到最适合自己的产品，获取最大的利益，这与现有的某些多边金融机构形成了鲜明对比。

更为重要的是，中国作为亚投行发起国和最大股东国，在投票权中不谋求长期拥有一票否决权，这是其开放性的最重要体现。根据《协定》确立的股权结构，中方目前实占亚投行股权 30.34%，为第一大股东，比第二大至第五大股东股权总和（23.4%）还高出 6.94 个百分点。股权大小关乎决策权大小，按照国际惯例，中方 30.34% 的股权可相应获得大体同等的投票权。但为了体现团结共筹之诚意，中方对投票权做了适度削减。根据《协定》，中方实有投票权 26.06%。由于亚投行重大决策需要 3/4 以上票数才能获得通过，这意味着目前中方拥有重大决策的一票否决权。但是，亚投行将一直对国际社会持充分开放的态度。亚投行行长金立群表示，在亚投行正式成立之后，又有约 30 个国家表示了加入亚投行的意愿，预计到 2016 年底，亚投行的股东国有望接近 100 个。伴随越来越多的新成员加入，中国的投票权将会下降，有可能在未来某个时点之后不再具备一票否决权，但是中国会始终以真诚开放的姿态欢迎其他国家的加入。

2. 精简高效

亚投行在吸取已有多边开发银行经验及教训的基础上，进行了改革创新。首先，亚投行不设常驻执董会，由董事会直接监督管理层，职责分工明确、运作高效。同时总行在中国之外仅设几个办事处，员工人数预计只会达到 500～600 人的规模，大约为亚洲开发银行和世界银行员工人数的 1/6 和 5%。上述几个措施将扭转多边开发机构过于臃肿的痼疾，降低亚投行的运营成本。其次，亚投行在贷款审批流程上将进行简化。亚投行在成立初期，已经深刻意识到现有国际金融机构烦琐苛刻的规则对其长期发展的不利影响，因此在项目审批方面将进行改革，包括缩短项目审批流程、提高审批效率等，从而将亚投行建成一个架构简单、运作高效的机构。

当然，对于亚投行的上述改革，外界也有批评意见。对于不设常驻执董会，批评者认为这将影响股东国之间的及时沟通，中方以此增强了自身控制力。任何一项改革政策都不是十全十美的。不设常驻执董会，对于明确职责、提升管理效率、精简运营成本是有显著效果的。

在通信手段极其发达的今天，除了面对面的交流外，还可以有视频会议、电子邮件、电话等有效方式。遇到重要问题，董事们也可以快速地从世界各地聚集到一起。这样，就可以将负面影响控制在极其有限的程度内。

3. 务实灵活

以发展中国家股东为主体的亚投行，其贷款标准将更重视经济发展，不谋求对借款国整体发展模式的干预。事实上，某些多边机构的贷款标准会表现出对一国发展模式的过度干预，这降低了发展中国家申请贷款的积极性。亚投行将在环境与社会利益等方面坚持国际通行的高标准，但是同时将调整某些不符合发展中国家国情的苛刻条件，因此将更符合资金需求国的实际情况。

亚投行的投资模式将更为灵活，银行贷款、股权投资和担保业务同时运作。除去传统的主权信用担保贷款外，根据《协定》，亚投行还将进行直接投资，即对公共部门和私人部门进行股权投资。这一模式的灵活度高，更有利于采用 PPP 模式，并且在某些情况下能够通过承担较高风险获取较高回报。另外，亚投行也可以作为担保人，为资金需求方和供给方提供中间业务来促进投资。三种投资模式的配合使用，将大大增强亚投行的市场适应能力，为区域发展融资做出更大贡献。同时，PPP 模式也将被亚投行大力推广。通过推进 PPP 模式，整合市场资源参与基础设施建设，发挥亚投行的杠杆效应，增强基础设施项目对私人部门投资者的吸引力。

资料来源：第一财经日报，2016-09-07.

讨论和问题

1. 你是经济自由派还是经济保守派？你对公共项目、税收和企业管制是怎么看的？

2. 考虑供给学派在 21 世纪初的政策和提议，如减税和取消环境管制。你认为这些政策能实现效率和经济增长吗？你觉得这些政策的利益能渗透到所有人吗?

3. 你对保守派的具体政策和提议有什么看法,比如用消费税取代个人所得税,降低资本利得和股息的税率? 你认为这些在促进经济增长方面有效吗? 你觉得它们对美国收入分配有什么影响?

4. 美国政府如何鼓励更多的研究与开发? 研究与开发又怎样使经济受益?

5. 假设一个曾是社会主义国家的政府要解除价格管制并允许价格回到市场价格。政府应怎样帮助低收入消费者支付昂贵的食物和其他产品?

6. 假设俄罗斯的私有化进程一直成功下去。俄罗斯工业的所有问题都会被解决吗? 有什么其他的政策是必要的?

7. 登录中央情报局世界概况页面 (http://www.cia.gov/cia/publications/fact-book/index.html) 并查看东欧工业化国家的经济状况。GDP 上涨了还是下降了? 通货膨胀率有多高? 生活水平 (预期寿命、婴儿死亡率等等) 和发展中国家相比怎么样?

8. 发展中国家控制之外的国际状况怎样使国际债务问题恶化? 你认为 IMF 在给负债累累的发展中国家提供经济援助的时候规定条款是对的吗?

9. 登录国际货币基金组织的网站 (http://www.imfsite.org)。上面有大量的数据、报告和全球化的其他信息,包括一些国家向资本主义的转变。

10. 登录国际货币基金组织的网站 (http://www.imfsite.org) 并点击 "Conditionality" 来获取更多关于 IMF 制约条款的历史、角色、操作和有效性。(从 IMF 的角度来看。)

11. 登录世界银行网站 (http://www.worldbank.org) 并查找发展中国家的债务信息。查看债务还本付息额比率,即债务还本付息额 (每年的本息偿还额) 占出口创汇收入额的比例。这个比率是衡量一个国家债务负担最好的指标。

12. 登录世界银行的主页 (http://www.worldbank.org) 并查找关于世界经济和社会指标的信息,包括关于储蓄率、生活水平和国际债务的信息。为了快速地获取资料,点击一个你选择的国家来获取最新的资料。

13. 对于前社会主义发展中国家的居民来说,在向市场经济转型过程中哪种安全保障是必要的?

14. 你认为 21 世纪的全球化市场会向更自由的方向发展还是反过来? 为什么?

后　记///

　　作为年轻学者，我们深刻地感受到经济学研究越来越"技术导向"而非"问题导向"，这实际上是与经济学的初衷相违背的。经济学与社会、政治都密不可分，政府政策制定的基本原则是解决社会经济的复杂问题，而非某些模型的复杂结果。杰奎琳·默里·布鲁克斯（Jacqueline Murray Brux）的《经济问题与政策（第五版）》只用了经济学最基本的供需曲线解释了美国国内、国际等一系列现实问题，而本书在此基础上加入了中国相关问题分析与现实案例。本书的目的就是让学生们意识到周围世界的社会问题以及中国在这些问题中所展现出来的独特性和共性，从经济学视角来看针对这些问题有哪些政策选择，而且不能把学生们吓倒了，而是让他们通过最新的案例与专栏讲解感受到自己完全有能力理解这些复杂的、与生活紧密相关的现实热点问题。

　　本书使得更多想要学习经济学、分析社会经济问题的人更容易掌握经济学理论及其应用，构建了包括微观、宏观及国际经济学的整个知识体系，本书不失趣味性和时效性。对于刚进校门的大学生、想要了解中美差异的人以及其他研究机构都具有相当的参考价值。

　　本书的完成要感谢中国人民大学出版社高晓斐编辑，感谢他对我们工作的理解和支持，还要感谢王登、王小龙、周美辰、罗嘉豪、封于瑶、朱文韬、王韵喆、罗翌桐、初子怡、严翎瑄、刘潇彤、王晨鉴、张家靖、杨凌霄、汪一帆、宁佳琳、彭新果等同学参与校对和查找资料工作，特向他们表示感谢。中国人民大学出版社的编辑为本书的最终成稿付出了辛勤的劳动。然而，本书难免有不少错误和欠妥之处，请读者批评指正。

孙瑾

图书在版编目（CIP）数据

解决问题的极简经济学/（美）杰奎琳·默里·布鲁克斯著；孙瑾，周世民译/注. —北京：中国人民大学出版社，2020.5
ISBN 978-7-300-26232-1

Ⅰ.①解… Ⅱ.①杰…②孙…③周… Ⅲ.①经济学-通俗读物 Ⅳ.①F0-49

中国版本图书馆 CIP 数据核字（2018）第 209005 号

解决问题的极简经济学

杰奎琳·默里·布鲁克斯　著

孙　瑾　周世民　译/注

Jiejue Wenti de Jijian Jingjixue

出版发行	中国人民大学出版社			
社　　址	北京中关村大街 31 号		邮政编码	100080
电　　话	010－62511242（总编室）		010－62511770（质管部）	
	010－82501766（邮购部）		010－62514148（门市部）	
	010－62515195（发行公司）		010－62515275（盗版举报）	
网　　址	http://www.crup.com.cn			
经　　销	新华书店			
印　　刷	北京昌联印刷有限公司			
规　　格	170 mm×240 mm　16 开本		版　　次	2020 年 5 月第 1 版
印　　张	20 插页 1		印　　次	2020 年 5 月第 1 次印刷
字　　数	366 000		定　　价	68.00 元